Juliane Israel

Nicaragua

nica125 ji

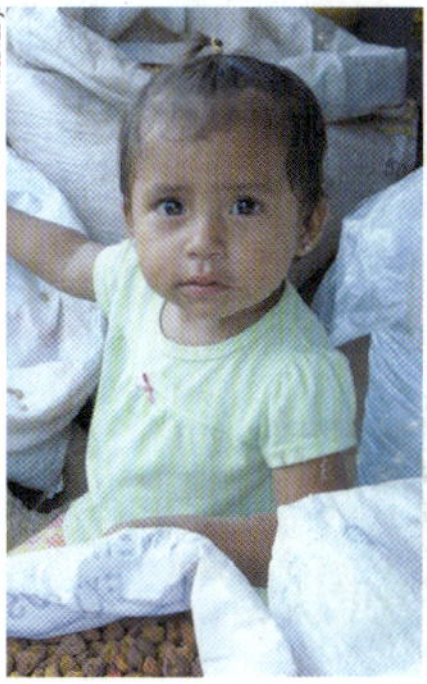

Ochse aus meiner Kindheit, wie du gedampft hast
im brennenden Gold der nicaraguanischen Sonne,
dort auf der reichen Plantage,
angefüllt mit tropischen Harmonien.
Taube des Waldes, die du gesungen hast
mit dem Klang des Windes,
der Äxte, der Vögel und der wilden Stiere –
Ich grüße euch beide, weil ihr beide mein Leben seid.

Rubén Darío (1867–1916),
nicaraguanischer Schriftsteller,
aus dem Gedicht „Allá Lejos", dt. „Weit weg"

Impressum

Juliane Israel
Reise Know-How Nicaragua

erschienen im
Reise Know-How Verlag Peter Rump GmbH
Osnabrücker Str. 79, 33649 Bielefeld

1. Auflage 2017

Gestaltung:
Umschlag: G. Pawlak, P. Rump (Layout);
M. Luck (Realisierung)
Inhalt: G. Pawlak (Layout); M. Luck (Realisierung)
Fotonachweis: die Autorin (ji),
J. Marquardt (jm) (S. 83, 129, 350),
www.fotolia.com © riderfoot (S. 16, 26, 29)
Titelfoto: die Autorin
(Motiv: Typischer bunt bemalter Überlandbus)
Karten: Th. Buri; Ingenieurbüro B. Spachmüller

Lektorat: M. Luck

Druck und Bindung: Media-Print, Paderborn

ISBN 978-3-8317-2902-9
Printed in Germany

Dieses Buch ist erhältlich in jeder Buchhandlung Deutschlands, der Schweiz, Österreichs, Belgiens und der Niederlande. Bitte informieren Sie Ihren Buchhändler über folgende Bezugsadressen:

Deutschland
Prolit GmbH, Postfach 9, D-35461 Fernwald (Annerod)
sowie alle Barsortimente
Schweiz
AVA Verlagsauslieferung AG
Postfach 27, CH-8910 Affoltern
Österreich
Mohr Morawa Buchvertrieb GmbH
Sulzengasse 2, A-1230 Wien
Niederlande, Belgien
Willems Adventure, www.willemsadventure.nl

Wer im Buchhandel trotzdem kein Glück hat, bekommt unsere Bücher auch über unseren
Büchershop im Internet:
www.reise-know-how.de

Wir freuen uns über Kritik, Kommentare und Verbesserungsvorschläge, gern auch per E-Mail an info@reise-know-how.de.

Alle Informationen in diesem Buch sind von der Autorin mit größter Sorgfalt gesammelt und vom Lektorat des Verlages gewissenhaft bearbeitet und überprüft worden.

Da inhaltliche und sachliche Fehler nicht ausgeschlossen werden können, erklärt der Verlag, dass alle Angaben im Sinne der Produkthaftung ohne Garantie erfolgen und dass Verlag wie Autorin keinerlei Verantwortung und Haftung für inhaltliche und sachliche Fehler übernehmen.

Die Nennung von Firmen und ihren Produkten und ihre Reihenfolge sind als Beispiel ohne Wertung gegenüber anderen anzusehen. Qualitäts- und Quantitätsangaben sind rein subjektive Einschätzungen der Autorin und dienen keinesfalls der Bewerbung von Firmen oder Produkten.

Juliane Israel

NICARAGUA

Vorwort

Wer sich mal wieder so richtig verlieben will, muss nur eines machen – eine Reise nach Nicaragua! **Warmherzig und freundlich, romantisch und abenteuerlich, faszinierend schön und berauschend ursprünglich** – all das ist dieses mittelamerikanische Land, das einst das Rennen um einen Kanal zwischen dem Atlantik und dem Pazifik verloren hat – ein heute wieder aktuelles Projekt. Doch nicht nur dieser Umstand warf den größten Staat auf der Landbrücke zwischen Nord- und Südamerika weit hinter seinen wirtschaftlich gut dastehenden Rivalen Panama zurück und machte ihn zu einer der ärmsten Nationen des Kontinents. Auch die jahrzehntelange Vetternwirtschaft der Diktatur *Somozas,* ständige Interventionen der USA, Boykottmaßnahmen ausländischer Unternehmen, die Revolution und der Bürgerkrieg sind maßgebliche Ursachen dafür.

Lange war der Name Nicaragua mit Krieg und Armut verhaftet. Doch diese Zeiten sind längst vorbei. Heute steht das Land für eine unberührte Natur mit einer vielfältigen Pflanzen- und Tierwelt. Imposante Vulkane durchziehen es von Nordwesten bis in den Süden, viele darunter sind aktiv, und jeder hat seinen eigenen, unbändigen Charakter. Riesige Dschungelgebiete harren ihrer Erkundung, kristallklare Lagunen laden zum Baden ein, abenteuerliche Flussfahrten folgen den Spuren unerschrockener Piraten, von indigenen Kulturen geprägte Inseln liegen geheimnisvoll inmitten des Nicaragua-Sees, und die puderweißen Strände der wunderschönen Corn-Inseln werden vom türkisblauen Wasser der Karibik umspült. Doch damit nicht genug: Granada, León und Masaya versprühen den Charme kolonialer Städte, und überall im Land trifft man auf das Erbe der prähispanischen Bevölkerung.

Bisher ist Nicaragua von konsumorientierten Großtourismusprojekten verschont geblieben, und ein nachhaltiger Ökotourismus bestimmt das „Land der Vulkane". Es gibt keine Bettenburgen, dafür nette kleine Hotels, schnuckelige Pensionen und ultimative Backpacker-Hostels. Wer also Massentourismus, Animationsprogramme und Hotelbuffets mag, ist hier falsch – das Land ist das perfekte Ziel für Entdecker, Abenteurer, Naturliebhaber und alle, die Ursprünglichkeit suchen.

Dieser Reiseführer ist der **erste komplette deutschsprachige Reiseführer zu Nicaragua.** Er nimmt den Besucher mit zu den Highlights des Landes, aber auch zu entlegenen Winkeln und unentdeckten Regionen abseits der Touristenroute durch Mittelamerika. O-Töne von Einheimischen vermitteln einen authentischen Einblick in das alltägliche Leben der Menschen, und thematische Exkurse erweitern das Wissen all jener, die sich für Hintergründe interessieren. Viele fundierte Tipps und hilfreiche Extras wie Fahrpläne, regionale Karten, Stadtpläne und Hinweise für Familien machen den Reiseführer zu einem unverzichtbaren Begleiter während einer Reise durch das wunderschöne Nicaragua – ein Land zum Verlieben!

Dr. Juliane Israel

Steckbrief Nicaragua

- **Offizielle Staatsbezeichnung:** *República de Nicaragua* (www.nicaragua.com)
- **Hauptstadt: Managua**
- **Höchster Berg:** Pico Mogotón (2107 m)
- **Längster Fluss:** Río Coco (680 km)
- **Fläche:** 120.254 km^2 (Deutschland: 357.375 km^2)
- **Einwohner:** 6,1 Mio. (Deutschland: 82 Mio.)
- **Bevölkerungsdichte:** 51 Einw. pro km^2 (Deutschland: 230 Einw. pro km^2)
- **Staatspräsident:** *Daniel Ortega* (FSLN)
- **Nationalwappen/-flagge:** Vulkandreieck mit Regenbogen und Vulkankette/Blau-weiß-blau mit dem Wappen in der Mitte
- **Währung: Córdoba** (1 € = ca. 31 C$) und US-Dollar (1 US$ = ca. 29 C$)
- **Zeitzone:** UTC (früher GMT) minus 7 Std.
- **Nationalfeiertag:** 15. September
- **Telefonvorwahl:** 00505

Nicaraguas drei ...

- **... größte Städte:** Managua, ca. 1,02 Mio. Einwohner; León, 165.000 Einwohner; Masaya, 118.000 Einwohner
- **... höchste aktive Vulkane:** Volcán San Cristóbal, 1745 m; Vulkan Concepción, 1610 m; Volcán Momotombo, 1258 m
- **... größte Seen:** Lago de Nicaragua, 8157 km^2; Lago Xolotlán/Lago de Managua, 1035 km^2; Lago de Apanás (Stausee), 51 km^2
- **... Nationalsymbole:** *Madroño,* fruchtbarer Nationalbaum; *Sacuanjoche,* duftende Nationalblume; *Guardabarranco,* schillernder Nationalvogel
- **... Namen für den Nicaragua-See:** *Ucurriquitúkara,* indigener Name der Maleku-Indianer; *Cocibolca,* indigener Name der Nicaraos; *Lago de Nicaragua,* moderner Name

Inhalt

Exkurse

Nicaragua in 2 bis 6 Wochen

Die klassische Route (2 Wochen)

■ Granada – San Juan del Sur – Ometepe – Masaya und Apoyo-Lagune – Corn-Inseln

Intensivtour (3–4 Wochen)

■ Granada – León und Las Peñitas – Matagalpa und Jinotega – Flug von Managua nach San Juan del Norte – Río San Juan bis San Carlos – Solentiname-Archipel – San Juan del Sur – Masaya und Apoyo-Lagune

Rundreise durchs Land (5–6 Wochen)

■ Granada – León und Las Peñitas – Matagalpa und Jinotega – Somoto und Esteli – Flug von Managua nach San Juan del Norte – Río San Juan bis San Carlos – Solentiname-Archipel – San Juan del Sur – Ometepe – Masaya und Apoyo-Lagune – Abstecher Managua und Flug zu den Corn-Inseln oder nach Bluefields mit der Laguna de Perlas und Cayos Perlas

nica130 ji

Karten

Kapitel-/Regionalkarten

Preiskategorien im Buch

Restaurants

Die Kategorien in diesem Reiseführer beziehen sich auf den Preis für **ein Hauptgericht ohne Getränke.**

① bis 6 US$
② 6 bis 15 US$
③ über 15 US$

Unterkünfte

Die Kategorien in diesem Reiseführer beziehen sich auf ein **Doppelzimmer (DZ) pro Nacht;** das Frühstück kann, muss aber nicht enthalten sein:

① bis 20 US$
② 20 bis 40 US$
③ 40 bis 60 US$
④ 60 bis 90 US$
⑤ über 90 US$

4 Die **Ziffern** in den farbigen Kästchen bei den **Praktischen Tipps der Ortskapitel** verweisen auf den jeweiligen Legendeneintrag im Stadtplan.

Stadtpläne und sonstige Karten

Hinweis

Die **Internet- und E-Mail-Adressen** in diesem Buch können – bedingt durch den Zeilenumbruch – so getrennt werden, dass ein Trennstrich erscheint, der nicht zur Adresse gehören muss!

Die Regionen im Überblick

1 Managua 15

Von Erdbeben zu dem gemacht, was es heute ist, begegnen dem Reisenden in der Hauptstadt wichtige Schauplätze der Geschichte Nicaraguas, und überall funkeln bunte Lebensbäume.

2 Nicaraguas Norden 39

Genau 2107 m hoch ist der höchste Gipfel des Landes, der **Pico Mogotón** (S. 89). Der Norden ist geprägt von grünen Bergen und Hügeln, Seen und Wasserfällen, dazwischen Kaffeeplantagen, die zum Miternten einladen. Malerische Bergdörfer liegen in unberührten Naturschutzgebieten, und der grandiose **Somoto-Canyon** (S. 83) ist ein Muss für Wanderfans!

3 Nicaraguas Nordwesten 97

Einer ist schöner als der nächste, unbändige Vulkane, die den Nordwesten Nicaraguas dominieren. Von der kolonialen Studentenstadt **León** (S. 98) sind die meisten in einem Katzensprung erreichbar, ebenso wunderbare Strände zum Baden und Surfen. Spektakulär: eine Rodeltour den **Vulkan Cerro Negro** hinunter – ein Muss für Actionfans (S. 120)!

4 Nicaraguas historisches Zentrum 131

Das Herz des Landes steckt voller Charme, Geschichte und Traditionen. Im kolonialen **Granada** (S. 132) wird flaniert und diniert, in **Masaya** (S. 163) geshoppt und nochmals geshoppt. Ringsum liegen mit der **Apoyo-Lagune** (S. 182), dem **Masaya-Vulkan** (S. 180) und den magischen Kunsthandwerksstätten der Pueblos Blancos einige der absoluten Highlights der Region – ein Muss für alle!

5 Nicaraguas Südwesten 195

Ruhe, Abgeschiedenheit und Natur pur gibt's auf der **Insel Ometepe** (S. 201) mit ihren zwei Vulkanen, ein paar Kilometer weiter gen Westen locken Strandvergnügen, Surfspaß und Partytreiben im pazifischen **San Juan del Sur** (S. 234) – ein Muss für Inselfans und Sportbegeisterte!

nica129 ji

Romantische Steinkirche auf der Finca Selva Negra im Norden des Landes

6 Nicaraguas Süden 253

Tolle Ausblicke und authentische Einblicke, faszinierende Geschichten und jede Menge interessanter Stationen sind bei einer Flussreise vom Ursprung zur Mündung des **Río San Juan** (oder umgekehrt) garantiert (S. 274). Ob mit dem Kayak über Stromschnellen in **El Castillo** (S. 275), mit Alligatoren Aug' in Aug' in **San Juan del Norte** (S. 282) oder dem dicken Schwertfisch an der Angel – hier wird es spannend. Ein Muss für Abenteurer und Entdecker!

7 Nicaraguas Osten 289

Trauminseln und Postkartenstrände beinahe für sich allein? Günstigen Hummer essen, Riesenmeeresmuscheln sammeln, tauchen, fischen, kiten, segeln, Schildkröten und Delfinen ganz nah sein – das gibt es nur an Nicaraguas Karibikküste! Ein Muss für Träumer und Verliebte!

Achtung

Der Nordosten des Landes und große Teile des Zentrums mit den Regionen Nueva Segovia, Madriz, Jinotega, Estelí und Matagalpa sowie die Autonomen Gebiete der Nördlichen und Südlichen Atlantikküste (RAAN und RAAS) sind **in weiten Teilen kaum erschlossen.** Es mangelt an Infrastruktur. Polizei und Armee sind **nicht in der Lage,** die **Sicherheit zu garantieren.**

Nicht verpassen!

In jedem Kapitel sind einige (touristische) Highlights hervorgehoben – man erkennt sie an der **gelben Hinterlegung.**

MEIN TIPP: **Besonders empfehlenswerte Unterkünfte, Restaurants und sonstige besondere Vorschläge der Autorin** sind als Tipp gekennzeichnet.

Nicht verpassen: Highlights

- **Granada** (S. 132): Die Perle Nicaraguas lässt sich prima per Pferdekutsche erkunden und bietet spannende Ausblicke von oben!
- **Vulkaninsel Ometepe** (S. 201): Gleich zwei Vulkane beherbergt die kleine Insel mitten im Nicaragua-See. Naturreservate, einsame, vulkansandige Strände und eine reichhaltige Tierwelt erwarten den Besucher.
- **Nationalpark Vulkan Masaya** (S. 180): Imposante Blicke in die Tiefe des zerfurchten Vulkankraters! Der erloschene und grün bewachsene Nachbarkrater San Fernando lässt sich auf einem Rundweg wunderbar umwandern.
- **Apoyo-Lagune** (S. 182): Nächtliches Baden im 28 Grad warmen Wasser inmitten eines kristallklaren Kratersees, begleitet vom Mond und unzähligen funkelnden Sternen – ein wunderbares Erlebnis!

- Strände um **San Juan del Sur** (S. 234): Landschaftlich reizvoll und abwechslungsreich liegen nördlich und südlich vom kleinen Pazifikort San Juan del Sur lange Sandstrände, versteckte Buchten, beliebte Surfer-Beaches und einsame Ufer für den emsigen Muschelsammler.
- Bootstrip auf dem **Río San Juan** (S. 274): Piratenträume von verstecktem Gold und versunkenen Schätzen – eine Bootsreise über den Grenzfluss San Juan steckt voller Abenteuergeschichten. Auch Naturliebhaber kommen voll auf ihre Kosten.

■ **Solentiname-Archipel** (S. 262): Geheimnisvoll, abgeschieden und gesegnet mit fantastischer Natur liegen die Inseln des Solentiname-Archipels friedlich im südlichen Nicaragua-See.

■ **Corn-Inseln** (S. 304): Weißer Sandstrand, Palmen über türkisblauem Wasser, traumhafte Häuschen versteckt im Dschungel und frische Meeresfrüchte zum Abendessen – auf den Corn-Inseln werden Träume wahr!

■ **Wasserfall Santa Emilia** (S. 55): Hinter einem Vorhang aus Gischt liegt eine versteckte Höhle, in einem natürlichen Becken lässt es sich herrlich baden, auf den umliegenden Felsen entspannt sonnen und entlang des Flusslaufes wunderbar wandern.

■ **Somoto-Canyon** (S. 83): Hoch aufragende Felswände, unten mal ein rauschender, mal ein dahinplätschernder Fluss und mittendrin zuerst ein Ruderboot, dann nur noch ein Gummireifen, der durch die engen Schluchten saust – die Durchquerung des Canyons ist ein unvergessliches Abenteuer.

■ Vulkanrodeln auf dem **Cerro Negro** (S. 120): Ein steiler Vulkan, dunkler Lavasand, ein Brett und eine steile Kante – das ultimative Rezept für einen adrenalintreibenden Rodelspaß der besonderen Art. Der Cerro Negro macht's möglich und hält weitere Überraschungen bereit.

AGUILAR

nica004 ji

1 Managua

Hässlich, dreckig, gefährlich – das sind die Adjektive, die häufig fallen, wenn über Managua gesprochen wird. Doch das Gegenteil ist der Fall, besucht man nur die richtigen Ecken der Stadt.

◁ Das Wetter trüb, der Bus umso bunter

NICARAGUAS HAUPTSTADT

Managua ist seit 1852 die Hauptstadt Nicaraguas. Hier lebt mit gut einer Million Menschen ein Viertel der gesamten Bevölkerung des Landes. Das Stadtgebiet liegt auf einer Höhe von nur 55 m, weshalb es hier mit einer durchschnittlichen Jahrestemperatur von 27,3 Grad immer sehr warm ist. Die benachbarten Bergketten steigen bis zu einer Höhe von 970 m an. Innerhalb der Stadtgrenze liegen vier kleine Lagunen; die zentrale ist die Tiscapa-Lagune, in der auch ein Naturreservoir liegt. Managua ist keine Hauptstadt mit einem protzigen Erscheinungsbild: Es gibt keine markante Skyline, die Gebäude sind fast alle eingeschossig, überall sind Grünflächen und insgesamt viel Platz. Das hat seinen Grund: 1972 wurden 90% der Bebauung der Stadt bei einem Erdbeben der Stärke 6,2 zerstört, die Folgen sind bis heute sichtbar. Am Hauptplatz, der Plaza de la Revolución, stehen noch skurril die Überreste der zerstörten Kathedrale, ein schönes Fotomotiv.

riderfoot / fotolia

NICHT VERPASSEN!

- **Malecón:** Bummeln mit den Einheimischen | 21
- **Die Kathedrale Santiago de Managua:** das schönste Fotomotiv der Stadt | 23
- **Nationalpalast:** Geschichte erleben in prunkvollen Gemäuern | 26
- **Canopy:** Seilbahnvergnügen über der Stadtlagune | 30

Diese Tipps sind gelb hinterlegt.

1

Geschichte

Schon in der prähispanischen Zeit waren die Ufer des Managua-Sees und die kleinen Krater-Lagunen von indigenen Stämmen besiedelt, und passend hieß der Ort damals in der Nahuátl-Sprache **Mana-ahuac,** was „umgeben von Wasser“ bedeutet. Als die Spanier kamen, flüchteten sich die Bewohner in die umliegenden Berge. Die Stadt blieb trotz der neuen Herren unbedeutend, bis sie im Jahr **1852** aufgrund des unerbittlichen Streits zwischen Granada und León um die „Vorherrschaft“ in Nicaragua zur **Hauptstadt** ernannt wurde, sozusagen als „Goldene Mitte“.

Managua entwickelte sich rasch, doch die geologisch brisante Lage an der Grenze zwischen der Cocosplatte und der Karibischen Platte führte zu einer Reihe schwerer **Naturkatastrophen.** Neben diversen Überschwemmungen wa-

Stadtansicht vom Tiscapa-Hügel

ren es vor allem **Erdbeben,** die dem neuen Handelszentrum zusetzten und alles Erreichte wieder zerstörten: **1931** lag das Epizentrum mitten im Stadtzentrum, 2000 Menschen verloren ihr Leben 50.000 wurden obdachlos. Bei einem starken Stoß wurde **1956** ein ganzes Stadtviertel zerstört, doch der Supergau kam **1972:** Zwei Tage vor Weihnachten erzitterte Managua kurz nach Samstagmitternacht unter einem Erdbeben der Stärke 6,2. Die Stadt lag in Trümmern, 6000 Menschen starben, 20.000 wurden verletzt und über die Hälfte der Bevölkerung, etwa eine Viertelmillion, verlor ihre Wohnung. Internationale Hilfsgelder flossen, jedoch vorrangig in die Taschen des korrupten Diktators *Somoza* und seiner Handlanger. Die Wut der sich bereits vor dem Beben formierenden Op-

Managua Übersicht

position ließ sich nun nicht mehr bremsen und gipfelte in der erfolgreichen Revolution von 1979, die jedoch in einem elfjährigen Bürgerkrieg versank.

Das Beben veränderte das Gesicht der Stadt: Heute gibt es kein klar definiertes Stadtzentrum, Managua wuchert scheinbar unkontrolliert über die Vorstädte und dehnt sich immer weiter aus. Die seismisch aktive Region erfordert **niedrige Bauwerke,** und auch die weiten Grünflächen tragen dem Rechnung.

Trotz der Erdbebengefahr wächst die Einwohnerzahl stetig, und wirtschaftlich hat sich die Großstadt zum **Herzstück des Landes** gerappelt. Für das Jahr 2013/14 wurde Managua von der *Financial Times* auf Platz 3 im Ranking der „Städte der Zukunft des amerikanischen Kontinents“ gesetzt.

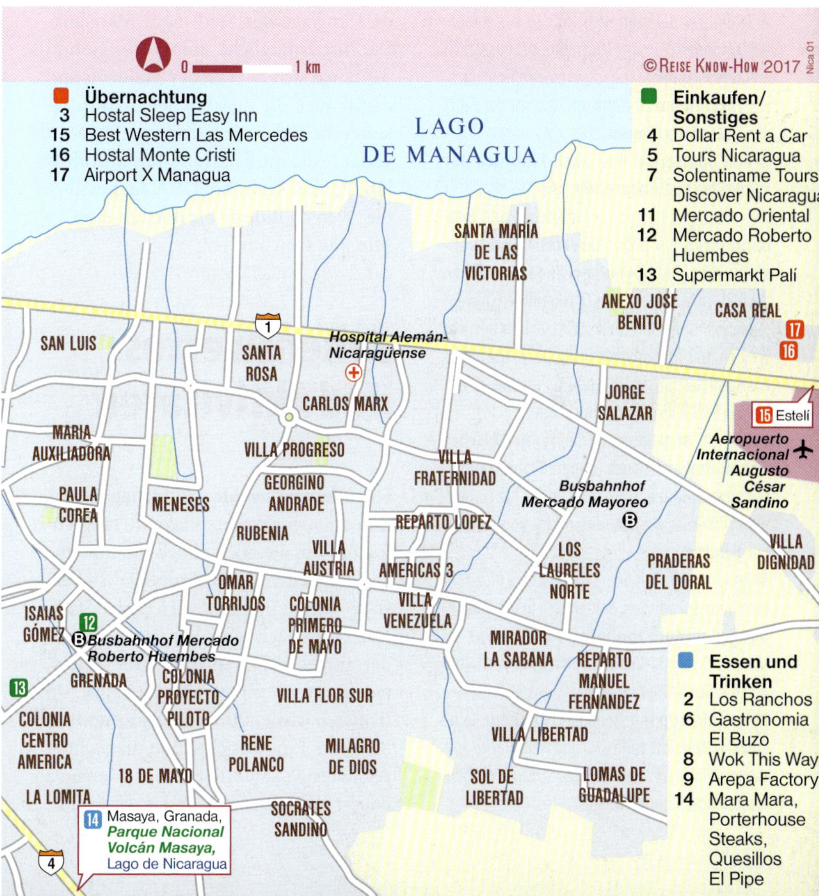

Sicher unterwegs in Managua

Managua ist nicht gefährlicher als andere Großstädte der Welt. Beachtet man die üblichen **Verhaltensregeln,** sollte nichts passieren:

- Grundsätzlich gilt: **„Walk like a local"** – je unauffälliger, desto besser!
- Vom internationalen Flughafen sollten vor allem abends und nachts **ausschließlich zugelassene Flughafentaxis** benutzt werden, zu erkennen am Flugzeug-Logo des Taxis.
- Taxifahrer nehmen nicht nur in der Hauptstadt, sondern in ganz Nicaragua grundsätzlich mehrere Passagiere mit, doch es empfiehlt sich, das **Taxi alleine** zu **nehmen** und vor der Fahrt den **Preis festzulegen.**
- **Von Spaziergängen nach Einbruch der Dunkelheit ist abzusehen.**
- In Managua besteht auf **Märkten** und **Busbahnhöfen** ein hohes **Überfall- und Diebstahlrisiko.** Die labyrinthischen Märkte sollten deshalb vorzugsweise mit Ortskundigen und auf jeden Fall ohne sämtliche Wertsachen besucht werden. Das für Souvenirs kalkulierte Geld ab in die Hosentasche, und los geht's – am besten ohne den auffälligen „Touri-Rucksack".
- Vorsicht ist geboten, wenn **„sympathische" Unbekannte,** oft auch jüngere Frauen, anbieten, gemeinsam ein Taxi oder Privat-Kfz zu nehmen – dies ist ein bekannter Trick von Taxiräuber-Banden.
- Reisende, die mit dem Bus aus Costa Rica oder Honduras ankommen, sollten sich in der **Umgebung des Busbahnhofes von Ticabus** im Martha-Quezada-Viertel vorsichtig verhalten und die Dunkelheit meiden.
- Verhaltenstipps bei einem **Erdbeben:** Keine Panik! Unterkunft verlassen und freie Fläche aufsuchen. Nähe von Gasflaschen, Stromleitungen, Masten und Bäumen meiden.

Orientierung

Managua liegt **am südwestlichen Ende des Managua-Sees,** der auf Nahuátl Xolotlán, „See der hundeköpfigen Gottheit", heißt. Anfangs kann die Orientierung schwerfallen, denn es gibt keine Straßennamen, und viele Referenzpunkte, die unter den Einheimischen kursieren, sind Gebäude, die seit über 30 Jahren aufgrund des Erdbebens von 1972 nicht mehr existieren. Doch die abfallende Hanglage der Stadt zum Managua-See hin ermöglicht immer ein Gefühl dafür, wo sich in etwa der **Malecón** und damit auch die meisten Sehenswürdigkeiten befinden. Parallel zum Malecón verläuft die große Straße **Paseo Xolotlán.** Vom Busbahnhof UCA sind es über die Avenida Bolívar bis dorthin etwa 10 Min. mit dem Taxi.

Sehenswertes und Aktivitäten

Die **Uferpromenade** des Managua-Sees und die nah gelegene **Plaza de la Revolución,** um die noch einige Monumente aus der Zeit vor dem Erdbeben stehen, waren schon immer das Herz der Stadt. Nach und nach wird Vergangenes wieder aufgebaut, Zerstörtes saniert, Restaurants neu eröffnet, und die Menschen flanieren wieder durch die Parks und am Malecón. Eine Besichtigung dieses interessantesten Stadtteils von Managua dauert etwa einen Tag und ist einfach zu machen. Auch der große Mercado Oriental liegt gleich um die Ecke. Die Viertel Martha Quezada, Tiscapa mit der gleichnamigen Lagune und Centro Nuevo bieten weitere Sehenswürdigkeiten.

Über die ganze Stadt verteilt schmücken seit dem Jahr 2013, dem 34. Jahr der Sandinistischen Revolution, **Árboles de la Vida** (Lebensbäume) Straßen und Plätze – ein teures und umstrittenes Projekt der „Primera Dama" *Rosario Murillo,* Ehefrau des Staatspräsidenten *Ortega.* 15.000 LED-Lichter illuminieren jeden der bunten Lebensbäume – ein Energieverbrauch, der über 5,6 Mio. US-Dollar pro Jahr kostet.

Seepromenade (Malecón)

Die schöne, von Palmen gesäumte und neu gestaltete Seepromenade Managuas, der Malecón, ist einen Spaziergang wert. **Am Ufer des** sich mit 1042 km² weit in die Ferne erstreckenden **Managua-Sees,** dem **Lago Xolotlán,** umgeben von der vulkanischen Halbinsel Chiltepe, dem mächtigen Vulkan Momotombo und bis zu knapp 1000 m hohen Bergen, stellt sich das Gefühl ein, mitten in der Natur zu sein. Doch wendet man den Blick ab vom See, erstrecken sich entlang des einladend gestalteten **Paseo Xolotlán** zahlreiche Cafés, Spielplätze, Aussichtsplattformen, ein begehbares Flugzeug und Museen.

Vom Hafen **Puerto Salvador Allende,** benannt nach dem früheren chilenischen Präsidenten, starten **Ausflugsboote** (Di bis So 11, 13, 15 und 17 Uhr, 90 C$, Oberdeck 120 C$, Kinder 38 C$,

Am Malecón ab in den Flieger – für viele Nicas das einzige „Flugerlebnis"

nica002 ji

nica001 ji

Fahrzeit 45 Min.) zur nahen **Isla del Amor,** der Liebesinsel. Obwohl mit deutscher Unterstützung in Höhe von 25 Millionen Euro eine Kläranlage zur Säuberung des Lago Xolotlán im Jahr 2009 installiert wurde, ist der zweitgrößte See des Landes noch immer sehr verschmutzt und nicht zum Baden geeignet.

Auf der anderen Seite der großen Verkehrsader, dem **Paseo Xolotlán,** befindet sich die **Plaza de la Fé Juan Pablo II.** Zur Erinnerung an den letzten Papstbesuch von *Johannes Paul II.* wurde der Platz umbenannt und ein monumentaler Obelisk von 31,50 m Höhe errichtet. Die Amphitheater-ähnliche Anlage an seiner Nordseite, die **Concha Acústica,** wird für Konzerte und andere kulturelle Ereignisse genutzt. Am Kreisverkehr gleich daneben steht eine Statue des südamerikanischen Unabhängigkeitshelden *Simón Bolívar* (1783–1830), gestiftet von der Regierung Venezuelas, dem Herkunftsland *Bolívars,* das damals noch Neugranada hieß.

⌃ Die „Árboles de la Vida“ stehen überall im Stadtgebiet und sind nachts illuminiert

Archäologisches Museum Huellas de Acahualinca (Museo Arqueológico)

Mysteriös: In längst erkalteter vulkanischer Erde sind **fossile Fußabdrücke** zu sehen, von Kindern, Frauen und Männern. Arbeiter entdeckten die Spuren im Jahr 1874 beim Steinabbau. Wissenschaftler begannen zu spekulieren: Rannten sie vor einem Vulkanausbruch weg? Nach mehreren Ausgrabungskampagnen wurde klar: Die Menschen sind nicht gerannt, sie liefen ruhig, einige trugen schwere Dinge. Es waren etwa zehn Personen, und es wurden weitere Spuren gefunden, von Hirschen, Bisons und Vögeln, die alle um 4000 v. Chr. an den Ufern des Managua-Sees lebten. Um diese alte Fundstelle entstand ein archäologisches Museum, das verschiedene fossile Fußspuren und indigene Keramik präsentiert.

Infos: Anfahrt über den Barrio Acahualinca, 9 Calle Noroeste, vom Hafen ist es ein Spaziergang von etwa 3 km Länge in Richtung Westen, oder man nimmt ein Taxi; Di bis Fr 6–16 Uhr, Sa/So 9–15 Uhr, Eintritt 4 US$, Fotografieren 2 US$.

Platz der Revolution (Plaza de la Revolución)

Der früher als Plaza de la República bekannte Platz umfasst die **meisten sehenswerten Bauwerke** der Stadt. 1899 von General *José Santos Zelaya* eingeweiht, war er Schauplatz zahlreicher politischer Demonstrationen. Der Triumph der Sandinisten über das Somoza-Regime wurde hier 1979 groß gefeiert und der Platz in Plaza de la Revolución umbenannt. Schon zu Zeiten der indigenen Besiedlung lag hier ein wichtiger Versammlungsplatz, und Tausende Krieger wurden an Ort und Stelle bestattet. Auch heute befindet sich hier ein Grab – das des FSLN-Gründers *Carlos Fonseca* an der Nordostseite.

Kathedrale Santiago de Managua (Catedral Vieja)

Die **alte Kathedrale** der Stadt hat bessere Zeiten hinter sich. Fertig erbaut im Jahr 1938 mit belgischem Stahl, geweiht im Jahr 1946, zeigte die östliche Außenseite des Kirchenschiffes in Nischen einst Figuren verschiedener wichtiger Persönlichkeiten der Eroberung der Neuen Welt wie *Bartolomé de Las Casas, Isabella I. von Kastilien, Christoph Kolumbus, Ferdinand VII. von Spanien* und *Francisco Hernández de Córdoba.* Bei dem Erdbeben von **1972** wurde sie **teil-**

☐ Über den Lago Xolotlán ziehen in der Regenzeit kräftige Gewitter in die Stadt

nica005 ji

Managua Zentrum Nord

0 100 m Nica 02

Managua Zentrum Süd

0 100 m Nica 03

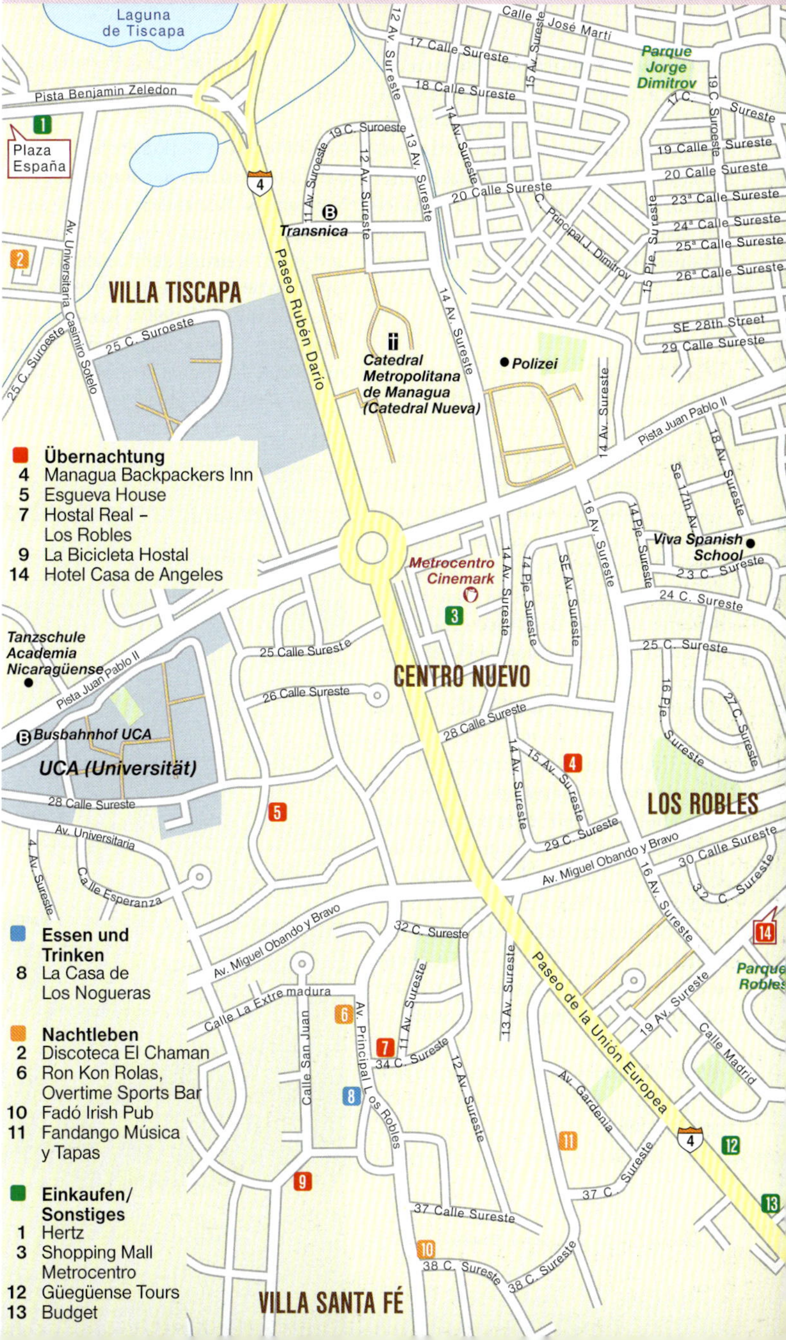

weise schwer zerstört und seitdem nicht wieder aufgebaut. Als Kirchen-Skelett inmitten eines trubeligen Platzes, umgeben von Gebäuden angefüllt mit Leben, wirkt sie wie ein kontrastierendes Mahnmal für die Schnelllebigkeit, den Wandel der Zeiten und ein plötzliches Ende – ein **schönes Fotomotiv** im Sinne von *Carpe diem.*

Nationalpalast (Palacio Nacional de la Cultura)

Der mit schönen Innenhöfen und Treppenaufgängen ausgeschmückte neoklassische Nationalpalast musste 1935 neu errichtet werden, nachdem der Vorgängerbau bei einem schweren Erdbeben im Jahr 1931 zerstört worden war. Heute befindet sich hier das **Museo Nacional de Nicaragua** mit einer Übersicht zur Erdgeschichte, Entstehung und Vulkanismus der Landmasse Zentralamerikas, jeder Menge prähispanischer Funde und einer Dauerausstellung zu Ehren des nicaraguanischen Nationaldichters *Rubén Darío* mit Erstpublikationen, Fotos und Informationen zu Leben und Werk des Poeten. Der Palacio, der für kulturelle und politische Veranstaltungen genutzt wird, beherbergt zudem die **Nationalbibliothek** und ist ein Ort des Studiums und Austausches besonders für junge Menschen – eine inspirierende Stätte.

Infos: Plaza de la Revolución, Südseite, Mo bis Fr 8–17 Uhr, Sa/So 9–16 Uhr, Eintritt 2,50 US$, Fotografieren 1 US$.

Präsidentenpalast (Casa Presidencial bzw. Casa del Pueblo)

Gegenüber dem Nationalpalast liegt die Casa Presidencial, der **Regierungssitz Nicaraguas.** Wie andere Gebäude auch, wurde er beim Erdbeben 1972 zerstört und auf Anweisung des damaligen nicaraguanischen Präsidenten *Arnoldo Alemán* in den späten 1990er Jahren als hell getünchtes Backsteingebäude wieder aufgebaut. Nachdem Präsident *Daniel Ortega* 2006 die Wahlen gewonnen hat-

riderfoot / fotolia

Die alte Kathedrale ist nur noch Fassade

te, nannte er den Bau in **Casa del Pueblo** um. Davor steht eine Bronzestatue von *Sandino* in einer Haltung, als würde er auf eine Audienz warten.

Parque Central und Parque Rubén Darío

Gleich im Westen an die Plaza de la Revolución schließt sich der **Parque Central** an. Der bereits 1898 angelegte Park, einst umgeben von mehrstöckigen Gebäuden, spendet heute Ruhe und herrlichen Schatten. An kleinen Kiosken werden gekühlte Getränke und Knabbereien verkauft. An der Südseite ist in das ehemalige Gran Hotel, zwischen 1940 und 1960 die beste Adresse der Stadt, das **Centro Cultural Managua** eingezogen. Hier finden Ausstellungen, Lesungen, Workshops und Konzerte statt, auch eine Kunst- und eine Musikschule sind hier untergebracht. Eine interessante Fotogalerie zeigt Managua vor und nach dem Erdbeben von 1972. Jeden ersten

Samstag im Monat findet ein kleiner **Kunsthandwerksmarkt** statt.

Nördlich plätschert inmitten des exotischen **Parque Rubén Darío** ein kunstvoller Brunnen mit einer Statue des Dichters aus italienischem Marmor, in ruhmvoller Erinnerung an seine wegweisende Dichtkunst und „Modernisierung" der spanischen Sprache. An dem Monument sind einige der berühmtesten Verse des Poeten wiedergegeben (siehe auch Exkurs „Rubén Darío – Dichter, Botschafter, Nationalheld").

Nationaltheater Rubén Darío (Teátro Nacional)

Nördlich des Brunnens Rubén Darío steht das nach dem Dichter benannte Nationaltheater, das **wichtigste Theater in Nicaragua** und eines der modernsten in Mittelamerika. Es wurde bei dem Erdbeben von 1972 verschont und ist ein Ort für **Konzerte, Theaterstücke, Tanzvorführungen und Ausstellungen.** Die sehr guten und internationalen Inszenierungen und Veranstaltungen lohnen schon aufgrund der Akustik und des Flairs des Theaters einen Besuch. Die Preise variieren je nach Art der Vorstellung zwischen 5 und 20 US$.

■ **Infos:** 1ra Avenida NO, Nordseite des Parque Central, geöffnet nur bei Veranstaltungen, www.tnrubendario.gob.ni.

Park des Friedens (Parque de la Paz)

Als Zeichen der Kriegsüberdrüssigkeit und der Hoffnung auf dauerhaften Frieden wurden im Parque de la Paz mit seinem symbolträchtigen Leuchtturm **sämtliche Waffen, Maschinengewehre und Panzer aus der Zeit des Contra-Krieges einbetoniert** und ragen als Relikte einer für Nicaragua sehr verlustreichen und schweren Epoche aus dem Boden hervor. Das Denkmal wird jedoch nicht in Ehren gehalten, Beschriftungen wurden übermalt oder gestohlen, und ein Besuch empfiehlt sich nur bei Tag und am besten mit einem Führer.

Auf der Avenida Bolívar Richtung Barrio Martha Quezada

Der Avenida Bolívar vom Parque de la Paz nach Süden in Richtung Barrio Martha Quezada folgend, steht auf einem kleinen Platz zunächst die Statue eines unbekannten Soldaten **(Monumento al Soldado Desconocido),** das Maschinengewehr in die Luft gereckt. Auf der linken Seite folgt das Parlamentsgebäude **(Asamblea Nacional)** und nach etwa 600 m das **Arboretum Nacional** (tägl. 8–17 Uhr, Eintritt 10 C$), eine Sammlung von über 180 heimischen und teils endemischen Pflanzenarten. An der **Rotonda Hugo Chávez Frías** steht inmitten der leuchtenden Lebensbäume ein reklameartiges Konterfei des verstorbenen Präsidenten Venezuelas, bildhafte Repräsentation des Zusammenhalts beider Länder.

Stadtviertel (Barrio) Martha Quezada

Im **Backpacker-Viertel** von Managua, bereits in den 1980er Jahren von den vielen „Sandalistas" (Unterstützer der Sandinisten) aus aller Welt aufgesucht, finden sich viele günstige Unterkünfte, Einkaufsmöglichkeiten und der Sitz von zwei internationalen Busgesellschaften. Wenige Meter südlich der Rotonda Hugo Chávez Frías steht eines der Wahrzeichen von Managua: eine **Tempelpyramide der Maya,** in der das 3 **Crowne Plaza Hotel** (siehe Plan S. 24) untergebracht ist, bereits 1969 als Hotel Intercontinental Managua eröffnet und im Volksmund nach wie vor „El Inter" genannt. Da es am Hang des Loma de Tiscapa liegt, bieten die Zimmer eine wunderbare Sicht über die Stadt und den Managua-See mit dem Momotombo-Vulkan im Hintergrund. Um das Hotel liegt die **Shopping Mall Plaza Inter** mit Geschäften, Supermärkten, Fast-Food-Ketten, Bankfilialen und Apotheken.

Auf dem 1,6 km langen Spaziergang zur weiter südlich gelegenen **Plaza España,** ebenfalls eine Shopping Mall mit allem was dazugehört, passiert man das Künstler-Viertel von Managua, **Barrio Bolonia,** mit baumbestandenen Alleen, kleinen Galerien und schickeren Unterkünften.

Tiscapa-Lagune (Parque Histórico Nacional Loma de Tiscapa)

Vom Crowne Plaza Hotel führt ein Weg hinauf zum Tiscapa-Hügel. Bereits aus der Ferne grüßt die überlebensgroße, schattenhafte **Silhouette Augusto Sandinos** die Besucher. Als ob er hinab schaut auf seine Stadt, auf seine Heimat und sie nach wie vor beschützen will, so ist die Haltung des Freiheitskämpfers. Hier stand einst der **Präsidentenpalast,** und hier wurde der Nationalheld im Jahr 1934 in einem Hinterhalt von *Somozas*

riderfoot / fotolia

☑ Loma de Tiscapa – Augusto Sandino stellt alles in den Schatten

neu eingesetzter Nationalgarde ermordet. In den Mauern des Palastes wurden nicht wenige der Gegner der Somoza-Dynastie gefangen gehalten. Im Osten des Parks am Abstieg zur Lagune sind noch einige der alten Folterkammern sichtbar. Neben *Sandino* steht ein Panzer, ein Geschenk des italienischen Diktators *Benito Mussolini* an *Anastasio Somoza*. Der Blick vom Hügel ist wirklich fantastisch, erst hier bekommt man ein echtes Gefühl für die Stadt und Panoramafotos lohnen sich, jedoch erst von oben, da am Aufweg militärische Einrichtungen liegen.

nica003 ji

In der fast kreisrunden **Laguna de Tiscapa,** für die inzwischen eine Säuberungskampagne gestartet wurde, leben zahlreiche Schildkröten und Kaimane. Die Lagune entstand vor über 10.000 Jahren; hier wurden viele Relikte aus prähispanischer Zeit gefunden, einige davon sind im Museo Nacional de Nicaragua ausgestellt.

Auf der Spitze des Hügels beginnt eine spektakuläre **Canopy-Tour:** In bis zu 70 m Höhe saust man an Stahlseilen zur Lagune hinab, ein Pick-up bringt Adrenalinwütige anschließend wieder nach oben.

Infos: Park geöffnet Di bis So 9–17.30 Uhr, Eintritt 1 US$, Autos 2 US$; Canopy-Tour Di bis So 9–17 Uhr, 18 US$, canopytiscapa@yahoo.com.

Neue Kathedrale von Managua (Catedral Metropolitana de Managua, Catedral Nueva)

Gegenüber der riesigen **Shopping Mall Metrocentro,** 500 m südlich der Laguna de Tiscapa (14 Ave. Sureste), steht auf einer weitläufigen Fläche mit Palmen und Wegen die neue und **sehr moderne Kathedrale** von Managua. Mit ihren **63 Kuppeln** mutet sie etwas skurril an; die Zahl steht für die Anzahl der Kapellen, die es zur Zeit ihrer Errichtung zwischen 1991 und 1993 im Erzbistum Managua gab. Der mexikanische Architekt ließ sich von einem indigenen Tempel in

< Rubén-Darío-Brunnen – der Dichter ist (auch) in Managua überall präsent

Cholula, Mexiko inspirieren. Dabei erinnert der **eklektische Stil** der Kirche aus arabischen und romanischen Elementen vielmehr an eine Moschee. Nicht nur deshalb kam es zu Kontroversen: Der erdbebensichere Bau kostete 4,5 Millionen Dollar, die teilweise von dem reichen US-Amerikaner *Tom Monaghan*, Besitzer von Dominos Pizza, finanziert wurden. Einheimische nennen den Bau aufgrund der vielen Kuppeln **„La Chichona"**, die Vielbrüstige (*chiches* heißt umgangssprachlich „Brüste").

Geschäftsviertel Centro Nuevo und Paseo de la Unión Europea

Südlich der neuen Kathedrale ist rund um den Kreisverkehr Rotonda Rubén Darío mit seinem Fontänen spuckenden Prachtbrunnen und entlang der nach Süden führenden Hauptverkehrsader Paseo de la Unión Europea das **Neue Zentrum** *(Centro Nuevo)* von Managua entstanden, ein Geschäftsviertel mit der großen Shopping Mall Metrocentro, mit Banken, Restaurants, Bars, Casinos, Diskotheken, Boutique-Hotels und Galerien. Es unterteilt sich in drei Zonen: **Zona Viva, Zona Rosa** und **Zona Hippos.** Die **Universität** (*Universidad Centroamericana*, UCA) und das gleichnamige **Busterminal** liegen nur 300 m westlich der Metrocentro-Mall.

3,3 km östlich, zu erreichen über die Avenida Miguel Obando y Bravo, befindet sich der **Mercado Roberto Huembes,** ein riesiger Markt, auf dem es einfach alles gibt, in der Nordost-Ecke auch einen Bereich mit sämtlichen Kunsthandwerksprodukten des Landes.

Praktische Informationen

An- und Weiterreise

Flughafen

■ Der **Aeropuerto Internacional Augusto César Sandino** (www.eaai.com.ni/en) liegt **12 km vom Zentrum** von Managua (25 Min.) entfernt. **Flughafentaxis** fahren ins Stadtzentrum (10 US$ p.P.) und auch in die nächsten größeren Städte (Granada 20 US$ p.P., León 30 US$ p.P.). Ein solches Taxi zu nehmen, ist – auf jeden Fall nach Sonnenuntergang – sicherer, als eines auf der Straße vor dem Flughafen anzuhalten, auch wenn die günstiger sind (z.B. ins Zentrum von Managua 5–6 US$). **Busse** fahren von der Haltestelle gegenüber dem Flughafen zum Mercado Roberto Huembes (7 C$, „Huembes" ist an der Windschutzscheibe angeschrieben), doch sollte das nur tagsüber erwogen werden; Achtung: Taschendiebe!

■ Zu **Flugverbindungen** siehe „Praktische Reisetipps A–Z/Anreise/Mit dem Flugzeug".

■ Vom kleinen nationalen Terminal rechts vom Hauptgebäude fliegt **La Costeña** zu vielen inländischen Zielen wie den Corn-Inseln, Ometepe, San Carlos und San Juan del Norte (https://costena.online.com.ni).

Managua als Kurztrip

Wer nicht in der Stadt bleiben will, sie für einen Nachmittag aber dennoch besuchen möchte, kann das bequem **von Masaya oder Granada aus** machen. Der Bus fährt in 1 Stunde bis zum UCA-Busbahnhof in Managua. Hier geht es mit einem Taxi in 15 Min. zum Malecón und den wichtigsten Sehenswürdigkeiten im Zentrum.

Busfahrplan

Ziel	Busbahnhof	Abfahrt	Häufigkeit	Dauer	Preis
Boaco	Mayoreo	5–18 Uhr	alle 20 Min.	3 Std.	57 C$
Carazo (über Diriamba)	Bóer	4.30–18 Uhr	alle 20 Min.	1 Std.	32 C$
Chinandega (Minibus)	Bóer	6–19 Uhr	alle 30 Min.	2½ Std.	86 C$
Corinto	Bóer	5–17 Uhr	stündlich	3 Std.	100 C$
El Rama *(Bus expreso)*	Mayoreo	14, 18, 22 Uhr		5–6 Std.	260 C$
El Rama *(Bus ruteado)*	Mayoreo	5–22 Uhr	5x täglich	6–7 Std.	216 C$
Estelí	Mayoreo	5.45–17.30 Uhr	stündlich	2½ Std.	86 C$
Granada	Huembes	5–22 Uhr	alle 15 Min.	1½ Std.	22 C$
Granada (Minibus)	UCA	5.30–21 Uhr	alle 15 Min.	1 Std.	36 C$
Jinotega	Mayoreo	4–17.30 Uhr	stündlich	4 Std.	100 C$
Jinotepe (Minibus)	UCA	5.30–20.30 Uhr	alle 20 Min.	1 Std.	32 C$
Juigalpa	Mayoreo	5–17.30 Uhr	alle 20 Min.	4 Std.	72 C$
La Paz Centro (León Viejo)	Bóer	6–20 Uhr	alle 30 Min.	1½ Std.	28 C$
León *(Bus expreso)*	Bóer	5.30–16.30 Uhr	alle 30 Min.	2 Std.	42 C$
León *(Bus ruteado)*	Bóer	5–16.30 Uhr	alle 30 Min.	2½ Std.	52 C$
León (Minibus)	Bóer	6–17 Uhr	alle 30 Min.	1½ Std.	78 C$
León (Minibus)	UCA	7.30–21 Uhr	alle 15 Min.	1½ Std.	80 C$
Masaya	Huembes	6–19.30 Uhr	alle 20 Min.	50 Min.	15 C$
Masaya (Minibus)	UCA	5.30–20 Uhr	alle 15 Min.	45 Min.	22 C$
Matagalpa	Mayoreo	3.30–18 Uhr	stündlich	2½ Std.	76 C$
Naindame	Huembes	11–15 Uhr	alle 20 Min.	1½ Std.	28 C$
Ocotal	Mayoreo	5.45–17.45 Uhr	12x täglich	3½ Std.	128 C$
Peñas Blancas	Huembes	10, 16 Uhr		2½ Std.	100 C$
Rivas *(Bus expreso)*	Huembes	4–20 Uhr	alle 30 Min.	1½ Std.	94 C$
Rivas *(Bus ruteado)*	Huembes	4–20 Uhr	alle 30 Min.	2 Std.	58 C$
San Carlos	Mayoreo	5–17 Uhr	6x täglich	7–8 Std.	230 C$
San Juan del Sur	Huembes	10, 16 Uhr		2½ Std.	94 C$
San Marcos (Minibus)	Huembes	4–18 Uhr	wenn voll	1 Std.	28 C$
Somoto	Mayoreo	7.15–16.45 Uhr	8x täglich	4 Std.	115 C$

Hinweis: Viele landesweit verkehrende Busse halten an der Haltestelle gegenüber dem Flughafen. Wer also z.B. von Matagalpa kommt und per Inlandsflug von Managua zum nächsten Ziel möchte, fragt am besten den Busfahrer, der bei Ankunft am Flughafen Bescheid gibt.

Busse (siehe Tabelle)

■ Managua ist der Verkehrsknotenpunkt des Landes, von hier werden **alle Landesteile** erreicht. Es gibt **vier große Busbahnhöfe,** die verschiedene Richtungen bedienen: *UCA* (Minibusse), *Mercado Roberto Huembes* (Granada, Masaya und Südwest-Nicaragua), *Mercado Mayoreo* (nördliches Hochland und Karibikküste) und *Mercado Israel Lewites,* auch bekannt als *Bóer* (León und Nordwest-Nicaragua).

■ **Transnica** (Nueva Catedral, 2 Blöcke nördlich und ½ Block westlich, www.transnica.com) und **Ticabus** (Martha Quezada, 9 Calle Suroeste, www.ticabus.com) sind die zwei bekanntesten Buslinien für Verbindungen in die Nachbarländer.

■ **In Managua** selbst ist das Busnetz unübersichtlich, die Busse sind bis zum Platzen voll und ein beliebter Arbeitsplatz von Dieben, daher ist das Busfahren für Managua-Neulinge nicht zu empfehlen. Taxis sind sicherer und auch nicht teuer.

Mietwagen

Alle bekannten (internationalen) **Firmen** (Budget, Dollar, Hertz, Alamo etc.) haben Büros am Flughafen und ein weiteres in der Stadt. Führend ist in Nicaragua Budget, aber auch Dollar ist ein bekanntes Unternehmen.

Taxis

Taxis sind das **Verkehrsmittel Nummer 1** in Managua. Auf die roten Nummernschilder achten! Die Preise gelten, wie auch im Rest des Landes, immer pro Person! Taxis fahren und halten überall, sie sind günstig und schnell, z.B. kostet es vom UCA-Busbahnhof zum Malecón 35 C$ p.P.

Einkaufen

■ **Shopping Malls:** 2 **Plaza Inter** (Plan S. 24), Martha-Quezada-Viertel nördlich des Crowne-Plaza-Hotels, 10–21 Uhr, Geschäfte, Banken, Supermärkte, Fast-Food-Ketten, Apotheken; 3 **Metrocentro** (Plan S. 25), Centro Nuevo an der Rotonda Rubén Darío, 10–21 Uhr, typische Mall mit allem Drum und Dran.

12 **Mercado Roberto Huembes** (Plan S. 18), der beste Markt in Managua, um Kunsthandwerk zu kaufen. Jeder Taxifahrer weiß, wo er liegt.

11 **Mercado Oriental** (Plan S. 18), Arbeitsplatz von 10.000 Menschen und größter Markt Mittelamerikas! Es gibt hier einfach alles, auch Diebe, also Vorsicht: Keine Wertsachen und wenig Geld mitnehmen und/ oder an „geheimen Orten" am Körper verstecken und den Rucksack im Hotel lassen.

■ **Supermärkte** gibt es im ganzen Stadtgebiet, vor allem die **Palí-Märkte,** z.B. einen 13 in der Nähe des Busterminals Mercado Roberto Huembes (Plan S. 18), aber auch den Supermercado La Colonia in der 13 **Shopping Mall Plaza España** (Plan S. 24) und eine Kette, die La Unión heißt.

Essen und Trinken

Vielfalt und Qualität der Restaurants sind in Managua die besten des Landes. Auch die „Nicas" gehen gerne gut essen.

Stadtplan S. 18

9 **Arepa Factory**①, Rotonda Universitaria, Plaza 101 neben dem Centro Comercial Plaza Brasil, tägl. 16–24 Uhr. Leckere venezolanische Küche! *Arepas* (Maisfladen), *Cachapas* (Eierkuchen aus Maismehl) und *Tequeños* (frittierte Käsestangen im Teigmantel). Ein Favorit ist die *Arepa de cerdo con quesillo* (Maisfladen mit Schweinefleisch und Käse).

2 **Los Ranchos**③, Panamericana, vom Parque El Carmen 500 m westlich, tägl. 11–22 Uhr. Eines der besten und ältesten Steakhäuser von Managua mit einem exzellenten Service. Man kann im schattigen Garten mit einem kleinen Teich mit Wasserschildkröten sitzen oder im klimatisierten Restaurant. Die Portionen sind groß, das Rindfleisch ist köstlich!

6 **Gastronomia El Buzo**②, Carretera Sur, Km 13, 100 m südlich und 100 m östlich, Di bis Fr 18–23 Uhr, Sa/So 12–24 Uhr, Mo geschlossen, www.face-

book.com: Gastronomia El Buzo. Das wohl beste Restaurant in Managua führt eine Auswahl von über 500 (!) Gerichten. Stilvolles Ambiente, top Service, alles ist frisch, die Küche ist mediterran ausgerichtet, es gibt von echt italienischer Pasta bis zu Meeresfrüchten einfach alles, der Koch kommt an die Tische und erklärt die Zutaten und Saucen.

8 **Wok This Way**①, gegenüber dem Haupteingang vom Colegio Americano, Mo bis Fr 12–17 Uhr, Sa 12–15 Uhr. Delikate vietnamesische Speisen und andere Asia-Küche in einem kleinen Restaurant. Der Mango-Salat *(Ensalada de mango)* ist Spitze! Die Auswahl an Getränken ist allerdings begrenzt.

14 **Mara Mara**①, Colonia Centroamerica, an der Ostseite vom Colegio Salvador Mendieta, Facebook: cafemaramara. Superleckere und günstige Küche, vor allem vegetarische und auch vegane Gerichte. Dazu gibt es tolle Kaffeespezialitäten. Ab und an werden Live-Musik- oder Filmabende veranstaltet.

14 **Porterhouse Steaks**③, Km 8, Carretera a Masaya, 800 m südlich der Shopping Mall Galerías Santo Domingo, Di bis Sa 12–23 Uhr. Gutes Fleisch, große Portionen, guter Service, offenes, rustikales Ambiente.

14 **Quesillos El Pipe**①, Carretera a Masaya, tägl. 11–20 Uhr. Nica-Restaurant mit typischen Quesillo-Variationen: In einer Maistortilla wird der Käse mit einer dicken Creme, Zwiebeln und anderen Dingen serviert. Große Portionen!

Stadtplan S. 24

9 **Asados Típicos Doña Pilar**①, Barrio William Díaz, von Ticabus 100 m westlich und 50 m nördlich, 12–14 und 17.30–22.30 Uhr. Typischer nicaraguanischer Straßenstand *(fritanga)* mit Grillhühnchen, *Tostónes, Vigorrón* und anderen Delikatessen im Bananenblatt.

5 **Xin Tian Di**④, Ave. Simón Bolívar, an der Westseite vom Crowne Plaza Hotel, 12–22.30 Uhr, Do geschlossen. Teurer „Chinese" nahe am Zentrum bzw. der meisten Sehenswürdigkeiten. Die Entengerichte und der Reis sind lecker.

Stadtplan S. 25

MEIN TIPP: 8 **La Casa de Los Nogueras**③, Ave. Principal Los Robles Nr. 17, Mo bis Sa 11.30–15 und 19–23 Uhr, www.lacasadelosnogueras.com. Schickes, komfortables Ambiente mit weißen Tischdecken und eingedeckten Tischen. Der Garten ist toll und ruhig. Exzellente Steaks, sautiertes Gemüse, Back- und Süßkartoffeln, Meeresfrüchte, Carpaccio, Paella und köstliches Früchte-Mousse zum Nachtisch. Gute Wein-Auswahl und eine voll ausgestattete Bar.

Nachtleben und Unterhaltung

Managua ist landesweit der beste Spot für alle, die nachts kräftig feiern wollen. Es gibt viele Discos, Bars, Gay Clubs und Lokalitäten mit Live-Musik.

Stadtplan S. 18

1 **Charlie's Bar,** 6a Calle Suroeste, im Nordwesten der Stadt, Di bis Fr 20–1 Uhr. Coole, relaxte Atmosphäre im Cantina-Style, schneller Service, gutes Essen.

10 **Ruta Maya,** unweit vom Estadio Nacional Dennis Martínez, Estatua de Montoya, Eintritt 2–5 US$, www.rutamaya.com.ni. Auf einer Dachterrasse werden nationale und internationale Gerichte serviert, dazu spielen Live-Bands Nica-Folklore oder covern weltberühmte Titel.

Stadtplan S. 24

7 **Tabu,** Barrio Bolonia, 2 Ave. Suroeste, 100 m südlich von Intur, Mi bis Sa 18–2 Uhr. Etablierter Schwulen- und Lesbenclub mit Dancefloor.

1 **Jona's Bar,** 7 Ave. Suroeste, 3 Blöcke nördlich und 1 Block westlich vom Tabu. Gay-Karaoke-Bar.

10 **Shannon Bar Irlandés,** Ticabus, 1 Block westlich und 1 Block südlich, tägl. 18–24 Uhr. Irish Pub mit internationalem Publikum.

4 **La Casa de los Mejía Godoy,** gegenüber dem Crowne Plaza Hotel an der Ave. Bolívar, Mo/Di 8–16.30 Uhr, Mi bis Sa 8–1 Uhr, www.losmejiagodoy.

com. In diesem guten Restaurant, benannt nach den bekannten nicaraguanischen Pop- und Folkloresängern *Carlos* und *Enrique Mejía Godoy*, gibt es neben leckeren Gerichten tolle Live-Abende mit lokalen und internationalen Bands, der Eintritt variiert zwischen 9 und 15 US$.

Stadtplan S. 25

6 **Ron Kon Rolas,** Ave. Principal Los Robles, Zona Hippos. Im Vergleich zu anderen Bars in dem Viertel noch recht günstig. Es gibt Bier.

6 **Overtime Sports Bar,** Ave. Principal Los Robles, unweit des Hilton-Hotels, Di bis Sa 16–2 Uhr. Der perfekte Ort für ein kaltes Bier unter jungen Nicas. Gutes Essen, fetziges Ambiente, manchmal Live-Musik, Freitagnacht legt ein DJ auf, dann wird es sehr voll.

2 **Discoteca El Chaman,** Ave. Universitaria Casimiro Sotelo, südlich der Tiscapa-Lagune. Disco für sehr junges Publikum, die Musik ist international.

11 **Fandango Música y Tapas,** Paseo de la Unión Europea, Mi bis Sa 19–1 Uhr. Treffpunkt für gute Salsa-Tänzer. Aber auch Bachata, Cumbia und andere Latino-Tänze werden hier zum Besten gegeben. Das Essen ist eher snackartig, zum Trinken gibt es vor allem Bier.

10 **Fadó Irish Pub** (früher The Temple Bar), Ave. Principal Los Robles. Viele Biersorten, Whiskey, Musik (auch Bands), Sportübertragungen im TV – ein irisches Pub eben!

Theater und Kino

- **Teatro Rubén Darío,** an der Plaza de la Revolución, www.tnrubendario.gob.ni.
- **Metrocentro Cinemark,** in der Metrocentro Mall, mehrere Kinosäle, Karten 3 US$.
- **Cinema Plaza Inter,** in der gleichnamigen Mall, Filme mit Untertitel, Karten 3 US$.

Tanzkurse

- **Tanzschule Academia Nicaragüense,** Ave. Universitaria, vom UCA-Bahnhof 50 m nördlich, Mo bis Fr 9–20 Uhr, www.asodanza.com, www.facebook.com: Academia Nicaraguense de la Danza. Schon immer heiß auf lateinamerikanische Tänze? Dann los, denn hier kann man sie erlernen und mit professionellen Lehrern die Hüften zu Merengue, Reggaetón, Salsa, Cumbia oder Bachata schwingen. Kursgebühren zwischen 20 und 30 US$ pro Monat.

Nützliches

- **Tourist-Info: Intur,** Crowne Plaza Hotel, 1 Block südlich und 1 Block westlich, Mo bis Fr 8–17 Uhr. Broschüren und Kartenmaterial zur Stadt und zum Land insgesamt.
- **Stadtrundfahrten** starten an der Panamericana/Calle de Capadife um die Ecke vom Estadio Nacional Dennis Martínez, Mo bis Sa 8–18 Uhr.
- **Veranstaltungen** unter www.managua.gob.ni in der Rubrik „Actividades permanentes".
- **Polizei:** Gegenüber der Neuen Kathedrale, Tel. 2277 4130; Notrufnummer 118.
- **Krankenhäuser: Hospital Alemán-Nicaragüense,** Carretera Norte, Tel. 8804 0059, deutschsprachige Ärzte, moderne Ausstattung; **Hospital Bautista,** 500 m östlich der Laguna de Tiscapa, Tel. 2264 9020; Krankenwagen unter der Notfallnummer 128.
- Über eine **Wäscherei** bzw. einen Waschservice verfügen die meisten Hostels.
- **Internetzugang** (WLAN/WiFi) gibt es in allen Unterkünften und vielen Restaurants. Es finden sich mehrere Internet-Cafés in der Stadt, z.B. im Einkaufscenter Plaza Inter.
- **Post:** Gegenüber dem Parque Central an der Ave. Bolívar, 8–17 Uhr.
- **Sprachschule: Viva Spanish School,** Retonda Rubén Darío, 5 Blöcke östlich bis zur Bank Produzcamos, dann 2 Blöcke nach Süden, www.vivaspanishschool.com. Die Unterrichtspalette ist groß, ein Intensivkurs mit 20 Std. pro Woche kostet 175 US$. Nach dem Aufenthalt gibt es die Möglichkeit den Kurs online via Skype fortzusetzen. Volontäre und Langzeitreisende sind willkommen!

Touranbieter

5 Tours Nicaragua (Plan S. 18), im Westen der Stadt am Beginn der Pista Juan Pablo II, bei der Banco Central de Nicaragua, Mo bis Fr 8–18 Uhr, Sa 8–12 Uhr, www.toursnicaragua.com. Touranbieter mit professionellen, mehrsprachigen Guides; Ausflüge in die Umgebung und ins ganze Land.

7 Solentiname Tours Discover Nicaragua (Plan S. 18), Lomas de Montserrat de Albanisa, 1 Block südlich, letztes Haus, Mo bis Fr 8–17 Uhr, Sa 8–13 Uhr, www.solentinametours.com. Von dem deutschen Betreiber *Immanuel Zerger* geführter Reiseanbieter für die Karibik, den Süden, León, Granada und Managua. Die Führer sprechen mehrere Sprachen.

12 Güegüense Tours (Plan S. 25), Carretera a Masaya, Plaza King Palace Nr. 7, Mo bis Fr 8–18.30 Uhr, Sa 8–17 Uhr, www.gueguensetours.com. Gruppenausflüge und private Touren zu stolzen Preisen: Eine historische Stadttour durch Managua kostet z.B. 35 US$, ein Ausflug nach León und Vulkanboarding 69 US$, eine Tour zum Masaya-Vulkan 55 US$.

Übernachten

Unterkünfte gibt es viele, vom einfachen Hostel über gehobene Boutique- bis hin zu teuren Luxushotels. Alle haben WLAN/WiFi.

Stadtplan S. 18

3 Hostal Sleep Easy Inn③, 16 Ave. Suroeste, südlich der Universidad Central de Nicaragua (UCN), www.hostalsleepeasyinn.com. Die einfach eingerichteten und klimatisierten Zimmer sind mit Schreibtisch, Kabel-TV und eigenem Bad ausgestattet. Es gibt einen kleinen Garten und einen Billardtisch.

15 Best Western Las Mercedes④, direkt gegenüber vom Flughafen, www.lasmercedes.com.ni. Eine gute Wahl für alle, die zu ungünstigen Zeiten abfliegen müssen oder nachts ankommen. Schicke, große Empfangshalle mit Blumen, saubere Wohlfühl-Hotelzimmer, Pool, schöner Garten, Restaurant, Open-Air-Bar und kostenloser Shuttle zum Flughafen.

16 Hostal Monte Cristi②, 5 Min. vom Flughafen, www.hostalmontecristi.com. Super Hostel mit netten Zimmern, kostenlosem Flughafen-Transfer, Tischtennis, Bar, Spielzimmer – kurzum, hier wird es nicht langweilig.

17 Airport X Managua③, 5 Min. vom Flughafen, www.airportxmanagua.com, das Hotel bietet seinen Gästen zu jeder Tageszeit einen Shuttleservice zum Flughafen, selbst zu Fuß sind es nur 15 Min. Geräumige, saubere und neue Zimmer, ruhige Lage, freundliches Personal, Frühstück ab 4 Uhr – optimal für alle, die sehr früh abfliegen. Über www.booking.com gibt es oft Sonderangebote.

Stadtplan S. 24

Mein Tipp: 11 Pandora Hostel②, vom Ticabus-Büro 1 Block südlich und 1 Block östlich, www.pandora-hostel-managua.booked.net. Große, helle Zimmer mit dunklen Einbauschränken und tollen Betten in zentrumsnaher Lage. Auswahl vom Dorm (13 US$), übers Doppel- und Dreibettzimmer. Es gibt einen großen Gemeinschaftraum und eine Tischtennisplatte.

12 La Posada del Arcangel④, Calle Los Pinos, wenige Meter vor der Parroquia (Kirche) San Francisco de Asís, www.hotellaposadadelarcangel.com. *Carlos* und *Ana* sind freundliche und hilfsbereite Gastgeber. Die Zimmer (55 US$) sind ausreichend groß, es gibt Nachttischlampen, gemütliche Betten, AC und TV.

8 Hotel Mansión Teodolinda④, Paseo Tiscapa, am südwestlichen Ufer der Laguna de Tiscapa. Typische, nett gemachte Hotelzimmer (73 US$) mit guten Betten, Bad, TV und AC, Frühstück inklusive. Die Lage gleich um die Ecke der Avenida Bolívar und damit in der Nähe der Sehenswürdigkeiten ist super, der Pool sowieso.

Stadtplan S. 25

4 Managua Backpackers Inn②, Barrio Los Robles, 15 Ave. Sureste, zwischen dem Hotel Intercontinental und dem Parque Japón Nicaragua, www.managuahostel.com. Richtig gute Matratzen, Gemeinschaftsküche, Hängematten und sogar ein Pool – eine gute und günstige Option mitten in der Großstadt. Ein Bett im gemischtgeschlechtlichen Schlafsaal gibt es für 11 US$, DZ für 29 US$. Die Pancakes zum Inklusiv-Frühstück sind der Hammer.

Mein Tipp: **14 Hotel Casa de Angeles**②, 31 Calle Sureste, 2 Blöcke nördlich des Parque Robles, www.casadeangeles.com.ni. Nettes, kleines Stadthotel mit hellen Zimmern, guten Betten, Nachttischlampen, AC, einem kleinen Garten mit Sitzmöglichkeiten, kostenfreiem Parkplatz und Flughafentransfer. Ein leckeres Gratis-Frühstück gibt es auch.

5 Esgueva House②, 8 Ave. Sureste, das Konsulat von Costa Rica liegt 1½ Blöcke südlich, www.esgueva-house-hotel-managua.webnode.es. Die grüne Oase inmitten von Managua liegt nur 1 km von der Neuen Kathedrale entfernt. Geboten werden sehr einfache Zimmer mit Bad und Ventilator, die für den Standard etwas günstiger sein könnten (34 US$). Das Personal ist stets freundlich und hilft bei jeder Frage so gut es kann.

9 La Bicicleta Hostal③, Calle San Juan Nr. 7 im Reparto San Juan, vom Restaurante La Marsellaise 2½ Blöcke südlich, www.labicicletahostal.com. Gepflegtes und schönes „Hotelito" mit Dorms, DZ und Familienzimmern. Es gibt einen kleinen Garten und einen Shuttleservice zum Flughafen.

Mein Tipp: **7 Hostal Real – Los Robles**④, Zona Rosa im Barrio Los Robles, 11 Ave. Sureste, um die Ecke der Botschaft von Chile. Quietschbunt, rustikal und mit einem Hauch künstlerischer Atmosphäre präsentiert sich dieses 15-Zimmer-Hotel. Die Zimmer sind unterschiedlich groß, die Betten bequem, AC ist vorhanden. Der Garten ist chillig mit Sitzecken und einem schönen Pool, im begrünten Patio plätschert ein Springbrunnen, die Lage in der Stadt ist absolut top!

Ziele in der Umgebung

Neben dem **Parque Nacional Volcán Masaya,** der abhängig vom Verkehr in 30 Min. mit dem Auto oder in ca. 1 Std. mit dem Bus erreichbar ist (mehr Informationen zum Nationalpark im Kapitel „Nicaraguas historisches Zentrum"), liegen unmittelbar um die Stadt weitere Nationalparks.

Nur 10 km westlich von Managua ragt die **Reserva Natural Península de Chiltepe** (siehe hintere Umschlagkarte) mit zwei Kraterseen, der Laguna Apoyeque und der Laguna de Xiloá, als Halbinsel in den Managua-See. Der Vulkan Apoyeque explodierte vor knapp 7000 Jahren – übrig blieb der Krater. Noch heute schwankt die Temperatur der Lagune, es riecht nach Schwefel, Fumarolen steigen aus der Erde. Die **Laguna de Xiloá** eignet sich zum Baden, Kitesurfen und Tauchen; Volcanodivers organisiert Tauchausflüge, Infos unter www.volcanodivers.net/laguna-de-xiloa. Ringsum liegen Berge mit Wanderwegen. Von oben bietet sich ein wunderbarer Blick über den Managua-See, die Lagunen und die weite Landschaft.

■ **Infos:** Am Touristenzentrum **Centro Turístico Xilóa** (8–19 Uhr) an der Südseite des Sees gibt es ein paar Restaurants und Spielplätze. Die **Anfahrt** mit dem eigenen Auto erfolgt über die Nic28 *(nueva carretera a León)* oder die Nic226 in Richtung Ciudad Sandino. Am Centro Turístico Xilóa kann das Auto geparkt werden.

nica081-ji

2

Nicaraguas Norden

Der Norden ist das agrarische Herz des Landes. Hier werden Kaffee, Tabak, Getreide, Gemüse und Obst weitflächig angebaut. Zahlreiche Farmen lassen sich bei der Arbeit über die Schulter schauen, und wer ganz und gar in die bäuerliche Lebenswelt eintauchen möchte, hat auf einigen Fincas die Gelegenheit, bei der Arbeit selbst mit anzupacken.

< Weite Landschaften prägen den Norden

UNTERWEGS IM HOCHLAND

Nördlich von Managua liegt Nicaraguas Bergwelt mit Höhen zwischen 600 und 2000 m. Der höchste Gipfel ist der Pico Mogotón mit 2107 m. Das milde Klima der Pinien- und Zedernwälder geht langsam über in die kühleren Zonen der Nebelwälder, in denen reichlich Mose und Farne, aber auch Orchideen wachsen. An der Grenze zu Honduras fließt der majestätische Río Coco, an dem die Miskito-Indianer leben, in deren Sprache der Fluss Wanki heißt. Viele Tier- und Vogelarten finden sich hier, und sogar seltene Exemplare, wie der wunderschön grün schillernde Quetzal-Vogel mit seinem langen Federschwanz, lassen sich mit etwas Glück noch beobachten.

Historisch ist der Norden von kämpferischen und revolutionären Ereignissen geprägt: Die indigenen Stämme wehrten sich im 16. Jahrhundert massiv gegen die spanischen Konquistadoren, *Sandino* und seine Anhänger führten hier in den 30er Jahren des 20. Jahrhunderts einen Guerillakrieg gegen die US-Marines, zu Beginn der 1960er Jahre starteten die Sandinisten ihre ersten Attacken gegen das Somoza-Regime, die FSLN hat hier ihre Wurzeln, und in den 1980er Jahren tobte in den Bergen der Contra-Krieg.

Zu Nord-Nicaragua gehören die **Distrikte** Matagalpa, Jinotega, Estelí, Madriz und Nueva Segovia.

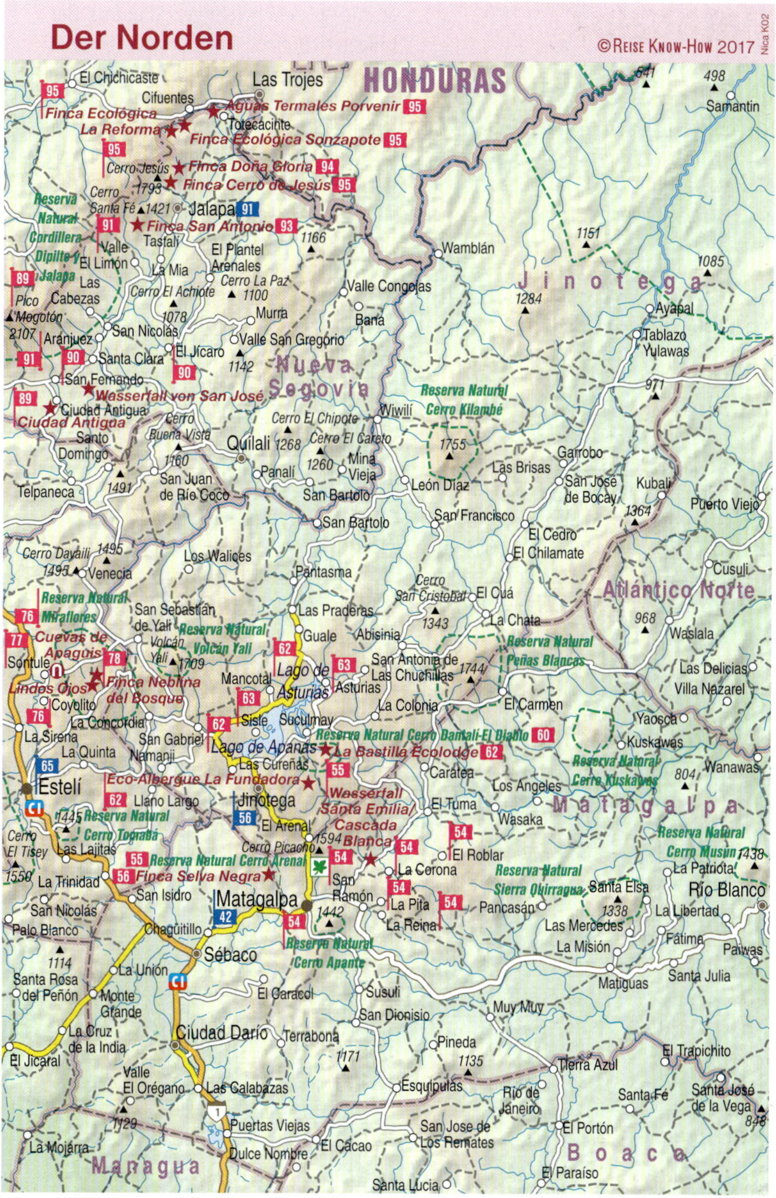
Der Norden
©Reise Know-How 2017
Nica K02
HONDURAS
El Chichicaste
Cifuentes
Las Trojes
Aguas Termales Porvenir 95
Totecacinte
Finca Ecológica La Reforma
Finca Ecológica Sonzapote 95
Cerro Jesús
Finca Doña Gloria 94
Finca Cerro de Jesús 95
1793
Cerro Santa Fé
1421
Jalapa 91
Finca San Antonio 93
Reserva Natural Cordillera Dipilto y Jalapa
Tastalí
Valle El Limón
La Mia
El Plantel
Arenales
1166
Wamblán
Cerro La Paz
1100
Cerro El Achiote
Las Cabezas
Pico Mogotón
2107
1078
Murra
Valle Congojas
Bana
Aranjuez
San Nicolás
Valle San Gregorio
El Jícaro
1142
Santa Clara
San Fernando
Nueva Segovia
Wasserfall von San José
Ciudad Antigua
Cerro Buena Vista
Cerro El Chipote
Wiwilí
Reserva Natural Cerro Kilambé
1755
Quilalí
1268
Cerro El Careto
1260
Mina Vieja
Santo Domingo
1160
Panalí
León Díaz
Las Brisas
Garrobo
San José de Bocay
Kubalí
Telpaneca
1491
San Juan de Río Coco
San Bartolo
San Francisco
1364
Puerto Viejo
El Cedro
El Chilamate
Cerro Davaili
1495
Venecia
Los Walices
Pantasma
Cusulí
Cerro San Cristobal
El Cuá
1343
La Chata
Atlántico Norte
968
Waslala
Reserva Natural Miraflores
San Sebastián de Yalí
Reserva Natural Volcán Yalí
Volcán Yalí
1709
Las Praderas
Guale
Abisinia
Cuevas de Apaguis
Sontule
Lindos Ojos
Finca Neblina del Bosque
Mancotal
Lago de Asturias
Asturias
San Antonio de Las Chuchillas
1744
Reserva Natural Peñas Blancas
Las Delicias
Villa Nazarel
Coyolito
La Colonia
El Carmen
Yaosca
La Concordia
Sisle
Sucumay
Reserva Natural Cerro Datanlí-El Diablo 60
La Sirena
San Gabriel
Lago de Apanás
La Bastilla Ecolodge 62
Kuskawas
La Quinta
Namanji
Las Cureñas
Reserva Natural Cerro Kuskawas
Wanawas
Estelí
Eco-Albergue La Fundadora
Caratea
Los Angeles
804
Llano Largo
Jinotega
Wasserfall Santa Emilia
El Tuma
Wasaka
Matagalpa
1445
Reserva Natural Cerro Tomabú
El Arenal
Cascada Blanca
Reserva Natural Cerro Musún
1438
Cerro El Tisey
Las Lajitas
Cerro Picacho
1594
El Roblar
La Patriota
1550
Reserva Natural Cerro Arenal
La Corona
Reserva Natural Sierra Quirragua
Santa Elsa
Río Blanco
La Trinidad
Finca Selva Negra
San Ramón
La Pita
Pancasán
1338
La Libertad
San Nicolás
San Isidro
Palo Blanco
1442
La Reina
Las Mercedes
Fátima
Chagüitillo
La Misión
Paiwas
Sébaco
Reserva Natural Cerro Apante
1114
Santa Rosa del Peñón
La Unión
Matiguas
Santa Julia
El Caracol
Susulí
Monte Grande
San Dionisio
Muy Muy
La Cruz de la India
Ciudad Darío
Terrabona
Pineda
El Trapichito
El Jicaral
1171
1135
Tierra Azul
Valle El Orégano
Las Calabazas
Esquipulas
Río de Janeiro
Santa Fé
Santa José de la Vega
848
1129
Puertas Viejas
San Jose de Los Remates
El Portón
La Mojarra
Dulce Nombre
El Cacao
Boaco
Managua
El Paraíso
Santa Lucía
541
498
Samantin
1151
1085
Jinotega
1284
Ayapal
Tablazo Yulawas
971

Matagalpa

Die mittelgroße Bergstadt mit ihren 150.000 Einwohnern ist das **Tor zur Kaffeeroute** im Norden. Der Ort liegt auf 681 m eingebettet zwischen Bergen mit Höhen bis zu 1442 m, alles ist grün und die Luft deutlich kühler als in Managua. Bevor die Spanier kamen hieß bereits die **indigene Siedlung** Matagalpa, doch bis heute ist nicht geklärt, was der Name bedeutet – es gibt zahlreiche Vorschläge wie z.B. „Land der Schleuderer" oder einfach „Großes Dorf". Die *matagalpas* besiedelten die gesamte Region. Den Konquistadoren widersetzten sich die wehrhaften Stämme tapfer, doch letztlich wurden sie doch dezimiert und missioniert. Zur Zeit der Revolution war Matagalpa ein wichtiger Standort der linksgerichteten **FSLN** und Heimat zweier ihrer Mitbegründer. Heute werden in der Region neben Kaffee vor allem Kakao, Mais und Bohnen angebaut, und viele Leute leben nach wie vor von der **Landwirtschaft.** Als Ausgangspunkt für Touren zu **Kaffeefincas** und in die umliegenden Naturreservate ist der Ort ideal, denn es gibt auch eine Autovermietung.

Matagalpa ist das **medizinische Zentrum der Region.** Es gibt unglaublich viele Kliniken und mehr Apotheken als in einer deutschen Stadt Bäcker und Friseure zusammen.

NICHT VERPASSEN!

- **Cascada Blanca:** Baden am Wasserfall | 55
- **Pizza Libertalia:** die wahrscheinlich beste Pizza des Landes | 59
- **Naturschutzgebiet Cerro Datanlí-El Diablo:** Natur pur! | 60
- **Drew Estate Tobacco:** alles über die Zigarrenherstellung | 70
- **Cañón de Somoto:** im Gummireifen durch die Schlucht | 83

Diese Tipps sind gelb hinterlegt.

Orientierung

Das Zentrum ist wie üblich schachbrettartig ausgerichtet, die Orientierung fällt leicht, **alles ist zu Fuß erreichbar,** und in der Stadt ist es sicher. Vom Parque Central führen drei Hauptstraßen nach Süden, in der östlichsten Avenida Central, auch Avenida Bartolomé Martínez oder Calle de los Bancos genannt, befinden sich sämtliche Banken, in der mittleren Avenida José Benito Escobar gibt es viele Restaurants und Geschäfte, die westliche Straße ist vor allem eine Verkehrsader. Referenzpunkte für Adressangaben sind auch die Cancha Brigadista, ein Sportcenter gleich nördlich der Kathedrale, und die Klinik Santa Fé weiter südlich an der Avenida Bartolomé Martínez.

> Kaffeeplantage

La Ruta de Café – Unterwegs im Kaffeeland

Nord-Nicaragua ist seit den 1850er Jahren bekannt für einen intensiven Kaffeeanbau. Es gibt **zahlreiche Fincas,** auf denen die erst grünen, dann reifen roten Kaffeekirschen angebaut und geerntet werden, um sie später zu den aromatisch-braunen Bohnen zu rösten. Von November bis Februar sind Besucher herzlich eingeladen, bei der Ernte zuzusehen oder **selbst mit anzupacken.** Doch auch außerhalb der Erntezeit ist der Abstecher zu einer Kaffeefarm ein spannendes Erlebnis.

Matagalpa: Das Umland der Stadt wurde zur Heimat der ersten deutschen Kaffeepioniere. Die **Finca Selva Negra** ist noch heute in deutscher Hand und bietet neben Ausflügen über die Kaffeefarm Touren in die Umgebung an. Um das Dörfchen **San Ramón** liegen weitere Kaffee-Gemeinden, in denen man bei Einheimischen übernachten und bei der Ernte mitarbeiten kann.

Jinotega: Die Stadt bzw. die umliegenden Farmen produzieren heute sogar noch mehr Kaffee als der Nachbar Matagalpa. Im Schutzgebiet Cerro Datanlí – El Diablo liegen mit der **La Bastilla Ecolodge** und der **Eco-Albergue La Fundadora** zwei Fincas, die Kaffeetouren und Übernachtungen in einer unglaublich schönen Landschaft anbieten.

Estelí und **Jalapa:** Im Naturschutzgebiet Reserva Natural Miraflores nahe Estelí gibt es zahlreiche Kaffeefarmen. Die **Finca Cerro de Jesús** liegt nördlich von Jalapa am Hang des gleichnamigen Berges. 2014 gewann sie den renommierten Kaffeepreis „Cup of Excellence".

nica007-ji

Matagalpa

0 — 100 m ©Reise Know-How 2017 Nica 04

Essen und Trinken
- 8 Coffee Shop Barista
- 11 El Méxicano
- 12 Monkey's
- 19 La Casona
- 20 Siembras & Cosechas
- 22 Selección Nicaraguense
- 23 Buffet Oasis

Einkaufen/ Sonstiges
- 1 Renta Moto
- 2 Mercado Guanuca
- 4 Wäscherei Cuenta Conmigo
- 6 Supermercado Palí
- 7 Budget
- 13 Supermercado La Colonia
- 15 Telares Indígenas, Matagalpa Tours
- 18 Colectivos de Mujeres de Matagalpa

Sehenswertes, Aktivitäten und Touren

Das **Stadtzentrum** ist mit der weißen Kirche und dem gepflegten Parque Central ganz hübsch, in den geraden und engen Straßen gibt es einiges zu entdecken. Ringsum ziehen sich dicht besiedelte *barrios* die Berghänge hinauf, und die Stadt verliert ihre klare Struktur.

Parque Central und Catedral de San Pedro

Viele Bänke und ein zentraler Pavillon laden zum Verweilen im **Parque Central,** auch Parque Morazán genannt, im Herz der Stadt ein. Frauen verkaufen *tamales,* Männer lesen die „La Prensa", und Kinder spielen Fangen, während sie ein Süßgetränk aus einer Plastiktüte zutschen. Im Park stehen **zwei auffällige vergoldete Statuen:** Es sind *Carlos Fonseca* und *Tomás Borge. Fonseca,* erkennbar an dem Kinnbart und der dicken Brille, die er seit seiner Kindheit tragen musste, gründete 1961 die **FSLN,** der Schriftsteller *Borge,* der später Innenminister unter *Daniel Ortega* wurde, unterstützte ihn dabei.

Die stattliche katholische Kirche **Catedral de San Pedro** ist die drittgrößte Kirche des Landes und wurde 1847 geweiht. Der strukturierte neoklassische Stil des Äußeren findet seine Entsprechung in der schlichten Eleganz innen (geöffnet 5–20 Uhr).

Matagalpa liegt in schöner Landschaft umgeben von Bergen (die weiße Kirche ist die Catedral de San Pedro)

nica008-ji

Parque Darío und Templo de San José de Laborio

Der **baumbestandene Park** im südlichen Stadtzentrum ist ruhiger und idyllischer als der Parque Central. Vielleicht liegt es an der Büste des Nationaldichters *Darío,* die mitten im Park steht, dass über dem Park eine poetische Aura schwebt, wenn alte Männer mit ihren Schiebermützen auf den Parkbänken die Zeitung studieren und die jüngere Generation gestikulierend zusammensteht. Der angrenzende **barocke Templo de San José de Laborio** ist eine der ältesten Kirchen des Ortes und diente im 19. Jahrhundert indigenen Stämmen als Zufluchtsstätte während eines Aufstands gegen die Kaffeeoligarchen.

■ **Infos:** Ave. José Benito Escobar, südlicher Abschnitt, Öffnungszeiten der Kirche 5–20 Uhr.

Museum Casa Carlos Fonseca

In seiner Kindheit hat der **FSLN-Mitbegründer Fonseca** in diesem Haus gewohnt. Geboren am 23. Juni 1936 in Matagalpa, gehörte sein Vater zu einer einflussreichen Kaffeedynastie, was sich in „Alemán", einem seiner Nachnamen, spiegelt (siehe Exkurs „Deutsche Kaffeebarone – wie der Kaffee nach Matagalpa kam"). Der Patriarch wollte jedoch nicht allzu viel von seinem Filius wissen, *Fonseca* wuchs bei seiner Mutter auf, die als Landarbeiterin hart schuftete. Der Vater finanzierte später aber den Schulbesuch. Um selbst Geld zu verdienen, verkaufte der Junge Zeitungen. Sein Interesse für Politik erwachte, ab 1955 studierte er Jura in Managua. Da er sich regierungskritischen Gruppen anschloss, wurde er immer wieder inhaftiert, kam allerdings

[>] Carlos Fonseca und Tomás Borge – zwei Kämpfer für Gerechtigkeit und Freiheit

meist schnell wieder frei. Er unternahm Reisen nach Osteuropa, Russland und Cuba, wo er *Fidel Castro* kennenlernte. Daraufhin schloss er sich einer nicaraguanischen Rebellengruppe an, die jedoch geschlagen wurde; *Fonseca* geriet in Gefangenschaft. Wieder frei, gründete er am **23. Juli 1961** die **FSLN (Frente Sandinista de Liberación Nacional),** die Sandinistische Nationale Befreiungsfront. Nachdem erste Operationen scheiterten, rief er vor allem die Studenten zum bewaffneten Kampf gegen den Diktator *Somoza* auf, wenig später auch Arbeiter, Bauern und die Mittelschicht. Während einer Militäraktion der FSLN wurde er am 8. November 1976 in den Bergen von *Somozas* Nationalgarde ge-

nica009-ji

Deutsche Kaffeebarone – Wie der Kaffee nach Matagalpa kam

Als in den 1850er Jahren in Kalifornien Gold entdeckt wurde, trieb es nicht nur die Amerikaner von der Ostküste auf ihrer abenteuerlichen Reise in den Westen der USA über den Río San Juan durch Nicaragua. Auch viele Europäer verschlug es über den Isthmus von Zentralamerika hierher. Die Regierung von Nicaragua wusste die Situation auszunutzen: Sie versprach jedem Neuankömmling 500 *manzanas* (350 ha) Land, wenn sie blieben und Kaffee anbauen würden. Von diesem Angebot verlockt, siedelte sich das **deutsche Ehepaar Ludwig Elster und Katharina Braun** aus dem Schwarzwald **1852** in Matagalpa an, anstatt seinen Weg nach San Francisco fortzusetzen. Die beiden gehörten zu den ersten deutschen Kaffee-Pionieren und pflanzten 25.000 Sträucher. Viele weitere Kaffee-Auswanderer aus Deutschland, aber auch aus England, Frankreich, Italien und den USA folgten ihrem Beispiel. Der Boden um Matagalpa und Jinotega eignete sich ideal für den Kaffeeanbau, und bald hatten die Bohnen den Ruf, von sehr guter Qualität zu sein.

Als Nicaragua im Dezember 1941 Nazi-Deutschland den Krieg erklärte, wurden alle Deutschen und viele ihrer Angehörigen in „Konzentrationslager" nach Managua gebracht. Ihre Geschäfte und Kaffee-Haziendas wurden auf Anordnung *Somozas'* besetzt und nach Kriegsende die meisten davon konfisziert. Viele Deutsche starben, andere verließen Matagalpa und Jinotega, siedelten sich in Managua an oder verließen Nicaragua ganz. Die Wirtschaft der Region erlitt dadurch einen herben Schlag.

Auch heute ist die Kaffeeproduktion durch die weltweite Konkurrenz kein einfaches Geschäft: Der fallende Preis auf dem Weltmarkt zwang viele Farmer zur Aufgabe. Die Perspektive für die Zukunft ist der **Bio-Kaffee.** Die Matagalpa-Jinotega-Region hat dafür beste Voraussetzungen, denn die Böden sind nicht durch Düngemittel und Pestizide verseucht. Und so entwickelt sich Nicaragua langsam zu einem der führenden Gourmet-Kaffee produzierenden Ländern der Welt und exportiert u.a. in die USA, nach Spanien, Belgien und Frankreich.

nica010-ji

[<] Die Kaffeekirschen werden zwischen November und Februar geerntet

tötet. Drei Jahre später war die Revolution erfolgreich. Das Museum zeigt Fotos, Schriften und persönliche Gegenstände des Freiheitskämpfers.

Infos: 1 Block östlich des Parque Darío, Mo bis Fr 8–17 Uhr, freiwillige Spenden helfen dem Erhalt des Hauses.

Kaffee-Museum (Museo del Café)

Die **Geschichte des Kaffeeanbaus und die Kaffeeproduktion** in der Region werden anhand von Fotos, Erklärungstafeln auf Spanisch und Englisch und des Equipments der frühen Fincas erklärt. Ein interessanter Einblick in die harte Arbeit der ersten Kaffee-Migranten vor dem Besuch einer Farm. Außerdem findet sich hier das **Kulturzentrum** Matagalpas, in dem verschiedene Kurse angeboten werden, wie z.B. für Musik und Malerei.

Infos: Ave. José Benito Escobar, 1½ Blöcke gen Süden, Mo bis Fr 8–17.30 Uhr, Sa 8–12 Uhr.

Kaffee-Workshop

Wer wissen will, wie die Kaffeebohne und die Kakaoschote zu heißen und köstlich duftenden Getränken werden, der kann **im Restaurant Monkey's** (s.u.) an einem Kaffee- und Kakao-Workshop teilnehmen.

Infos: Di bis So 10–12 und 17–19 Uhr, Teilnahmegebühr 18 US$.

Toller Blick auf Matagalpa vom Mirador El Calvario

nica011-ji

Aussichtspunkt (Mirador El Calvario)

Ein **fantastischer Blick über die gesamte Stadt und die umliegenden Berge** bietet sich von diesem Aussichtspunkt im Westen von Matagalpa. Eine zweigeschossige Plattform bietet allen Besuchern genügend Platz. Besonders schön ist es hier in der Abendstimmung. Obwohl ein Wächter vor Ort ist, kam es bereits vor, dass Touristen hier überfallen wurden. Also am besten keine Wertsachen mitnehmen. Nicht weit entfernt befindet sich eine Canopy-Anlage.

■ **Infos:** Unweit des Zentrums, Zufahrt über die Straße 4 Blöcke nördlich vom Parque Central, die kurz nach der Brücke über den Fluss die NIC 3 kreuzt; ab hier ist der Weg ausgeschildert, ein Taxi ist zu empfehlen, braucht etwa 10 Min. und kostet ca. 20 C$ p.P., Eintritt 5 C$.

Touren

Intur (s.u.) kann Auskünfte zu Touren geben. Am beliebtesten sind Touren **zu Kaffeefincas,** die mit einem Mietwagen oder über einen Veranstalter besucht werden können. Die Saison des Kaffeepflückens ist allerdings nur von November bis Februar, außerhalb dieser Zeit geht es auf den Fincas ruhiger zu. Neben Matagalpa-Tours bietet auch das Hostal Buena Onda (s.u.) solche Kaffee-Expeditionen an.

15 **Matagalpa-Tours,** BanPro in der Ave. Central, ½ Block nach Osten, Mo bis Fr 8–12.30 und 14–16 Uhr, Sa 8–16 Uhr, www.matagalpatours.com. Ein breites Angebot für Ausflüge in die Stadt und die Umgebung: Dschungelwanderungen, Vulkanbesteigungen, Kaffeetouren, Camping, Rafting, Canopy, Vogelbeobachtungen und mehr. Die erfahrenen und sehr kundigen Führer sprechen neben Spanisch auch Englisch.

■ **Northward Nicaragua Tours,** Parque Rubén Darío, 2½ Blöcke westlich, www.adventure-nicaragua.com. Touren für Action-Fans. *Álvaro* ist Nica und nimmt seine Gäste mit zu Wasserfällen, in den Dschungel und zu versteckten Comunidades.

Praktische Informationen

An- und Weiterreise

Busse

Matagalpa hat zwei **Busbahnhöfe: Terminal Cotran Norte** beim Mercado de Guanuca und **Terminal Cotran Sur** 800 m westlich vom Parque Rubén Darío. Busse ab Cotran Sur bedienen alle Ziele außerhalb des Departamento Matagalpa, von Cotran Norte geht es zu allen Zielen innerhalb. **Taxis** sind sehr günstig, sie kosten 15–20 C$ p.P. für Fahrten ins Zentrum. Allerdings nehmen die Fahrer Passagiere oft nur mit, wenn die Richtung stimmt, in die sie gerade fahren. Es ist hier üblich, die Taxis zu teilen, man steigt also zu, auch wenn bereits jemand im Taxi sitzt. Deshalb kann es zu Wartezeiten kommen, wenn das Taxi gerade ein anderes Ziel hat und man auf das nächste warten muss.

Ziele ab Terminal Cotran Norte:

■ **San Ramón,** alle halbe Stunde, 8 C$, 20 Min.
■ **Yasica Sur,** stündlich 3–14 Uhr, 24 C$, 1 Std.
■ **La Reina,** 5.30, 7.45, 11.45 und 13.30 Uhr, 12 C$, 30 Min.
■ **Las Nubes** (Naturreservat Cerro Datanlí – El Diablo mit Finca La Fundadora), 13 und 14 Uhr, 24 C$, 1 Std.

Ziele ab Terminal Cotran Sur:

■ **Managua,** *Bus expreso,* stündlich 5.20–17.20 Uhr, 76 C$, 2½ Std.

Managua, normaler Bus, halbstündlich 3.30–18 Uhr, 56 C$, 3½ Std.

León, 6, 9.30, 15 und 16 Uhr, 74 C$ *(Bus expreso),* 2 Std.

Chinandega, 5 und 14 Uhr, 74 C$ *(Bus expreso),* 2½ Std.

Ciudad Darío, 5.30, 7.30, 10.30, 11, 11.25 und 12.55 Uhr, 28 C$, 1 Std.

Jinotega, halbstündlich 5–19 Uhr, 30 C$, 1½ Std.

Estelí, halbstündlich 5–18 Uhr, 38 C$, 2½ Std.

Masaya, nur Mo 14 bzw. 15.30 Uhr (wechselt wöchentlich), 110 C$, 3 Std.

Shuttleservice

Transporte Andino, im Süden beim Parque Santa Julia, transturismomatagalpa@hotmail.com. Transfer und Shuttle mit AC und zweisprachigem Fahrer zu sämtlichen Zielen innerhalb Nicaraguas und in die Nachbarländer.

Mietwagen

7 **Budget,** gegenüber der Nordseite der Kathedrale, 7–18 Uhr, www.budget.com.ni. Alles unkompliziert und professionell, 5-Türer 40 $ pro Tag mit Versicherung.

Einkaufen

6 **Supermercado Palí,** in der Nähe der Kathedrale, 1½ Blöcke nördlich, Mo bis Sa 8–20 Uhr, So bis 17 Uhr.

In der **Ave. José Dolores Estrada** finden sich viele moderne Modegeschäfte mit Markenshirts, aber auch einfachen Beach-Shirts und vielen anderen Textilien. Hier befindet sich auch der 13 **Supermercado La Colonia.**

2 **Mercado Guanuca,** Bauernmarkt mit regionalen Produkten gleich beim nördlichen Busbahnhof.

15 **Telares Indígenas,** BanPro in der Ave. Central, ½ Block nach Osten, wo auch Matagalpa-Tours sitzt, Mo bis Fr 8–17 Uhr, Sa 8–14 Uhr, www.telaresnicaragua.com. Textilien und Kunsthandwerk einer Frauenkooperative aus El Chile, Taschen, Rucksäcke, Portemonnaies aus Bio-Baumwolle und handgemacht. Hier gibt es auch die Möglichkeit, ein Volontariat, z.B. im Bereich Marketing, zu absolvieren.

18 **Colectivos de Mujeres de Matagalpa,** Uno-Bank, 2½ Blöcke östlich, Mo bis Fr 8–12 und 14–17.30 Uhr, Sa 8–12 Uhr. Kunsthandwerk wie Keramik, Lederprodukte und andere Dinge werden von Frauen in El Chile und anderen Dörfern hergestellt und hier verkauft.

Essen und Trinken

MEIN TIPP: 8 **Coffee Shop Barista**①-②, an der Nordseite der Kathedrale, neben Budget, 7.30–22.30 Uhr. Auf einer Holzterrasse im 1.OG sitzt man schön an einem Tresen mit Blick auf die Kathedrale und Straße. Es gibt verschiedene typische Frühstücksmenüs mit *Gallo Pinto,* viele gute Kaffee-Variationen, Crêpes, Sandwiches und Smoothies.

12 **Monkey's**①-②, an der südöstlichen Ecke vom Parque Central, 7–23 Uhr. Vom Frühstück bis zum Abendessen ist hier alles zu haben: Nica-Gerichte und internationale Küche, Suppen, Salate und Kindermenüs. Man sitzt oberhalb der Straße und des Parks auf einer offenen hölzernen Terrasse. Aufmerksamer Service, nur das Bier ist etwas teurer. Mi, Sa und So Live-Musik.

22 **Selección Nicaraguense**②, nördlich vom Parque Darío, 11–21 Uhr. Riesige Auswahl an heißen oder kalten Kaffee-Variationen, außerdem gibt's *Quesadillas,* Paninis und andere Snacks. Von der Außenterrasse lässt sich das Straßengeschehen entspannt beobachten.

11 **El Méxicano**①, Parque Central, 2 Blöcke nördlich und 2½ Blöcke östlich, gegenüber vom Hostal Buena Onda, Mo bis Sa 11–21 Uhr. Typische Mex-Gerichte wie *Moles, Enchiladas* und *Tacos* genießt man auf einer neuen, schicken Außenterrasse. Mit 90–120 C$ für einen Hauptgang wirklich günstig und so lecker!

23 **Buffet Oasis**①, Parque Rubén Darío, 1½ Blöcke östlich, 7–21 Uhr. Frisches Buffet mit sämtlichen leckeren Nica-Gerichten.

19 **La Casona**②, Ave. José Benito Escobar, ein Stück weiter südlich des Pubs Picoteo, tägl. 12–23 Uhr. Schön eingerichtetes italienisches Restaurant mit guter Küche: Pizza & Pasta, dazu kann ein Rotwein bestellt werden.

20 **Siembras & Cosechas**①, Ave. José Benito Escobar, tägl. 9–24 Uhr. Smoothiebar mit sämtlichen gesunden Varianten aus saisonalen Früchten, gemixt mit Spinat, Avocado, Gurke oder Fenchel. Einfach nur lecker!

Feste

- **14. Februar,** der **Valentinstag** wird aufgrund des Namenstages der Stadt ausgiebig mit Feuerwerk, Umzügen, Bands und Schönheitswettbewerben gefeiert.
- **August, Mais-Messe** und **Fiesta del Huipil** (traditionelles Gewand).
- **Mitte September, Unabhängigkeitstag** mit Umzügen, Pferdeparaden und Straßenmärkten.
- **24. Oktober, Kaffee-Festival.**
- **Ende Oktober, Tanzfestival** mit Polka, Mazurka und Jamaquellos (span.-franz. Tanz), Oktoberfest-Feeling.

Nachtleben

14 **Pub Picoteo,** an der mittleren Straße vom Parque Central (Ave. José Benito Escobar), 1½ Blöcke südlich, tägl. 8–2 Uhr. Gut besuchtes Pub mit günstigen 1-Liter-Bierflaschen und einer gern frequentierten Jukebox an der Wand. Es gibt Sandwiches, *Quesadillas* und andere Gerichte und auch Frühstück. Es wird geraucht.

nica012-ji

Kleine Marktstände mit typischem Nica-Essen gibt es im Parque Central

17 Lounge-Bar Woods, an der südöstlichen Ecke vom Parque Central, 1 Block südlich und 150 m östlich, 12–2 Uhr. Chilliges Ambiente, aufmerksamer Service, gute Drinks, Sportübertragungen, und am Wochenende ab und an Karaoke.

16 Café-Bar Artesanos, gleich neben der Bar Woods, 10–2 Uhr. Tanzbar mit Live-Musik und kalten Getränken – jeden Freitag ist Salsa-Nacht!

Nützliches

- **Tourist-Info: Intur,** Ave. Bartolomé Martínez, vom Parque Central 3 Blöcke südlich, 8–14 Uhr.
- **Fahrradverleih:** im Hostal Buena Onda, 5 US$ pro Tag; bei Matagalpa-Tours, 10 US$ für 2 Std.

1 Motorradverleih: Renta Moto, im Norden der Stadt beim Spielepark Los Monos (Taxifahrer kennen den Weg), 8–17 Uhr, rentamotomatagalpa@gmail.com. Ab einer Gruppe von 5 Personen werden geführte Motorradtouren angeboten.

- Zahlreiche **Banken** haben ihren Sitz in der Avenida Central, z.B. BanPro und Uno-Bank.
- **Post:** 1 Block südlich vom Parque Central zwischen Ave. José Dolores Estrada und Ave. Central, 8–18 Uhr.
- **Polizei:** gleich am südlichen Ende des Parque Central, Tel. 2772 3870.
- **Sprachschule: Colibri,** Ave. Bartolomé Martínez, von BanPro ½ Block nach Osten, www.colibri-spanishschool.com. Einzelunterricht und Gruppen (7–10 US$ pro Std.), Aktivitäten und Unterbringung in Gastfamilien.

4 Wäscherei: Cuenta Conmigo, von der Klinik Santa Fé 1½ Blöcke östlich und ½ Block nördlich, Mo bis Sa 8–17 Uhr. Saubere und gut sortierte Wäscherei, bis 20 Kleidungsstücke 85 C$, bis 30 Stück 105 C$, bis 40 Stück 125 C$. Wer es eilig hat, muss für den Trockner noch einmal 85 C$ zahlen. Es gibt auch einen Bügelservice. Mit den Einnahmen werden soziale Projekte unterstützt.

- **Apotheken** finden sich überall in der Stadt.

Übernachten

In Matagalpa gibt es eine Vielzahl an Hostels und Hotels von ganz günstig bis gehoben. WLAN/WiFi ist überall Standard.

3 Hostal Villa Hermosa①, 4 Blöcke nördlich vom Parque Central links über den Fluss gehen und dann gleich wieder links in die kleine Straße, Tel. 2772 3871. Einfaches Hostel in einer ruhigen Nebenstraße mit Wohnhäusern, optimal zum Parken, wenn man mit einem Mietwagen unterwegs ist. Die Zimmer liegen um einen überdachten Innenhof, sind sauber, wenn auch etwas dunkel und klein. Es gibt viele Infomaterialien zu Matagalpa, und auch das Personal gibt gerne Auskunft.

9 Hostal Martina's Place①, von der Kathedrale 1 Block nördlich und 1½ Blöcke östlich, www.martinasplace-hostal.com. Echtes Traveller-Hostel zum Wohlfühlen. Alle Zimmer haben mehrere Doppelstockbetten, ein Bad und eine Kaffeemaschine, alles ist sauber, in neue Matratzen und Ausstattung wird investiert. Ein Bett im Dorm kostet 9 US$.

Mein Tipp: 10 Hostal La Buena Onda②, vom Parque Central 2 Blöcke nördlich und 2½ Blöcke östlich, www.labuenaonda.com.ni. Super Hostel in zentraler Lage, für jeden Geldbeutel gibt es Optionen: Das DZ mit eigenem Bad ist etwas teurer (30 US$) als mit Gemeinschaftsbad (25 US$), und es gibt auch 6- bzw. 8-Bett-Dorms (7–9 US$). Außerdem steht ein Zimmer zu besonderen Konditionen für Langzeitaufenthalte bereit. Kaffee und Wasser gibt es den ganzen Tag „for free". Ein Patio und ein Balkon mit Hängematten laden zum „Abhängen" ein, zudem stehen ein Fahrradverleih, ein Wäsche-Service, ein Touranbieter und ein Souvenirshop zur Verfügung – ein Hostel mit „allem in einem".

21 Mana del Cielo②, Ave. Central, 4 Blöcke südlich vom Parque Central, manadelcielo@iclaro.com.ni. Die Inhaber des 35-Zimmer-Hotels waren sicherlich verliebt, als sie sämtliche Wände in einem satten Rosa strichen. Die Zimmer sind geräumig, mit guten Betten, Bad mit Warmwasser, TV, und in manchen gibt es sogar Nachttischlampen. Von der Terrasse hat man einen tollen Weitblick über die Stadt.

5 **Brisas Hotel**③, Calle Santana, von der Klinik Santa Fé 75 m östlich, www.brisashotel.com.ni. Schickes, modernes Hotel im Zentrum. Saubere Zimmer, gute Matratzen, eigenes Bad und AC oder Ventilator. Die Zimmer zur Straße haben einen kleinen Balkon.

24 **Hotel San José**④, gegenüber dem Templo San José beim Parque Darío, www.hotelsanjosematagalpa.com.ni. Schönes, geräumiges Stadthotel mit großen Zimmern, breiten Betten, Flat-Screen, Bad mit warmer Dusche und AC. Einige Zimmer habe einen schönen Blick in den Garten oder auf die Berge.

Ziele in der Umgebung

Reserva Natural Cerro Apante (2 km)

Mitten in diesem Naturpark südlich von Matagalpa liegt der **Aussichtspunkt Cerro Apante.** Von dem 1442 m hohen Gipfel, einem der höchsten um Matagalpa, bietet sich ein wunderschöner Blick über den Ort und die umliegende Berglandschaft. Ein zweistündiger **Rundwanderweg** führt durch üppige Vegetation, vorbei an Wasserfällen der hier zahlreich plätschernden Flüsse, Eichhörnchen hüpfen durch die Bäume und farbenprächtige Schmetterlinge flattern umher. Los geht es an der Ampel an der südwestlichen Ecke des Parque Darío und dann immer weiter geradeaus Richtung Süden den Berg hinauf (recht steil, ca. 20 Min.). Am Marena-Büro linker Hand wird eine Eintrittsgebühr von 1,50 US$ fällig. Nach der kleinen Fußgängerbrücke über den Río Grande de Matagalpa beginnt die ausgeschilderte Wanderung.

San Ramón (11 km) und Umgebung

Das Dorf verbreitet den Charme einer frühen Siedlung der ersten Kaffeebauern. **Viele internationale Hilfsprojekte** sind hier angesiedelt, weshalb hier viele internationale Gäste, Volontäre und Studenten anzutreffen sind. Im Umland gibt es einiges zu entdecken. Touren zu kleinen Gemeinden in den Bergen organisiert die **Kooperative UCA San Ramón** (gegenüber dem Parque Central, Mo bis Fr 8–17 Uhr, Sa bis 12 Uhr, www.tourism.ucasanramon.com).

In **La Reina** (45-min. Wanderung ab San Ramón) befindet sich eine alte Goldmine (Eintritt 1 US$), in **La Pita** (40 Min. von San Ramón) und **La Corona** (am Río Yasica nahe dem gleichnamigen Schutzgebiet, Bus vom Terminal Cotran Norte) laden schöne Wasserfälle zum Baden und Kaffeefarmen zu einem Besuch ein; erfahrene Farmer erklären die Kaffeeproduktion von der Ernte bis zum Pulver.

In der Siedlung **El Roblar** (Bus vom Terminal Cotran Norte) kann man reiten, zu drei Aussichtspunkten wandern und eine Frauenkooperative besuchen, die Kaffee anbaut. Während der Kaffeeernte von November bis Februar besteht die Option, beim Pflücken zu helfen.

In allen Gemeinden gibt es die Möglichkeit, ganz authentisch **bei Einheimischen zu übernachten,** La Pita bietet auch eine Art Herberge für Besucher mit toller Sicht in die Berge.

> Wasserfall Santa Emilia bzw. Cascada Blanca

Wasserfall Santa Emilia (17 km)

Ein Traum! Es gibt ja viele Wasserfälle auf der Welt, aber dieser ist, vor allem zur Regenzeit, besonders schön! Tosend fällt das Wasser des Salto Santa Emilia, auch bekannt als **Cascada Blanca,** in ein großes Becken. Hinter dem Wasserfall erstreckt sich eine Höhle, die man entlanggehen kann – die Gischt sorgt für herrliche Erfrischung. Vom großen Becken fließt das Wasser flussartig über große Felsbrocken, bis es sich weiter hinten in einem ruhigen Becken staut, wo man **herrlich baden** und auf den flachen, breiten Felsen in der Sonne dösen kann. An einem überhängenden Felsen an dem kleinen Steinstrand hält es eine kleine Fledermauskolonie genauso und döst Schulter an Schulter vor sich hin. Nach dem Schwimmbecken plätschert der Fluss weiter über Steine dahin, parallel verläuft ein schöner Wanderpfad.

Mein Tipp: **Unter der Woche kommen!** Am Wochenende sind die Matagalpinos alle hier, und dann ist sie dahin, die herrliche Ruhe.

■ Wer hier nicht mehr weg will, kann in der **Öko-Lodge Cascada Blanca** unterkommen. Die Zimmer (DZ 50 US$ mit Frühstück, Mittag- und Abendessen, ecocascadablanca@gmail.com) und das Restaurant mit seinen offenen Terrassen sind in rustikalem, dunklem Holz gehalten, das Personal ist sehr nett und der Blick auf den blühenden Garten und den Fluss wunderbar.

■ **Infos:** Carretera a la Dalia Matagalpa, km 147, es gibt einen kleinen Parkplatz, Eintritt zum Wasserfall 70 C$.

Reserva Natural Cerro Arenal (12 km)

Deutlich kühler auf einer Höhe von durchschnittlich 1400 m liegt ein weitläufiger Nebelwald, der den 1594 m ho-

nica013-ji

hen **Cerro Picacho** umgibt. Hier gedeiht eine Vielzahl tropischer Pflanzen, darunter eine in Zentralamerika endemische Art namens *jonote,* ein weiß-rosafarben blühender Baum, der zu den Malvengewächsen gehört und ein beliebter Nistplatz des selten geworden Quetzal mit seinen langen, grün schillernden Schwanzfedern ist. Durch das Schutzgebiet führen verschiedene Wanderwege, doch der mit Avocado-Bäumen bestandene **Sendero Los Quetzales** ist am besten geeignet, um den heiligen Maya-Vogel zu beobachten, denn er liebt diese reichhaltige Frucht.

Im Naturschutzgebiet liegt eine große und traditionsreiche **Kaffeefarm,** auf der man übernachten und verschiedene Touren starten kann.

■ **Ecolodge/Kaffeefinca Selva Negra**②-④, die 600 ha große Hacienda (www.selvanegra.com) umgeben steil ansteigende Berge, bewachsen mit tropischem Nebelwald. Es gibt einen kleinen See mit einem offenen Restaurant mit Terrasse zum Wasser. Wären nicht die entfernten Rufe der Brüllaffen und exotischer Vögel zu hören, fühlte es sich ein bisschen an, als wäre man in Bayern oder Baden-Württemberg. Und tatsächlich heißt die Finca nicht ohne Grund Selva Negra, „Schwarzwald“: Die Inhaber des Resorts, *Eddy* und *Mausi Kühl,* sind Nachkommen deutscher Einwanderer und Kaffeepioniere. Die DZ bzw. 3er-Zimmer (30 US$) direkt am Wasser sind geräumig und sauber, durch die Lage bedingt wirkt jedoch alles ein bisschen feucht. Die Dusche ist kalt. Es gibt auch Familien-Cabañas für 90 US$. Toll ist der große Kinderspielplatz neben dem Restaurant. Die Finca bietet geführte **Touren** an (Pferdeausritt 20 US$, Kaffeetour 25 US$, Naturtour), und es gibt eine gut gemachte Karte mit eingezeichneten Wanderwegen, die unterschiedlich schwierig sind, aber alle alleine unternommen werden können; empfohlen wird dafür die Zeit zwischen 6 und 16 Uhr.

■ **Anfahrt:** Von der Nic3 führen asphaltierte Straßen hinein ins Naturschutzgebiet und zur Finca. Der Zutritt zur Finca kostet 200 C$ mit dem Auto, was mit konsumierten Speisen oder der Übernachtung verrechnet wird. Mit dem Bus Richtung Jinotega fahren und nach 12 km aussteigen, dann sind es noch 2 km zu Fuß bis zur Finca.

Jinotega

Auf einem mandelförmigen Plateau, umgeben von geschwungenen Bergketten, liegt die kleine Stadt Jinotega in einer Höhe von 1078 m. Der Name leitet sich wohl aus dem Nahuátl ab und lautete **Xinotencatl,** was „Nachbarn des Jiñocoabo“ bedeuten könnte – *jiñocoabos* sind heilende Balsambäume, die in der Nähe wachsen und von den Indigenen genutzt und verehrt wurden. Dank ausländischer Investoren im **Kaffeeanbau** entwickelte sich Jinotega im 19. Jahrhundert zur Handelsstadt. Diese Entwicklung kam durch den kriegerischen Konflikt zwischen den Truppen *Sandinos* und den US-Marines, der in den 1920er Jahren in und um Jinotega tobte, zum Erliegen. Ein weiterer wirtschaftlicher Tiefpunkt war die **Verfolgung und Enteignung deutscher Kaffeebarone** nach der Kriegserklärung Nicaraguas an das Deutsche Reich im Jahr 1941 – wer noch konnte, verließ Jinotega oder gleich das Land. Heute spielt der Kaffeeanbau wieder eine große Rolle, ferner die Viehzucht und der Export von Bauholz. Touristisch steckt Jinotega in den Kinderschuhen, Ausländer sieht man wenige, doch langsam entwickelt sich ein **Ökotourismus,** wofür die schönen Naturreservate und Seen im Umland beste Voraussetzungen bieten.

Trotz seiner 123.000 Einwohner ist Jinotega eine **ruhige Großstadt,** das Leben auf der Straße läuft entspannt ab, Autos fahren im Ort kaum, und es gibt alles, was man braucht, vor allem eine der besten Pizzerias in Nicaragua!

Sehenswertes, Aktivitäten und Touren

In Jinotega kann man **sich** gut **„treiben lassen“,** die Stadt lädt zum neugierigen Flanieren durch die schnurgeraden Straßen ein, angefüllt mit dem authentischen Alltag der Bewohner. Gegen Abend erwacht das Leben in und um den baumbestandenen **Parque Central,** der nach dem FSLN-Gründer aus Matagalpa auch Parque Carlos Fonseca Armador heißt. Ein Tipp für Familien: Im Park befindet sich ein großer Kinderspielplatz.

Am Park liegt die weiß getünchte, sehr lang gestreckte **Catedral San Juan.** Der ursprünglich vollständig aus Holz geschnitzte Altar der Kirche wurde aufgrund eines Holzwurmbefalls durch einen neuen, aus Deutschland importierten Altar ersetzt. Auch die Turmuhr stammt aus Deutschland, von einem Familienunternehmen aus Osnabrück. Die einstigen engen wirtschaftlichen Kontakte zu Deutschland sind also nach wie vor gegenwärtig.

Beschauliche Fußgängerpassage in Jinotega

nica014-ji

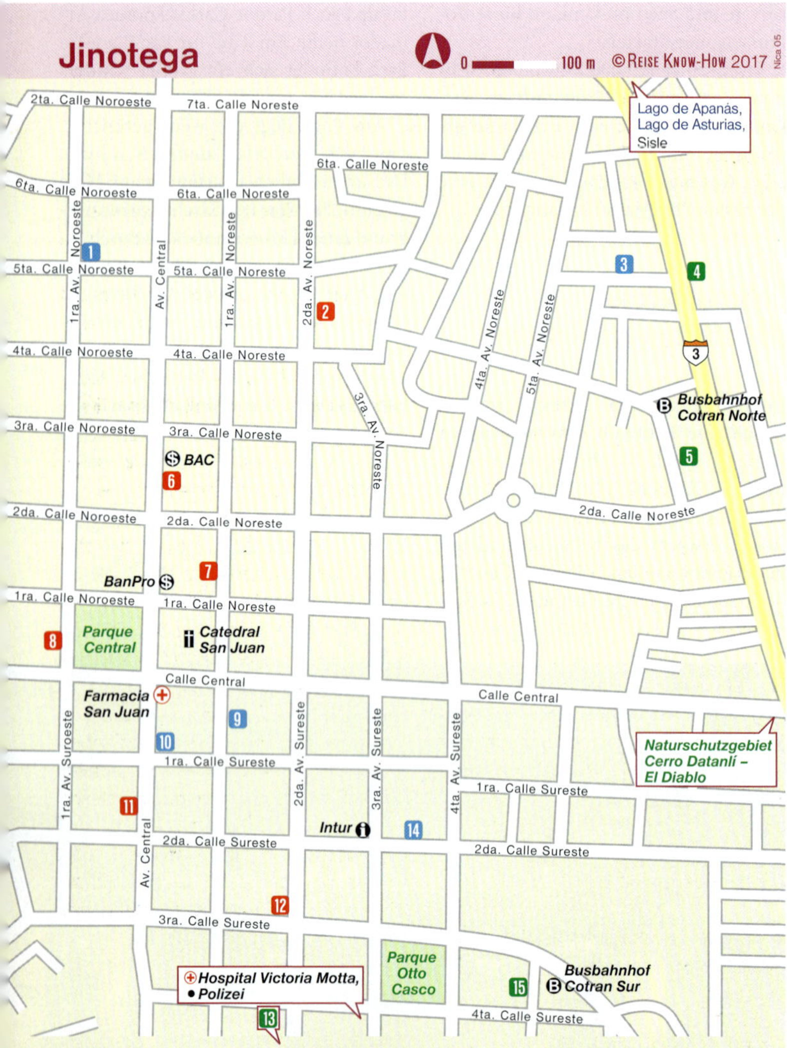

Übernachtung
- 2 Hotel Zoy
- 6 Hotel La Casona
- 7 Hotel Central
- 8 Hotel La Casa de los Rizo
- 11 Hotel Kiuras
- 12 Hotel Café Jinotega

Essen und Trinken
- 1 Bar Jinocuba
- 3 Café Flor de Jinotega
- 9 Soda El Tico
- 10 Pizza Libertalia
- 14 Café Don Colocho

Einkaufen/Sonstiges
- 4 Supermercado Palí
- 5 Mercado Municipal (Markt)
- 13 La Cuculmeca (Touren)
- 15 Apanas Tours Jinotega

Touren

Der Touranbieter La Cuculmeca organisiert Trips **ins Naturschutzgebiet Cerro Datanlí – El Diablo** (s.u.) mit Übernachtung auf eine Kaffeefinca und Ausflüge **nach San Rafael del Norte.**

13 **La Cuculmeca,** 2da Ave. Sureste im Barrio Central América, Mo bis Fr 7–18 Uhr, www.cuculmeca.org.

15 **Apanas Tours Jinotega,** gegenüber dem Busbahnhof Cotran Sur, Mo bis Sa 8–17 Uhr, Tel. 8403 4617. Ein weiterer lokaler Touranbieter, der landesweit individuelle Wünsche erfüllt.

Praktische Informationen

An- und Weiterreise (Busse)

Es gibt einen Busbahnhof im Süden, **Terminal Cotran Sur,** 1½ Blöcke vom Parque Otto Casco. Für Ziele, die südlicher als Matagalpa liegen, muss für die Weiterfahrt dort umgestiegen werden. Der **Terminal Cotran Norte** liegt unweit vom Mercado Municipal im Norden der Stadt. Taxis zu den Busbahnhöfen kosten 15 C$ p.P.

Ziele ab Terminal Cotran Sur

- **Matagalpa,** alle 30 Min. 5–19 Uhr, 42 C$, 1½ Std.
- **Managua,** *Bus expreso,* 11x tägl. zwischen 4 und 16 Uhr, 92 C$, 3½ Std.

Ziele ab Terminal Cotran Norte

- **Estelí,** 7x tägl. zwischen 7 und 15.30 Uhr (Direktbus 7, 13 und 15.30 Uhr), 42 C$, 1½ Std. *(Bus expreso)* bzw. 3 Std. (normal mit Umsteigen in La Concordia).
- **Apanás-See** (Pantasma, Asturias, San Gabriel), stündlich 4–16.30 Uhr, 60 C$, 1½ Std.

Essen und Trinken

Viele der Hotels haben ein Restaurant in ihren Räumlichkeiten. Ansonsten gibt es vor allem sehr gute Pizza!

10 **Pizza Libertalia**②, an der Ecke der 1ra Calle Sureste, 1 Block südlich der Südost-Ecke des Parque Central, Di bis So 12–23 Uhr. Ein Ambiente wie in Italien! Kleine Tische stehen in einem Patio mit Holzpfeilern, Landkarten schmücken Wände und Decken, Kerzenleuchter zieren ein Klavier. Pasta, Pizza in drei Größen und Tagesangebote. Lecker!

9 **Soda El Tico**②, 1ra Ave. Sureste, vom Parque Central 1 Block östlich und ½ Block südlich, Di bis So 12–22 Uhr. Nicaraguanisches Essen in einem Cafeteria-ähnlichen Ambiente, schöne Sitzplätze auf einer Terrasse und exzellente Kaffee-Kreationen.

3 **Café Flor de Jinotega**①, an der Hauptstraße Nic3 gegenüber vom Palí-Supermarkt, 7.30–19 Uhr. Etwas ab vom Schuss bietet dieses schicke Café den besten Bio-Kaffee der Stadt – kein Wunder, der Betreiber ist eine Kaffee-Kooperative. Dazu gibt es leckeres Gebäck. Der Kaffee ist sehr günstig und kann hier auch gekauft werden.

14 **Café Don Colocho**①, 2da Calle Sureste, ½ Block von Intur entfernt, 8–18 Uhr, So geschlossen. Guter Kaffee und leckerer Kuchen zu moderaten Preisen in einem neu gestalteten Ambiente mit kleinen, runden Tischen und Schmuse-Sofas.

1 **Bar Jinocuba**①, 5ta Calle Noroeste, 4 Blöcke nördlich vom Parque Central, 12–24 Uhr, Di geschlossen. Eine der wenigen (guten) Optionen zum Ausgehen: Live-Musik und Kulturabende.

Nützliches/Einkaufen

- **Tourist-Info: Intur,** Ecke 3 Ave. Sureste mit 2da Calle Sureste, Mo bis Fr 8–17 Uhr.
- **Polizei:** 4ta Ave. Sureste gegenüber dem Krankenhaus, Tel. 2782 2398.

Banken: BanPro, BAC und andere in der nordöstlichen Ave. Central.
Apotheke: Farmacia San Juan, an der südöstlichen Ecke vom Parque Central, 8–20 Uhr.
Krankenhaus: Hospital Victoria Motta, 1½ Blöcke südl. vom Parque Otto Casco, Tel. 8524 9722.
Einkaufen: Ein 4 **Supermercado Palí** befindet sich an der Nic3, 7–19 Uhr. Der 5 **Markt** liegt in der Nähe des Busbahnhofs Cotran Norte.

Übernachten

Es gibt entweder sehr günstige und einfache Hostels oder teure und dafür schicke Boutique-Hotels.

2 **Hotel Zoy**①, Ave. Rubén Baltodano, 2 Blöcke östlich und 3½ Blöcke nördlich vom Parque Central, Tel. 2782 2039. Kleines, günstiges Hostel mit nettem Garten, um den sich die gefliesten Zimmer gruppieren. Der Schaukelstuhl ist allgegenwärtig, es gibt im Außenbereich kleine Tische zum Sitzen.
11 **Hotel Kiuras**①, Ave. Central, 1½ Blöcke südlich der Kathedrale, sarcoson@yahoo.com. Obwohl der Eingangsbereich recht düster wirkt, sind die Zimmer hell und freundlich, die Betten gut und sauber. Die Räume 6 und 7 bieten einen schönen Gartenblick und Sicht auf den Cerro de la Cruz. Ein typisches Nica- Frühstück ist im Preis enthalten, das angegliederte Restaurant ist gut.
7 **Hotel Central**①, 1ra Ave. Noreste bei der Puma-Tankstelle, ½ Block nördlich der Kathedrale, Tel. 2782 2063. Klein, einfach, zentral, sauber und günstig (DZ 18 US$).
6 **Hotel La Casona**③, 1ra Ave. Noreste, 1½ Blöcke nördlich der Kathedrale. Geräumige, saubere und freundlich gestaltete Zimmer mit großen Betten, Bad, TV und AC. Ein Parkplatz steht Gästen zur Verfügung. Das angeschlossene Restaurant ist gut, ein kräftiges Nica-Frühstück kostet 5 US$.
12 **Hotel Café Jinotega**④, 2da Ave. Sureste, von der Kathedrale 3 Blöcke südlich und 1 Block östlich, www.cafehoteljinotega.com. Modernes Boutique-Hotel im Herzen von Jinotega (buchbar bei www.booking.com). Die sauberen Zimmer bieten gute Betten, einen Schreibtisch, Safe, Garderobe, Bad mit warmem Wasser, TV und AC. Der begrünte Patio ist toll, das Essen im stilvollen Restaurant exzellent.
8 **Hotel La Casa de los Rizo**④, gegenüber der Westseite des Parque Carlos Fonseca, www.lacasadelosrizo.com. Schon von außen ist dieses künstlerisch gestaltete Boutique-Hotel ein Hingucker – es versteht sich selbst als „Museums-Hotel". Die großen Zimmer sind u.a. mit Nachttischlampen und Spiegeln ausgestattet. Auf den Terrassen laden Hängematten zum Relaxen ein, im Garten plätschert ein Brunnen, überall stehen Lümmelsofas und finden sich kleine Sitzecken. Der Blick auf die Berge ist fantastisch, das Frühstück im Zimmerpreis inbegriffen.

Ziele in der Umgebung

Reserva Natural Cerro Datanlí-El Diablo

Zwischen Matagalpa und Jinotega erstreckt sich dieses fantastische Naturreservat über eine Fläche von **14.450 m²** und mit einer Bergwelt zwischen 700 und 1680 m Höhe (Gipfel El Diablo), dem **Gebirge Dariense.** Es kann nachts also recht frisch werden. Zwischen Primärwald, tropischem Nebelwald, Bromelien, Farn und Wasserfällen, z.B. dem breiten La-Bujona-Wasserfall in La Esmeralda, leben zahlreiche **Wildtiere und exotische Vögel,** darunter der schillernde Quetzal, aber auch Menschen, die ihre **Öko-Fincas** bewirtschaften. Insgesamt gibt es etwa 300 Eigentümer, die

▷ Die wichtigen Straßen werden regelmäßig erneuert

Kaffee, Bananen und Getreide anbauen und Vieh züchten. Überall an der sich entlang des Reservats windenden Straße begleiten den Autofahrer daher die schwarz-gelben Hinweisschilder „Achtung Kühe". Da das Gebiet vom Rohstoffabbau, von Entwaldung und der Veränderung durch die intensive Landwirtschaft und Viehzucht extrem bedroht war, wurde es 2002 zum Schutzgebiet erklärt. Heute ist ein wesentlicher ökonomischer Faktor der **Ökotourismus.** Mehrere Fincas laden zum Übernachten und der aktiven Teilnahme am Leben mitten in der Natur ein. Viele Wanderwege führen durch das Gebiet. Die Reiseagentur Cuculmeca in Jinotega (s.o.) organisiert Touren ins Reservat.

- Weitere Infos unter **www.exploredatanli.com.**

Anfahrt mit dem Auto

Am einfachsten erfolgt die Anreise mit dem Auto, zur Regenzeit am besten mit einem Allradwagen. Es gibt mehrere Zufahrtswege in das Reservat, die alle nicht asphaltiert sind, aber machbar. Ein Weg führt von der Straße Matagalpa – Jinotega am **Abzweig La Fundadora** zur **Eco-Albergue La Fundadora** und weiter nach Esmeralda und bis La Parranda.

Über die Nic43 entlang des Lago de Apanás in Richtung Pantasma wird die **La Bastilla Ecolodge** (ausgeschildert) erreicht. Weiter über die Nic63 zwischen San Pedro de Buculmay und La Tuma kann das Gebiet von Westen, Norden und Osten her erschlossen werden.

Anfahrt mit dem Bus

- **Nach La Fundadora:** Direktbusse starten nur vom Mercado de Guanuca in Matagalpa mit Ziel Las Nubes, 13 und 14 Uhr, 24 C$, Fahrzeit 1 Std.; zurück nach Matagalpa geht es um 6.45 und 7 Uhr. Da die Busse selten fahren, sind sie sehr voll.

nica015-ji

Alternative: Bus zwischen Jinotega und Matagalpa stoppen und in Las Latas aussteigen; von hier sind es 30 Min. zu Fuß bis zur Lodge. Die Busse fahren alle 30 Min. zwischen 5 und 19 Uhr.

■ **Zur La Bastilla Ecolodge:** Vom Terminal Cotran Norte in Jinotega einen Bus nach Pantasma über Asturias nehmen und am Abzweig La Bastilla aussteigen, Fahrzeit 45 Min; nun 5 km laufen oder zuvor den Pick-up-Service der Lodge organisieren, Tel. 8654 6235.

Übernachten/Essen und Trinken

■ **Eco-Albergue La Fundadora**①, in La Fundadora, 5 km vom beschilderten Abzweig an der Nic3, www.fundadora.org, Tel. 8855 2573. Einfache, nette Ziegelbungalows mit Blick über die Landschaft, auch Camping ist möglich. Gleich nebenan, im **Comedor Nilita,** gibt es von 7 bis 20 Uhr typische Nica-Gerichte zu günstigen Preisen.

■ **La Bastilla Ecolodge**④, Comarca Las Colinas im Norden des Reservats, 5 km vom Abzweig an der Nic43 nach Pantasma, www.bastillaecolodge.com, Tel. 2782 4335. Eine tolle Option inmitten des deutlich bergigeren Bereichs im Schutzgebiet. Die schicken, geräumigen Holzcabañas (70 US$) liegen inmitten eines blühenden Gartens mit Bananenstauden und herumsausenden Kolibris. Der Blick in die Berge von den hölzernen Terrassen mit ihren Schaukelstühlen ist fantastisch, die Sonnenuntergänge sind atemberaubend. Von November bis Februar blühen die Kaffeesträucher. Es gibt auch einen Schlafsaal (20 US$ p.P.) und Campingmöglichkeiten (15 US$ p.P.), Frühstück ist in den Preisen inklusive. Ein Shuttle von Jinotega (35 US$ für max. 4 Pers.) oder vom Flughafen in Managua (130 US$ für max. 4 Pers.) wird angeboten.

Lago de Apanás (8 km)

Der **Lago de Apanás** – verbunden mit dem **Lago de Asturias** – bildet **Nicaraguas drittgrößtes Binnengewässer.** Entstanden ist es durch ein Staudamm-Projekt im Jahr 1964. Es macht am meisten Spaß, die Ufer des Sees mit dem Auto abzufahren. Man kommt vorbei an kleinen Dörfern, üppiger Vegetation und erhascht immer wieder Blicke auf den See.

nica016-jj

▷ Einsam und ruhig ist es um den Lago de Apanás

Entlang des Ostufers gelangt man über die Nic43 hinauf bis nach **Asturias,** wo es am See ein einfaches Restaurant und eine simple Unterkunft gibt (20 US$). Zur Zeit der Recherche wurde hier gerade ein Pool gebaut – man hat also Großes vor! Am Westufer des Lago de Apanás verläuft die Straße Nic41 immer nah am Wasser. Die Gegend ist geprägt von weitläufigen Feldern der Landwirtschaft. Im Örtchen **Sisle** gibt es sogar eine kleine Promenade *(Malecón Turístico de Sisle);* die Fischer vor Ort sind gerne bereit für eine kleine Tour auf dem See (Angeltour ca. 10 US$, Besuch der Isla Ave und der Isla Conejo 5–10 US$). Man hat den Eindruck, als hätte der See touristisch noch einiges „in petto".

Anfahrt: Mit dem Bus über Asturias nach Pantasma (stündlich 7–15 Uhr) kann das Ostufer des Sees von Jinotega aus erreicht werden.

Übernachtung
1 Bed and Breakfast Villa Riviera
4 Santa Maria B&B
5 Hostal El Mesón
7 Hotel Los Arcos
9 Luna International Hostel
23 Casa Hotel Santa Elena

Essen und Trinken
3 Papikar
7 Vuelva Vuelva
9 El Fogón
11 Café Luz
13 El Quesito
14 Restaurante Cohifer
15 Tacos Mexicanos Beverly
16 Rostipollos
17 Pullaso's Olé, Mocha Nana
18 El Rincón Pinareño
22 Café Arte Tipiscayan

Nachtleben
2 Disco Cigar Zone
21 Disco Axsis

Einkaufen/Sonstiges
6 Artesanías La Esquina
8 Supermercado La Colonia
10 TreeHuggers
12 UCA Miraflor
19 Supermercado Palí
20 Waschsalon

Estelí

Die verschlafene Provinzstadt Estelí liegt auf einer Höhe von 840 m und ist die Hauptstadt des gleichnamigen Departamento. Mit geschätzt über 120.000 Einwohnern ist sie zudem die **zweitgrößte Stadt im Norden Nicaraguas.** Die meisten Touristen verschlägt es hierher, wenn sie vom nördlichen Nachbarland Honduras nach Nicaragua einreisen. Doch hat diese ruhige, von hohen Bergen umgebene Universitätsstadt durchaus ihren Reiz, noch dazu ist das Klima aufgrund der Höhe angenehm frühlingshaft. Als **Ausgangsstation für die Erkundung des Nordens** des Landes ist Estelí dank der guten Verkehrsanbindungen an der Panamericana optimal geeignet. Und wer Spanisch lernen möchte, ist hier genau richtig, da sich **zahlreiche Sprachschulen** angesiedelt haben. Auf dem Wochenmarkt kann frisches Obst und Gemüse von den Bauern erstanden werden, die in den umliegenden Bergen wohnen.

Geschichte

In prähispanischer Zeit wurde die Gegend um Estelí von dem **Stamm der Chorotegas** besiedelt. Einer Interpretation zufolge stammt auch der Name Estelí aus dieser Epoche und leitet sich von dem Nahuátl-Wort „Eztli" ab, das „Blutstrom" oder „Fluss des gefärbten Wassers" bedeutet. Einer anderen Deutung zufolge kommt der Stadtname von dem Nahuátl-Wort „Ulua" und bedeutet „Obsidian-Fluss". Wie dem auch sei, scheint der Fluss für die Namensgebung wichtig gewesen zu sein.

Die heutige Stadt Estelí wurde **im 16. Jahrhundert von den Spaniern gegründet** und ist ein wichtiges Verwaltungs- und Wirtschaftszentrum der Region. So ist der Ort unter anderem für die **Zigarrenherstellung** bekannt. Das mag daran liegen, dass nach der cubanischen Revolution 1959 zahlreiche Zigarrenfabrikanten von der Insel hier Zuflucht suchten. Sie brachten das Wissen über den Anbau des Tabaks und die Herstellung von Zigarren mit. Heute werden in Estelí erstklassige nicaraguanische Zigarren, die sogenannten **„Puros"**, produziert, von denen einige den Ruf genießen, zu den besten der Welt zu gehören. Sie werden in die USA und nach Europa verkauft, wie die Bewohner nicht ohne Stolz erzählen. Diverse **Tabakfabriken** können besichtigt werden, was bei einem Aufenthalt in Estelí nicht verpasst werden sollte. Selbst wenn man nicht raucht, ist der Rundgang durch eine Zigarrenfabrik sehr interessant und zeigt Schritt für Schritt die Prozesse zur Herstellung dieses qualmenden Genussmittels.

Zur Zeit der Sandinistischen Revolution 1979 war Estelí eine **Basis der Sandinisten.** Es kam in der Region zu vielen schweren Kämpfen. Bereits vor der Revolution fanden die Rebellen viel Unterstützung in Estelí, weshalb die Stadt von den bewaffneten Contras heimgesucht wurde. Viele der über die Stadt verstreuten Wandbilder zeigen Szenerien aus dieser leidensvollen Zeit oder stellen andere politische Themen dar. Auch das kleine Museum Asociación de ex-combatientes históricos (s.u.) klärt über die Vorgänge auf.

„Puros" – Über die Herstellung der echten nicaraguanischen Zigarre

Der **Geschmack einer Zigarre** hängt vom Klima bzw. vom Wachstumsort der Tabakpflanze ab, die nur an wenigen Orten der Welt gedeiht. Dementsprechend unterscheiden sich ihre Blätter in Dicke, Farbe und Geruch. So ergeben sich ganz verschiedene Kombinationsmöglichkeiten für die Größe und den Geschmack von Zigarren. Im Norden Nicaraguas werden nur dunkle und stark aromatische Tabakblätter angebaut. Leichtere Blätter mit einem weicheren Aroma sind in der Regel aus Ecuador importiert, da für sie das Klima Nicaraguas zu kühl ist.

In und um Estelí gibt es zahlreiche Fabriken, die Zigarren herstellen. Je nach Größe der Fabrik werden pro Tag 5000 bis 15.000 Zigarren produziert. Von 7 bis 17.30 Uhr wird gearbeitet. Jeder Arbeiter muss ein gewisses Pensum pro Tag erreichen, sonst ist er schnell entlassen. Männer und Frauen müssen die Tabakblätter sortieren, schneiden, walzen und zu Zigarren rollen. Es werden **dünne, dicke, starke, feine, helle und dunkle Zigarren** produziert, die den weltberühmten cubanischen Konkurrenten in nichts nachstehen (sollen).

Viele einzelne Arbeitsschritte ergeben die perfekte Zigarre:

Aussaat: Winzig kleine Samen werden etwa 45 Tage in einem Gewächshaus herangezüchtet, bevor sie in geraden Reihen eingepflanzt werden. Nach weiteren 45 Tagen kann die erste Ernte erfolgen.

Ernte: Es gibt drei verschiedene Sorten von Blättern, die nach eine genau festgelegten Reihenfolge abgeerntet werden: **Ligero** – diese Blätter wachsen an der Spitze der Tabakpflanze und profitieren am meisten von der Sonneneinstrahlung, daher sind sie besonders intensiv und würzig; **seco** – diese mittleren Blätter der Tabakpflanze haben einen mittelstarken Geschmack; **volado** – am untersten Teil der Tabakpflanze wachsen diese mildesten Blätter heran.

Zuerst werden die unteren Blätter gepflückt, die noch sehr hell sind, da sie von der Sonneneinstrahlung weitestgehend verschont geblieben sind. Nach einer Woche erfolgt der zweite Erntegang, bei dem die darüberliegenden Blätter abgeerntet werden. Erst nach vier weiteren Erntegängen sind alle Blätter abgepflückt. Die **Kombination der drei Blattsorten** ergibt den typischen Zigarrengeschmack.

Trocknung und Fermentation: Die abgeernteten und sortierten Blätter werden zur Trocknung für 45 bis 60 Tage in einem Trockenschuppen gelagert. Die aufgehängten Blätter verlieren an Feuchtigkeit und Farbe, bis sie den typischen Braunton aufweisen. Zur anschließenden Fermentation werden die gehäuften Tabakblätter mit Jute abgedeckt, wodurch ein natürlicher Gärungsprozess in Gang kommt. Es muss regelmäßig umgeschichtet werden, damit sich der Nikotingehalt verringert und das Aroma der Blätter nicht durch Fäulung negativ beeinflusst wird.

Herstellung: Eine Zigarre besteht aus drei Teilen, der Einlage *(tripa),* dem Umblatt *(capote)* und dem Deckblatt *(capa).* Die Einlage mit bis zu zwanzig verschiedenen Tabakblättern ist für den Geschmack von entscheidender Bedeutung. Sie wird durch das Umblatt umschlossen, das besonders elastisch und kräftig sein muss. Zu guter

Letzt wird dieser Wickel vom Deckblatt umhüllt.

Vor der eigentlichen Herstellung müssen die gereiften und fermentierten Tabakblätter erneut sortiert werden, wobei auf das Aussehen, die Beschaffenheit und das Bouquet der Tabakblätter geachtet werden muss. Blätter, die nicht den Anforderungen entsprechen, werden aussortiert und für Zigarillos oder Zigaretten verwendet. Dann werden die Zigarren von den **torcedores (Zigarrenroller)** von Hand gerollt, eine Arbeit, die meist von Frauen ausgeführt wird. Zunächst werden einige Umblätter auf dem Tisch ausgebreitet und die gewünschte Mischung aus *ligero, seco* und *volado* zusammengestellt. Anschließend wird die Einlage kunstvoll zusammengefaltet und vom Umblatt umschlossen. Danach wird der Zigarrenrohling in Form gepresst und in der Regel nach seiner Form benannt, z.B. „Torpedo" – einige Fabriken lassen sich ihre Zigarrenformen sogar patentieren. Nun wird das Deckblatt ausgesucht und mit einem *chaveta,* einer Art Wiegemesser, zugeschnitten und fest um den Rohling gerollt.

Alle Fertigprodukte werden **in Kühlräumen für drei Monate gelagert,** bevor sie verpackt und verkauft werden. Vor dem endgültigen Verpacken wird die Zigarre noch mit einer **Bauchbinde** versehen, die den Namen der Produktionsfirma mit dem Herkunftsland enthält. Ein Großteil der Zigarren geht in den **Export,** vor allem in die USA – nicht nur dort steht ihr Genuss für Luxus, Stil und Lebensqualität.

In der Umgebung von Estelí warten zahlreiche **archäologische Fundplätze** auf erkundungslustige Besucher.

Und noch eine Information: Seit 1995 besteht eine **Städtepartnerschaft mit Bielefeld,** der Stadt, in welcher der Verlag dieses Reiseführers ansässig ist.

Orientierung

Die **schachbrettartig angelegten Straßen** sind schematisch durchnummeriert. Nord-südlich verlaufende Straßen heißen **Avenida** (Ave.), west-östliche **Calle.** Die Nummern beginnen am Parque Central mit 1 und werden je nach Entfernung immer höher und entsprechend der Richtung bezeichnet. Die große Straße westlich des Parks ist die Panamericana.

Sehenswertes und Aktivitäten

In Estelí heißt es „sich treiben lassen", durch die Gassen und Geschichte der Stadt, die in Gestalt der politisierenden **Wandbilder** das Stadtbild prägt und immer präsent ist. Das aufwendigste architektonische Gebäude ist die **Kathedrale Nuestra Señora del Rosario** mit ihrer neoklassischen Fassade. Sie besaß mehrere einfache Vorgängerbauten, bis schließlich ab 1882 die Konstruktion des heutigen Bauwerks begann. Bis in die 1890er Jahre war der Bau nur unter dem Namen „Weiße Kathedrale" bekannt. Eine Reliquie aus der Kolonialzeit ist eine **Statue der Jungfrau von Rosario,** nach der die Kirche heute benannt ist. Ursprünglich sollte diese heilige Statue nach León gebracht werden, landete durch einen Irrtum aber in Estelí und blieb dann in der Stadt. Ihr zu Ehren findet jedes Jahr im Oktober ein großes Fest statt.

Museen

Casa de Cultura „Leonel Rugama"

Das 1979 gegründete **Kunst- und Kulturzentrum** erhielt seinen Namen nach dem Poeten *Leonel Rugama*, der aus Es-

Leonel Rugama (1949–1970) – Poet und Freiheitskämpfer aus Estelí

José Leonel Rugama wird am 21. März 1949 im Matapalo-Tal im Nordosten der Stadt Estelí geboren. Sein Vater ist Tischler, die Mutter Lehrerin. **Er wächst in einem ärmlichen Umfeld auf,** das seine Persönlichkeit prägt und seinen revolutionären Kampfgeist formt, der sich in seinen späteren Gedichten niederschlägt. Eine Überlieferung erzählt, dass er während seiner Kindheit nie mit Waffen spielte; als ihm jemand eine Spielzeugpistole schenkt, tauscht er sie mit einem Kind gegen ein anderes Spielzeug.

1950 zieht seine Familie nach Estelí, wo er zur Schule geht. Er ist ein **ehrgeiziger und guter Schüler,** der immer zu den Besten seines Jahrganges zählt.

Nachdem er sich als Teenie zunehmend mit sozialistischen Ideen auseinandersetzt, tritt er 1967 der linken FSLN *(Frente Sandinista de Liberación Nacional)* bei und zeichnet sich durch **Engagement, Hingabe und revolutionären Eifer** aus. *Ernesto Cardenal,* der bekannte Befreiungstheologe aus Nicaragua, erinnert sich: „Einmal schlugen sie ihm vor, ein Studentenfest zu besuchen, doch er lehnte mit der Begründung ab, da müsse er 10 Pesos bezahlen und dafür gäbe es zehn Kugeln für den revolutionären Kampf." In den Bergen sammelt er erste Erfahrungen als **Guerillakämpfer.** Es ist auch die Zeit, in der seine ersten Gedichte entstehen.

1969 schreibt sich *Leonel* an der Universität von León mit dem Namen *Francisco* ein, unter dem er während seiner gesamten Studienzeit bekannt ist. Er engagiert sich in der Revolutionären Studentenfront FER *(Frente de Estudiantes Revolucionarios)* und ist für die Publikation der Zeitung „El Estudiante" verantwortlich. In einer Wochenbeilage der Zeitung „La Prensa Literaria" werden nun erstmals seine **Gedichte** veröffentlicht.

Doch von der aufkeimenden Anerkennung als Dichter hat er nicht mehr viel. Im Januar 1970 kämpft er in Managua einen ungleichen Kampf gegen ein Bataillon von *Somozas* Nationalgarde. *Leonel Rugama* und alle seiner wenigen Kameraden fallen.

Sein sozialkritisches Gedicht **„La Tierra es un satélite de la Luna"** (Die Erde ist ein Satellit des Mondes) zählt zu den weltweit bekanntesten Werken der lateinamerikanischen Poesie.

telí stammte und ein Guerillakämpfer der FSLN war. Er starb im Kampf gegen die Somoza-Diktatur. Im Kunstzentrum treffen sich Musiker, Maler, Kunsthandwerker und Tänzer aller Altersgruppen, um zu lernen, zu lehren und einheimischen und ausländischen Besuchern die Kunst Nicaraguas und besonders die Kunst des Nordens nahezubringen. Regelmäßig finden Konzerte, Kunstausstellungen und Tanzvorführungen statt.

Infos: 1 Block südlich vom Parque Central, Mo bis Fr 7.30–15.30 Uhr.

Asociación de ex-combatientes históricos

Das kleine Museum ist der **Geschichte der Sandinistischen Revolution in der Region Estelí** gewidmet. Ein Teil des Museums konzentriert sich auf die Geschichte der Familie, die das Museum betreibt, da sie während der Auseinandersetzungen zahlreiche Familienmitglieder im Kampf verloren hat. Das Museum zeigt viele Fotografien und Zeitungsartikel aus dieser Zeit. Neben der Revolution wird die **politische Geschichte Nicaraguas** erklärt, einige Beschreibungen sind auch auf Englisch verfügbar.

Infos: 1 Block südlich der Katedrale, Mo bis Fr 9–16.30 Uhr, der Eintritt ist frei, aber eine Spende für den Museumsverein ist sehr willkommen.

Museo de Historia y Arqueología

Kleines Museum, das von zwei Bewohnern Estelís gehütet wird, die gerne kostenlos durch die übersichtliche Ausstellung führen. Gezeigt werden eine **Münzsammlung** und **alte technische Geräte.** Bemerkenswert sind die **Gemälde regionaler Künstler,** die in brillanten Farben vor allem das tägliche Leben der Bewohner von Estelí schildern. Interessant sind die **archäologischen Funde** aus der Umgebung der Stadt, darunter Steine mit Petroglyphen. Wer Interesse an einem Besuch derartiger Fundstätten hat, kann sich hier über ihre Lage informieren und anhand einer Karte, die im Museum hängt, orientieren.

Infos: Von der Ostseite des Parque Central 1 Block nach Süden, Mo bis Fr 8.30–12 und 14–17 Uhr, Sa 14–17 Uhr, Eintritt frei.

Galeria de Héroes y Mártires

Die Galerie ist ein **Erinnerungsort für die gefallenen Kinder der Revolution** gegen das Somoza-Regime. Sie wurde 1984 auf Initiative der Mütter der Gefallenen ins Leben gerufen und zeigt Fotos und persönliche Gegenstände ihrer getöteten Kämpfer-Kinder sowie Waffen. Künstler gestalteten die Wände mit Wandbildern von Szenen aus dieser Zeit. Anbei befindet sich eine kleine Sprachschule.

Infos: Ave. 1a SE zwischen Calle 5 SE und Calle 6 SE, Mo bis Fr 8–17 Uhr.

Tabakfabriken

Der Besuch einer Zigarrenfabrik ist quasi ein „must-do“ in Estelí. Es gibt zahlreiche Fabriken, die ihre Tore für Besucher öffnen. Bei einem **Rundgang** wird der gesamte Herstellungsprozess gezeigt und erläutert, von der Lese der Blätter über das Rollen der Zigarren bis hin zum Verpacken für den Export. Den Arbeitern kann dabei „live“ während ihrer Tätigkeiten über die Schulter geschaut wer-

nica017-ji

den. Der Preis für einen Fabrikbesuch variiert, sollte aber nicht wesentlich mehr als 6 US$ p.P. betragen.

■ **Tabacalera A. J. Fernández Cigars,** am Star Mart von der Panamericana nach Norden auf die Ave. 4a NE abbiegen und dieser noch 1 km folgen. Hier werden Nicaraguas berühmteste und teuerste Zigarren, die sog. „Padróns", hergestellt.

■ **Tabacalera Joya de Nicaragua,** Parallelstraße zum Busbahnhof Cotran Norte, Mo bis Fr 7.30–17.45 Uhr, www.joyacigars.com. Eine der ältesten Fabriken in Nicaragua. 2-stündiger Rundgang mit englischsprachigem Führer.

■ **Drew Estate Tobacco,** im Viertel Oscar Gómez einige Kilometer westlich der Panamericana. Großes Unternehmen, das auch „Zigarrensafaris" anbietet, die schnell ausgebucht sind; www.cigarsafari.com, www.drewestate.com.

Ein Pick-up voller Menschen – in Nicaragua gehört das zum normalen Straßenbild

Praktische Informationen

An- und Weiterreise (Busse)

Estelí hat zwei Busbahnhöfe, **Terminal Cotran Norte** und **Terminal Cotran Sur,** die beide an der Panamericana im Süden der Stadt liegen. Neben den bunten Schulbussen gibt es auch einige Verbindungen mit Minibussen, die schneller unterwegs sind. Abfahrtszeiten unter www.thebusschedule.com/EN/ni.

Ziele ab Terminal Cotran Norte

■ **Ocotal,** stündlich 6–17.30 Uhr, 40 C$, 2 Std.; in Ocotal Anschlüsse nach Las Manos an der Grenze zu Honduras.

■ **Somoto,** stündlich 5.30–18 Uhr, 35 C$, 2½ Std.; in Somoto Anschlüsse nach El Espino an der Grenze zu Honduras.

■ **Jinotega,** 5x, 60 C$, 2½ Std.

■ **Miraflor,** über San Sebastián de Yalí, 6, 12 und 16 Uhr, 60 C$, 1½ Std.

■ **San Juan de Limay,** 7x, 60 C$, 2–3 Std.

Ziele ab Terminal Cotran Sur

León, *Bus expreso,* 15 Uhr, 90 C$, 2½ Std.

Managua, *Bus ruteado* alle 30 Min. 3–18 Uhr, 60 C$, 3½ Std.; *Bus expreso* stündlich 6–15 Uhr, 90 C$, 2 Std.

Matagalpa, *Bus ruteado* alle 30 Min. 5–17 Uhr, 45 C$, 2 Std.; *Bus expreso* 8 und 14.30 Uhr, 55 C$, 1½ Std.

Einkaufen

19 **Supermercado Palí,** Ave. Central zwischen Calle 2 und Calle 3 SO. Großer Supermarkt mit allen herkömmlichen Produkten. Ganz im Süden liegt an der Panamericana ein noch größerer Maxi-Palí.

8 **Supermercado La Colonia,** Ave. 1 NE, an der Ecke Calle 2 NE. Großer Supermarkt mit allen Produkten, die man benötigt.

6 **Artesanías La Esquina,** Ecke Ave. 1 NE und Calle 3 NE. Viele Ton- und Holzwaren und andere kunsthandwerkliche Produkte aus verschiedenen Regionen des Landes.

Freitagsmarkt, Parque Central, jeden Freitag von 7 bis 12 Uhr bringen Bauern ihre Produkte zum Verkauf hierher, darunter riesige Papayas, die mit darüber ausgepresstem Limettensaft sehr lecker schmecken.

Essen und Trinken

Nica-Küche

13 **El Quesito**①, Ecke Ave. 4 NE und Calle 2 NE, 6.30–20 Uhr. Gutes Nica-Frühstück, dazu frisch gepresster Saft oder frisches Obst! Auch kleinere Mittags- und Abendgerichte gibt es zu kleinen Preisen.

7 **Vuelva Vuelva**②, im Hotel Los Arcos (s.u.), 17.30–23 Uhr. Großes Restaurant mit mehreren Sälen und Blick auf einen schönen Innenhof. Abwechslungsreiche, beinahe erfinderische Gerichte, welche die nicaraguanische mit der spanischen Küche verbinden. Zu empfehlen ist die leckere Paella!

14 **Restaurante Cohifer**③, Ave. 3 NE zwischen Calle 1 und 2 NE, 17.30–23 Uhr. Fisch und Fleisch von lokalen Farmern in gepflegtem Ambiente! Guter Service, etwas höhere Preise.

Cubanische Küche

18 **El Rincón Pinareño**②, Ave. 1 SE, Calle 1 SE, Tel. 2713 4369, 12–22 Uhr. Beliebtes und daher immer gut besuchtes Restaurant. Große Portionen, faire Preise, toller Service und Menüs zur Auswahl. Es gibt einen netten Balkon, von dem aus sich das Treiben auf der Straße schön beobachten lässt.

Mexikanische Küche

15 **Tacos Mexicanos Beverly**①, Ecke Ave. 2 NE und Calle 1 NE, Tel. 2713 0009, 17.30–23 Uhr. Verschiedene Taco-Varianten für den Hunger zwischendurch!

Steakhouse/Grillrestaurant

9 **El Fogón**①, Ave. 2 NE zwischen Calle 2 und Calle 3 NE, 11–24 Uhr, Mo geschlossen. Vor allem beim jungen Publikum beliebtes Grillrestaurant und Bar, wofür vor allem die leckeren Burger verantwortlich sind. Die Wände zieren Porträts historischer Persönlichkeiten aus aller Welt.

16 **Rostipollos**①, Calle Transversal Este, nahe Panamericana, 11–19 Uhr. Wer gebratene Hühnchen mag, ist hier genau richtig: Knusprig brutzeln sie goldbraun am Spieß, dazu gibt es wahlweise Tortillas oder Weißbrot.

17 **Pullaso's Olé**③, Calle Transversal Este, nahe Panamericana, www.pullasosole.com. Steakhouse mit allen erdenklichen Fleischvarianten vom Angus-Rind über Ente und Huhn bis hin zu Rippchen – das alles gibt es natürlich auch als Mix-Teller. Außerdem werden Meeresfrüchte angeboten. Gutes Essen, dafür sind die Preise etwas höher als üblich.

Cafés

17 **Mocha Nana**①, Calle Transversal Este, nahe Panamericana, 13.30–22 Uhr, Mo geschlossen. Hier gibt es köstliche Waffeln, hausgemachte Vollkorn-

Panninis, Kaffee und philosophische Gespräche. Im netten Patio kann man auch einfach ganz entspannt ein Buch lesen. Freitagabends spielen oft lokale Bands.

3 **Papikar**①, Ecke Ave. 2 NE, Calle 4 NE, Mo bis Fr 15.30–23 Uhr. Saft- und Smoothie-Bar mit tollen Zwischengerichten wie leckeren Sandwiches und frischen Salaten. Auch raffinierte Nica-Gerichte gibt es hier, etwa gefüllte Tortillas, frittierte *Jalapeños, Chilaquiles* und vieles mehr. Wer mag, kann hier sogar eine Wasserpfeife rauchen!

22 **Café Arte Tipiscayan**②, Ave. 1 SE, Calle 6 SE, Tel. 2713 7303, Do bis Di 12–22 Uhr. Traditionelle Speisen wie *Tamales* und Mais-Pancakes *(Güirílas)* werden zu köstlichem Kaffee angeboten.

11 **Café Luz**②, vom Hostal El Mesón 1 Block nach Osten, von der Rückseite der Kathedrale 1 Block nach Norden, www.cafeluzyluna.org/cafe, 7–22 Uhr. Freundliches Personal in relaxter Atmosphäre, gutes Nica-Essen, internationale Kost oder auch frische Säfte und Salate, dazu chillige Musik – ein perfekter Ort zum Entspannen und Treffpunkt für Einheimische und Touristen. Vom Frühstück bis zum Abendsnack wird alles frisch angeboten. Ein kleiner Shop findet sich anbei, in dem u.a. gesunde Dinge aus dem „Organic Kitchen Gardens Project" der Café-Community erstanden werden können.

Feste

- **7. Oktober, Fest der Jungfrau von Rosario** mit Umzug und Feuerwerk.
- **16. Juli, Prozession der Virgen del Carmen** mit großem Festumzug. Am gleichen Tag wird außerdem die Befreiung von der Somoza-Diktatur gefeiert.
- **Dezember, Feiertage der Stadtgründung.** Die Feierlichkeiten spielen sich um die Weihnachtszeit ab und bestehen aus mehreren Festen; das spektakulärste ist die *Fiesta de Hípicos Nicaraguenses,* das Reiterfest. Ganz Estelí ist auf den Beinen, Männer tragen Cowboyhüte und reiten in kunstvollen Schrittkombinationen auf ihren Pferden, Bands spielen laute Musik, es wird getanzt und Toña-Bier getrunken.

Nachtleben

21 **Disco Axsis,** an der Panamericana, 20–3 Uhr, zu lauter Musik trinkt man einen „Nica Libre" und tanzt flotten Bachata!

2 **Disco Cigar Zone,** an der Panamericana, 21–3 Uhr. Tanzen, tanzen und nochmals tanzen kann man hier bei lauter, international gemischter Musik und buntem Discolicht. In dem geräumigen Club schwingen vor allem Einheimische das Tanzbein.

Nützliches

- **Tourist-Info: Intur,** Parque Central, ½ Block nach Osten, 8–13 Uhr. Broschüren liegen aus, sonst wenig informativ.

10 **Touristenagentur: TreeHuggers,** Ave. 2 NE und Calle 3 NE, 1 Block nördl. der Rückseite der Kathedrale, www.treehuggersnicaragua.wordpress.com, 8–20 Uhr. Die Agentur bietet Stadttouren durch Estelí und den Besuch einer Zigarrenfabrik an, organisiert aber auch Trips in die Umgebung, z.B. ins Naturschutzgebiet Miraflor.

- **Polizei:** an der Panamericana Nord.
- **Banken: BAC** und **BanPro,** Ecke Calle Transversal und Ave. 1 SO (ATM für alle gängigen Kreditkarten); mit **Procredit** und **BDF** befinden sich noch zwei weitere Banken an dieser Kreuzung.
- **Post:** Ave. 2 SE zwischen Calle 1 und Calle 2 SE, 8–13 und 14–17 Uhr.
- **Apotheke: Farmacia Central,** Ecke Ave. 1 NO und Calle 2 NO.
- **Krankenhäuser: Hospital Adventista,** Ave. Central, Calle 6 SE, Privatklinik mit verschiedenen Spezialisierungen; **Hospital San Juan de Dios,** Panamericana, am südlichen Stadtausgang auf der rechten Seite.

20 Waschsalon: Ave. 2 SE zwischen Calle 3 und 4 SE, 9–19 Uhr, pro Kilo 60 C$.

Sprachschulen

■ **CENAC (Nicaraguan Center for Cultural Learning),** zwischen Calle 5 und 6 SE nahe der Panamericana, www.spanishschoolcenac.com. Sprachkurse ab 8 Jahren für Anfänger und Fortgeschrittene, Einzel- und Gruppenkurse, Dauer ab 1 Woche (10 Std.), Preis für eine Woche ohne/mit Übernachtung 150/240 US$. Es werden auch Koch- und Tanzkurse angeboten und Ziele in der Umgebung organisiert.

■ **Escuela de Héroes y Mártires,** Ave. 1 SE zwischen Calle 5 und Calle 6 SE in der dazugehörigen Galerie, Kurspreis für 5 Tage (20 Std.) ohne/mit Übernachtung 80/140 US$. Die Einnahmen werden zum Teil für den Unterhalt der Galerie verwendet.

Übernachten

4 Santa Maria B&B①, Ave. 1 NO, Calle 4 NE, 5 Gehminuten vom Stadtzentrum. Helle, zweckmäßige Zimmer mit Fliesenböden und kostenfreiem WLAN/WiFi. Frühstück ist im Preis inbegriffen. Es gibt eine voll ausgestattete Gemeinschaftsküche, einen TV-Bereich und eine möblierte Gemeinschaftsterrasse. Die Rezeption ist bis 22 Uhr besetzt.

9 Luna International Hostel②, www.cafeluzyluna.org. Öko-Hostel mit drei einfachen Zimmern mit Dusche und Ventilator; WLAN/WiFi, Bio-Kaffee und Tee werden kostenfrei zur Verfügung gestellt. Kinder sind willkommen und dürfen bis 4 Jahre ohne Aufpreis im Elternbett schlafen, ab 5 Jahren wird 1 US$ pro Kind für die Wasserkosten berechnet. Außerdem gibt es vier Dorms.

5 Hostal El Mesón②, Ave. 1 NE, Calle 3 NE, 1 Block nördlich von der Kathedrale. Einfache, saubere Pension mit freundlichem Personal. Die Zimmer haben komfortable Betten, Deckenventilator und ein Bad. WLAN/WiFi nur im Rezeptionsbereich.

23 Casa Hotel Santa Elena②, Hauptstraße Ave. Central, Calle 10 SE, 11 Blöcke südlich der Kathedrale, Tel. 8930 7040, www.facebook.com/CasaHotelSantaElena. Saubere Zimmer mit Bad, freundliche Gastgeberin, WLAN/WiFi, kostenloser Kaffee.

1 Bed and Breakfast Villa Riviera③, ganz im Norden von Estelí an der Panamericana, vom Kreisverkehr 2 Blöcke nach Norden und 20 nach Osten. Die Annehmlichkeiten dieser sauberen Wohlfühloase machen die Lage am Stadtrand wett: Üppiges Frühstücksbuffet mit frischer Bio-Kost, große Terrasse zum Relaxen, Garten, komfortable Zimmer, Kühlschrank zu Mitbenutzung, WLAN/WiFi, Park-

nica018-ji

☐ Der Revolutionsführer Augusto Sandino ist in Nicaragua stets präsent

platz, Wäscheservice. Die Besitzerin *Esther* stammt aus den Niederlanden und berät gerne über Ausflugsziele in der Umgebung.

7 **Hotel Los Arcos**③, Ave. 1 NE zwischen Calle 2 und Calle 3 NE, www.hotelosarcosesteli.com. Das Hotel liegt im Zentrum von Estelí, die gut befahrene Straße ist somit auch gut hörbar. Die Zimmer sind großzügig und sauber mit Bad, AC, TV, WLAN/WiFi und Terrasse. Frühstück ist im Preis inbegriffen. Einige Zimmer haben nur ein Fenster zum Flur und sind dadurch dunkel; wer das nicht mag, sollte gleich zu Beginn darauf hinweisen. Zimmer 101 bis 104 sollten vermieden werden, da es vom Empfangsbereich und Tagungsraum her sehr hallt.

Ziele in der Umgebung

Reserva Natural Tisey-Estanzuela (12 km)

Flüsse, Wälder und Wasserfälle sind das Zuhause für über **120 Tier- und Pflanzenarten,** die in dem Naturschutzgebiet leben. Auf den über 9000 Hektar Landfläche sind sogar einige vom Aussterben bedrohte Arten angesiedelt. Das Naturschutzgebiet erstreckt sich zwischen den Gemeinden San Nicolás, Estelí und El Sauce. Neben Arealen, wo verschiedene Nutzpflanzen wachsen, gibt es ausgedehnte Bereiche von Waldschutzgebieten mit Kiefern und Eichen. Ein Besuch im Schutzgebiet ist ein **echtes Naturerlebnis:** Auf ausgedehnten Wanderungen können bunte Vögel beobachtet werden, und immer wieder ergeben sich wundervolle Blicke in die Land-

Landschaft in der Reserva Natural Tisey-Estanzuela

nica019-ji

schaft und auf die verschiedenen Vulkane, bei gutem Wetter bis hinüber nach El Salvador!

Der Name des Reservats setzt sich aus zwei seiner schönsten Naturstätten zusammen: Der Gipfel des Berges **El Tisey** ist 1550 m hoch, der **Río La Estanzuela** bildet einen großen, kristallklaren Wasserfall desselben Namens; er ist 35 m hoch und bietet eine schöne Abkühlung (Eintritt 1 C$). Über Ostern tummeln sich hier zahlreiche Einheimische, um in den natürlichen Becken zu schwimmen, die am Fuße des Wasserfalls liegen.

Im Naturschutzgebiet gibt es mehrere Landgemeinden und private Farmen, die **Landwirtschaft** betreiben.

Anreise

■ **Zu Fuß:** Das Schutzgebiet liegt 12 km südlich von Estelí, man kann direkt dorthin wandern. Die Straße zum Wasserfall Salto de la Estanzuela, der 6 km von Estelí entfernt liegt, verläuft parallel zur Panamericana gen Süden. Der Zutritt zum Schutzgebiet führt über die Schotterstraße neben dem Krankenhaus San Juan de Dios. Da es auf der Strecke schon zu Überfällen kam, sollte man vorsichtig sein und keine Wertsachen mitnehmen.

■ **Mit dem Bus:** 2x tägl. (6.30 und 13.30 Uhr) startet vom Busbahnhof Cotran Sur in Estelí ein Bus mit der Aufschrift „La Tejera" (1½ Std., 2 US$); am Abzweig zur La-Garnacha-Farm aussteigen und noch 1,5 km zu Fuß.

■ Ein **Taxi** kostet 10–12 US$.

Übernachten/Essen und Trinken

■ **La Garnacha**②, garnachaturistica@yahoo.es. Eine der schönsten Übernachtungsmöglichkeiten im Schutzgebiet bietet diese Öko-Farm mit mehreren Cabañas, zudem gibt es einige einfache Zimmer. Im dazugehörigen Comedor wird prima einheimische Bio-Kost zu kleinen Preisen aufgetischt. Auch Bio-Produkte und Kunsthandwerk können hier erstanden werden. Es werden von der Farm aus Touren in das Schutzgebiet organisiert, z.B. auf den Berg Apaguajil mit seinen versteckten Fledermaushöhlen (10 US$ p.P.) und atemberaubenden Aussichtspunkten. Man kann auch Pferde ausleihen (6 US$ pro Std.).

■ Wer außer dem Comedor im La Garnacha noch etwas anderes ausprobieren möchte, ist im nahe gelegenen **Restaurante Rancho Don Luis** gut aufgehoben. Es bietet eine ausgezeichnete Küche und eine großartige Aussicht auf die Vulkankette der Maribios.

Besuch beim Steinmann

Mitten im Schutzgebiet liegt die **Galería del Arte El Jalacate.** Hier lebt und arbeitet der Künstler **Alberto Guitérrez.** Inmitten einer blühenden Oase, erfüllt von Orchideen und Obstbäumen, meißelt der Einsiedler seit Jahrzehnten **Tierfiguren und Symbolhaftes** in eine 40 m breite Felswand und erschafft ein **steinernes Wandbild,** das **für die Ewigkeit** sein soll.

Er hatte eine Vision. Engel erschienen ihm und sagten, er solle **schnitzen, um vom Alkohol loszukommen,** der ihn jahrelang fest im Griff hatte. Jedes Mal, wenn er sich daraufhin nach einem Tropfen sehnte, begann er zu meißeln. Seine Bilder, so sagt er, seien von Gott inspiriert. Und so sieht man unter den Figuren Jesus am Kreuz, aber auch historische Persönlichkeiten und vor allem viele Tiere aus Afrika, Südamerika und natürlich Nicaragua! *Alberto* spricht kein Englisch, erklärt aber gerne mit Händen und Füßen seine Kunstwerke und reicht dazu frisches Obst aus seinem Garten. Eine kleine Spende für seine Arbeit nimmt er gerne an.

Die Galerie liegt 3 km von der Farm La Garnacha entfernt am Wanderweg Mirador de Tisey.

Reserva Natural Miraflores (25 km)

Zauberhafte Landschaft, herrlich-exotische Natur, Ruhe und **Abgeschiedenheit** und ein wunderbar angenehm warmes Klima sind die herausragenden Eigenschaften dieses Naturschutzgebietes in der Bergregion von Estelí. Nebelwälder, historische Stätten, kleine Farmen, Wasserfälle und eine beeindruckende Fülle an Fauna und Flora, einschließlich Orchideen, machen einen Besuch zu einem **unvergesslichen Erlebnis.**

In dem meist wolkenverhangenen Gebiet ist es **deutlich kühler als in den küstennahen Regionen,** sodass warme Kleidung eingeplant werden muss.

Offiziell heißt das 1999 zum Nationalpark erklärte Gebiet **Miraflor-Moropotente,** da es sich aus zwei verschiedenen Schutzgebieten zusammensetzt, die jedoch gemeinsam verwaltet werden. Das Areal erstreckt sich über eine Fläche von **13.174 Hektar,** sodass man bei einem Dschungeltrip kaum andere Menschen zu Gesicht bekommt.

Mehrere Gemeinden liegen im Gebiet des Nationalparks. **Ökotourismus** wird hier großgeschrieben, und so gibt es keine Hotels, sondern nur mehrere **Farmen und Fincas,** die sich in kleinen Kooperativen zusammengeschlossen haben. Die Bauern arbeiten nach strengen ökologischen Richtlinien und bauen Kaffee, Kohl, Mais und andere Produkte an. Besucher sind herzlich willkommen und werden gerne in das tägliche Leben einbezogen. So kann man kochen, Tortillas backen, Kühe melken, Hähne füttern und einfach das machen, was die Einheimischen auch tun. Beliebt ist hierfür das Örtchen Cebollal, aber auch in Sontule kann man auf Farmen mitarbeiten.

Das Naturschutzgebiet erstreckt sich über **drei Klimazonen** in einer Höhe von 800 bis 1400 m und bietet **ganz unterschiedliche Attraktionen.** In der Hochzone liegt das größte Waldgebiet der Region Las Segovias. Orchideen und andere **exotische Pflanzen** gedeihen, Kaffee wird angebaut. Bei der Besichtigung einer Kaffeeplantage werden die Anbautechniken erklärt, und natürlich kann der köstliche Kaffee auch verkostet werden. **Wasserfälle und Seen,** etwa die Laguna de Miraflor, laden zum Baden ein. Ein guter Ausgangspunkt für Expeditionen ist das Dörfchen La Perla.

Durch die Vielfalt an tropischen Pflanzen sowie Kiefer- und Eichenwälder leben in der Zwischenzone viele Tiere. Es finden sich **236 tropische Vogelarten,** darunter der seltene Quetzal, dessen wunderschöne, lange grüne Federn einst den Maya als Kopfschmuck dienten. Kolibris, Tukane, Spechte und Reiher oder der Nationalvogel von Nicaragua, der *Guardabarranco,* können hier mit etwas Glück beobachtet werden. Außerdem leben **Wildkatzen, Primatenarten** wie Brüllaffen, Schlangen, Kaninchen und eine Vielzahl von Insekten im Park. **Höhlen,** die in der Kolonialzeit von Indigenen als Rückzugsorte genutzt wurden, liegen versteckt im Wald.

Laguna Miraflor

Die Lagune liegt auf 1380 m Höhe und ist **von Nebelwald umgeben.** In den von Bromelien und Orchideen bewachsenen Bäumen leben viele Vögel. Auch Affen kommen hier gerne einmal vorbei.

Wasserfälle

Im Örtchen **Coyolito** gibt es mehrere Wasserfälle, in deren Becken man baden kann. Allerdings führen sie je nach Jahreszeit unterschiedlich viel Wasser.

- **Las Tres Cascadas,** Eintritt 30 C$, mehrere Wasserfälle und Schwimmbecken.
- **La Chorrera,** Eintritt 30 C$, 65 m hoher Wasserfall, der während der Somoza-Diktatur als Exekutionsort diente.
- **Pozo La Pila,** Eintritt 15 C$, Ausgangsort ist die Kommune La Pita; ein Wasserfall ergießt sich in ein von schroffen Felsen umgebenes Naturbecken.

Cuevas de Apaguis

In einem großen Felsen befinden sich **drei Höhlen,** die miteinander **durch Gänge verbunden** sind. Die Höhlen von Apaguis entstanden künstlich, da hier die Einheimischen das Mineral Jaspis abbauten, um daraus Werkzeuge herzustellen. Um den Ort ranken sich viele **Mythen und Legenden.** Es wird erzählt, dass ein Kobold in den Höhlen wohnte, der mit Blumen und Früchten die Mädchen der Umgebung anlockte und für drei Tage in den Höhlen einsperrte. Zudem soll jeden Tag um Mitternacht ein Hahnenschrei aus der Tiefe der Höhlen zu hören sein … Aufgrund der strategisch günstigen Lage auf dem Hügel Apaguis dienten die Höhlen später den sandinistischen Guerillas als Rückzugsort und Versteck. Von hier aus hatten sie einen guten Blick in die Umgebung, konnten also nahende Gefahren frühzeitig erkennen und sich in die Höhlen zurückziehen.

Die Höhlen liegen 300 m von der Straße nach Estelí entfernt in der Gemeinde **Sontule.**

Los Volcanitos (Berg)

Mitten im Nebelwald liegt der **einem Vulkan gleichende Berg** Los Volcanitos, am einfachsten zugänglich vom Ort Cebollal. Quetzal-Vögel, Affen und andere Tiere können bei einer Dschungelwanderung zum Berg beobachtet werden.

- **Anfahrt:** Bus nach Cebollal vom Nord-Busbahnhof in Estelí um 14.15 Uhr (nicht am Sonntag).

Touren/Führer

Die **Betreiber der vielen kleinen Farmen** sind die besten Führer für den Nationalpark. Sie kennen die Pflanzen- und Tierarten, die besten Wege und führen auch gerne einmal in entlegene Ecken, am besten per Pferd.

In Estelí kann man Touren im Voraus organisieren:

12 (Siehe Plan S. 64) **UCA Miraflor** *(Unión de Cooperativas Agropecuarias de Miraflor),* Ecke Ave. 4 NE und Calle 4 NE, Mo bis Sa 8–12 und 12.30–17.30 Uhr. Kontakt zu englischsprachigen Führern kann hergestellt werden.

10 Die **Agentur Treehuggers** (siehe bei Estelí und Plan S. 64) organisiert ebenfalls Touren.

- **Preise:** Führer Tagestour (ca. 7–16 Uhr), 20 US$ inkl. Verpflegung; Pferd pro Tag 15 US$; Besuch einer Kaffeeplantage mit Verkostung 70 US$ (bis 10 Pers.); Pflanzen-Expedition 35 US$ (bis 10 Pers.); Vogel-Expedition 65 US$ (bis 6 Pers.).

Anfahrt zum Nationalpark (Bus)

Die Straße nach Miraflor ist uneben und im Sommer sehr staubig. Mit dem Bus **ab dem Terminal Cotran Norte in Estelí** (6, 12 und 15.45 Uhr, 2 Std.); für einen Tagesausflug empfiehlt sich der früheste Bus. In La Rampla aussteigen oder dem Fahrer Bescheid geben, dass man zur Lagune Miraflor möchte; dann hält er 3 km nach La Rampla zum Aussteigen. In der Nähe von La Rampla gibt es mehrere Fincas zum Übernachten. Sie bieten Ausflüge in den Nationalpark an und sind wunderbare Ausgangspunkte für Erkundungen der Umgebung.

Übernachten/Essen und Trinken

Finca Neblina del Bosque③, www.neblina-delbosque.com. Öko-Farm auf 1430 m Höhe im Herzen des Nationalparks. Es gibt drei Bambushütten mit Bad und heißem Wasser (Solarenergie) und einen großen Schlafraum. Außerdem steht eine Luxus-Bambushütte mit orthopädischen Betten bereit, die über zwei Etagen verfügt und eine Terrasse mit einem herrlichen Panoramablick über den Nebelwald besitzt. Im rustikalen Restaurant werden vor allem vegetarische und regionale Gerichte angeboten.

Es gibt zahlreiche Angebote für verschiedene **Touren** in die Umgebung, z.B. zum Thema Vögel, Pilze oder Orchideen. Zu Pferd (14 US$ p.P. + 20 US$ für einen Führer) lässt sich die Natur entspannt erkunden.

Anfahrt: 17 km von Estelí entfernt, die Busse nach Miraflor fahren vom Terminal Cotran Norte in Estelí um 6, 12 (nicht am Mittwoch!) und 15.45 Uhr (2 Std.). An der Bushaltestelle La Rampla aussteigen und den Berg 300 m hinaufgehen; die Finca liegt auf dem Hügel auf der rechten Seite. Man kann auch einen Abholservice mit dem Motorrad über die Website reservieren.

Selbstfahrer: Am nördlichen Stadtrand von Estelí liegt die UNO-Tankstelle an einer Kreuzung zwischen Panamericana und der Straße, die in den Nationalpark Miraflores führt. Diese Straße nehmen und bis zur Kreuzung Empalme de Chilamatillo fahren; hier links halten bis zum Busstop La Rampla, dort links abbiegen und noch 400 m den Berg hinauffahren.

Finca Lindos Ojos③, Apartado Postal 80, Tel. 2713 4041, www.finca-lindos-ojos.com. Die Finca liegt sehr ruhig mitten im Nebelwald und wird nach ökologischen Grundsätzen bewirtschaftet. Die drei Cabañas für max. 4 Personen sind schlicht, aber geschmackvoll eingerichtet und verfügen jeweils über ein eigenes Bad; Frühstück ist inklusive. Alles ist noch sehr neu und absolut sauber. Die überdachten Terrassen der Cabañas sind mit Hängematten ausgestattet, hier könnte man den ganzen Tag verbringen. Der Blick auf den Urwald ist atemberaubend, besonders morgens, wenn der Nebel über der Lichtung und zwischen den Bäumen hängt. Es gibt auch drei Zimmer mit Gemeinschaftsbad für 4 bis 6 Personen. Gegen einen kleinen Aufpreis kommt aus der Dusche sogar warmes Wasser! Im Restaurant wird abwechslungsreiches vegetarisches Essen serviert, das ausgezeichnet schmeckt und aus dem eigenen Bio-Garten stammt! Es gibt aber auch Gegrilltes und Suppen. Aromatischer Kaffee aus Eigenanbau und Wasser stehen jederzeit zur freien Verfügung.

Da es kein WLAN/WiFi oder Handyempfang gibt, ist die Finca ein perfekter Ort, um abzuschalten und die Seele baumeln zu lassen. Regensachen sind für Ziele in der Umgebung empfehlenswert, werden aber auch vor Ort bereitgestellt.

Anfahrt: Am Nordausgang von Estelí an der UNO-Tankstelle rechts abbiegen in Richtung Yali und auf dieser Straße 23 km bleiben. Aufpassen: Nicht links abbiegen an der ersten Gabelung nach 5 km und nichts nach rechts abbiegen an der zweiten Gabelung nach 10 km. An der Bushaltestelle La Rampla links abbiegen, dann noch 2 km geradeaus und rechts abbiegen (es gibt auch ein Schild) – die Finca ist erreicht.

› Einfache Behausung auf dem Land

Kunsthandwerksdorf San Juan de Limay (50 km)

50 km westlich von Estelí leben im Tal von Limay zahlreiche Künstlerfamilien, die sich der **Bildhauerei** verschrieben haben. Sie nutzen **Speckstein** (Seifenstein) aus dem nahe gelegenen Steinbruch von Tepiscayán, um Skulpturen herzustellen. Speckstein ist ein natürlich vorkommendes schiefriges Mineral bzw. Gestein, das einen geringen Härtegrad besitzt, weshalb es sich gut für die Herstellung von Skulpturen eignet.

Es lohnt sich ein Besuch in der Werkstatt **Taller Casco Dablia** gegenüber dem Hauptplatz; von 8 bis 18 Uhr wird hier gearbeitet. Ganz im Norden des Dorfes liegt außerdem das **Atelier Artesanías de Piedra Marmolina.**

Westlich des Ortes, noch hinter dem Bachlauf Quebrada El Panteón, wurden einige Petroglyphen gefunden, die man bei einem Spaziergang besuchen kann.

- Wer **übernachten** will, kann dies in der zweckmäßigen **Pensión Guerrero,** 1. Calle NO, 1 Block nördlich der Kirche.
- **Anfahrt:** Busse starten vom Terminal Cotran Norte in Estelí, im gelben Schulbus fährt man die Panamericana bis nach La Sirena und von dort weiter nach Hermanos Cruces. Nun wird der Weg unbefestigt und manchmal schlammig. So geht es 37 km bis nach El Pino und San Luis. Durch Pinienhaine und vorbei an Getreidefeldern verläuft die Piste weiter am nördlichen Bergplateau entlang, ein frischer Wind weht durch den Bus. In der Ferne liegen die Häuser von Estelí. Bald kommt das Limay-Tal in Sicht. Die Fahrt dauert ab Estelí je nach Wetterlage 2 bis 3 Stunden und kostet 60 C$.

nica020-ji

Somoto

Somoto ist die **Hauptstadt des Departamento Madriz,** der ärmsten Region Nicaraguas. Der Ort ist nicht viel mehr als eine verschlafene Kleinstadt. In 22 km Entfernung (westlich) liegt die Grenze zum Nachbarland Honduras. In der Nahuátl-Sprache lautet der Stadtname Tecpecxomotli, was „Berg der Gänse" bedeutet. Gänse gibt es auch heute noch, jedoch sind auf den umliegenden Bergen viel mehr **Agaven-Plantagen** zu finden. Nach der *Flor del Henequén,* dem Blütenstand der Agaven, benennt sich die Stadt auch selbst.

An den Wänden der Häuser von Somoto steht häufig das Wort „Merced". Die kalifornische Stadt ist die Partnerstadt von Somoto und unterstützt den Ort mit Gesundheits- und Bildungsprojekten. Denn im Vergleich zur Universitätsstadt **Merced** ist Somoto nur eine kleine, ländliche Stadt mit Tabak-, Mais- und Bohnenplantagen und ein paar Campesino-Schulen auf den umliegen-

den Hügeln, damit die Kinder das Handwerk des Landwirts erlernen. Eines haben beide Städte jedoch gemeinsam: Das **Fahrrad** ist das Fortbewegungsmittel Nummer 1! Allerdings hat Merced ein umfangreiches Radwegenetz, während auf den einsamen Straßen von Somoto noch Esel und Ochsen umherlaufen.

Somoto kann mit der **ältesten Kirche Nicaraguas** aufwarten, deren Glocke alle 15 Minuten läutet! Außerdem gibt es hier die leckeren **Mais-Rosquillas,** ein Donut-ähnliches Gebäck, das ganz traditionell im Lehmofen gebacken wird. Dazu trinkt man einen frisch gebrauten Bio-Kaffee.

Sehenswertes und Aktivitäten

Die alte **Iglesia Santiago** wurde aus Lehmziegeln und gebrochenen Steinen erbaut. Die Kirche beherbergt einige besondere religiöse Relikte, unter anderem eine Figur des Señor de los Milagros, ein Bild des Corazón de Jesús und ein Taufbecken von 1652! Am Kreuz hängt hier ein schwarzer Christus. Der Bau der Kirche wurde am 9. September 1661 begonnen. Spätestens 1755 war die Iglesia fertig, denn Bruder *Agustín Morel de Santa Cruz* konnte in diesem Jahr berichten, dass „an dem Ort eine dreischiffige Kirche existiert, deren Dachziegeldeckung auf 14 Holzsäulen ruht, mit einem schmucklosen Altar und einem Glockenturm auf vier Holzpfählen, welcher mit Stroh gedeckt ist."

Wer mag, kann sich in einer der vielen **Bäckereien** zeigen lassen, wie die **Rosquillas** hergestellt werden. Viele Bäcker, die einen solchen Workshop anbieten, haben es in ihrem Schaufenster stehen. Sonst geben die Einheimischen auch gerne Auskunft, wo die Do-it-yourself-Bäckereien anzutreffen sind.

Museen

In der Nähe von Somoto wurden einige kleine **archäologische Stätten** gefunden, und so fanden ein paar Artefakte den Weg in die heimischen Museen:

Museo Piedra Pintada

Interessante **Sammlung von präkolumbischen Stücken** in sehr gutem Zustand, die in der Region gefunden wurden und verschiedenen Stämmen der Chorotegas gehörten. Darunter finden sich kriegerische Objekte wie Schleifsteine und Speerspitzen sowie Gegenstände mit sozialer und religiöser Bedeutung wie Halsketten, Weihrauchbrenner und Urnen. Es wurden auch Vasen mit Kohlenoxyd gefunden, die benutzt wurden, um die präkolumbische Keramik zu bemalen. Außerdem gibt es eine **Sammlung alter Fotografien von Somoto** aus der Zeit vom Anfang des 20. Jahrhunderts zu sehen.

■ **Infos:** Parque Central Zelaya, Di/Mi 9–13 und 14–18 Uhr, Do/Fr 14–18 Uhr, Mo geschlossen, Eintritt frei.

Museo Arqueológico

Das Museum zeigt eine sehenswerte **Sammlung präkolumbischer Kunst,** welche die Entwicklung der indigenen Kulturen in der Umgebung darstellt. Besonders schön sind die polychrome Keramik und die Marmorobjekte.

■ **Infos:** Parque Central Zelaya, Mo bis Fr 8–12 und 14–17 Uhr, am Wochenende nach Anmeldung, blancanubia_arauzmairena@yahoo.com.

Das **Museo de Cerámica precolombina,** das im Rathaus untergebracht ist, präsentiert eine kleine Ausstellung prähispanischer bemalter Keramik, die so zahlreich in der Umgebung gefunden wurde.

Praktische Informationen

An- und Weiterreise (Busse)

■ **El Espino,** Grenze zu Honduras, stündlich 5–17 Uhr, 15 C$, 45 Min.
■ **Ocotal,** stündlich 3.45–16.30 Uhr, 25 C$, 1½ Std.
■ **Estelí,** stündlich 5–17 Uhr, 35 C$, 2½ Std.; Express-Busse in Richtung Managua stoppen an der Shell-Tankstelle (Zeiten siehe im Kapitel zu Managua), 55 C$, 1½ Std.
■ **Managua,** *Bus expreso,* Mo bis Sa stündlich zwischen 3.45 und 7.30 Uhr sowie 14 und 15 Uhr, 110 C$, 3½ Std.

Essen und Trinken

4 **Aromas Café**①, am Parque Central, 7.30–20 Uhr, Mo geschlossen. Gut für Kaffee und Licuados, auch Sandwiches für zwischendurch gibt es.
3 **Restaurante El Almendro**②, am Parque Central, 2 Blöcke südlich, 12–22 Uhr. Huhn, Rind und Fisch mit Pommes in rustikalem Ambiente.

Feiertage und Feste

Gefeiert wird in Somoto oft und gerne: Das religiöse **Fest des Señor de los Milagros** wird im Mai und das ebenfalls religiöse **Fest des Sagrado Corazón de Jesús** im Juni gefeiert. Beide Götterbilder befinden sich noch heute in der alten Kirche. Am 25. Juli gibt es schließlich noch das **Patronatsfest des heiligen Santiago,** und am 11. November, dem Gründungsdatum des Departamento Madriz, geht es hier bunt zu, denn dann ist **Karneval.**

Nützliches

■ **Tourist-Info: Marena,** INSS, ½ Block nördlich, Mo bis Fr 8–14 Uhr. Es können Führer zum Somoto-Canyon vermittelt werden.
■ **Polizei:** Tel. 2359 2169.
■ **Banken: BDF,** am Parque Central, 1 Block südlich, 20 m nach Osten; **BanPro,** 1 Blöck östlich vom Parque Central.
■ **Krankenhaus: Hospital Juan Antonio,** an der Panamericana.
■ **Apotheke: Farmacia Yireh,** an der Nordseite des Parque Central, 2½ Blöcke östlich, 8–21 Uhr.
6 **Einkaufen: Mercado Municipal,** am Parque Central, 2 Blöcke südlich und 2 Blöcke westlich.
■ **Touren:** Das **Hotel El Rosario** (s.u.) organisiert Canyon-Touren: kurz (2 Std., 10 US$), mittel (4 Std., 20 US$), lang (7 Std., 40 US$); mit **Somoto Canyon Tours** (s.u.) können verschiedene Touren mit professionellen, mehrsprachigen Führern unternommen werden, Tel. 8610 7642 (span.), 5791 9556 (engl.), www.somotocanyontours.org.

Übernachten

Viele Unterkünfte gibt es in Somoto nicht, die wenigen haben alle WLAN/WiFi. Eine gute Alternative sind Übernachtungen bei einheimischen Familien, nahe dem Canyon, in Sonis; Kontakt über *Henry* von Somoto Canyon Tours (s.u.). Auch die authentische Finca Mejía ist eine abenteuerliche Übernachtungsoption direkt am Canyon (s.u.).

1 Hotel Panamericano①, an der Nordseite des Parque Central. Die günstigste Option vor Ort (8 US$ p.P.) und sehr einfach. Ein bisschen mehr Putzanstrengungen könnten nicht schaden, aber für eine Nacht zu günstigen Konditionen ist es okay.

2 Hotel El Rosario①, Enitel-Gebäude, 1 Block nach Osten, www.hotelelrosario.wordpress.com. Ruhige, zentrale Lage und schöne Zimmer mit guten Betten. Schön ist der liebevoll gestaltete Innenhof, in dem man wunderbare nicaraguanische Mahlzeiten einnehmen kann. Das gesamte Personal ist äußerst zuvorkommend, freundlich und hilfsbereit. Tipp: Eines der oberen Zimmer nehmen.

5 Hotel & Spa Huaca Yaran④, INSS, 2 Blöcke nach Osten, www.hotelhuacayaran.com. Recht großes Hotel mit zweckmäßigen Zimmern und schönen Sitzbereichen auf umliegenden Terrassen. Parkplatz, AC, TV und Frühstück sind mit dabei. Ein Entspannungsprogramm mit Massage, Whirlpool und Sauna ist buchbar.

Ziele in der Umgebung

Cañón de Somoto

Bereits die Anfahrt zum Cañón de Somoto ist ein kleines Abenteuer: Erst geht es steil hinab durch Geröll, dann quer durch Flüsse und Steppen. Bis zu 150 m ragen die Felswände des Canyons in die Höhe, an manchen Stellen ist er nur 10 m breit. Seit etwa 15 Mio. Jahren gräbt sich der **3 km lange Canyon** langsam durch die Landschaft im Norden Nicaraguas. Riesige Felsbrocken sind dabei ins plätschernde Wasser des Flusses gestürzt, der sich in regelmäßigen Abständen in **breite Becken** ergießt, in denen man wunderbar schwimmen kann. Auch einheimische Kinder baden im Wasser und manche treiben an den flacheren Ufern Rinderherden vor sich her. Der Cañón de Somoto ist ein **Zufluss des Río Coco** und wurde erst im Jahr 2004 von einer Gruppe nicaraguanischer und tschechischer Wissenschaftler entdeckt. *Josef Ševčík*, einer der tschechischen Geologen, erinnert sich: „Wir waren gerade dabei, die Strömung des Río Coco zu erkunden, als sich vor uns plötzlich fantastische Landschaften öffneten. Die Schönheit der Schlucht erstaunte uns. Doch das Vorwärtskommen wurde zunehmend schwieriger. Schließlich blieb uns nichts anderes übrig, als größere Abschnitte zu schwimmen." Und so ist es heute noch, denn den Canyon zu erkunden bedeutet **Abenteuer** –

nica021-jm

Im Cañón de Somoto

zu Fuß, im Boot, im Schwimmreifen paddelnd, schwimmend und springend. Das Erlebnis ist fantastisch, ein bisschen nass und vor allem geeignet für eine frische Ladung Adrenalin. 2006 wurde der Cañón von Somoto in die Liste der Nationalen Denkmäler Nicaraguas aufgenommen. Es wird nun angestrebt, dass er es auch auf eine Liste der UNESCO schafft.

- **Anfahrt:** Der Canyon liegt 13 km westlich von Somoto. Busse zum Canyon fahren in Richtung El Espino an der Grenze zu Honduras; die Fahrt kostet 15 C$ und dauert 40 Min. Ein Taxi kostet etwa 5 $. In der Nähe von Sonis beginnt der 3 km lange Wanderweg zum Canyon, dabei muss ein Fluss durchquert werden. Wenn der Wasserstand in der Regenzeit zu hoch werden sollte, wird der Weg gesperrt. Am besten vor Ort erkundigen
- **Somoto Canyon Tours,** 13 km von Somoto entfernt an der Panamericana, Comunidad de Sonis, Casa Soriano, 6–21 Uhr, Tel. 8610 7642 (span.), 5791 9556 (engl.), www.somotocanyontours.org. *Henry* kennt den Canyon wie seine Westentasche und organisiert sämtliche Ausflüge zwischen 3 Std. (25 US$) und 6 Std. (30 US$). Es wird geschwommen, geklettert, gewandert, Boot gefahren und gesprungen. Er nimmt alle Altersklassen von 5 bis 75 Jahren mit – fit sollte man allerdings schon sein!
- Der **private Führer Elmar Soriano** ist sehr nett und seine ganze Familie sehr hilfsbereit, Tel. 8434 2140. Er bietet neben Canyon-Wanderungen auch private Übernachtungen an. 4- bis 6-stündige Canyon-Tour + Übernachtung + Essen 30 US$ p.P. Gesprochen wird nur Spanisch.
- **Finca Mejía**①, 3 km vom Abzweig zum Aussichtspunkt auf den Canyon, finca_mejia@yahoo.com, Facebook: fincamejia. Friedlicher Ort mit gutem Essen, einer praktischen Unterkunft (5 US$), viel Natur und absolutem Abenteuer-Feeling. Die liebenswerten Gastgeber stellen selbst Käse her, und wer mag, kann dabei mitmachen, z.B. Kühe melken. Hier kann man es auch mehrere Tage aushalten, der Sternenhimmel ist überragend. Die Wanderung zur Finca dauert 45 Min., das Gepäck wird von Eseln zur Finca getragen (rechtzeitig Bescheid geben). Touren in den Canyon (ca. 15 US$) können selbstverständlich organisiert werden!

Ocotal

Sanfte Bergwelten, Pinien und Palmen prägen das Bild des Städtchens Ocotal im Distrikt Nueva Segovia, nahe der honduranischen Grenze. Inmitten dieser grünen Kulisse nahe des Río Dipilto lässt es sich wunderbar entspannen. So ist auch das Fahrrad ein übliches Fortbewegungsmittel in Ocotal.

Der Name ist die spanische Variante des Nahuátl-Wortes **„Ocotlalpan“.** Die Vorsilbe „Ocot“ bezeichnet einen Nadelbaum, der in der Region häufig vorkommt, „tlalli“ bedeutet „Überfluss“, und „pan“ ist der in Nahuátl-Regionen gebräuchliche Suffix für „Ort“. Übersetzt heißt das ganze Wort also „Ort reich an Ocote“.

Die Goldvorkommen am Río Choluteca lockten die **Spanier** hierher, die 1534 die Siedlung **Ciudad Antigua,** 25 km von Ocotal entfernt, gründeten. Das Gold lockte aber auch englische Piraten an, sodass es immer wieder zu Angriffen und Gefechten kam. Ciudad Antigua wurde aufgegeben, die Einwohner siedelten sich auf dem Boden des heutigen Ocotal an.

Als **Hochburg des sandinistischen Widerstandes** geriet die Stadt in den 20er Jahren des 20. Jahrhunderts wieder zwischen die Fronten. Am 16. Juli 1927 kam es zur **Schlacht von Ocotal** zwischen den Rebellen *Sandinos* und den Einheiten des U.S. Marine Corps sowie der Nationalgarde. *Sandinos* Angriff auf die in der Stadt stationierten Garnisonen wurde durch fünf Bomber aus der Luft abgewehrt. Heute wird dieser Einsatz als der erste Sturzkampfangriff der militärischen Fluggeschichte interpretiert.

Die **Landwirtschaft** spielte schon immer eine sehr wichtige Rolle in der Gemeinde. Noch heute leben viele Bewohner des beschaulichen Örtchens vom Kaffee- und Tabakanbau und auch von der Viehzucht. In den letzten Jahren siedelten sich allerdings immer mehr Gewerbebetriebe und Fabriken an.

Sehenswertes und Aktivitäten

Ocotal liegt an der Panamericana. Der Ort ist nicht groß, viele Geschäfte befinden sich entlang der **Avenida Wiesbaden,** die östlich des Parque Central verläuft. Woher dieser Straßenname? Wiesbaden ist eine Partnerstadt von Ocotal.

Pfarrkirche Mariä Himmelfahrt (Parroquial de La Asunción)

Mit dem **Barockbau** wurde zu Beginn des 19. Jahrhunderts begonnen. Obwohl 1870 die Fassade und der erste Turm fertig waren, wurde der zweite Turm erst im Jahr 2000 fertiggestellt. Im Inneren befinden sich über dem Altar die Heiligenbilder, so auch das der namensgebenden Jungfrau der Himmelfahrt. Die Kirche zählt zum Nationalen Kulturerbe.

Parque Central/Parque Las Madres

Dieser Stadtpark rühmt sich, so schön wie kein anderer in Nicaragua zu sein. Highlight des 1885 von dem damaligen Bürgermeister *Fausto Sánchez* errichteten Parks sind die heute **über 40 m hohen Mahagoni-Bäume,** die im selben Jahr angepflanzt wurden. 1998 wurde der Park umgestaltet; es entstand eine **tropische Oase** mit vielen heimischen Pflanzenarten, umgeben von Zypressen und Pinien. Für die gepflegte Landschaftsgestaltung und den Skulpturenpark gab es Auszeichnungen durch das Ministerium für Umwelt und natürliche Ressourcen (MARENA) und das nicaraguanische Institut für Stadtentwicklung (INIFOM).

Rathaus (Casa de La Junta Municipal)

In dem zu Beginn des 20. Jahrhunderts aus Lehmziegeln erbauten Haus waren **US-Truppen** während ihrer Invasion stationiert. Die Rebellen *Sandinos* griffen es deshalb am 16. Juli 1927 an. Unter den *Somozas* diente das Gebäude als Sitz der Nationalgarde der Diktatoren. Bis 1979 die Revolution siegreich war.

Kulturhaus (Casa de Cultura)

Auch hier waren 1927/28 US-Marines stationiert. Während der Somoza-Diktatur diente das Haus als **Hauptquartier der Nationalgarde.** Nach der Revolution wurde es zur Stadtbibliothek umfunktioniert, später zum Kulturhaus. Heute finden in dem Kolonialstil-Haus **Wechselausstellungen** statt.

Praktische Informationen

An- und Weiterreise (Busse)

Der **Busbahnhof** befindet sich 1 km südlich vom Parque Central an der Panamericana/Kreuzung Ave. Gral Sandino.

- **Ciudad Antigua,** 5 und 12 Uhr, 40 C$, 1½ Std.
- **Jalapa,** alle 75 Min. 5.45–16.30 Uhr, 58 C$, 1½ Std.
- **El Jícaro/Ciudad Sandino,** 6.15, 10.45, 15.20 und 17 Uhr, 45 C$, 2½ Std.
- **Las Manos/Grenze zu Honduras,** alle 30 Min. 5–16.45 Uhr, 28 C$, 45 Min.; Taxis kosten max. 10 US$.
- **Estelí** (Abfahrt vom Markt), stündlich 4.45–18 Uhr, 40 C$, 2½ Std.
- **Somoto,** alle 45 Min. 5.45–18.30 Uhr, 28 C$, 1½ Std.
- **Managua,** alle 1½ Std. 4–15.30 Uhr, 135 C$, 3½ Std.

Einkaufen

5 Supermercado Palí, Calle Cocibolca, 2 Blocks nordwestlich vom Parque Central. Großer Supermarkt mit allen herkömmlichen Produkten.

4 Supermercado San Judas, Ave. Wiesbaden, 3 Blocks nördlich vom Parque Central.

Essen und Trinken

3 Asados Tía Lupe①, Ecke Ave. Wiesbaden und Calle Quetzalcoatl. Gebratene Fleischgerichte in einfachem Ambiente, günstig.

6 La Llamarada del Bosque①, Calle Mogotón, an der Südseite vom Parque Central, 7–15 Uhr. Pancakes, *Gallo Pinto* und weitere Frühstücksgerichte werden hier serviert.

2 Casa Vieja②, ½ Block nördlich vom Supermarkt San Judas, 12–24 Uhr, Mo geschlossen. Gemütliches Ambiente, freundliche Bedienung, abwechslungsreiches Menü, faire Preise.

7 Sport Bar & Grill②, Calle Inmaculada Concepción, Parque Central, 3 Blöcke nach Süden und ½ Block nach Westen. Einer der beliebtesten Plätze für einen Drink. Tanz und Live-Musik am Wochenende, Sportsendungen im TV. Und ganz (und gar nicht) nebenbei: Saftige Steaks zu einem guten Preis und freundlicher Service.

Nützliches/Fest

- **Tourist-Info: Intur,** Calle Inmaculada Concepción, Mo bis Fr 8–14 Uhr, ocotal@intur.gob.ni. Ein guter Anlaufpunkt, will man einen Guide für die Ersteigung des Mogotón-Gipfels anheuern.
- **Polizei:** Tel. 2732 2580.
- **Banken: Western Union,** Ave. Gral. Sandino, 8–17 Uhr; **Bancentro,** Ave. Gral. Sandino, ATM für alle gängigen Kreditkarten.
- **Apotheke: Mi Farmacia,** Calle Cocibolca, 1 Block nordwestlich vom Parque Central.
- **Krankenhaus: Hospital Alfonso Guillén/Luis Moncada,** zwischen Ave. Segovia und Calle Bosawás, Tel. 2732 2491.
- **Fest:** Am **15. August Patronatsfestlichkeiten** über mehrere Tage **zu Ehren der Jungfrau Maria** mit Prozessionen, Reiterspielen, Musik und Feuerwerk.

Übernachten

6 La Llamarada del Bosque②, Calle Mogotón, an der Südseite vom Parque Central, llamaradadelbosque@yahoo.com. Gute, einfache und saubere Unterkunft mit freundlichem Personal. Trotz schwachem WLAN/WiFi beliebt, also lieber rechtzeitig reservieren. Ein günstiges Restaurant mit traditionellen Nica-Gerichten befindet sich anbei.

8 Hotel Mirador②, 100 m nördlich vom Busbahnhof nahe der Hauptstraße Ave. Wiesbaden und der Calle Xolotlán. Das Gebäude im Kolonialstil ist von einem Garten umgeben und verfügt über mehrere Zimmer mit eigenem Bad, WLAN/WiFi, AC und TV. Es gibt ein Restaurant, ferner können Touren in die Umgebung organisiert werden.

1 Hotel Frontera③, in der Ortsmitte an der Panamericana, hofrosa@turbonett.com.ni. Dieser für Ocotal beinahe überdimensioniert erscheinende Hotelkomplex verfügt über einen Pool, geräumige Zimmer und ein Restaurant. Die Zimmer mit AC sind deutlich teurer als die mit Ventilator.

Ziele in der nordöstlichen Umgebung

Durch duftende Pinienwälder schlängelt sich die Nic29 über eine Distanz von 67 km bis ins schöne Städtchen Jalapa. Auf dem Weg dorthin liegen einige schöne Ziele wie kleine Keramik-Manufakturen, der höchste Gipfel des Landes und alte Städte aus vergangenen Zeiten, dabei die Bergwelt immer vor Augen. Ein **Mietwagen** ist für diesen Trip **empfehlenswert.** Busse von Ocotal nach Jalapa halten aber auch in den entsprechenden Orten.

Kunsthandwerksdorf Mozonte (5 km)

Mosuntepec, wie der Ort von den früher hier lebenden Chorotegas genannt wurde, liegt in einer immergrünen Gegend „umgeben von Flüssen und Hügeln", was auch der Name der Siedlung bedeutet. Noch heute gibt es hier eine **große indigene Gemeinde,** der ein Ältestenrat vorsteht. Der Ort ist bekannt für seine Landwirtschaft und die Produktion von **Keramik,** in deren Dekor die Wurzeln der einst indigenen Besiedlung noch spürbar sind. Im *Colectivo de Artesanías de Mozonte* gleich am Ortseingang kann Künstlern bei der Arbeit zugesehen und natürlich auch das ein oder andere Stück gekauft werden.

■ **Colectivo de Artesanías de Mozonte,** Mo bis Sa 8.30–16.30 Uhr, So 9–16 Uhr. Es gibt eine Auswahl an Kerzenleuchtern, Vasen, Untersetzern und einiges mehr.

Am Parque Central steht eine einfache katholische Kirche. Am 29. Juni findet das **Fest zu Ehren des heiligen San Pedro** statt. Der Ort feiert voller Freude seinen wichtigsten Heiligen mit einem traditionellen Band-Lauf und einer Prozession, in der das Bild von San Pedro durch alle Straßen getragen wird.

Schön ist die Kirche der Jungfrau von Guadalupe, die auf einem kleinen Hügel steht, dem Loma Santa. Am 12. Dezember wird hier das **Fest der Jungfrau von Guadalupe** gefeiert: Um 4 Uhr früh machen sich die Einwohner auf zum Loma Santa, um in der Kapelle den Rosenkranz für die Jungfrau zu beten. Die Aussicht vom Hügel ist herrlich!

Für das (leibliche) Wohl von Mensch und Auto gibt es in Mozonte eine **Bar** und eine **Tankstelle.**

Einkaufsmöglichkeit am Straßenrand

nica022-ji

Pico Mogotón (24 km)

Der Mogotón ist **mit 2107 m der höchste Berg Nicaraguas.** An der Grenze zu Honduras gelegen, ist seine Besteigung ein wahres Abenteuer! Bereits die Anfahrt von Ocotal birgt einigen Nervenkitzel, da die letzten 10 km der Strecke unbefestigt sind und der **Río Achuapa** ein paar Mal überquert werden muss – natürlich ohne dass es eine Brücke gäbe. Ein Allrad-Fahrzeug ist also erforderlich. In der Trockenzeit führt der Fluss allerdings wenig Wasser und die Überquerung ist kein Problem. Eine echte Gefahr stellen die **Landminen** dar, die in den 1980er Jahren in der Gegend gelegt wurden, sodass ein Verlassen des richtigen Weges lebensgefährlich sein kann. Einen erfahrenen **Führer** anzuheuern, ist daher dringend zu empfehlen.

Der Ausgangspunkt zum Wanderweg ist die **Finca Brisas de Mogotón,** die auf 1368 m Höhe liegt; sie wird von den Brüdern *Jiménez* geleitet. *Ramón* und *Bayardo* kennen sich in der Gegend bestens aus und sind gute Bergführer. Sie klären über die Route auf, organisieren den Transport von Ocotal zur Finca und führen sicher und freundlich bis zum Gipfel. Allerdings sprechen sie nur Spanisch. Gute Schuhe, ausreichend Wasser und ein Moskitospray sollten mitgenommen werden.

Der Aufstieg

Der Wanderweg zum Gipfel führt **durch Flüsse und Nebelwälder,** vorbei an abgelegenen Fincas, die Kaffee anbauen. Die erste halbe Stunde geht über einen Feldweg, vorbei an einer weiteren Kaffee-Finca. Nun steigt man zum Fluss Achuapa hinab, der von Dezember bis April einem Bach gleicht. Es geht dann für etwa 1 Stunde den Fluss entlang, wobei man abschnittsweise auch direkt im Fluss laufen und größere Felsbrocken überqueren muss. Die Führer müssen den Weg teilweise mit der Machete freilegen. Danach geht es für etwa 1 Stunde steil bergauf bis zum Kammweg. Hier beginnt der Nebelwald, und es wird feucht, dämmrig und matschig. Man wandert nun noch weitere 15 Minuten bis zum **Gipfel.** Oben steht ein großer Stein, auf dem die Namen der beiden Länder, die sich den Gipfel teilen, Nicaragua und Honduras, zu lesen sind. Da es sehr waldig ist, muss man sich durch das dichte Blätterwerk hindurch ein paar Lücken suchen, um ins Tal blicken zu können.

Der **Rückweg** ist über dieselbe Route am schnellsten, doch über den längeren Rundweg über mehrere Kaffee-Fincas weniger beschwerlich.

Informationen zur Besteigung des Mogotón

- **Beste Zeit:** Trockenperiode (Dez. bis April)
- **Entfernung zu Ocotal:** 1 Std. Autofahrt
- **Ausgangsort des Wanderweges:** Finca Brisas de Mogotón
- **Aufstiegsdauer:** ca. 2½ Std., Rückweg: 2–3 Std.
- **Bergführer:** *Ramón* und *Bayardo Jiménez* (Festnetz 2732 2267, Handy 8827 0595, nur span.); *Roberto Castellanos* (Festnetz 7320 317, Handy 6533 666, castellanos.robert@yahoo.com, nur span.)
- **Preise:** 70 US$ p.P. in einer Gruppe, Einzelführungen 110 US$

Ciudad Antigua (28 km)

Auf diesem Fleckchen Erde ließen sich im Jahr **1536** die **ersten Spanier** nieder. In dem Gebiet lebte das **indigene Volk**

der Xicaques, die von da an unaufhörlich gegen die Spanier kämpften. 1654 wurde die Stadt das erste Mal von **englischen Piraten** unter dem Kommando von *Henry Morgan* überfallen, der die flussreiche Gegend nach Gold absuchte. Viele Bewohner wurden getötet und die Stadt dem Erdboden gleichgemacht. Einer Legende zufolge wuchs die Christusfigur über dem Altar der schönen Stadtkirche Santuario de los Milagros immer ins Überdimensionale, wenn Piraten das Heiligtum betraten und die Statue oder andere Schätze stehlen wollten. Hinterlassenschaften aus diesen Zeiten können im kleinen **Museo Segoviano** (Mo bis Fr 8–16 Uhr) angeschaut werden; am meisten beeindruckt der alte Steinaltar, der früher in der Kirche stand. Das jährliche Stadtfest findet Mitte Januar statt.

San Fernando (25 km) – das Kaffeedorf der „Cheles"

Unter den 7000 Einwohnern dieses Dörfchens mit dem schönen Parque Central und einer schlichten Kirche leben zahlreiche **weißhäutige und helläugige Bauernfamilien,** die sogenannten Cheles. Einige Bewohner führen diese Eigenheit des Dorfes auf die Anwesenheit US-amerikanischer Truppen zwischen 1927 und 1930 zur Zeit des Krieges gegen die Sandinisten zurück. Doch die Ältesten erzählen, dass die Cheles schon seit der spanischen Kolonialzeit hier leben. Da sie eine Besonderheit darstellen, wird versucht, die „Reinheit der Rasse" zu erhalten. So ist es üblich, dass Cousins untereinander heiraten oder der Onkel die Nichte zur Frau nimmt. Und so gibt es zahlreiche Familien mit den gleichen Nachnamen wie *Ortéz-Ortéz, Herrera-Herrera* oder *Urbina-Urbina.*

In San Fernando wird ausschließlich Kaffeeanbau betrieben. Es wird geschätzt, dass **rund um den Ort etwa zweihundert Kaffeeplantagen** liegen, die etwa 20.000 Zentner Kaffee für den Export erwirtschaften. Sie bieten über 1200 Menschen einen festen Arbeitsplatz, während der Erntezeit werden außerdem weitere 5000 Helfer beschäftigt.

Die Fernandinos sind eher zurückhaltende Menschen – bis auf die Zeit des **Stadtfestes** am 14. und 15. September, wenn sich alle in den Straßen versammeln. Dann werden Karussells aufgebaut, Tänze vorgeführt, Schönheitswettbewerbe und andere Wettkämpfe ausgetragen, die Besucher aus allen umliegenden Dörfern anlocken.

In der Umgebung befinden sich einige schöne Wasserfälle. 13 km östlich von San Fernando, nahe der Finca Los Saltarines, liegt der **Wasserfall von San José,** einer der höchsten des Landes. Das Wasser kommt direkt aus den Bergen und ist so klar und frisch, dass es die Bauern als Trinkwasser nutzen, das sich wie von selbst seinen Weg zu ihren Fincas bahnt.

Abstecher: El Jícaro/Ciudad Sandino (56 km)

Wo einst Eselskarawanen in Richtung der Goldminen von San Albino zogen, verläuft heute eine **staubige Landstraße** hin zum verschlafenen Provinzörtchen El Jícaro. Eingebettet in eine immergrüne Bergwelt geht das Leben in ruhigen, immer gleichen Bahnen seinen Gang. Dem Besucher bieten sich einige einfache Unterkünfte und Möglichkeiten zum Essen, etwa im Comedor Georgina oder im Buffete La Fogata am Park. Pferdetouren und Ausflüge mit dem Mountainbike sind neben „Seele baumeln lassen" die Aktivitäten auf diesem authentischen Fleckchen Erde.

■ **Übernachten: Hostal Marifer**①, 4. Avenida NE, 2 Blöcke nördlich und 4 östlich vom Parque Central. Zweckmäßige Unterkunft unweit des Comedor Las Gemelas.

Thermalquellen von Aranjuez (37 km) und El Limón (50 km)

Etwa auf der Hälfte der Strecke von Ocotal nach Jalapa dampft es heiß aus der Erde und riecht ein wenig faulig – mineralhaltige Quellen entspringen den Bergen und formen bei **Aranjuez** runde Becken entlang eines kleinen Flusses.

■ **Thermalbad Don Alfonso,** geöffnet Di bis So 8–16 Uhr, Eintritt 5 US$, Kinder bis 5 Jahre frei.

Nach 6 km kommt bei Santa Barbara ein Abzweig nach **El Limón.** Den Quellen im dortigen Tal wird eine heilende Wirkung nachgesagt, selbst *Somoza* hatte hier sein Badevergnügen in seinen eigenen Thermalbädern, die jedoch von Hurrikan „Mitch" zerstört wurden.

■ **Comunidad El Limón,** 30 km südlich von Jalapa, Eintritt 3,50 US$. Ausflüge organisiert das Hotel Pantano in Jalapa, www.hotelelpantano.com.

Jalapa

67 km von Ocotal und **nur einen Steinwurf von der honduranischen Grenze entfernt,** die Berge zum Greifen nah, liegt Jalapa eingebettet zwischen Mais- und Bohnenfeldern, Kaffee- und Tabakplantagen. Der Name des Städtchens leitet sich von der Sprache der **Méxicas,** auch als **Azteken** bekannt, in Zentralmexiko ab. Das Wort „xalli" bedeutet „Sand", „atl" heißt „Wasser", und „pa" oder „pan" ist stets das Adverb für „Ort", sodass Jalapa demnach „Ort des sandigen Wassers" bedeutet. Wie auf dem Gebiet des heutigen Mexiko-Stadt, wo sich einst der große Texcoco-See befand, muss es also auch in Jalapa einen See gegeben haben, der ausgetrocknet ist. Diese rein auf dem Namen basierende Vermutung wird durch Funde fossiler Muscheln und anderer Wassertiere gestützt.

Die Bevölkerung ist stolz auf ihre **indigenen Wurzeln.** Traditionell bildet daher der Mais die Basis für die meisten Speisen und Getränke der Jalapeños. So ist **Atole de Maíz,** eine dickflüssige, leicht mehlige Masse, das übliche Heißgetränk hier, noch vor einer dampfenden Tasse Kaffee.

Sehenswertes und Aktivitäten

Sehenswert ist die stattliche **Catedral de la Inmaculada Concepción de María,** die Kirche der Heiligen Jungfrau Maria. Sie befindet sich gleich am Parque Central. Mit ihrem gelben Putz und dem roten Dach sieht sie im Abendlicht besonders schön aus. Jedes Jahr am 8. Dezember wird das Fest der heiligen Jungfrau mit einer bunten Prozession gefeiert.

Bekannt ist die Stadt natürlich auch für ihr **großes Mais-Fest,** das alljährlich in der dritten Septemberwoche stattfindet. Es wurde einst zur Rettung und Förderung des Mais als Nutz- und Kulturpflanze ins Leben gerufen. Während des Festes gibt es einen großen Umzug mit mehreren Wagen, die allesamt mit verschiedensten Teilen der Maispflanze geschmückt sind. Es findet die **Wahl der Maiskönigin** statt, die auch über und über mit Maisornamenten ausgestattet wird. Die jungen Männer üben sich in einem Reiterwettkampf, bei dem sie mit ihren Pferden verschiedene Bänder einsammeln müssen; wer die meisten Bänder sammelt, erhält als Preis das Privileg, die Maiskönigin auf seinem Pferd sitzend durch die Straßen zu führen – möge sie eine Schönheit sein! Abends wird dann die Krönung der Maiskönigin und des Reiters gefeiert.

Praktische Informationen

An- und Weiterreise (Busse)

Der **Busbahnhof** liegt im Süden der Stadt beim Friedhof.

- **El Porvenir,** stündlich, 28 C$, 30 Min.
- **Estelí,** 4 und 10.30 Uhr, 115 C$, 4 Std.
- **El Jícaro/Ciudad Sandino,** 12 und 16 Uhr, 58 C$, 1½ Std.
- **Managua,** 5 Morgenbusse, einer nachmittags, 210 C$, 5½ Std.
- **Ocotal,** stündlich 5–16 Uhr, 60 C$, 1½ Std.

Einkaufen

4 **Supermercado Palí,** Calle Real, 11 Blöcke östlich vom Parque Central.

3 **Mercado Municipal,** Calle de la Biblia. Auf dem Markt gibt es Obst, Gemüse und weitere Dinge zur Selbstverpflegung, aber auch sämtliche Haushaltsgegenstände, Heilmittelchen, T-Shirts, Schuhe und vieles mehr.

Nützliches

- **Infos: im Hotel El Pantano** (s.u.), Info besetzt von 8 bis 16 Uhr, der Holländer *Wim van de Donk* gibt freundlich Auskunft über Fremdenführer und Wanderrouten, außerdem können zahlreiche organisierte Touren in die Umgebung gebucht werden.
- **Banken: BanPro,** nicht weit südlich vom Markt; **Procredit** (mit Geldautomat) 2 Blöcke nördlich vom Parque Central.
- **Polizei:** Tel. 2732 2580.
- **Krankenhaus: Hospital Pastor Jiménez Arostegui,** an der Panamericana, Tel. 2732 2491.
- **Apotheke: Farmacia Matute Molina,** 1 Block östlich und 1 Block südlich vom Parque Central.

Übernachten/Essen und Trinken

6 **El Hotelito**①, nicht weit vom Busbahnhof und der Petronic-Tankstelle am Ortseingang, nohelia.molina@gmail.com. Einfache und zweckmäßige Zimmer.

1 **Hospedaje Jonathan**①, Parque Central, 4 Blöcke nördlich und 1 Block westlich. Zentral gelegen, Zimmer mit Dusche und TV – mehr kann man für den günstigen Preis kaum verlangen.

2 **Giomar**①, 1 Block westlich vom Markt. Einfache, saubere Zimmer.

7 **Landhotel El Pantano**②, Parque Central, 8 Blöcke westlich, www.hotelelpantano.com, Rezeption und Restaurant geöffnet Mo bis Do 7–21 Uhr, Fr bis So 7–23 Uhr. Das rustikale Landhotel liegt an einem Flussarm und wartet mit 12 geräumigen Zimmern in geziegelten Bungalows auf. Das Personal ist freundlich, es gibt ein preiswertes 7 **Restaurant.** Camper können hier zelten.

5 **Luz de la Luna**②, Parque Central, 1 Block südlich, 11–22 Uhr. Traditionelle Gerichte wie *Gallo Pinto, Tamales* und andere Maisgerichte werden hier aufgetischt.

Ziele in der Umgebung

Finca San Antonio (3 km)

Nur 3 km von Jalapa entfernt, in der Comunidad San Francisco, liegt ein **wundervoller tropischer Garten:** Auf der Finca werden mehr als 70 verschiedene Arten tropischer Blumen angebaut. Die Vielfalt der Farben und Formen der Blüten ist beeindruckend. Einige Bereiche der Finca wurden dem ursprünglichen Wachstum der Vegetation überlassen und bieten ein geradezu **dschungelhaftes Ambiente.** Neben Blumen wird hier natürlich wieder Kaffee, aber auch Bananen angebaut.

■ Ein Besuch kann **vom Hotel El Pantano** in Jalapa organisiert werden (eine Woche vorher anmelden), Eintritt 7 US$ p.P., mit organisiertem Transport 11 US$.

Finca Doña Gloria (10 km)

10 km von Jalapa entfernt liegt die Finca von *Doña Gloria* und ihrem Ehemann *Don Guillermo. Doña Gloria* war eine der ersten, die **kunsthandwerklich** mit **Pinienblättern** arbeitete. Aus den getrockneten Blättern stellt sie Körbe für Tortillas, Blumenvasen und andere dekorative Gegenstände her. Auch Schmuck kreiert sie aus den Samen der Pflanze. Wer mag, kann mit ihr das Pinienhandwerk erlernen oder zumindest einen Nachmittag lang ausprobieren. Dazu gibt es eine Tasse organischen Kaffee oder einen frischen Saft. Die beiden gastfreundlichen Jalapeños zeigen Besuchern auch gern ihre Finca. Bei diesem kleinen **Rundgang** sieht und erfährt man einiges über das Land- und Alltagsleben der Bewohner der Region. Eine Art „Aufwandsentschädigung" in Höhe von 8 US$ wird für den Besuch inkl. Pinienkunst-Kurs verlangt.

■ **Anfahrt:** Die Zufahrt ist einfach zu meistern, ein spezielles Auto ist nicht nötig. Die Nic29 in Richtung Teotecacinte fahren und nach 10 km links zur Finca abbiegen. Wer kein eigenes Fahrzeug hat, kann sich auch per Taxi (6 US$) zur Finca fahren lassen und eine Abholzeit vereinbaren. Mit einem Bus Richtung honduranischer Grenze kann man ebenfalls fahren und sich vom Fahrer an der entsprechenden Stelle absetzen lassen.

Der Norden Nicaraguas ist reich an Wäldern

nica023-ji

Wanderung auf den Cerro Jesús

Der Cerro Jesús ist mit 1793 m der **dritthöchste Berg in Nicaragua.** Hier leben noch viele Tiere, darunter drei Affenarten und der seltene **Quetzal,** ein grün und scharlachrot gefärbter Vogel mit langen, schillernden Schwanzfedern. Das immerfeuchte Klima der Nebelwälder lässt abgebrochene, tote Baumstümpfe verrotten, sodass der Quetzal seine Bruthöhle in das morsche Holz graben kann; das ermöglicht ihm einen optimalen Lebensraum. Doch der Quetzal ist gefährdet. Durch die Ausdehnung der Agrarflächen werden die Überwinterungsgebiete zerstört. Die rasant voranschreitende Abholzung und damit verbundene Vernichtung seiner Lebensräume gilt neben der Bejagung wegen seiner prachtvollen Federn als die Hauptgefährdung des Quetzals. Seit dem Jahr 2000 steht er auf der Roten Liste der IUCN *(International Union for the Conservation of Nature and Natural Resources).*

Auf dem Weg zum Gipfel befinden sich mehrere Fincas, die Kaffee anbauen; eine von ihnen ist die **Finca Cerro de Jesús.** 2014 gewann sie den renommierten Kaffeepreis „Cup of Excellence", die höchste internationale Auszeichnung, die für feinste Kaffeequalität steht. Die Finca liegt 12 km nördlich von Jalapa in der Gemeinde Buena Vista Chiquita. Auf über 600 Hektar wird Bio-Kaffee angebaut, es gibt noch ursprünglichen Nebelwald und einen 8 m hohen Wasserfall. Von hier ist es nicht mehr weit bis zum Gipfel.

Das Hotel El Pantano in Jalapa organisiert geführte **Pilz-Wandertouren,** begleitet von einem spezialisierten Fremdenführer; er klärt auf über die Vielzahl hier wachsender heimischer Pilze, von denen einige sehr selten sind. Natürlich ist das Finderglück von der Jahreszeit abhängig. Die Regenzeit eignet sich besser als die Trockenzeit.

■ **Anfahrt:** Bis zur Finca Cerro de Jesús in der Gemeinde Buena Vista Chiquita 12 km nördlich von Jalapa fahren (Allrad erforderlich); von hier sind es dann noch gut 8 km bis zum Gipfel.

Aguas Termales Porvenir (25 km)

Das **Thermalbad** liegt direkt an der honduranischen Grenze, 25 km nördlich von Jalapa; vom Busbahnhof dort fahren stündlich Busse. Im warmen Wasser des Thermalbades lässt es sich schön planschen, während ganz nebenbei viele Krankheiten geheilt werden sollen. Allerdings wird man hier beim Baden beobachtet – von zahlreichen **Schildkröten,** die das lauwarme mineralhaltige Wasser ganz offenbar sehr anziehend finden.

Zwei nah gelegene Fincas bieten ebenfalls die Möglichkeit zum Baden an:

■ **Finca Ecológica Sonzapote**①, baut Kaffee an und besitzt einen großen, natürlichen Pool. Es gibt sechs Cabañas und ein einfaches Restaurant. Zahlreiche Wanderwege erstrecken sich um die Finca. Der Besitzer *Don Chepe* zeigt gerne die Flora und Fauna rund um die Bergwelt der Nubarrónes.

■ **Finca Ecológica La Reforma**①, hier gibt es zwei natürliche Schwimmbecken, die vom Flusswasser gespeist werden, sowie Übernachtungsmöglichkeiten in vier einfachen Cabañas.

nica082-jl

3

Nicaraguas Nordwesten

Der Nordwesten von Nicaragua ist geprägt durch die Vulkankette Los Maribios. 14 Kegel ragen hier wie an einer Schnur aufgereiht in den Himmel, nur zwei von ihnen sind nicht mehr aktiv. Die anderen rauchen und dampfen, glühen und grollen.

☐ Der Vulkan Momotómbo zerstörte das alte León

LEÓN UND DIE KETTE DER VULKANE

Die Vulkankette Los Maribios im Norden von León reicht vom Vulkan Cosigüena an der Grenze zu El Salvador bis zum Lava spuckenden Momotómbo am Managua-See. Mittendrin liegt León, die Großstadt der Poeten, geprägt von revolutionärer Geschichte und studentischem Leben. Während die einen León als grau und hektisch empfinden, halten andere die Stadt für hip und lebendig. Zu bieten hat die Kolonialstadt viel: Neben zahlreichen Museen und Kultureinrichtungen locken ein spannendes Nachtleben und jede Menge Spaß und Abenteuer in der nahen Umgebung. Vor allem für eine Attraktion ist die Gegend weltweit berühmt: Am Vulkan Cerro Negro, sozusagen der Hausberg von León, ist „Sandboarding" die sportliche Aktivität Nummer 1! Nur wenige Kilometer von León entfernt gibt es mit Poneloya und Las Peñitas zwei tolle Strände, die perfekt sind, um sich vom sandigen Abenteuer zu erholen.

NICHT VERPASSEN!

- **Die Kathedrale von León:** über den Dächern der Stadt | 102
- **Speisen wie die Einheimischen:** die Essensstände am Mercado Central in León | 113
- **Cerro Negro:** Rodeln am Vulkanberg | 120
- **Las Peñitas:** Surfen im rauschenden Pazifik | 127
- **Relaxt genießen:** Happy Hour im Kult-Garten des Hostels Barca de Oro | 128

Diese Tipps sind gelb hinterlegt.

León

„Sandino Viva" – ein Hoch auf den Revolutionär ist in León an vielen Häusermauern zu lesen. León, der ewige Rivale des deutlich kleineren Granada, ist eine trubelige, politische Stadt mit intellektuellem Esprit, bis heute geprägt von den Ereignissen der **Revolution,** aber auch vom Schöngeist der **Poesie.** Denn nicht nur der berühmte Dichter *Rubén Darío,* der die spanische Sprache „neu erfunden" hat, war hier zu Hause, sondern auch weitere Poeten-Politiker, Dichter-Philosophen und Märtyrer-Poeten.

León ist keine Stadt, durch die man sich einfach treiben lässt, wie durch Granada, denn dafür ist sie zu hektisch und voll – immerhin leben hier über 200.000

Menschen. Die Dinge, die interessieren, sucht man hier besser gezielt auf. Es gibt zahlreiche **Museen und Galerien, Kirchen und Parks.** Das Highlight in der Umgebung sind die vielen Vulkane mit ihren unterschiedlichen Charakteren.

Die Stadt strahlt ein Flair aus, das an die reichen Zeiten erinnert. Seit jeher war die Universitätsstadt die **intellektuelle Hochburg** des Landes. Besonders in der Semesterzeit ist die Stadt bevölkert von jungen Menschen, und es gibt ein vielfältiges studentisches Leben.

Geschichte

Nachdem **León Viejo,** das erste León, nach einem Ausbruch des Vulkans Momotómbo im Jahr 1610 von den Bewohnern verlassen worden war, gründeten sie kurz darauf das neue León an der heutigen Stelle. 1821 fand in der Stadt ein wichtiges historische Ereignis statt: Die **Acta de Independencia,** welche die Unabhängigkeit von Spanien besiegelt, wurde hier unterzeichnet.

Der Nordwesten 0 25 km ©Reise Know-How 2017 Nica K03

In der Zeit der Zentralamerikanischen Konföderation (1823–1840) war León die **Hauptstadt Nicaraguas,** und das wollte sie auch nach der Auflösung der Konföderation bleiben. Doch Granada erhob darauf ebenfalls Anspruch, und so ging der Zankapfel jahrelang hin und her. Deshalb wurde schließlich 1858 entschieden, dass Managua die neue Hauptstadt werden sollte.

Nicht nur aufgrund der **Universität** gilt León als intellektuelle und liberale Metropole Nicaraguas. Die Stadt ist die Heimat des berühmten Dichters **Rubén Darío,** und ein weiterer Poet verübte hier eine heroische Tat: Als Kellner verkleidet, schoss **Rigoberto López Pérez** am 21. September 1956 fünfmal auf Diktator *Anastasio Somoza García.* Er wurde sofort von der Leibgarde *Somozas* erschossen. Acht Tage später starb auch der Diktator an den Folgen der Verletzungen. *López Pérez* ist vielen Nicas als Tyrannenmörder und Märtyrer in guter Erinnerung geblieben. Später machten wichtige Köpfe der Revolution León zu einem Schauplatz der **Befreiungskämpfe 1978/79.** Seit dem Sieg der Revolution gewinnt die FSLN in der Stadt die Wahlen ohne Unterbrechung.

Orientierung

Die meisten **Straßen** in León sind durchnummeriert und nach den Himmelsrichtungen benannt, z.B. 2da Avenida NE (Noreste) – 2. Straße nordöstlich –, ausgehend vom Parque Central. Hostels, Touragenturen, Fahrrad- und Rol-

nica024-ji

▷ León, eine typische spanische Kolonialstadt mit schachbrettartig angelegten Straßen

lervermietungen, Restaurants und Cafés sind vor allem in zwei Straßen angesiedelt, in der 2da Ave NE und der Calle 3 Norte. Adressen werden von den Einheimischen meist nach Referenzpunkten in der Stadt beschrieben, z.B. „de la Iglesia la Merced dos cuadras para abajo“ (von der Kiche La Merced zwei Blöcke hinunter). Neben dieser Kirche und der Kathedrale ist vor allem die gelb getünchte Iglesia de la Recolección ein wichtiger Orientierungspunkt. Die einzigen Straßen mit „richtigem“ Namen sind die **Avenida Central,** die zwischen der Kathedrale und dem Parque Central einmal nord-südlich durch die Stadt ver-

läuft, die **Calle José de Marcoleta,** die südlich der Kathedrale die Stadt ostwestlich kreuzt, und die **Calle Rubén Darío,** die den Parque Central mit dem Barrio Subtiava verbindet.

Sehenswertes und Aktivitäten

Wer **Kirchen** liebt, kommt in León voll und ganz auf seine Kosten. Fragt man die Einheimischen, zählen sie allein 17 katholische Kirchen und Kapellen auf. Doch auch die Poesie und die Revolution sind auf Schritt und Tritt spürbar – ein Streifzug durch León ist eine **Reise durch die nicaraguanische Geschichte.**

Kathedrale

Am Parque Central steht die riesige, weiß getünchte katholische **Basílica de la Asunción.** Über 100 Jahre dauerte der Bau der Kathedrale, der größten Kirche in Mittelamerika, 1860 wurde sie fertiggestellt. Im Inneren besticht sie durch hohe Gewölbedecken, barocke Eleganz

und kunstvolle Marmorstatuen. Berühmte Männer wurden hier bestattet, unter ihnen der wichtigste Sohn der Stadt, **Rubén Darío.** Ein Löwe bewacht sein **Grab** neben dem Altar. Ein weiterer wichtiger Mann aus León war **Miguel Larreinaga,** der ebenfalls hier begraben liegt. Der Philosoph und Dichter reiste mit einer Delegation 1818 nach Spanien, um die Unabhängigkeit Nicaraguas und vier weiterer zentralamerikanischer Länder zu verhandeln. Er ist auf der 10-Córdoba-Note abgebildet.

Das Highlight der Kathedrale: die **Besteigung des Daches** und der wunderbare Blick über León und die umliegenden Vulkane.

Infos: Mo bis Sa 8–12 und 14–16 Uhr, Eintritt 1 US$.

Parque Central/ Plaza Central Juan José Quezada

Dominiert wird der Park von der **Fuente de los Leónes,** dem Löwenbrunnen, symbolträchtiges Monument der Stadt. Der Park ist ein **Ort der Zusammenkunft** von Studenten, Familien und Tou-

Rubén Darío (1867–1916) – Dichter, Botschafter, Nationalheld

Im Alter von zwölf Jahren schrieb ein blasser, zarter Junge seine ersten Gedichte. Er war ein ruhiger und ernster Schüler am Jesuitenkolleg in León und lebte bei seiner Großtante und seinem Großonkel. Geboren wurde er als **Félix Rubén García y Sarmiento** im Jahr 1867 in Metapa, einer Stadt 130 km nordöstlich von León in der Provinz Matagalpa, die heute seinen Namen trägt, Ciudad Darío. Seine Eltern hatten sich schon vor seiner Geburt zerstritten, der Vater liebte den Alkohol und Prostituierte, die Mutter zog mit einem Liebhaber nach Honduras und ließ den Jungen in León zurück.

Dichterisches Wunderkind

Die Gefühle aus dieser Zeit drückte er in einem **Gedicht** aus, das er **im Alter von 13 Jahren** schrieb. Es beeindruckte die Redakteure der Zeitung „El Termómetro" aus Rivas derartig, dass sie es in einer Ausgabe publizierten:

„Si en una lágrima pudiera …
Decirte todos los sueños
que en mí se han frustrado,
Todas las cosas que simplemente
quedaron en el pasado,
Aquellos momentos
que junto a ti he disfrutado.

Si en una lágrima pudiera …
Decirte las cosas que por Ti he sentido,
Los momentos que contigo he vivido,
Las veces que a tus palabras
yo inclinaba mi oído.

Si en una lágrima pudiera …
Decirte lo mucho que me duele esta situación,
El vacío que estas dejando
a este pobre corazón,
Las cosas que alguna vez tuvieron mucho valor.

Pues si, una lágrima por Ti he derramado.
No tenia palabras que decir,
quizá no tenía alternativa.
Una lágrima llorada por Ti fue mi única salida.
El consuelo que necesitaba,
una lección más que me enseña la vida."

„Wenn ich weinen könnte …
Würde ich dir alle Träume sagen,
die sich in mir zerschlagen haben,
all die Dinge, die einfach vergangen blieben,
all die Momente, die ich mit dir genossen habe.

Wenn ich weinen könnte …
Würde ich dir all die Dinge sagen,
die ich wegen dir gefühlt habe,
die Momente, die ich mit dir erlebt habe,
die Augenblicke, als ich deinen Worten lauschte.

Wenn ich weinen könnte …
Würde ich dir sagen,
wie weh mir diese Situation tut,
wie viel Leere du in diesem armen Herz
hinterlassen hast.
All die Dinge,
die irgendwann einmal wertvoll waren.

Als ich deinetwegen weinte,
hatte ich keine Worte,
vielleicht gab es keine Wahl.

Eine Träne, die ich deinetwegen weinte,
war mein einziger Ausweg,
Der Trost, den ich brauchte,
eine Lektion mehr,
die mich das Leben lehrt."

Rubén Darío, **„Una Lágrima",** 1880

Der Grundstein für *Daríos* Karriere war gelegt. Seinen bürgerlichen Namen änderte der Poet in Gedenken an seine Vorfahren, *Los Daríos,* in seinen Künstlernamen.

Erneuerer der spanischen Sprache

In den 1880er Jahren ging er ins **Ausland,** freundete sich mit wichtigen Persönlichkeiten an und wurde Redakteur und Journalist bei verschiedenen Zeitungen. Ab 1887 erschienen mehrere Gedichtbände von ihm. Er begründete mit ihnen die literarische Strömung des **„Modernismo".** Seine Lyrik wurde von einem moderneren, jüngeren Spanisch getragen, das dem Lebensgefühl am Ende des 19. Jahrhunderts viel mehr entsprach. Metaphorisch und innovativ, kühn, elitär und avantgardistisch ist die Bildsprache und räumt mit überholten und konventionellen poetischen Formen auf. Außerdem schrieb er als einer der ersten mittelamerikanischen Schriftsteller auf Spanisch und prägte so die Identität der mittelamerikanischen Völker.

Von 1892 an lebte *Darío* beinahe ausschließlich **im Ausland.** Er besuchte Spanien, New York, Paris und Buenos Aires, wo er als Honorarkonsul tätig war. Während seiner Aufenthalte lernte er viele berühmte Dichter kennen. Später reiste er durch England, Belgien, Deutschland, Italien und Mallorca. Auf der Baleareninsel avancierte er schon bald zu einer beliebten Berühmtheit: Man rezitierte seine Gedichte und errichtete ihm Denkmäler.

Es gibt keinen größeren Kummer als der, am Leben zu sein

Sein **Familienleben** als erwachsener Mann war von noch größerer **Tragik** geprägt als seine Kindheit. Nach nur zweieinhalb Jahren Ehe verstarb seine erste Frau *Rafaela,* eine Dichterin, im Jahr 1893. Die komplizierte Geburt des ersten Kindes hatte sie so geschwächt, dass sie einer Operation erlag. Noch im selben Jahr gebar *Daríos* zweite Ehefrau *Rosario* ebenfalls einen Sohn; er starb nach wenigen Wochen an Tetanus. Sechs Jahre später lernte der weltumtriebige Poet die Bäuerin *Francisca* kennen, die weder lesen noch schreiben konnte – sie wurde seine große Liebe. Die erste gemeinsame Tochter kam 1901 auf die Welt und starb bald darauf an den Pocken, noch bevor der Vater sie lebendig sehen konnte. Vier Jahre später starb auch sein erster Sohn an einer Lungenentzündung. Er war jetzt Vater von drei toten Kindern. Auch eine weitere Tochter mit *Francisca* überlebte die Geburt nicht. *Darío* gab sich zusehends dem **Alkohol** hin.

„Dichoso el árbol, que es apenas sensitivo,
y más la piedra dura porque ésa ya no siente,
pues no hay dolor más grande
que el dolor de ser vivo
ni mayor pesadumbre que la vida consciente."

„Glücklich der Baum,
der kaum etwas empfindet,
glücklicher noch der Stein ohne jedes Gefühl,
es gibt keinen größeren Kummer,
als der, am Leben zu sein,
und keinen tieferen Schmerz,
als bewusst zu leben."

Rubén Darío, **„Lo Fatal"**
(aus dem Gedichtband „Cantos de Vida y Esperanza", 1905)

Schließlich gebar *Francisca* am Ende des Jahres 1908 ein weiteres Kind, *Rubén Darío Sánchez,* der einzige überlebende Sohn des Dichters.

Reisender bis zum Ende

Auch das lebende Kind hielt ihn nicht davon ab zu **trinken und** zu **reisen.** Es zog ihn weiter nach New York, Panama und Madrid, wo er als nicaraguanischer Botschafter weilte. In Nicaragua und anderen lateinamerikanischen Ländern war er zu einer der berühmtesten und beliebtesten Persönlichkeiten geworden. Bei einem Zwischenbesuch in der Heimat wurde ihm ein triumphaler Empfang bereitet. Doch nicht alle waren so begeistert. Der umstrittene mexikanische Präsident *Porfirio Díaz* wollte *Darío* während der Feier zum 100. Jahrestag des Beginns des mexikanischen Unabhängigkeitskrieges nicht empfangen – die Freiheitsideale des Dichters behagten dem diktatorisch regierenden Staatsoberhaupt wohl nicht. Dem Alkohol konnte *Darío* nicht mehr entsagen, seine Seele wurde schwärzer und schwärzer. 1911 versuchte er, sich in Havanna das Leben zu nehmen. Danach begab er sich noch einmal auf Reisen, diesmal durch Lateinamerika und Spanien, und verfasste mehrere autobiografisch geprägt Werke.

Erst kurz vor seinem Tod kehrte *Darío* in seine Heimatstadt zurück. Der berühmte Poet, entkräftet durch den Alkohol und ein launenhaftes, getriebenes Leben, starb am 7. Februar 1916 in Léon an einer **Lungenentzündung.** Sein Grab, ein monumentales Denkmal, bewacht von einem Löwen, dem Symboltier seiner Heimatstadt, befindet sich in der Kathedrale. Hier steht geschrieben: „Nicaragua wurde aus Kraft und Ruhm geschaffen. Nicaragua ist für die Freiheit geschaffen".

Das Haus, in dem *Rubén Darío* aufgewachsen ist, liegt in der Nähe des Parque Central und ist ein Museum. **Viele Parks, Plätze und Straßen** in Nicaragua tragen den Namen des empfindsamen Poeten, etwa das Teatro Rubén Darío in Managua (siehe dort).

nica025-ji

Rubén Darío im gleichnamigen Park

risten, die allesamt die Bänke des Parks für einen Plausch nutzen oder einfach die entspannte Atmosphäre zwischen Händlern, Tauben, Schuhputzern und Schulkindern genießen.

Iglesia de la Recolección

Ein Blickfang ist diese ockergelbe, kunstvoll gestaltete, verschnörkelte und mit gedrehten Säulchen verzierte Kirche **im mexikanischen Barock-Stil.** Die Tondi (Rundbilder) an der Fassade illustrieren das Leben von Christus. Die Kirche in der 1ra Ave. NE ist ein wichtiger Referenzpunkt für viele Adressangaben der Einheimischen. Das Innere ist ziemlich düster, was auch an den dunklen Mahagoni-Säulen liegt.

Iglesia de la Merced

Die Kirche ist der geweihte Ort für **Leóns Schutzheilige,** die **Virgen de la Merced.** Die Statue der Jungfrau kam ursprünglich aus dem Königreich Spanien, aus Barcelona, und stand ab 1528 in León Viejo in der gleichnamigen Kirche. Nach dem Ausbruch des Momotómbo wurde sie gerettet und in die neue Stadt überführt. Noch heute „besucht" die Jungfrau jedes Jahr im November ihren alten Heimatort am Managua-See im Rahmen einer spektakulären Prozession.

Infos: 1ra Calle NO, 1 Block nördlich vom Parque Central.

Alle wollen ein Foto von der Jungfrau von la Merced

nica026-ji

Universität UNAN

Leóns berühmte **Universidad Nacional Autónoma de Nicaragua** war die erste Uni des Landes, die zweite in ganz Zentralamerika und wurde bereits 1812 gegründet, noch vor der Unabhängigkeit von Spanien. Es macht Spaß, auf dem Campus zu flanieren und die Atmosphäre voller Kreativität, wissenschaftlicher Energie und Wissensdurst aufzusaugen. 6000 Studenten lernen heute hier, die wichtigsten Fakultäten sind Medizin, Recht und Wirtschaft. Es ist möglich, hier Sprachkurse zu besuchen.

■ **Infos:** Neben der Iglesia La Merced, www.unanleón.edu.ni.

☑ Iglesia de la Recolección

nica027-ji

Stadtviertel Subtiava

Einst war das Barrio Subtiava eine **unabhängige indigene Siedlung** der Subtiava-Indianer, bis sich die spanischen Kolonialherren und ihr „Gefolge“ nach dem Ausbruch des Momotómbo im Jahr 1610 und der Verschüttung des „ersten León“ nach einem neuen Siedlungsplatz umsahen und ihn gleich um die Ecke von Subtiava fanden. Immer wieder versuchten die Neuankömmlinge den 12.000 Indigenen ihre Eigenständigkeit zu nehmen und sie zu einem Teil Leóns zu machen. 1902 war es schließlich so weit: Subtiava wurde offiziell zu einem Stadtteil von León. Bereits während der spanischen Konquista hatten die Indigenen schlechte Erfahrungen mit den Europäern gemacht: An einer großen Tamarinde, **El Tamarindón,** wurde ihr Häuptling gehängt, um ihn öffentlich als schwachen Führer darzustellen. Heute ist der Baum (von der Catedral Subtiava 3 Blöcke südlich und 2 Blöcke westlich) ein beliebter Treffpunkt der Einheimischen. Ihren Cacique, den alten Häuptling, ehrten sie mit einer Gedenktafel: „Dieser Baum war das Kreuz für jenen, der unser Lichtblick ist.“

Die **Catedral Subtiava,** 1 km westlich der großen Kathedrale, ist eine der ältesten Kirchen Nicaraguas und die älteste in León, erbaut „für“ die Indigenen, aber auch von den Indigenen: Unter Schweiß und mit blutenden Händen trugen sie Lehm, Flusssteine, Kalk und Sand heran, um das Gotteshaus einer ihnen fremden Religion zu errichten. 1530 wurde die Kirche geweiht, 1710 rekonstruiert. Ihr voller Name lautet Iglesia Parroquial de San Juan Bautista de Subtiava. Das Innere ist schlicht, ein paar Elemente, wie eine große Sonne, erinnern noch an einen Symbolismus aus der vorchristlichen Zeit der Stadt.

Im Viertel gibt es noch drei weitere Kirchen, darunter die **Ermita de Veracruz,** die in **Ruinen** liegt und ebenfalls aus dem 16. Jahrhundert stammt und Schauplatz des indigenen Gritería-Festes im Dezember ist.

Ein **Bicitaxi** vom Parque Central zur Catedral Subtiava kostet 100 C$. Die Fahrt lohnt sich, denn es ist ein entspanntes Vorankommen: Man sieht viel und kann nebenbei mit dem Bicifahrer schwatzen.

Museen

Museen im Stadtviertel Subtiava

Von den Museen, die manchmal unregelmäßig geöffnet haben, seien das **Museo de Arte Sacre** (gegenüber der Subtiava-Kathedrale, Mo bis Fr 8–17 Uhr, Sa bis 12 Uhr, Eintritt 1 US$, religiöse Kunst) erwähnt und das **Museo Insurreccional Luis Manuel Toruño** (Casa El Buzón, von der Catedral Subtiava 2 Blöcke östlich und 1½ Blöcke südlich) mit historischen Zeugnissen und Erinnerungsstücken zur Zeit der Revolution.

Kunstmuseum (Museo de Arte Fundación Ortiz-Gurdian)

In einem schönen Kolonialbau mitten im Zentrum von León befindet sich eine ausgezeichnete private Kunstsammlung mit Werken vom 15. Jahrhundert bis hin zu zeitgenössischer Kunst. Das Museum ist unterteilt in **zwei Ausstellungen:** Die eine zeigt Gemälde aus Nicaragua und Lateinamerika, die andere auf der anderen Straßenseite ist eine Dauerausstellung mit Sammlungsstücken aus dem Jahr 1490, dem späten Mittelalter und der frühen Renaissance bis ins 20. Jahrhundert. Wunderschön ist die gepflegte **Kolonialarchitektur** des Museums, viele Patios laden zum Entspannen ein.

■ **Infos:** 3ra Ave. SO, 2 Blöcke westlich vom Parque Central, Di bis So 9–17 Uhr, www.fundacionortiz-gurdian.org.

Museum der Legenden und Traditionen

Hier fand einst Schreckliches statt, denn hier befand sind im 20. Jahrhundert ein **berüchtigtes Gefängnis der Somoza-Diktatur,** bekannt als „La 21". Revolutionäre, Freiheitskämpfer, Sandinisten wurden hier zwischen 1921 und 1979 gefoltert. Wandbilder zeigen die Foltermethoden. Kurios geht es weiter: **Riesige Pappmaschee-Figuren** bilden die Geschichte und Legenden der Stadt nach – ganz anschaulich und mit viel Mühe gebastelt. Die Schilder sind spanisch und englisch beschriftet, geführte Touren gibt es auf Spanisch.

■ **Infos:** 4ta Calle SO, gegenüber der verfallenen Kirche San Sebastián, 8–17 Uhr, Eintritt 2 US$.

Museum/Archiv Rubén Darío (Museo-Archivo Rubén Darío)

Im **Wohnhaus des Poeten** sind zahlreiche Alltagsgegenstände und die Manuskripte einige seiner handgeschriebenen Gedichte zu sehen. *Darío* lebte hier bis ins Jugendalter. Das Bett, in dem er starb, ist hier ebenfalls ausgestellt. Seine letzte Ruhestätte befindet sich in der Kathedrale von León.

■ **Infos:** Ecke Calle Central und 4ta Ave., Di bis Sa 8–17 Uhr, So bis 12 Uhr, Eintritt 1 US$.

Die Ostertage in León sind heiß …

Der nicaraguanische Autor, Revolutionär und Politiker **Omar Cabezas** stammt aus León und kämpfte in der Revolution gegen *Somoza*. In seinem bekanntesten Roman „Die Erde dreht sich zärtlich, Compañera" beschreibt er, wie und warum er sich dem Widerstand gegen *Somoza* angeschlossen hat. Er erzählt von seinem Leben als Guerillero in den Bergen Nicaraguas und von Studentenaufmärschen in León. Beinah fühlbar ist die Hitze der Stadt in seiner Osterpassage.

Auszug aus **„Die Erde dreht sich zärtlich, Compañera"**, Wuppertal 1983:

„In der Osterwoche ist meine Heimatstadt eine Geisterstadt mit ein paar mittelalterlichen Verzierungen. Die Ostertage in León sind heiß. Heiß ist das Pflaster, heiß ist der Staub, heiß sind die Sitze im Auto, heiß die Parkbänke, heiß ist sogar das Wasser aus der Leitung. In dieser Stadt ist an Ostern alles heiß. Sogar die Haare auf dem Kopf sind heiß, heiß die Ideen. Du musst Dir das klarmachen, dass es in León an Ostern heiß ist. Weißt Du, es ist so heiß, dass fast keine Autos mehr auf der Straße sind. In der Innenstadt ist niemand, denn alle Leute fahren ans Meer, das heißt, die Bourgeoisie, die in der Innenstadt wohnt, wo die Straßen befestigt sind; da wohnen die Reichen, im Stadtzentrum. Wie heiß es ist, kannst Du an den Hunden sehen, die ganz am inneren Rand des Bürgersteiges laufen, genau da, wo auch die Leute gehen, denn da fällt noch ein bisschen Schatten hin, aber der Schatten ist auch heiß. Man sieht viele Hunde mit glasigen Augen und Schaum vor dem Maul herumlaufen, Hunde, die Tollwut haben. Sie laufen auf der Straße, weil die Leute sie wegjagen, wenn sie auf dem Bürgersteig sind.

Die Hunde laufen ziellos herum, rennen irgendwo hin und sehen weder nach rechts noch nach links, ich glaube, es ist ihnen zu heiß, um sich umzudrehen und nach den Seiten zu gucken, was weiß ich, wo sie schließlich landen, wenn sie durch die ganze Stadt gelaufen sind, diese tollwütigen Hunde. So heiß ist es in León.

Alles war zu. Die Läden, sogar die Häuser. Das einzige, was auf hatte, war Prío an der Ecke vom Platz an der Kathedrale: ein Haus im Kolonialstil mit zweiflügeliger Ecktür, die immer sperrangelweit aufstand. Wenn ein bisschen Wind ging, wurde es durch die Bäume auf dem Platz etwas frischer, und die Luft war weniger heiß."

Der ehemalige Revolutionär hat heute einen Weg wie sein damaliger Mitstreiter *Daniel Ortega* eingeschlagen. Als **Chef der staatlichen Menschenrechtsbehörde** *(Procurador para la Defensa de los Derechos Humanos)*, Teil des von *Daniel Ortega* geführten autoritären Machtapparates, ist er für seinen autoritären Führungsstil berüchtigt, außerdem kamen in der Behörde finanzielle Unregelmäßigkeiten vor.

nica028-ji

Ein sonniger Tag in León

Praktische Informationen

An- und Weiterreise

Busse

León hat einen großen, etwas chaotisch wirkenden **Busbahnhof,** besser gesagt Busparkplatz, doch letztlich hat alles seine Ordnung. An den Bussen steht groß das Ziel und auch auf einem Schild über den jeweiligen Parknischen. Wer sich per Taxi hierher fahren lässt, sagt dem Fahrer, wo er hin will, und der hält dann direkt beim passenden Bus an, denn Taxis dürfen hier bis auf den Platz fahren.

■ **Chinandega,** 4.30–18 Uhr, alle 20 Min., 1½ Std., 30 C$; *Microbus* (Umsteigen nach Cosigüina), 7–21 Uhr, alle 40 Min., 1 Std., 40 C$
■ **Corinto,** 4.30–18 Uhr, alle 30 Min., 1½ Std., 40 C$
■ **Estelí,** 5.20, 12.40 und 15.10 Uhr, 2½ Std., 87 C$
■ **Granada,** *Microbus,* wenn voll, stündl., 2½ Std., 36 C$
■ **San Jacinto** (heiße Quellen), 4–17.30 Uhr, alle 30 Min., 40 Min., 30 C$
■ **La Paz Centro (León Viejo),** ab 7 Uhr, alle 45 Min., 40 Min., 30 C$
■ **Managua (UCA),** *Bus expreso,* 6–21 Uhr, alle 25 Min., 80 Min., 56 C$
■ **Matagalpa,** 4.30, 5.20 und 15.10 Uhr, 2–3 Std., 76 C$
■ **Rota (Cerro Negro),** 5.50, 11 und 15.30 Uhr, 2 Std., 28 C$

Shuttleservice

Fast alle Hostals und Touragenturen bieten einen Shuttleservice **zu nationalen und internationalen Zielen** an. Das ist für westliche Reisende nicht sehr teuer und deshalb auch eine unkomplizierte und zügige Variante des Weiterkommens. Authentischer ist natürlich der „Chicken-Bus" der Einheimischen. Hier ein Beispiel:

29 **Nica Time,** im Hostal Las Vacaciones (s.u.), 3ra Ave. NE, von der Kathedrale 2 Blöcke nördlich und 2½ Blöcke östlich; ein **11** **weiteres Büro** liegt in der 2da Ave. NO 2 Blöcke nördlich vom Parque Rubén Darío. Günstige Verbindungen, Abfahrten täglich 9 Uhr; nationale Ziele: Flughafen Managua 10 US$, Managua, Ticabus 10 US$, Granada 10 US$, Rivas 18 US$, San Jorge (Fähre nach Ometepe) 18 US$, San Juan del Sur 18 US$; internationale Ziele: Antigua Guatemala 50 US$, El Salvador (Strände El Zonte, El Cuco, El Tunco) 30 US$, Honduras, Flughafen

☐ Schwatz an der Straßenecke

nica029-ji

Tegucigalpa (Ankunft 10.30 Uhr) 35 US$, Honduras, Ceiba 80 US$, Honduras, Copan (nur Di, Do und Sa inkl. einer Übernachtung im Dorm-Hostal) 80 US$.

Bici-Taxis

Überall in der Stadt fahren die sog. „Bici-Taxis", **Fahrräder mit einer Passagierkabine,** die eine schöne Möglichkeit der Fortbewegung sind, denn es geht langsam voran, sodass man etwas von der Stadt sieht und dem Fahrer gleichzeitig Fragen zu den Sehenswürdigkeiten stellen kann. Ab dem Einsteigen kostet es 20 C$ p.P., für jeden weiteren Kilometer kommen 20 C$ hinzu.

Fahrrad- und Motorradverleih

León ist gut zu Fuß zu erkunden. Es gibt in der Stadt keine Autovermietung, dafür aber mehrere Fahrrad- und Roller- bzw. Motorradverleihe.

17 **León Bike,** 3ra Calle NO, von der Iglesia La Merced 2 Blöcke nördlich und ½ Block westlich, Tel. 5744 4221. Fahrrad 5 US$ pro Tag, 1 US$ pro Std.

35 **Ruedas León Rentals,** 2da Ave. NE, gegenüber der Eisdiele Kiss Me (s.u.), Mo bis Sa 8–18 Uhr. Fahrrad 5 US$ pro Tag, Roller 20 US$ für 4 Std., 40 US$ pro Tag, Motorrad 25 US$ für 4 Std., 45 US$ pro Tag, www.facebook.com/ruedasleónnicaragua.

Einkaufen

39 **Mercado Central,** riesiger Markt gegenüber der Kathedrale. Hier gibt es alles, was Obst und Gemüse betrifft, aber auch Shirts, Fisch und Fleisch. Crazy: Verkauft werden auch Schildkröteneier – hier ganz normal –, 12 Stück kosten 150 C$.

36 **Supermercado La Unión,** 1ra Calle NE, von der Kathedrale 1 Block nördlich und ½ Block östlich, 8–22 Uhr, So bis 21 Uhr.

37 **Kunsthandwerk: Kamañ,** gegenüber der Kathedrale in der Fußgängerzone, 9–18 Uhr. Leder, Schmuck, Kleidung, Postkarten und vieles mehr.

2 **Buchladen: Búho Books,** Museo Rubén Darío, 1½ Blöcke westlich, Mo bis Fr 9–17 Uhr, Sa/So bis 14 Uhr.

Essen und Trinken

38 Abends öffnen **am Mercado Central** an der Ostseite der Kathedrale typische **Einheimischen-Fritangas** mit Grillgerichten aus Hühnchen, Rind, Schwein oder Lamm, dazu *Gallo Pinto* (100 C$) und wahlweise andere Nica-Spezialitäten wie frittierter Kartoffelbrei oder frittiertes Weißkraut (je 15 C$).

■ Vielen **Hostels und Hotels** sind Restaurants angegliedert.

Vegetarisch und mediterran

14 **Nicaragüita**②, von der Kirche La Merced 2 Blöcke nördlich und 60 m westlich. Von Frühstück bis zu Abendessen ist hier in künstlerischen Bohème-Ambiente alles dabei, vor allem Sandwiches, Wraps, Crêpes und andere mittelgroße Snack-Gerichte. Es gibt einen Büchertausch und ab und an Live-Musik.

4 **Cocinarte**②, 4ta Calle SO, an der Nordseite der Iglesia Laborio, 50 m östlich, www.cocinarterestaurant.com. Frisches, schmackhaftes nationales und internationales Essen, u.a. Hummus und Pita, Falafel, indisches Curry, Chop Suey und Mediterranes in einer relaxten Atmosphäre. Fr Live-Musik.

nica030-ji

☒ Essensstände am Mercado Municipal bzw. Central – unbedingt die Tortitas probieren!

Nica- und lateinamerikanische Küche

12 Comedor Uepa①, Parque Rubén Darío, 2½ Blöcke nördlich, 6–21.30 Uhr. Typische Nica-Gerichte und Suppen – die findet man sonst nicht so oft.

15 La Mexicana②, 3ra Calle NO, tägl. 11–22 Uhr. Traditionelle Küche wie *Chilaquiles, Chalupas* und *Guacamole* wird in einem offenen Hof serviert und kommt der Mex-Küche recht nahe, nur die Schärfe fehlt.

Pizza

9 Pizzeria Borgio Italia②, gegenüber der Iglesia La Merced, www.borgoitalialeón.com. Echte italienische Küche mit Pizza aus dem Holzofen, wohl die beste am Ort.

13 Pizzeria Antonino①-②, Parque de los Poetas, 2½ Blöcke nördlich. Pizza & Bier – was braucht es mehr!?

Kleine Kunde der Nica-Küche

- **Yucca:** Die wohlschmeckende Wurzelknolle ist auch als Maniok bekannt. Geschmack und Konsistenz sind der Kartoffel vergleichbar. Ihre heilende Wirkung ist für Gelenkschmerzen und Magen-Darm-Beschwerden belegt, zudem ist die Knolle glutenfrei.
- **Chicharrón:** Geröstetes Schweinefleisch mit einer fetten Speckschwarte. Eine Kalorienbombe, die auch in ihre Konsistenz durchaus an dicke Chips erinnert.
- **Nacatamales:** Weicher und feuchter Maisteig. Die Masse wird mit Fleisch, Gemüse oder anderen Zutaten gefüllt und in Pflanzenblätter, meist von der Banane, eingehüllt und gedämpft. Unglaublich lecker!
- **Tortitas:** Mit Semmelmehl umhüllter Kartoffelbrei, der in der Pfanne gebraten wird. Oft wird er an Straßenimbissen als Beilage angeboten. Kinder lieben Tortitas!

41 Comedor La Cucaracha①, 2da Calle SE, 7–21 Uhr. Leckere Nica-Hausmannskost in einfach-authentischem Ambiente: Suppen, *Tamales*, Tacos und *Vigorrón*.

Cafés

40 Pan y Paz①, 1ra Calle NE, von der Kathedrale 1 Block nördlich und 1½ Blöcke östlich, Mo bis Sa 7–21 Uhr, www.panypaz.com. Französische Bäckerei mit Weißbrot, dunklem Brot und anderen französischen Spezialitäten, auch frische Säfte gibt es.

10 Café Rosita①, Ecke 2da Calle NE und Ave. Central Norte, um die Ecke der Iglesia La Merced, 7–21 Uhr. Paninis, Smoothies, Eiskaffee und der wahrscheinlich beste Cappuccino von León.

28 Brasileirissima①, 2da Ave. NE gegenüber vom Hotel Real de León, tägl. 9–19 Uhr. Alles in einem: Hier lassen sich die Gäste mit Schönheitsanwendungen verwöhnen, dazu gibt es Kaffee und Snacks in trendigem Ambiente.

Eisdiele

31 Kiss Me①, 2da Ave. NE, im Hostel-Viertel neben dem Hostal Via Via, 11–21 Uhr. So gut! Selbst gemachtes Eis von dunkler Schokolade über *Flor de Caña* mit Rosinen bis hin zu Guave-Cheesecake in einer selbst gebackenen Waffel!

Feste und Feiertage

- **Februar,** Feierlichkeiten zur Ehren des Geburtstages des Dichter-Helden **Rubén Darío.**
- **März/April,** die **Osterwoche** ist ein einziges Fest von Prozessionen und Veranstaltungen all der vielen Kirchen von León; das Intur-Büro kennt alle Festivitäten, die am Palmsonntag beginnen.
- **23. Juli, Tag des Massakers,** vier Studenten tötete die *Guardia Nacional* an diesem Tag im Jahr 1959, viele weitere wurden verwundet, alles junge Leute, die gegen das Somoza-Regime antraten. Die Überlebenden führen noch heute die Parade an diesem Tag an, im Rollstuhl gegen das Vergessen.

■ **14. August, La Griteria Chiquita,** ein Ausbruch des Cerro Negro im Jahr 1947 verschonte León aufgrund der Führbitte an Maria – seitdem wird dieser Tag gefeiert.

■ **24. September, Procesión de La Virgen de La Merced,** Feuerwerkskörper begleiten die heiligen Handlungen rund um die Jungfrau der Kirche La Merced. Ab 12 Uhr mittags wird die Jungfrau in einer großen Prozession durch die Straßen von León getragen, die Glocken läuten und Hunderte Schaulustige wollen die Figur sehen und fotografieren. Am Parque Central, wo die Jungfrau etwa um 13 Uhr vorbeikommt, lässt sich das bunte Treiben am besten beobachten.

■ **1. November, Carnaval Mitos y Leyendas,** woanders der Tag der Toten oder Halloween, werden in León die Gestalten aus Legenden und Sagen in Form riesiger Pappmaschee-Figuren lebendig und schaukeln durch die Straßen der Stadt.

■ **7. Dezember, Dia de la Puríssima Concepción,** der unbefleckten Empfängnis der Jungfrau Maria wird mit bunten Altären vor den Häusern und Kirchen gehuldigt. Im Barrio Subtiava dagegen versammeln sich spirituelle Menschen zu einem prähispanischen Festival, das mit Fackeln und indigenen Riten begangen wird.

Nachtleben

Als Studentenstadt ist in León **immer etwas los,** vor allem rund um das Bigfoot Hostel und in der Straße José de Marcoleta in der Nähe des Parque Central. Hier reihen sich Restaurants an Bars und umgekehrt.

8 **Café Taquetzal,** 1ra Calle SO, von der südwestlichen Ecke des Parque Central 1½ Blöcke westlich, tägl. 10–18 Uhr (Café), bis spät (Bar). Sehr geräumig mit einem rückseitigen Patio, hier werden erst Frühstück und Snacks serviert, bevor sich das Café zur Nachtzeit in eine Bar verwandelt und den Nachbarbars im Ambiente überlegen ist. Do Live-Musik.

5 **Olla Quemada,** vom Museo Rubén Darío ½ Block südlich. Cooler, beliebter Treff mit Live-Musik am Mi und Salsa am Do.

33 **Bar Via Via,** 2da Ave. NE, im gleichnamigen Hostel, www.viaviacafe.com. Schönes Restaurant mit Bar: Hölzerne Tische stehen unter großzügigen Arkaden um einen Patio. Beliebt bei Einheimischen und Touristen, jeden Fr Live-Musik. Auch im Bigfoot Hostel gegenüber sitzt es sich schön in der Bar mit Blick auf die Straße.

6 **Gecko's Bar,** José de Marcoleta, 1 Block westlich vom Parque Central, 10–1 Uhr, So geschlossen. Angesagter Treff für Locals und Backpacker. Das Bier ist kalt, der „Nica Libre" kräftig. *Salud!*

7 **Bohemios Bar & Disco,** 1ra Ave. NO, vom Parque Central 1½ Blöcke nördlich, 20 Uhr bis frühmorgens. Latino-Club mit sämtlichen dazugehörigen Musikrichtungen, etwa Bachata. Mit zwei, drei Gläsern *Flor de Caña* tanzt der sich wie von selbst.

Nützliches

■ **Tourist-Info: Intur,** Parque Rubén Darío, 1½ Blöcke nördlich mit Informationen (span.) über Touren, Veranstaltungen und Unterkünften. Auch alle lokalen Tourenanbieter helfen gerne bei der Planung von Ausflügen weiter.

■ **Polizei:** Barrio Subtiava, Calle de Rubén Darío, 1,5 km westlich des Parque Central.

■ **Banken** (mit ATM): **BAC,** 1ra Calle NE, 1 Block östlich des Parque La Merced; **BanPro,** 1 Block nördlich der BAC; **Western Union,** 2da Ave. NE, kurz vor dem Hostal Las Vacaciones; **Procredit,** 2da Ave. NE; alle 8–17 Uhr, So geschlossen.

■ **Post:** 3 Ave. NO, Mo bis Sa 8–12 und 14–17 Uhr.

■ **Internet:** WLAN/WiFi gibt es in allen Hotels und Hostels sowie in fast allen Restaurants.

■ **Apotheken: Farmacia Meridional,** 1ra Ave. NO, 2½ Blöcke nördlich des Parque Central, tägl. 7–21.30 Uhr; **Farmacia León,** 2da Ave. NE, gegenüber der Kirche La Recolección, Mo bis Fr 8–19 Uhr, Sa 8–16 Uhr.

■ **Krankenhäuser: Clínica Merecedes,** 1ra Calle NE, von der Kathedrale 2 Blöcke östlich und 1 Block nördlich, Tel. 2311 1013, englischsprachige Ärzte; **Hospital Escuela Oscar Danilo,** 2 Blöcke südlich der Kathedrale, großes Krankenhaus, gute Ärzte, längere Wartezeiten.

■ **Waschsalon:** Viele Hostels und Hotels bieten einen Wäscheservice an, ansonsten gibt es **25 Laundry Express,** Ecke 4ta Calle NE und Ave. Central Norte, 1 Block nördlich des Surfing Turtle Hostal, tägl. 8–19 Uhr, selber waschen kostet 2 US$, waschen lassen 4 US$.

32 Surfshop: Get up Stand up, 2da Ave. NE. Alles für den Surfer, vom Brett bis zum Surfkurs.

Touranbieter

Es gibt **viele Touranbieter** in León, das **Programm** ist **umfangreich** und die Preise variieren um +/- 10 US$ für die einzelnen Pakete und die Größe der Gruppe; mal ist das eine teurer oder günstiger, mal das andere. Im Angebot sind u.a.: Stadtrundgang (25 US$ p.P.), Ausritt zur Lagune Asosocas (40–50 US$), Flor de Caña – Fabrikbesuch in Chichgalpa (2–4 Std., 35–40 US$), Besuch von León Viejo (2 Std., 30–40 US$), Touren zu den Vulkanen Cerro Negro (Vulkan-Boarding 20–30 US$), Telica (Sonnenuntergang und Lava, 7 Std., 50–60 US$), El Hoyo (ein aktiver Krater, 7 Std. Wanderung/

Drei Fragen an ...

... **José,** 21 Jahre alt, aus León. Der Bici-Fahrer freut sich auf die Geburt seines ersten Kindes, ein Mädchen. Seine Freundin ist 19 Jahre alt.

Wie bist du zum Bici-Fahren gekommen? Ich habe ganz jung angefangen, schon mit 13, da hat man mir ein Bici zur Verfügung gestellt, und ich habe die Leute durch die Stadt gefahren. Ich war schnell und arbeitete viel. Von dem Gehalt und manchmal auch Trinkgeld habe ich auf mein eigenes Bici gespart, und hier ist es.

Würdest du gerne einmal woanders leben? Am liebsten würde ich nach Kalifornien gehen, um dort zu arbeiten, um später für meine Tochter und meine Frau ein schönes, großes Haus zu bauen. Das ist mein Traum.

Würdest du sie dann nicht vermissen? Es ist hier üblich, dass der Mann ins Ausland geht, um Geld zu verdienen. Die Frau bleibt mit den Kindern zu Hause. Und heutzutage gibt es ja Whatsapp, sodass wir ständig in Kontakt bleiben können – alles halb so wild.

nica031-ji

40–60 US$) und San Cristobál (ältester und höchster aktiver Vulkan, 60–80 US$), Isla Juan Venedo (Bootstour durch einen Mangrovenwald, Tierbeobachtung, Strandaufenthalt inkl. Getränke, zweisprachiger Führer, Eintritt, 40–50 US$).

19 **Tierra Tours,** 1ra Ave. NO, Iglesia La Merced, 1½ Blöcke nördlich, Mo bis Fr 8–18 Uhr, Sa 8–17 Uhr, So 8–16 Uhr, www.tierratour.com. Etabliertes Unternehmen mit sämtlichen Touren (preislich etwas höher).

22 **Z-Tours,** Ecke Calle 3 Norte und Ave. Central, 8–19 Uhr.

24 **Sonati Tours,** Calle 3 Norte Nr. 101, gegenüber von Z-Tours.

18 **Quetzaltrekkers,** 3ra Calle NO, tägl. 10–18 Uhr, www.león.quetzaltrekkers.org. Jahrelange Erfahrung mit Touren in und um León, bedürftige Kinder werden mit den Einnahmen unterstützt.

16 **Maribios Tours,** Parque de los Poetas, 3 Blöcke nördlich und ½ Block östlich, Mo bis Sa 8–18 Uhr, www.maribiostours.com.

23 **La Costeña,** Calle 3 Norte gegenüber Sonati Tours. Inlands-Flugbuchungen.

42 Ein interessantes Angebot sind geführte Motorradtouren von **Bike Nicaragua** für acht Tage oder zwei Wochen, auch schon ab zwei Personen (www.bike-nicaragua.com). Motorräder können auch für ca. 60 US$ pro Tag plus Steuer gemietet werden. Bei einer Miete länger als acht Tage wird es etwas günstiger. Ein Betrag von etwa 1000 US$ wird über die Kreditkarte als Kaution einbehalten.

Übernachten

León ist das Pflaster für günstige und chillige Hostels, die sich vor allem in der 2da Ave. NE befinden. Für einen längeren Aufenthalt werden auch günstige, voll ausgestattete Zimmer zu Wochen- und Monatspreisen von einigen Hausbesitzern vermietet.

MEIN TIPP: 21 **Surfing Turtle Hostal**①, 3ra Calle NO, www.surfingturtlelodge.com. Angesagtes Hostal in Top-Lage, das auch eine Lodge am Poneloya-Strand betreibt. Mehrere Dorms, aber auch DZ in chilligem Ambiente, TV-Lounge, Bar, Wäscheservice, Touren und Shuttle.

33 **Hostal Via Via**②, 2da Ave. NE, von der Kathedrale 1 Block östlich und 1½ Blöcke nördlich, www.viaviacafe.com. Das Haus der Hostelkette bietet große Zimmer, Dorms mit eigenem Bad und ein gemütliches Bar-Restaurant um einen offenen Hof.

34 **Bigfoot Hostel**①-②, 2da Ave. NE, von der Kathedrale 1 Block östlich und 1½ Blöcke nördlich, www.bigfoothostelleon.com. Party-Herberge für Low-Budget-Backpacker. In den Dorms stehen bunte Doppelstockbetten aus Metall, es gibt auch DZ mit Ventilator oder AC. Gemeinschaftsküche, Billardtisch, TV-Lounge sowie eine Bar sind auch vorhanden. Wer den ganzen Tag Fiesta liebt, ist hier goldrichtig!

29 **Hostal Las Vacaciones**①, 3ra Ave. NE, von der Kathedrale 2 Blöcke nördlich und 2½ Blöcke östlich, hostallasvacaciones@gmail.com. Nettes Hostel mit zweckmäßigen, ziemlich warmen Zimmern, die Matratzen sind gut, mit schönem Küchenbereich, wo in einer Art offenem Flur Hängematten baumeln und mehrere Tische stehen. Frühstück aus Pancakes oder Eiern ist inklusive. Der Touranbieter Nica Time (s.o.), der in diesem Hostal sitzt, bietet Touren recht günstig an, allerdings mit weniger gutem Equipment als andere Touranbieter.

3 **Hostal Tortuga Booluda**①, Calle José de Marcoleta, vom Parque Central 3½ Blöcke westlich, www.tortugabooluda.com. Hier betont man, KEIN Partyhostel zu sein, es herrscht eine entspannte multikulturelle Atmosphäre. Die meisten Zimmer haben ein Etagenbett und ein Einzelbett, es gibt aber auch ein kleines DZ mit eigenem Bad. Alle verfügen über Ventilator. Pancake-Frühstück und Bio-Kaffee ist inklusive, WLAN/WiFi, Bibliothek, Billardtisch und Benutzung der Instrumente ebenso.

27 Hotel Paz de Luna②, von der Kirche La Recolección 1½ Blöcke nördlich, www.pazdelunabb.com. Saubere, größere, etwas dunkle Zimmer, die sich um einen schönen Innenhof gruppieren. Ein atmosphärisches Café mit Smoothies, *Burritos* und anderen kleineren Gerichten ist mit dabei.

1 Hostal Casa Belinda②, im Viertel Subtiava, Calle de Rubén Darío, von der Uno-Tankstelle ½ Block westlich, www.hostal-casa-belinda.jimdo.com. Das schöne Hostel liegt ruhig und hat einen netten Patio mit Schaukelstühlen. DZ mit (35 US$) und ohne AC (17 US$).

Mein Tipp: **30 Guesthouse El Nancite**③, Kirche San Juan, 2½ Blöcke südlich, www.guesthouseelnancite.com. Tolles, gepflegtes Gartenhotel mit viel Holz und Pflanzen. Die Zimmer haben ein eigenes Bad, Moskitonetze, manche sind sogar im Maisonette-Stil eingerichtet. Überall sind gemütliche Sitzecken im Garten verteilt.

26 Hotel Flor de Sarta④, Ave. Central, vom Parque San Juan 2 Blöcke nach Westen und ½ Block nach Norden, www.hotelflordesarta.com. Schickes Kolonialhotel mit schönem Patio und Pool. Geräumige Zimmer mit WLAN/WiFi, AC und Ventilator sowie TV. Frühstück inkl.

20 Hotel La Perla④, 1ra Ave. NO, vom Parque Central 2½ Blöcke nördlich, www.laperlaleón.com. Eines der schicksten Hotels vor Ort mit geräumigen Zimmern mit großen Betten plus Nachttischlampen, mit Pool und modernem Restaurant.

⊳ Ruinen der Iglesia La Merced in León Viejo – Fundort der Knochen (ohne Schädel) des Konquistadors und Stadtgründers Francisco de Córdoba

Ziele in der Umgebung

Um León liegen **viele tolle Ziele,** darunter allein fünf Vulkane in unmittelbarer Nähe, die meisten davon sind aktiv und können erklommen werden. Liebhaber guter Tropfen können eine Rumfabrik besuchen, Hobby-Archäologen eine verfallene Ruinenstadt, Strandfreunde und Surffans haben den besten Sand und wunderbare Wellen direkt vor der Nase.

Ruinenstadt León Viejo (50 km)

Frühe Siedlungen wurden gerne an großen Seen oder Flüssen gegründet, um die Trinkwasserversorgung zu sichern. So wurde auch das „erste León", heute bekannt als die **Ruinenstadt** León Viejo (Altes León), **1524 am Managua-See gegründet,** und zwar vom spanischen Konquistador *Francisco Hernández de Córdoba,* der auch Granada gründete und nach dem die Währung des Landes benannt ist. Dummerweise liegt der aktive **Vulkan Momotómbo,** der zu jener Zeit fünf Krater besaß, nur 8 km entfernt. Die Stadt war gerade 85 Jahre alt, als sie von einem Erdbeben erschüttert wurde und der Momotómbo ausbrach. Gebäude wurden zerstört, Asche regnete herab. Nachdem man lange Zeit annahm, die Stadt sei durch diesen Ausbruch abrupt aufgegeben worden, weiß man heute, dass die Bewohner sich nach sorgfältiger Abwägung ihrer Möglichkeiten dazu entschlossen, in die Nähe des Indigenen-Dorfes Subtiava umzusiedeln – der Grundstein für das heutige León war gelegt.

Im April **1931** wurde die alte Stadt **wiederentdeckt.** In sein Tagebuch notierte der Entdecker *Don Luis Cuadra Cea:* „Ich entdeckte die Ruinen der Kathedrale von León Viejo am 22. April 1931. So war nun die populäre Legende zerstört, dass ihre Reste und die der übrigen Stadt auf dem Grund des Managua-Sees zu finden seien. Sicher wurden aufgrund des Erdbebens Teile der Stadt überflutet, weshalb sie von den Bewohnern verlassen wurde."

Im Jahr **1968 begannen die Ausgrabungen** durch Leóns Universität UNAN. León Viejo vermittelt einen **authentischen Eindruck einer frühen spanischen Kolonialsiedlung** mit Schachbrett-Anordnung in Mittelamerika. Kirchen, Plätze, Straßenzüge, Geschäfte und Gouverneurspaläste wurden freigelegt. Und auch die kopflosen Überreste von *Francisco Hernández de Córdoba* wurden im Jahr 2000 in der Iglesia La Merced entdeckt. Nachdem er des Verrats beschuldigt worden war, hatte man ihn hier 1526 enthauptet. Sein Kopf wurde zur Abschreckung auf einen Pfahl gespießt und später angeblich als Laterne an einer der geschäftigsten Straßen der Stadt aufgestellt.

Da León Viejo die einzige Stadt in Amerika ist, deren koloniale Strukturen nie von späteren städtebaulichen Maßnahmen zerstört wurden, ist sie von der **UNESCO** im Jahr 2000 zum Weltkulturerbe ernannt wurden, die bisher einzige Welterbestätte des Landes neben der Kathedrale von León (2011).

Trotz der spannenden Geschichte der Stadt sind ihre **Überreste** nur für Archäologie-Fans faszinierend. Über eine Fläche von 800 x 500 m erstrecken sich etwa 1 m hohe Mauern und gepflasterte Straßen. Die Kirchen sind teilweise etwas besser erhalten. Es gibt Erklärungstafeln auf Spanisch und Englisch, aber interessanter wird der Rundgang mit einem Führer. Auf dem großen Hauptplatz

nica032-jl

der Stadt wurden zu Zeiten ihrer Gründung die indigenen Bewohner des Umlandes gefoltert und von Hunden zerfleischt.

Es lohnt sich, von den Ruinen noch den Abstecher zum **Puerto Momotómbo** am Managua-See zu machen (1 km), wo es einen kleinen Strand mit Restaurant gibt. Dazu biegt man vorn an der größeren Straße einfach nach rechts ab und läuft rund 500 m zum Hafen oder lässt sich mit einem Bici-Taxi fahren. Es bietet sich ein toller Blick auf den schroffen Momotómbo, und seine Gefahr für die Stadt wird umso offensichtlicher. Im See liegt zudem sein kleiner Bruder, der Vulkan Momotombito.

■ **Anfahrt:** Es ist leicht, den Trip auf eigene Faust zu unternehmen. Die Fahrt führt über das Örtchen La Paz Centro (35 km) und von dort weiter nach Puerto Momotómbo (15 km). Der Bus startet in León vom Busbahnhof und fährt alle 50 Min. nach La Paz Centro (18 US$, 40 Min.). Hier steigt man in einen Bus nach Puerto Momotómbo (14 C$, So kein Verkehr) oder nimmt ein Mototaxi (100 C$, fährt sonntags, Abholtermin vereinbaren). Alle Touranbieter in León haben die Ruinen im Programm. Die Stätte ist von 8 bis 17 Uhr geöffnet, es gibt noch zwei interessante Museen zur Geschichte, Eintritt 5 US$.

■ **Hinweis:** Lohnend ist die Kombination des Besuchs von León Viejo und des Vulkans Momotómbo. Allerdings war der Momotómbo zur Zeit der Recherche aufgrund vulkanischer Aktivität gesperrt. Im Dezember 2015 hat der Vulkan seit mehr als 100 Jahren wieder Lava und Rauch gespuckt. Noch immer hat er sich nicht wieder vollständig beruhigt.

▷ Blick vom Strand von Puerto Momotómbo auf den gleichnamigen Vulkan

Vulkan Momotómbo (60 km)

Der Berg hat sich seinen Platz in der nicaraguanischen Geschichte geschaffen, der zerstörerische Momotómbo, der **1610** die **Stadt León unter seiner Asche begrub,** heute bekannt als León Viejo. Mächtig ragt der Gipfel am Managua-See mit 1258 m in die Höhe. Grundsätzlich ist der Momotómbo besteigbar und war bis zu einem Ausbruch im Jahr 1905 auch ein beliebtes Ziel der Einheimischen. Danach wurde das weniger, was sich dunkle Mächte zunutze machten: Unter Diktator *Anastasio Somoza* wurden die Leichen unerwünschter Personen von seiner Geheimpolizei und Nationalgarde im Krater des Momotómbo „entsorgt", später allerdings wieder entdeckt. Aktuell ist die seismische Aktivität sehr hoch und der **Zugang zum Vulkan verboten.** Erst im März 2016 spuckte er wieder Lava und Asche. Bis er sich wieder beruhigt hat, bleibt daher nur sein majestätischer Anblick mit den steilen, schwarz-roten Abhängen.

Vulkan Cerro Negro (20 km)

Bereits die **Anfahrt** zum „Schwarzen Gipfel" im Nationalpark Las Pilas ist eine **tolle Erfahrung.** Schnell ist das trubelige León verlassen, und der Weg schlägt die Richtung zum 728 m hohen Vulkan ein. Die Piste aus dunklem Vulkansand führt in einem wunderbaren Kontrast zum saftigen Grün der fruchtbaren vulkanischen Vegetation immer näher auf den Cerro Negro zu. Ringsum werden Yucca und Sesam angebaut. Und dann sieht man ihn liegen – den breit gezogenen und dennoch imposant hohen Vulkan, der ein wenig an eine Bergbauhalde erinnert. Er ist der **jüngste Vulkan** in Nicaragua, denn bis zum Jahr 1853 befand sich an seiner Stelle eine grüne Wiese. Dafür hat er auch noch ordentlich Mumm in den Knochen, denn immer wieder rumort er und lässt den Boden unter den Füßen erzittern. 20 Mal ist er bisher ausgebrochen, zuletzt 1992 und 1999 – die Lavafelder breiten sich noch schwarz inmitten der grünen Ebene aus. Doch das macht nichts, sagt Touristenführer *José,* das Gefährlichste seien herunterpollernde Lavabrocken. Im Falle des Falles muss man sich mit dem Brett schützen. Mit welchem Brett? Dem zum runter Rodeln. Denn der Cerro Negro kann in einer etwa **45-minütigen Wanderung** bestiegen werden, und von oben geht es dann umso schneller **mit einem Brett hinunter** – der Rekord liegt bei 90 km/h! Der Durchschnittsrodler braucht etwa eine halbe Minute. Mit den Beinen im Lavageröll wird gebremst, dabei fliegen einem Staub und Bröckchen direkt ins Gesicht. Wer es übertreibt und vom Brett fliegt (man wird schneller, lehnt man sich nach hinten), riskiert ernsthafte Verletzungen wie Aufschürfungen oder sogar Knochenbrüche. Doch der nötige Respekt kommt bei vielen, wenn sie am Abhang stehen: eine 41 Grad steile Außenwand, das Ende der Rodelbahn nicht in Sicht. 2011 wurde das **„Sandboarding“** am Cerro Negro auf Platz zwei der „Nervenkitzel-Liste“ des Nachrichtensenders CNN gesetzt. Also, nach hinten lehnen, Mund zu, und los!

nica033-ji

Aus dem Tagebuch zweier Reisender

Auf der Ladefläche eines umgebauten Lkw ging's Richtung Vulkan. Die Landschaft ist berauschend. Am Parkeingang bezahlten wir 10 US$, und dann ging es los – den sehr steilen, wenn auch recht kurzen Weg über Lavageröll hinauf zum Vulkan. Das Brett mussten wir natürlich selber tragen. Oben dampfen Fumarolen, der Boden ist stellenweise so heiß, dass man Kaffee kochen könnte, die Blicke in den Krater und auf die Vulkankette noch weiter im Norden sind super! Nach dieser Vulkan-Erkundung folgte **das Spektakulärste – die Abfahrt.** Mann, ist das steil, wenn man da am Abhang steht. Wir hatten alle Schiss in der Gruppe, der einzige Kerl musste vor. Und so geht's (falls man auf eigene Faust unterwegs ist und nicht mit einem Touranbieter, der das Rodelbrett stellt): Man nehme ein Brett, breit genug, um darauf zu sitzen, nagle ein Blech auf die Unterseite, installiere eine Fußstütze, auf die sich der Rodler setzt, und ab geht's. Wir waren sehr froh, uns zuvor noch Mundtücher gekauft zu haben mit einem coolen Totenkopf darauf – doch was heißt wir, nur ich hatte daran gedacht, meins einzupacken, und so flogen mir eben keine kleinen Lavakrümel beim Bremsen in den Mund, ganz im Gegensatz zu meinem Begleiter. Schwarz war mein Gesicht trotzdem, als ich unten ankam, die Schuhe voller Lavabröckchen. Aber es war toll. Bei einem zweiten Mal würde es sicher noch mehr Spaß machen, da dann wäre die Angst weg.

☑ Nichts für ängstliche Naturen – Vulkan-Boarding am Cerro Negro

nica034-ji

nica035-ji

Touranbieter: Jeder Anbieter in León hat den Cerro Negro im Programm, die Preise sind ähnlich, die Ausstattung variiert allerdings erheblich. Praktisch sind Rucksäcke, in die das Brett durch Gurte geschoben wird, sodass man es auf dem Rücken nach oben tragen kann, wie es z.B. die Ausrüstung der Agentur Quetzaltrekkers vorsieht.

Anfahrt: Die Tour bzw. Wanderung auf den Cerro Negro lässt sich auch auf eigene Faust mit einem Allradfahrzeug unternehmen. Die Stadtgrenze von León ist schnell erreicht, dann nimmt man die kleinere Straße, 6ta Calle NE, die den Park Posada del Sol passiert. Von diesem Punkt sind es etwa 20 km bis in den Nationalpark Las Pilas (ausgeschildert), in dem der Cerro Negro liegt. Da vor Ort keine Bretter verliehen werden, kann man zwar hinauflaufen, verpasst aber das Rodelvergnügen.

Camping ist am Fuße des Vulkans gegenüber des Kassenhäuschens für 5 US$ mit eigenem Zelt möglich.

Vulkan Telica (Reserva Natural Complejo Volcánico Telica Rota, 20 km)

1061 m hoch, **zwei Krater, sechs Kegel** – das ist der Vulkan Telica, der 20 km nördlich von León liegt. Als **einer der aktivsten Vulkane** Nicaraguas ist er bereits mehrfach ausgebrochen, zuletzt 2015. Waghalsige Wanderer filmten den Ausbruch und stellten ihre Videos ins Netz. Gase und Asche erfüllten die Luft, Steine wurden in die Höhe geschleudert, Ascheregen fiel bis nach León herab. Der Telica hat es also in sich. Dennoch schreckt das viele nicht ab, den Vulkan in einer fünfstündigen **Wanderung** zu besteigen und sogar auf ihm zu zelten, denn bei Nacht wirkt die brodelnde Lava besonders imposant. Startpunkt ist San Jacinto, ein Dorf in 7 km Entfernung. 4 Stunden dauert es von hier durch Maisfelder und kleine Vulkansandwege, bis überhaupt der Telica erreicht ist. Dann geht es etwa 1 Stunde zum Gipfel hinauf. Viele Reiseagenturen in León, z.B. Quetzaltrekkers, haben den Telica als 2-Tages-Tour mit Übernachtung (ca. 55 US$) im Programm, es geht aber auch als 1-Tages-Tour. Mit einem Geländewagen wird der Vulkan so weit befahren, bis es nicht mehr weiter geht. Deshalb sind es nun nur noch 1½ Stunden bis zum Gipfel. An sehr aktiven Tagen wird der Aufstieg vom Grollen des Vulkans begleitet. Wenn dann das Zelt aufgebaut ist, es langsam dunkel wird und eine staunende Ruhe am Krater einkehrt, sieht und hört man nur noch die glühende Lava in 120 m Tiefe brodeln und ist allein mit ihm, dem Telica. Ein wunderbares, hautnahes Naturerlebnis!

Anfahrt: In Richtung Malpaisillo fahren bzw. von León den Bus dorthin nehmen und in San Jacinto aussteigen. Der Weg zum Vulkan führt über die heißen Quellen. Ein Führer ist für die Tour empfehlenswert. Oben ist es sehr windig, weshalb ein Pullover eingepackt werden sollte.

Heiße Quellen von San Jacinto (Hervideros de San Jacinto, 20 km)

San Jacinto ist ein kleiner Ort ca. 20 km nordöstlich von León. In der Nähe liegen **kochende Schlammlöcher,** die infolge der Nähe zum Telica-Vulkan entstehen. Unentwegt steigt Dampf auf, manchmal werden sogar kleine Steinchen durch den brodelnden Schlamm in die Luft katapultiert. Es ist spannend, zwischen den Löchern herumzulaufen, denn die Energie des Vulkans wirkt hier

Nicaraguas zehn imposanteste Vulkane

Der Nördlichste: Cosigüina

Der Vulkan Cosigüina liegt im nordwestlichsten Zipfel von Nicaragua am Golf von Fonseca und nahe an der Grenze zu El Salvador. **Lange Zeit** war er mit über 3000 m Höhe **der größte Vulkan Nicaraguas.** Als er im 19. Jahrhundert explodierte, wurden über 2000 m seiner Höhe weggesprengt.

Der Höchste: San Cristóbal | 125

Der im Nordwesten gelegene Vulkan ist mit 1745 m der **größte aktive Vulkan des Landes.**

Der Glühende: Telica | 123

Ein **spektakuläres Abenteuer** ist eine **Wanderung** zum Telica: In einer geführten Tour nähert man sich Schritt für Schritt dem feurigen Berg. Schon in der Dämmerung beginnt die glühende Lava zu leuchten und ist nachts besonders eindrucksvoll.

Der Jüngste: Cerro Negro | 120

Im Jahre 1850 bebte plötzlich die Erde, es rumorte, spukte Asche und Geröll, ein Lavastrom schob sich ins Tal – der Vulkan Cerro Negro wurde geboren und ist der jüngste Vulkan Nicaraguas. Seitdem ist er unruhig geblieben, räuspert sich regelmäßig, und etwa **alle acht Jahre bricht er aus.** Das erklärt auch seine schwarze Farbe: Hier wächst nicht viel und die erloschene Lava dominiert beeindruckend das Landschaftsbild.

Der Zerstörerische: Momotómbo (im Bild) | 120

Der Momotómbo begrub 1609 das erst 85 Jahre zuvor gegründete León unter sich in einem Ascheregen. Seit dem Jahr 2000 zählen die **Ruinen von León Viejo,** dem Alten León, zum UNESCO-Weltkulturerbe. Auch heute noch wird der Vulkan aus Sicherheitsgründen immer wieder zur Sperrzone.

nica036-ji

Der Jungfrauen Fressende: Masaya | 180
Über der Stadt Masaya thront **einer der aktivsten Vulkane der Erde.** Von einer Aussichtsplattform wird der Schlund des Kraters sichtbar, dichte Schwefelwolken verhüllen immer wieder den Blick, und seit dem Frühjahr 2016 brodelt die Lava so stark, dass der Vulkan weithin sichtbar rot glühend leuchtet. In prähispanischen Zeiten wurden vom Rand des Kraters Kinder und Jungfrauen geopfert.

Der Nasse: Apoyo | 182
Es war einmal ein Vulkan ... der vor 23.000 Jahren ausbrach und sich seitdem mit Wasser gefüllt hat – die **Laguna de Apoyo** entstand. Das kristallklare Wasser ist sehr warm, und noch immer sprudeln unterirdische heiße Quellen.

Der Artenreiche: Mombacho | 159
Eine wunderschöne **Aussicht** und eine einzigartige **Flora und Fauna** bietet der Vulkan Mombacho.

Der Unruhige: Concepción (Ometepe) | 214
Inmitten des Nicaragua-Sees erhebt sich die Insel Ometepe mit gleich zwei Vulkanen: Der höhere, der Concepción, versetzt die Bevölkerung immer wieder in **Angst und Schrecken,** ab und an muss die Insel sogar evakuiert werden.

Der Idyllische: Maderas (Ometepe) | 228
Der andere Vulkan, der sich auf der Insel Ometepe befindet, heißt Maderas. Auf seiner Oberfläche blüht die **Vegetation,** in seinem Krater befindet sich ein **grüner See** – erfrischend nach dem schweißtreibenden Aufstieg.

so unmittelbar. Da es keine Schilder oder Wege gibt, heißt es aufpassen, wohin man gehen kann, sonst steckt der Fuß im kochenden Matsch. Führer vor Ort bieten gern ihre Hilfe an.

■ **Anfahrt:** 12 km außerhalb von León biegt man rechts ab in Richtung Malpaisillo und gelangt nach San Jacinto. Busse fahren regelmäßig von León. Der Schlamm-Park ist täglich von 7 bis 18 Uhr geöffnet, Eintritt 2 US$.

Vulkan San Cristóbal (Reserva Natural Complejo Volcánico Cristóbal Casita, 42 km)

Mit 1745 m ist der San Cristóbal der **höchste aktive Vulkan** in Nicaragua. Mit seinem regelmäßigen Kegel, dem riesigen Krater von 600 m Durchmesser und den großen Rauchwolken ist er wunderschön – ein richtiger Klassiker. Um den San Cristóbal liegen **vier weitere, kleinere Vulkane:** El Casita, El Choncho, Moyotepe und La Pelona. Der Komplex ist sehr aktiv, ständig liegen Gase in der Luft. Im April 2016 erfolgten mehrere explosive Eruptionen mit bis zu 2 km hohen Aschewolken, die in einem Umkreis von bis zu 15 km in süd(öst)licher Richtung abregneten.

Der **Aufstieg** ist mit der schwierigste in Nicaragua und dauert etwa fünf zähneknirschende Stunden. Es geht sehr steil hinauf, es gibt keinen richtigen Weg, sondern man schlägt sich durch hüfthohe Wiesen, Wald und Kaffeesträucher, bis sich die Vegetation langsam lichtet. Das schwerste Stück ist ein weites Lavafeld, dessen scharfkantige und rollende Bröckchen das Vorwärtskommen nur langsam zulassen. Schnau-

nica037-ji

fend und verschwitzt endlich oben, ist der Blick auf den riesigen Krater fantastisch, die Vulkankette der Maribios als majestätische Kulisse in der Ferne.

Den Vulkan sollte man nur mit einem **Führer** besteigen. Reiseagenturen gibt es in León und Chinandega.

Chichigalpa (33 km) – Heimat des nicaraguanischen Rums

Er kann fünf oder sieben Jahre alt sein, weiß oder braun, und mit einem Eiswürfel schmeckt er besonders gut – Nicaraguas berühmter **Rum,** die „Blume des Zuckerrohrs", wie **Flor de Caña** übersetzt heißt, wird in Chichigalpa, 33 km nordwestlich von León, destilliert. *Flor de Caña* ist Nicaraguas **Exportschlager.** Die Qualität ist sehr gut, der Geschmack mild, mit einer leichten Vanille- und Eichenfass-Note. Das benötigte Zuckerrohr für die Herstellung des Rums wird in der **Zuckerfabrik Ingenio San Antonio** (ISA) gewonnen. Die Produktion des leckeren Getränks, das in 40 Länder weltweit exportiert wird, hat auch eine Kehrseite: Die Arbeit mit dem Zuckerrohr macht krank. Durch die eingesetzten **Pestizide,** denen die Arbeiter viel zu lange am Stück ausgesetzt sind, bekommen viele eine oft tödlich endende **Niereninsuffizienz.** Besonders drastisch ist das während der Erntezeit des Zuckerrohrs. Die chronische Nierenkrankheit tritt in Chichigalpa sechsmal häufiger auf als anderswo und meist schon bei jungen Männern zwischen 20 und 40 Jahren. Täglich sterben drei bis vier der 60.000 Einwohner der Zuckerstadt. Und es ist schmerzhaft, ein brennendes Hit-

⌃ Flor de Caña – das Geschäft mit dem Zuckerrohr hat seine Schattenseiten

zegefühl im Inneren, einem Erstickungsanfall ähnlich. Manche überleben noch einmal, andere nicht. **La sangre de cañero,** nennen sie das, das „Blut des Zuckerrohrarbeiters". Die Geschäftsführer der Unternehmen wissen um die Situation. Zur Verbesserung der Lage baute die Fabrik ihr eigenes Krankenhaus, in dem Arbeiter behandelt werden. Sie zahlt auch Medikamente. Doch dann ist es schon fast zu spät, das eigentliche Problem wurde nicht gelöst: Bessere Arbeitsbedingungen durch regelmäßige Pausen im Schatten, bessere Bezahlung bei einer geregelten Arbeitszeit und die Bereitstellung von Trinkwasser.

Vor diesem Hintergrund schmeckt der *Flor de Caña* nicht mehr so gut. Dennoch ist die Fabrik für die Menschen in und um Chichigalpa wichtig, denn sie sorgt für **Arbeitsplätze.** Zu welchem Preis, bemerken bzw. wissen viele erst später.

Die **Führung durch die Fabrik** umfasst vier Punkte: 1. einen 15-minütigen Werbefilm, der mit Eigenlob über den Rum und die Firma als toller Arbeitgeber und Umweltfreund gefüllt ist, hingegen sind die Informationen zur Rumproduktion in 30 Sekunden abgehandelt; 2. eine Kostprobe des 18 Jahre gelagerten Qualitäts-Rums; 3. die Besichtigung der Abfüllanlage für die Fässer und einen Blick ins Fasslager; 4. schließlich den Fabrikshop mit Souvenirs.

■ **Anfahrt:** Chichigalpa liegt an der Achse León – Chinandega und ist schnell und einfach erreicht. Vor Ort gibt es die Touragentur Flor de Caña, bei der eine **Führung** durch die Fabrik gebucht werden kann (vom Abzweig ins Zentrum 2 km südlich, tägl. 8–18 Uhr). Auch in León und Chinandega wird sie von fast allen Agenturen angeboten.

Strände um León – Las Peñitas und Poneloya (21 km)

Die Pazifikstrände von Las Peñitas und Poneloya sind **beliebte Ausflugsziele** von Einheimischen und Touristen, denn sie liegen nur 30 Min. Fahrzeit von León entfernt. Die Strände sind lang und weit, der Sand hell und weich, die warmen Wellen bestens zum **Baden und Surfen** geeignet. Während Poneloya mehr der Strand für Einheimische mit einfachen Beach-Bars und Hostels ist, zieht Las Peñitas vor allem internationale Surfer und Strandliebhaber an und hält ein etwas breiteres Angebot an Unterkünften und Restaurants bereit.

An- und Weiterreise (Busse)

■ **Vom Markt** im Viertel Subtiava **in León** (Plan S. 102) fahren die Busse zu den Stränden ab: alle 50 Min. zwischen 6 und 19 Uhr, 13 C$, 30 Min. Zuerst hält der Bus in Poneloya, dann in Las Peñitas und zuletzt am Hostel-Restaurant Barca de Oro.

■ **Busse vom Strand** starten von der Barca de Oro alle 50 Min. zwischen 5.30 und 18.30 Uhr, 13 C$. Sein Herannahen ist durch das laute Hupen gut mitzukriegen – jetzt aber schnell!

Übernachten/Essen und Trinken in Las Peñitas

Las Peñitas ist ein **2,5 km langer Strand** mit hellem Sand und ein paar Felsen im Meer, auf denen sich ein wunderbarer Sonnenuntergang beobachten lässt. Es gibt mehrere tolle Unterkünfte direkt am Strand, ein paar gute Möglichkeiten zum Essen und Verleih von Surfbrettern. Fast alle Unterkünfte haben ein angegliedertes Restaurant. Die nachfolgende Auflistung beginnt am Anfang des Ortes.

■ **El Cardhu del Mar**④, 500 m vom Abzweig, weiter südlich, www.elcardhudelmar.com. Sehr schönes und modernes Hotel mit stilvollen, großen Zim-

nica038-ji

mern. Es gibt einen super Pool, Fahrräder stehen kostenlos zur Verfügung, und die Besitzer sind wirklich nett.

■ **Playa Roca**①, am südlichen Abschnitt des Strandes, hier steigen die meisten Touris aus, www.playaroca.com. Die Zimmer sind mehr als simpel und dunkel, aber das Restaurant ist gut, man sitzt schön unter Palmenschirmchen, es gibt Fisch und Meeresfrüchte. Surfbretter und Kajaks werden verliehen.

MEIN TIPP: **Simple Beach Lodge**②, neben dem Restaurante Playa Roca, www.simplebeachlodge.com. Die beste Unterkunft vor Ort, kleine Zimmer, aber liebevoll gemacht mit netten Deko-Ideen und guten Betten, das vordere Zimmer an der oberen Veranda hat einen schönen Blick auf den Pazifik. Ein Dorm war zur Zeit der Recherche im Ausbau, ebenso weitere Zimmer im 1. OG. Die Holzveranda ist geräumig und hat Hängematten, man kann herrlich relaxen mit Ausblick auf die Surfer und das weite Meer. Das Restaurant serviert tollen Kaffee und verschiedene leckere Frühstücks-Menüs.

■ **The Lazy Turtle**②, am südlichen Ende des Strandes, www.thelazyturtlehotel.com. Renovierte, saubere und geräumige Zimmer, vielleicht ein bisschen zu viel Beton. Frühstück und Wasser sind inklusive, Discount bei längerem Aufenthalt. Das Restaurant bietet leckere nordmexikanische Küche mit *Burritos*, Tacos und Burgern.

■ **Barca de Oro**②, am südlichen Ende des Strandes am Straßenende, Restaurant 7–22 Uhr, www.barcadeoro.com. Kultige Unterkunft mit verschiedenen Zimmeroptionen, vom hellen DZ für 28 US$ mit Bad über Öko-Bungalows mit Palmendächern bis hin zu Dreibettzimmern und Dorms (7 US$ p.P.). Alle Betten haben Moskitonetz. Das Restaurant ist klasse, man sitzt in einem schönen, großen Garten mit Pavillons und kleinen Wegen direkt an der Lagune Juan Venado. Es gibt Fischsuppe, Languste, traditionelle Gerichte und hervorragende Desserts. Happy Hour ist täglich von 17 bis 18 Uhr, jeden Samstag ist Barbecue-Abend mit Fisch und Fleisch für 270 CUS$ pro Hauptgang. Der Fisch im Ganzen ist der Hit!

Übernachten/Essen und Trinken in Poneloya

Die Auswahl an Hostels und Restaurants an dem **1,5 km langen Strand** ist etwas geringer als in Las Peñitas.

■ **Hostal El Pulpo**②-③, 500 m vom Abzweig, www.hostalelpulpo.com. Einfache, aber große und saubere Zimmer mit komfortablen Betten. Es gibt einen tollen Aufenthaltsbereich mit chilliger Musik. Das Hostel liegt direkt am Strand und hat einen Garten mit Hängematten. Auch auf einem erhöhten Podest gibt es Hängematten zum Relaxen. Die Gemeinschaftsküche ist gut ausgestattet, *Carlos,* der Hostelbesitzer, ist sehr nett und hat viele gute Tipps auf Lager. Ein kleines Restaurant befindet sich direkt auf der anderen Straßenseite.

MEIN TIPP: **Surfing Turtle Lodge**②-③, Isla Los Brasiles, über den Río Telica, www.surfingturtlelodge.com. Wow! Rustikal – simpel – genial! Holzbungalows direkt am Strand mit einer eigenen kleinen Terrasse, auf der eine Hängematte baumelt. Auch der Schlafsaal ist besonders: Von den Betten aus sieht man gleich das Meer, davor liegt eine wirklich große Terrasse, auf der man mit den neuen Freunden abhängen kann. Es gibt ein Restaurant und eine Bar mit Hängeschaukeln. Vor allem junge Leute kommen hierher. Rechtzeitig voranmelden, dann wird man per Boot über den Río Telica gefahren.

Touren und Aktivitäten

■ Das **Hostel Barca de Oro** in Las Peñitas (s.o.) organisiert verschiedenste Touren: Tour in das Naturreservat Isla Juan Venado, 55 US$ für 1–4 Pers.; Eiablage der Schildkröten, 30 US$ für 2 Pers., 2–3 Std., Juni bis Dezember; Surfkurse und Verleih, 10 US$ pro Tag, Kurs 10 US$ pro Std.; Kajakverleih, 12 US$ pro ½ Tag; Paddle- und Bodyboard-Verleih, für Gäste kostenlos; Reitausflüge, 12 US$ pro Std.; Sportfischen, 120 US$ für 1–4 Pers. und 3–4 Std.; Fahrradverleih, 2 US$ pro ½ Tag; Schwarze-Muschel-Tour, 10 US$ für 2 Std.; Billard, 12,50 US$ für 1 Std.

■ Gleich links neben dem Playa Roca gibt es eine kleine **Surfschule.**

Ausflug zur Isla Juan Venado

Ob mit organisiertem Bootsausflug oder per Kajak – zu sehen gibt es viele Vögel und andere Tiere, die in der mit **Mangroven** bestandenen Lagune leben. Einheimische Führer wissen viel über die **Flora und Fauna** und fahren mit ihren kleinen Motorbooten weit hinein in das Naturreservat.

■ **Tipp für Kids:** Manchmal werden im Naturpark **Baby-Schildkröten** freigelassen, die die Kinder selbst in den Sand setzen dürfen. Am besten vor Ort erkundigen, wann es wieder so weit ist.

nica039-jm

☒ Babyschildkröten auf dem Weg ins Meer

Nicaraguas historisches Zentrum

Granada oder „La gran Sultana", die große Sultanin, wie die Stadt in Anlehnung an die maurisch geprägte Schwester in Spanien auch genannt wird, ist das Touristenziel Nummer 1 in Nicaragua. Auch Masaya gehört zu den meistbesuchten Städten des Landes.

< Die Kathedrale ist das Wahrzeichen von Granada

KOLONIALES GRANADA UND INDIGENES MASAYA

Granada und Masaya sind zwei der touristischen Highlights im Verlauf einer Reise durch Nicaragua, doch die beiden Städte präsentieren sich sehr unterschiedlich: Die erste ist charmant und kolonial, die andere authentisch und indigen geprägt. Sie liegen nur 20 Minuten Autofahrt auseinander, und ringsum bieten sich wunderbare Umgebungsziele zum Erkunden per geführter Tour oder auf eigene Faust mit dem öffentlichen Bus oder Mietwagen.

NICHT VERPASSEN!

- **Kirchturm La Merced:** über den Dächern von Granada | 140
- **Stadttour bequem:** mit der Pferdekutsche durch Granada | 141
- **Mercado Municipal Masaya:** der wahre Kunsthandwerksmarkt | 167
- **Vulkan Masaya:** beeindruckende Naturgewalten aus Schwefeldampf und Lavaschlund | 180
- **Laguna de Apoyo:** Badevergnügen im kristallklaren Kratersee | 182

Diese Tipps sind gelb hinterlegt.

Die Region ist unglaublich abwechslungsreich, die Menschen sind überaus freundlich und die Sehenswürdigkeiten faszinierend.

Granada

Die charmante Stadt mit ihrer bunt getünchten Kolonialarchitektur hat etwa 110.000 Einwohner und ist damit die **viertgrößte Stadt Nicaraguas.** Sie liegt am Nordwest-Ufer des Nicaragua-Sees und ist von mehreren **Vulkanen** wie dem Mombacho, dem Masaya und dem Nidiri umgeben. Vom Seeufer lässt sich die Insel Ometepe mit den Vulkanen Concepción und Maderas erblicken.

Granada ist ein touristischer Magnet, und doch geht es hier verhältnismäßig ruhig zu. Das **Stadtzentrum** gruppiert sich um den Parque Central, den Hauptplatz der Stadt. Er wird eingerahmt von zahlreichen restaurierten Kolonialbauten, außerdem steht hier die gelb leuchtende **Kathedrale,** das Wahrzeichen der Stadt. Im Schutze der Schatten spendenden Bäume lässt sich entspannt das Alltagsleben der Granadinos beobachten: Händler haben hier ihre Marktstände und bieten Kleidung und Souvenirs an. Der Hotdog-Verkäufer sitzt neben seinem Stand und harrt der Kundschaft.

An der Westseite gegenüber der Kathedrale warten zahlreiche Pferdekutschen in einer langen Reihe, um Touristen bequem durch die Stadt zu fahren.

Ganz im Gegensatz zur Ruhe des Platzes steht das rege Treiben im Marktviertel, dem **Mercado:** Von tropischen Früchten über USB-Sticks und CDs bis hin zu abgehangenem Fleisch und Schuhen lässt sich dort alles erstehen.

Erst am Abend wird es auch um die Straße **La Calzada** geselliger. Hier haben sich zahlreiche gemütliche Bars und Restaurants Tür an Tür angesiedelt, und auch Tourveranstalter locken mit ihren Angeboten. Bei trockenem Wetter sitzen Einheimische, Sprachschüler, Touristen, Alt und Jung unter den Bäumen bei einem „Toña" oder „Victoria", den einheimischen Biersorten, zusammen und genießen das Leben.

Von der Promenade am See, dem **Malecón,** sollte nicht zu viel erwartet werden: Es lässt sich ein Stück schlendern, dann beginnt eine Art Freizeitpark am Wasser, der aber besonders in der Woche recht verlassen und etwas heruntergekommen wirkt. Es ergibt sich jedoch ein schöner Blick auf die Insel Ometepe mit ihren beiden Vulkanen.

Das historische Zentrum

0 25 km ©Reise Know-How 2017 Nica K04

Geschichte

Als die Spanier im 16. Jahrhundert an den Ort des heutigen Granada kamen, lebten hier am Ufer des Nicaragua-Sees verschiedene **indigene Stämme** in einfachen Hütten (siehe Museum in der Klosterkirche San Francicso).

Im Jahr **1524** gründete der spanische Konquistador *Francisco Hernández de Córdoba,* nach dem die nicaraguanische Währung benannt ist, hier das heutige Granada. Durch die günstige Lage am See wurde der Ort schnell zu einem Knotenpunkt des frühen Handels. Es entstand ein **bedeutender Hafen,** von dem Waren über den Nicaragua-See und weiter über den südlich verlaufenden, 199 km langen Río San Juan bis in die Karibik sowie nach Guatemala, San Salvador, Panama und sogar bis nach Peru verschifft wurden. Wichtige Güter waren Kakao und Tabak. Doch aufgrund des wachsenden Reichtums und der Territorialstreitigkeiten zwischen den europäischen Kolonialmächten geriet die Stadt in das Blickfeld von **Piraten** und wurde zwischen 1665 und 1670 mehrfach überfallen. Deshalb wurde 1675 am Río San Juan im heutigen El Castillo ein **Fort** zur Verteidigung gegen Angriffe gebaut. Dennoch gelang es dem berühmten britischen Piraten und Entdecker *William Dampier* am 8. April **1685** Granada erneut zu überfallen und anschließend **in Brand** zu stecken. Doch man baute die Stadt wieder auf.

Ein zweites Mal wurde die Stadt während des nicaraguanischen Bürgerkrieges zwischen den Liberalen Leóns und den Konservativen Granadas zerstört. Die Stadt León holte sich den US-amerikanischen Abenteurer und Söldner **William Walker** (siehe entsprechenden Exkurs) zu Hilfe, der Granada im Jahr **1856** von seiner Truppe der sogenannten „Filibuster", der Freibeuter, **in Brand** stecken ließ. Und wieder wurde die Stadt neu aufgebaut.

Heute hat der **Tourismus** die Stadt „erobert", denn Granada ist für die meisten Reisenden das Ziel Nummer 1 in Nicaragua. Das Stadtbild prägen koloniale Häuser mit farbenprächtigen Fassaden, deren Arkaden erholsamen Schatten spenden und unter denen sich so manches gemütliche Café oder romantische Restaurant angesiedelt hat.

Granada ist auch der Ausgangspunkt für den Tourismus über den Nicaragua-See. Es gibt Fährverbindungen nach Ometepe und Bootstouren zu den verschiedenen Inseln des Sees.

Orientierung

Wie schon erwähnt, liegt Granada am Nicaragua-See, über den die Insel Ometepe, die Solentiname-Inseln und die Grenze zu Costa Rica auf dem Wasserweg bequem zu erreichen sind. Aber auch die große Fernstraße verbindet die Kolonialstadt mit allen wichtigen Zielen des Landes. Das Zentrum selbst ist in typisch spanischem Stil **schachbrettartig angelegt,** sodass die Orientierung nach Nord-Süd bzw. Ost-West erfolgt. Zentral liegt der große Park mit der **Kathedrale,** flankiert von den ost-westlich verlaufenden **Hauptstraßen Calle Real Xalteva und Calle La Libertad.** Von Norden nach Süden ist die größte Straße die **Calle Atravesada.** Eine der belebtesten und schönsten Straßen ist sicher Granadas Flaniermeile, die **Calle La Calzada,** die hinter der Kathedrale gen Osten zum Nicaragua-See und der Fährstation verläuft; hier liegen die meisten Restaurants und Bars.

Sehenswertes und Aktivitäten

Kathedrale

Die Kathedrale von Granada an der Ostseite des Parque Central ist das **markanteste Gebäude und Wahrzeichen der Stadt** und gilt als eines der wichtigsten Kolonialgebäude Zentralamerikas. Mit dem Bau der Kathedrale wurde 1529 begonnen, und sie wurde seitdem **mehrmals umgebaut.** 1856 zerstörte der Freibeuter *William Walker* bei seiner Eroberung von Granada das Bauwerk vollständig. Es dauerte mehrere Jahrzehnte, bis die Mittel aufgebracht werden konnten, die Kathedrale wieder aufzubauen. Der Architekt *Andrés Zappata* legte schließlich Pläne für einen Neubau vor, der bis 1915 realisiert werden konnte. Die Kathedrale erstrahlt seitdem im Stil des **Neoklassizismus,** der sich vor allem an der Fassade des Gebäudes zeigt. Innen weist das Gotteshaus drei Schiffe und vier Kapellen auf. Die Deckengemälde wurden erst kürzlich restauriert.

Casa de Los Tres Mundos

Einer der farbenprächtigsten Bauten Granadas ist die **Casa de Léones.** In dem schicken Patio-Haus gründeten 1988/89 der österreichische Schauspieler *Dietmar Schönherr* und der nicaraguanische Kulturminister und Priester *Ernesto Cardenal* (siehe entsprechenden Exkurs) die Stiftung „Casa de Los Tres Mundos". Als **kulturelle Begegnungsstätte** soll sie den Nicaraguanern die Kunst nahebringen, denn nicht nur Brot *(pan),* sondern auch Kunst *(arte)* sei für die Menschen wichtig, so die Idee *Schönherrs.* Er kaufte das alte, verfallene und von Termiten zerfressene Patrizierhaus und gründete 1994 den Verein **„Pan y Arte".** Bald schon erstrahlte das Haus in neuem Glanz und avancierte zum kulturellen Zentrum Nicaraguas. Mittlerweile gilt das „Casa" als ein herausragendes Projekt europäischer Entwicklungszusammenarbeit. Es zieht Kunst- und Kulturschaffende aus der ganzen Welt an und bietet jungen Nicaraguanern die Möglichkeit, sich hier in Musik, Tanz, Poesie, Handwerk und Literatur ausbilden zu lassen.

Wer mag, kann im Haus einen Kaffee trinken, E-Mails checken und einen authentischen Einblick in das traditionelle und zeitgenössische Kunstschaffen Nicaraguas bekommen.

■ **Infos:** Calle Cervantes, Mo bis Fr 8–19 Uhr, Sa/So 8–18 Uhr, Eintritt 0,40 US$, ermäßigt 0,30 US$, aktuelle Veranstaltungen: www.c3mundos. org.

Highlights an einem Tag

- **Frühstück in Katy's Waffle House | 151**
- **Eine Kutschfahrt durch die Stadt | 172**
- **Kloster/Museum San Francisco | 139**
- **Pause und Essen im Garden Café | 152**
- **Radtour über die Halbinsel Asese | 158**
- **Kirchturm La Merced | 140**
- **Nightlife in der Calle La Calzada | 152**

Granada

Übernachtung
3 Hotel Mar Dulce
4 Hotel El Internacional
6 Hotel Casa San Francisco
10 Mansión de Chocolate
12 El Arca de Noe
13 Backyard Hostel
15 Hotel Colonial
25 Hotel Alhambra
26 Hotel Kekoldi de Granada
27 Hostal de Boca en Boca
30 Oasis Hostel
31 Apartments Sofia
32 Hotel Pinolero
36 La Gran Francia
45 Posada Las Brisas
47 Hotel Patio del Malinche
51 Hostel San Jorge

Einkaufen/Sonstiges
1 Armadillo Nicaragua
2 Alamo
5 Mombacho Cigars
7 Pure
11 Choco Spa
14 Minimarkt Quick Stop
16 Fernanda's Laundry Service
18 La Lavandería
19 Lavandería Mapache
22 Buchhandlung Lucha Libro
29 Coco Berry Spa
33 Dollar
35 NicarAgua Dulce
38 Leo Tours
40 Tierra Tours
42 Olé
46 Soy Nica
48 Nahual Tours
50 Inuit Kayaks
52 Mercado Municipal (Markt)
53 Supermercado Palí
54 Doña Elba Cigars

Nachtleben
23 Imagine Bar
24 Reilly's Tavern

0 100 m
© Reise Know-How 2017
Nica 11
Essen und Trinken
8 El Garaje
9 Katy's Waffle House
17 Garden Café
20 El Tercer Ojo
21 Pita Pita
28 Cafetín El Volcán
34 Kiosko El Gordito
37 El Zaguán
39 Nectar
41 Crazy Crepes
43 Comidas Típicas y Más
44 Café de los Sueños
49 El Camello
55 Charly's Bar & Restaurant
Calle Carazo
Alte Bahnstation
Spielplatz
Parque Sandino
Calle La Inmaculada
Polizei
Calle Atravesada
Av. 17 de Julio
Av. Guzmán
Nicaragua Spanish Lessons
Arroyo Aduana
Calle El Almendro
Calle Sta Lucia
Xpress Spanish School
Calle El Martirio
Calle El Ganado
Farmacia La Milagrosa
Calle Corrales
Calle El Hormiguero
ChocoMuseo & Mansión de Chocolate
Klosterkirche San Francisco
Museum San Francisco
Intur
Calle El Arsenal
Mi Museo
Casa de Los Tres Mundos
Galeria La Calzada Centro de Arte
Folkloreabende im Hotel Dario
Pier und Fähren
Iglesia de Guadelupe
Calle La Libertad
BAC
BAC ATM
Alhambra Internet Café
BanPro
Parque Central
Kathedrale
Calle La Calzada
Av. El cisne
Sprachschule One on One Tutoring
Minibusse nach Managua, UCA
Calle Caimito
Calle Real Xalteva
Farmacia Praga-Central
Calle El Comercio
Av. La Sirena
Sprachschule Nicaragua Mia
Calle Morazan
Calle 14 de Septiembre
Boote zu den Isletas
Casa Nica Spanish School
Calle Cuiscoma
Busse nach Masaya
Calle Cervantes
Uno-Tankstelle
Busse nach Süden
Calle Boca Negra

Freibeuter William Walker – Der Mann mit den 1000 Gesichtern

Er kam, sah und siegte – der Ausspruch des großen *Caesar* gilt ähnlich für die unglaubliche Geschichte des *William Walker* aus Tennessee.

1824 in Nashville geboren, wuchs er als ehrgeiziger Junge auf, der seine kranke Mutter pflegen musste und Arzt werden wollte. Zum **Medizinstudium** ging der sprachbegabte Teenager aus gutem Hause an die Universitäten von Edinburgh, Göttingen, Heidelberg und Paris und machte seinen Abschluss in Pennsylvania. Er arbeitete kurz als Arzt und widmete sich dann einem weiteren Studium, den **Rechtswissenschaften.** Auch als Anwalt arbeitete er nur kurz und wurde lieber **Verleger** einer Zeitung und arbeitete als **Journalist,** der in seinen Artikeln die Sklaverei und imperialistische Interessen verurteilte. Vom Gold in Kalifornien hatte er ebenfalls gehört, und so versuchte er sein Glück als **Goldgräber.** Doch er wollte mehr, eine aufregende Karriere, wie all seine männlichen Vorfahren, der Großvater, die Onkels und Cousins, die in großen Kriegen und bitteren Schlachten gekämpft hatten. Ihre Heldentaten wurden in der Familie weiter tradiert.

Nachdem er im Goldrausch Gräueltaten an den Eingeborenen miterlebt hatte und seine große Liebe *Helen* am Gelbfieber starb, wandelte sich *Walkers* Charakter grundlegend – er sah nun seine Chance auf eine große Karriere in einem Dasein als **Filibuster.** Vom niederländischen *vrijbuiter* kommend, bedeutet das Wort „Freibeuter" bzw. „Pirat". Im Amerika des 19. Jahrhunderts wurden auch Söldner so genannt, die sich militärisch in die Politik der lateinamerikanischen Staaten einmischten. Und genau das wollte *Walker* nun – Präsident einer Republik werden. Der erste Versuch führte ihn ins mexikanische Baja California. Mit einer Truppe von 45 Söldnern, Europäer und Amerikaner, die er auf ihrer Goldrausch-Transitroute durch Nicaragua angeheuert hatte, besetzte er die Region und rief sich zum **Präsidenten von Baja California** aus. Doch kurze Zeit später musste er sich wieder zurückziehen, denn die Mexikaner ließen sich das nicht gefallen. In den USA musste er für den Tatbestand der illegalen Kriegsführung vor Gericht, wurde aber schnell freigesprochen.

Da kam ihm das Schicksal zu Hilfe. Nach der Auflösung der Zentralamerikanischen Konföderation beanspruchten das liberale León sowie das konservative Granada den Hauptstadt-Status des eigenständigen Nicaragua für sich. Als der Konflikt 1856 in einen **Bürgerkrieg** mündete, holte sich León Hilfe beim Filibuster *Walker.* Die Stadtoberen ahnten nicht, dass *Walker* eigene Interessen hatte: Er rief sich selbst zum **Präsidenten Nicaraguas** aus und führte die Sklaverei wieder ein, wusste er doch die Großgrundbesitzer der US-amerikanischen Südstaaten als Geldgeber hinter sich. Sie sollten das Gebiet besiedeln und die Einheimischen für sich arbeiten lassen. Unglaublich, aber wahr – die USA erkannten *Walker* als Staatsoberhaupt an.

Seit dem Ausbruch des Goldrausches schwelte zwischen England und den USA ein Konflikt über die Rechte an der Transitroute auf dem Río San Juan. Er wurde nun beendet, indem *Walker* die Strecke an sich riss und einen **Nicaragua-Kanal** plante. Erst jetzt wurden die USA aktiv und der Pirat aus Tennessee von der US-Armee gefangen genommen, jedoch auch diesmal wieder schnell entlassen. Er hatte einflussreiche Leute auf seiner Seite.

Ein **Raubzug gegen British-Honduras** sollte ihn jedoch endgültig zu Fall bringen. Die Engländer waren nicht zimperlich in der Verteidigung ihre Interessenssphären. Sie zwangen *Walker* zur Kapitulation und übergaben ihn den Behörden von Honduras. Vor eine Wand gestellt, wurde er am 12. September **1860** von einem Erschießungskommando **hingerichtet.**

Klosterkirche und Museum San Francisco

Gleich rechts um die Ecke des Casa de Los Tres Mundos steht die älteste Kirche Mittelamerikas, die des Klosters San Francisco, auch **El Conjunto Histórico del Antiguo de San Francisco** genannt. Im Jahr 1529 von dem Franziskanermönch Bruder *Toribio Benevante Motolina* gegründet, wurde das Gotteshaus mehrfach zerstört – von Piraten und dem Freibeuter *William Walker.* Nachdem der Bau um 1835 zwischenzeitlich als Universität genutzt worden war, bauten ihn die Mönche zwischen 1867 und 1868 zu einem stattlichen Kloster um. 1989 wurde das Gebäude komplett res-

⊻ Kutscherin Doña Carmen fährt ihre Kunden sicher durch die Stadt

nica045-ji

tauriert. Heute beherbergt es vor allem ein **interessantes Museum** mit einem Bereich über folkloristische Trachten und nicaraguanische Traditionen, einer Ausstellung mit Gemälden der sog. „Naiven Landschaftsmalerei", archäologischen Funden und **präkolumbischen Monumentalskulpturen.** Gefunden wurden die eindrucksvollen Skulpturen aus schwarzem Basalt auf der Insel Zapatera im Nicaragua-See, wo sie zwischen dem 8. und 12. Jahrhundert entstanden sind. Sie sind ein wichtiges Zeugnis für die Kultur der prähispanischen Chorotegas, die die Insel als Ritualstätte nutzten. In dem schönen, mit Palmen bestandenen Innenhof des Museums lässt sich ein entspanntes Päuschen einlegen.

Infos: Von der Nordseite der Plaza de Leones 1 Block östlich, Mo bis Fr 8–17 Uhr, Sa/So 9–16 Uhr, Museumseintritt 5 US$.

Kirchturm La Merced

Nicht lange nach Gründung von Granada im Jahr 1534 wurde bereits der erste Bau der sehenswerten Iglesia de La Merced errichtet. Doch sie wurde von Piraten zerstört, im barocken Stil wieder aufgebaut und 1856 von *William Walker* in Brand gesteckt. Bei dem Feuer blieben nur drei Statuen erhalten. Nach dieser Zerstörung wurde die Kirche 1862 restauriert. Die **verwitterte Außenfassade** hat einen **barocken Baustil,** der Grundriss ist jedoch dem Kolonialstil zuzuordnen. Der Glockenturm erstrahlt in Rosa, innen ist die Kirche grün gestrichen. Das Highlight der Kirche ist jedoch die **Besteigung des Turmes** – ein lohnendes Unterfangen, denn von oben ergibt sich eine **herrliche Sicht über ganz Granada und den Nicaragua-See!** Es kann auch passieren, dass gerade die Glocke der Kirche geläutet wird. Das geschieht noch ganz manuell mit dem üblichen Glockenstrick, an dem gezogen wird, um die Glocke zum Schwingen zu bringen. Sollte man gerade dann oben auf dem Kirchturm stehen, muss man sich wirklich fest die Ohren zuhalten!

Infos: Ecke Calle Real Xalteva und Ave. 14 de Septiembre, 9.30–12.30 Uhr, Eintritt zum Turm 1 US$.

Fototipp: Von der Iglesia de La Merced sind es nur 350 m weiter die Calle Real Xalteva entlang bis zum hübschen Plaza Xalteva. Von der Straßenecke gegenüber ergibt sich ein schöner Blick ins Tal in Richtung der Kirche La Merced – ein netter Schnappschuss!

Iglesia de Guadelupe

Aufgrund ihrer Lage an der zentralen Straße am Nicaragua-See, und somit vom Hafen kommend, wurde die Kirche zu einem strategischen **Rückzugsort für Freibeuter.** 1856 verschanzten sich die Truppen *William Walkers* (siehe entsprechenden Exkurs) für 18 Tage in dem Gotteshaus und ramponierten die Innenausstattung. Ihre endgültige Form erhielt die Kirche am Endpunkt der Calle La Calzada in Richtung See im Jahr 1958.

> Herrschaftliche Gräber auf dem Alten Friedhof

Ziele per Pferdekutsche

Die nachfolgenden Sehenswürdigkeiten lassen sich am besten per Pferdekutsche erkunden, da sie **weit auseinander und vom Stadtzentrum entfernt** liegen.

Infos: Kutschen stehen aufgereiht an der Westseite des Parque Central gegenüber dem Hotel Colón. Die Kutschfahrer halten an allen interessanten Punkten an und wissen viel (auf Spanisch) über die Ziele der Fahrt bzw. Granada im Allgemeinen zu erzählen; 1 Std. kostet 15 US$ für max. 5 Pers.

Fortaleza La Pólvora

Die **alte spanische Festung** ist ein Stopp während der Tour per Pferdekutsche. Mit dem Bau der trutzigen Anlage wurde 1748 begonnen. Schon ein Jahr später fertiggestellt, diente das Gebäude als **Munitionslager** zur Verteidigung Granadas und des Río San Juan im 18. Jahrhundert – was ja auch bitter nötig war. Später waren hier die Kaserne und ein Gefängnis untergebracht.

Heute befindet sich hier ein **Museum für moderne Waffen,** mit denen die Großmächte der Welt die Bürgerkriegsparteien von León und Granada ausstatteten. Wer mag, kann von einem der Wachtürme den Blick über die Stadt und die schöne Landschaft schweifen lassen.

Infos: Calle Real Xalteva, 8–17 Uhr.

Alter Friedhof (Antiguo Cementerio)

Ein weiterer Stopp ist der alte Friedhof von Granada – ein Spaziergang lohnt sich. **Mächtige Grabbauten, prunkvolle Stelen und ganze Mausoleen,** die an Komfort die Unterkünfte der meisten lebenden Landsleute übertreffen, ehren hier die Verstorbenen. Unter ihnen sind wichtige Persönlichkeiten wie der erste

nica046-ji

nicaraguanische Präsident, *Fruto Chamorro.* Und noch fünf weitere Präsidenten ruhen sich hier von ihrem Wirken aus. Seit 1922 ist der Friedhof nicht mehr für weitere Bestattungen vorgesehen.

Infos: Carretera Nandaime, sogar mit dem Auto befahrbar bis zum Bestattungshaus.

Alte Bahnstation (Antigua Estación del Ferrocarril)

Immer die schnurgerade Straße gen Norden folgend, holpert die Pferdekutsche zum Parque Sandino, wo sich die alte Bahnstation mit ihrem **rot getünchten Bahnhofshaus** befindet. Hier hielten ab 1886 die Züge für den **Gütertrans-**

port. 1912 wurde die Station von US-Marines umgebaut, und erst kürzlich wurde der alte Bahnhof am Endpunkt der Calle Atravesada im Auftrag der spanischen Botschaft restauriert. Es stehen noch alte Loks herum, und es finden Workshops statt. Außerdem ist hier ein Technisches Kolleg untergebracht.

Tipp für Kids: Gegenüber dem alten Bahnhof liegt der Parque Sandino mit einem großen Kinderspielplatz.

Die alte Bahnstation hat ausgedient

nica040-ji

Kultur, Galerien und Museen

Granada ist mit seinen vielen Kirchen und Kolonialhäusern und nicht zuletzt der *Casa de Los Tres Mundos* ein beliebter **Treff für Künstler und Literaten aus aller Welt.** Neben dem berühmten Poesie-Festival im Februar, das die Lyriker Lateinamerikas an den Nicaragua-See lockt, entstehen immer mehr kleine Galerien und Museen, sodass es immer mehr junge Künstler aus aller Welt in das faszinierende Granada zieht. Einer davon ist der Franzose **Jean Marc Calvet.** Von Paris über Costa Rica nach Nicaragua gekommen, hat er hier die inspirierende Umgebung für seine künstlerische Arbeit gefunden. 2009 war er einer der Gewinner der „VII. Biennale of Nicaraguan Arts“ *(Bienal de Artes Visuales Nicaragüense).* Der einstige Straßenjunge hat erst spät zu malen begonnen – eine Lebenskrise hat ihn dazu geführt. Neugierig geworden? Auf seiner Website gibt es weitere Infos und aktuelle Ausstellungen: www.calvetjeanmarc.com.

Traditionelles

Jeden Freitag werden im Hotel Darío **folkloristische Abende** mit Musik und Tanz in volkstümlichen Trachten veranstaltet, dazu gibt es Essen.

Infos: Calle La Calzada, 1½ Blöcke östlich der Kathedrale, Reservierungen unter Tel. 2552 3400 oder info@hoteldarío.com.

Galeria Mi Cámara, Mi Mundo

Diese kleine Galerie zeigt eine erstaunliche Ausstellung an **Fotografien,** die **von Kindern und Jugendlichen Granadas** aufgenommen worden sind. Die Organisation Empowerment International versucht mit dieser Initiative, junge Leute von der Straße zu holen, ihnen eine Beschäftigung anzubieten und möglicherweise sogar eine Perspektive für ihre Zukunft zu öffnen. Postkarten und Drucke der Fotos können erworben werden. Die Einnahmen helfen der Organisation bei ihrer Arbeit.

Infos: Calle La Libertad, Plaza Inmaculada, Mo bis Fr 9–18 Uhr, Sa 8–17 Uhr.

Galeria La Calzada Centro de Arte

Im Jahr 2006 entschied sich die US-Amerikanerin **Amy Bushnell,** in ihrer neuen Heimat Granada mit Ehemann *Darrell* eine Gemäldegalerie zu eröffnen. Die Galerie zeigt Kunstwerke der Malerin selbst, aber auch ihrer Schüler, denn bei *Amy* können auch **Workshops** besucht werden, sowohl für Erwachsene als auch für Kinder. Preise und Kurszeiten sind auf der Website zu finden.

Infos: Calle Cervantes, Mo bis Fr 9–12 Uhr, www.nicaragua-art.com. Malkurse bzw. Zeichenunterricht für Groß und Klein.

Weitere Kunstgalerien und Geschäfte mit Gemälden zum Verkauf liegen in der Calle El Arsenal um die Ecke von Katy's Waffle House.

ChocoMuseo und Mansión de Chocolate

In diesem Kolonialhaus erfährt der Besucher in einer kleinen Ausstellung alles über die **Herstellung von Schokolade.** Man kann hier gut **frühstücken** (Buffet, *all you can eat*) und sich in dem kleinen **Souvenirshop** mit den köstlichen Leckereien eindecken, z.B. mit Schoko-Tee. Eine Galerie und ein **Spa** mit Pool und

nica041-ji

Granada, eine Stadt der Kunst und Kultur

Schoko-Massagen, -pediküren (9 US$ für 30 Min.) und -maniküren (23 US$ für 60 Min.) sind ebenfalls in dem Komplex untergebracht.

■ **Infos:** Calle Atravesada, Kreuzung Calle El Arsenal, tägl. 7–18 Uhr.

Mi Museo

Direkt neben dem Schokomuseum liegt dieses kleine archäologische Museum, das eine beachtliche Sammlung von **Keramikfunden** aus 4000 Jahren zeigt. Die Stücke sind künstlerisch teils herausragend durch ihre sehr filigrane Bemalung mit Szenen der prähispanischen Götterwelt, teils auch echte Schätze der regionalen Archäologie. Die dekorierte Keramik und importierter Obsidian lassen auf Kontakte früher Siedler mit El Salvador und dem Westen von Honduras schließen. Viele Erklärungstafeln erläutern die **indigenen Bevölkerungsgruppen** Nicaraguas. Der Einfluss der mexikanischen Hochkulturen auf das Land wird ebenfalls beleuchtet.

Seit dem Jahr 2009 leitet der kanadische Archäologe *Geoffrey McCafferty* von der University of Calgary **Ausgrabungen an der frühen Siedlungsstätte El Rayo** auf der Halbinsel Asese. Es wurden ein alter Friedhof mit Gräbern und vielen Grabbeigaben, Wohnhäuser und ein großes öffentliches Gebäude freigelegt. Die Ergebnisse werden im Museum vorgestellt und haben die Archäologie in Nicaragua ein weiteres Stück vorangebracht. Es ist möglich, Touren zur Stätte über das Museum zu organisieren, geführt von einem Archäologen.

■ **Infos:** Calle Atravesada, Kreuzung Calle El Arsenal, tägl. 8–17 Uhr, Eintritt 5 US$.

Praktische Informationen

An- und Weiterreise

Wer in Managua am Flughafen landet und gleich weiter nach Granada möchte, kann dort ein Flughafentaxi nehmen (40 US$), den Flughafen-Shuttlebus (20 US$) oder auch den Shuttleservice, den viele Unterkünfte in Granada anbieten (35–40 US$). Tagsüber kann man auch ein Taxi an der Straße vor dem Flughafen anhalten (20 US$) oder ein gerade ankommendes Taxi nehmen.

Busse

In Granada gibt es **keinen zentralen Busbahnhof.** Busse kommen alle an verschiedenen Punkten in der Stadt an und fahren dort auch wieder los. Konkrete **Abfahrtszeiten** unter www.thebusschedule.com/DE/ni.

■ **Managua (Mercado Roberto Huembes),** Abfahrt in Granada nördlich vom Alten Krankenhaus, alle 20 Min. 4–19 Uhr, 25 C$, 1 Std.
■ **Managua (UCA),** Abfahrt in Granada auf der Ave. Vega gleich südlich vom Parque Central, alle 15 Min. 5–19.30 Uhr, 18 C$, 1 Std.; Anschluss nach León und zu anderen Zielen.
■ **Masaya,** Abfahrt in Granada 2 Blöcke westlich vom Markt beim Palí-Supermarkt, alle 20 Min. 5–18 Uhr, 15 C$, 30 Min.

Busse nach Süden:
Die Busse fahren 1½ Blöcke südlich des großen Mercado Municipal ab, schräg gegenüber befindet sich eine Uno-Tankstelle.

■ **San Marcos, Diriamba und Jinotepe** im Departamento Carazo, alle 20 Min. 6–17 Uhr, 18 C$, 50 Min.; in Diriamba fahren weitere Busse zu den Pazifikstränden von Carazo.
■ **Catarina und San Juan de Oriente,** alle 20 Min. 5–18 Uhr, 18 C$, 30 Min.

Nandaime mit dem Mombacho-Nationalpark, alle 20 Min. 5–18 Uhr, 18 C$, 20 Min.
Nindiri, San Juan de Oriente, San Marcos, Niquinohomo, Masatepe, Catarina, Diria und Diriomo, 6.50, 8.30, 14.10, 17.10 Uhr, 18–30 C$.
Rivas, stündlich 5.45–15 Uhr, 35 C$, 1½ Std.

Busse nach Norden:
Ziele im Norden sind etwas komplizierter, mit Zwischenstopps in Masaya und Tipitapa, zu erreichen. Die Busse fahren in Granada von der Empalme de Guanacaste ab. Am besten dem Taxifahrer Bescheid geben.

Matagalpa (via Tipitapa), alle 30 Min. 4–19 Uhr erst nach Tipitapa, dort umsteigen nach Matagalpa, insgesamt 2½ Std.
Estelí (via Masaya und Tipitapa), alle 20 Min. 4.30–16.30 Uhr erst nach Masaya/Supermarkt Palí, von dort Anschluss alle 20 Min. nach Tipitapa und von dort alle 45 Min. nach Estelí, 4 Std. insgesamt; in Estelí starten Busse nach Somoto.

Busse nach Costa Rica:
Transnica, Ecke Calle El Tamarindo und Calle Arroyo Carrita, 6 und 8 Uhr (Expressbus nach San José) sowie 11 Uhr, 35 US$, 8 Std.

Drei Fragen an …

… **Carlos,** 42 Jahre alt, frisch geschieden. *Carlos* ist Chef und Eigentümer des Hostels Arca de Noe. Der studierte Unternehmer holt seinen zehnjährigen Sohn jedes Wochenende zu sich nach Granada.

Während des Contra-Krieges gingen Deine Eltern 1984 mit Deiner Schwester und Dir nach Mexiko ins Exil – wie war die Zeit für Euch dort? Es war in Ordnung, die Mexikaner sind freundliche Menschen. Ich bin dort zur Schule gegangen und hatte meine Freunde. Aber über allem, was wir machten, schwebte eine nostalgische Sehnsucht nach Nicaragua und der Wunsch, irgendwann wieder nach Hause zurückkehren zu können.

Wie war dann die Heimkehr für Dich? Toll! 1990 war ich 15 und konnte meine Jugend wieder in meinem Land verbringen. Zum Glück wurde unser Haus während des Krieges nicht konfisziert, sodass wir gleich in die vertrauten vier Wände zurückkehren konnten. Und heute ist hier das Hostal.

Drei Dinge, die Du an Deinem Land am meisten magst? Ganz klar die Menschen, sie sind freundlich und aufrichtig. Dann natürlich unsere traumhafte Natur mit ihrer unberührten Vielfältigkeit. Und ich liebe das Essen, am meisten Vigorrón, ein ganz typisches Familiengericht aus Yucca, Chicharrón und gesäuertem Krautsalat. Das sollte jeder mal probieren!

nica047-jl

- **Ticabus,** Ave. Arellano, 7 und 11 Uhr, 35–45 US$, 8 Std.

Shuttleservice

Viele Hostels und Reiseagenturen bieten einen günstigen Shuttleservice zu den wichtigsten Zielen des Landes an, z.B. Tierra Tours, Bearded Monkey, das Oasis Hostel gegenüber und das Hostal de Boca en Boca (s.u.):

- **Flughafen,** 4, 6 und 10 Uhr, 15 US$.
- **Rivas, San Jorge, San Juan del Sur,** 10 und 12.30 Uhr, 15 US$.
- **León,** 12 Uhr, 15 US$.
- **Apoyo-Lagune,** 10 Uhr, 6 US$ (hin und zurück).

Taxis

Taxifahren ist **preisgünstig** und daher eine bequeme Möglichkeit, **umliegende Ziele** zu erreichen (Managua 22 US$, Masaya 14 US$, Laguna de Apoyo 14 US$, Rivas 27 US$, San Juan del Sur 33 US$). Der Preis sollte stets vor Fahrtantritt ausgehandelt werden und ist auch ein wenig vom Verhandlungsgeschick abhängig! Meist läuft kein Taxameter mit.

Fähren

Vom Fährterminal (8–17 Uhr) am Nicaragua-See an der Promenade Granadas starten Mo und Do Fähren **zur Insel Ometepe.** Sie halten auf der Insel in Altagracia (3 Std., 60/140 C$ Unter-/Oberdeck) und fahren weiter nach San Miguelito am Südostufer des Sees (9 Std., 90/180 C$ Unter-/Oberdeck) und nach San Carlos am Südufer, Ausgangspunkt zum Río San Juan (14 Std., 150/210 C$ Unter-/Oberdeck). Fähren zu anderen Orten auf Ometepe (Moyogalpa, San José del Sur) starten von San Jorge bei Rivas.

Hinweis: Zur Zeit der Recherche war die Fähre zwischen Altagracia und San Carlos eingestellt. Vor Ort erkundigen, ob sie wieder fährt.

Boote/Touren nach Las Isletas de Granada

Sie können in den Cabañas Amarillas ganz am Ende des Freizeitparks gebucht werden. Weitere, bessere und auch teurere Optionen nach Las Isletas (40–80 US$ je nach Umfang/Boot), zur Isla Zapatera (180

Vom Bootssteg starten die Fähren zur Insel Ometepe

US$ pro Boot) und sogar Tagestouren bis nach Ometepe (600–900 US$ je nach Yacht) gibt es in Puerto Asese am Hafen Marina Cocibolca. Hier findet sich auch ein gutes Restaurant.

Mietwagen

Da in und um Granada relativ wenig Verkehr ist, macht das Autofahren hier in der Regel Spaß, und die vielen schönen Ziele wie Masaya, die Laguna de Apoyo oder auch die Pueblos Blancos sind schnell und unkompliziert zu erreichen. Es gibt einige Vermieter in der Stadt (ca. 35 US$ pro Tag), z.B. 33 **Dollar** beim Hotel Plaza Colón, 2 **Alamo** im Norden der Stadt um die Ecke der Uno-Tankstelle (Calle La Inmaculada, www.alamonicaragua.com) und 1 **Armadillo Nicaragua,** ebenfalls im Norden, 3 Blöcke nördlich vom Parque Simón Bolivar (tägl. 8–20 Uhr, www.armadillo-nicaragua.com).

Einkaufen/Souvenirs

52 **Mercado Municipal,** Calle Atravesada – El Comercio. In und um das neoklassische Marktgebäude gibt es alles, was man braucht – oder auch nicht. Viel frisches Obst und Gemüse ist darunter, schwarzgebrannte CDs mit Bachata, Reggaeton oder Cumbia, Schuhe, Technik, Textilien und vieles mehr. Hier herrscht buntes Treiben, daher sollte man auf seine Wertsachen achten.

53 Ein **Supermercado Palí** findet sich z.B. in der Calle Cervantes. In dem großen Supermarkt, wie man ihn aus allen Ländern kennt, gibt es auch den nationalen Rum Flor de Caña in allen Flaschengrößen und Reifevarianten.

14 **Quick Stop,** Ecke Calle Atravesada und Calle La Libertad, 7.30–24 Uhr. Mini-Supermarkt gleich um die Ecke der vielen Backpacker-Hostels in der Calle 14 de Septiembre. Coffee to go, Snacks, Süßes, Softdrinks, Alkohol wie Flor de Caña in allen Varianten und vieles mehr.

46 **Soy Nica,** Calle La Calzada, Mo bis Do 9–18 Uhr, Fr/Sa 9–20 Uhr, So 9–14 Uhr. Ledertaschen, Portemonnaies und einiges mehr in knalligen Farben.

42 **Olé,** Calle La Calzada, Mo bis Fr. Boutique mit Mode, Schmuck und Mitbringseln aus Holz, Bambus und Aluminium, die von Nica-Familien oder Kooperativen hergestellt werden.

5 **Mombacho Cigars,** Calle Atravesada, 1 Block südlich vom Parque Sandino. Wer Zigarren („Puros") kaufen will und nicht nach Estelí kommt, ist hier an der richtigen Adresse. In dem historischen Haus ist eine kleine Fabrik untergebracht, durch die der Besucher auf Wunsch geführt wird (span./engl.). Anschließend kann natürlich geshoppt werden.

54 **Doña Elba Cigars,** in der Calle Real Xalteva nahe der Kirche Xalteva. Auch hier bekommt man die schmauchigen Rollen zu kaufen und kann sogar einmal mitrollen, wenn man Lust auf diese Erfahrung hat.

nica042-ji

22 **Buchhandlung: Lucha Libro,** Ave. Cervantes, zwischen Calle La Calzada und Calle La Libertad. Ausgezeichneter kleiner Buchladen mit einer guten Auswahl an englischen Büchern, aber auch Werke über Nicaragua auf Englisch und Spanisch sowie Wörterbücher und anderes mehr zum Spanisch-Lernen finden sich hier. Kaffee gibt's auch.

Essen und Trinken

Nica-Küche

34 **Kiosko El Gordito**①, auf der Südseite des Parque Central, tägl. 8–21 Uhr. Wer ganz traditionell essen will, so wie die Nica, muss zum „Dicken" im Park gehen. An seinem Kiosk mit bunten Schirmen, Holztischen und -stühlen bietet er alle typischen Gerichte wie *Vigorrón* und *Nacatamales,* aber auch Sandwiches, Salate und Burger. Und es sitzt sich fantastisch hier!

28 **Cafetín El Volcán**①, Calle 14 de Septiembre, nahe der Kirche La Merced, tägl. 11–23 Uhr. Einfache Nica-Gerichte, auch schon zum Frühstück, in zweckmäßigem Ambiente. Dazu gibt es frische Säfte und etwas speziellere Getränke, wie „Tiste" aus geröstetem Mais und „Gramma", ein Weizengrasgetränk.

39 **Nectar**①-②, Calle La Calzada, 1½ Blöcke östlich vom Parque Central, tägl. 11–23.30 Uhr. WLAN/WiFi, Happy Hour, für Familien mit Kindern geeignet. Regionale Küche, aber auch Mex-Food und andere frische Gerichte aus Lateinamerika. Zur Happy Hour gibt es diverse Longdrinks – so kann man sich auf das Nachtleben in der Ausgehstraße Granadas einstimmen.

43 **Comidas Típicas y Más**②, Calle La Calzada, Di bis Do. In dem netten Patio werden einfache bis etwas aufwendigere Nica-Gerichte serviert, darunter *Nacatamales,* eine in Bananenblätter gehüllte Maismasse, die mit Fleisch oder Gemüse verfeinert werden kann, und *Quesadillas.* Wer experimentierfreudig ist, probiert das *Menú de la casa* mit verschiedenen Fleischvarianten und gebackenem Käse. Empfehlenswert ist auch der *Quesillo* – dabei handelt es sich um leckere Käsevarianten.

Orientalische Küche

MEIN TIPP: 21 **Pita Pita**②, Calle La Libertad, gegenüber dem Garden Café, tägl. 11–22 Uhr, WLAN/WiFi. Beschauliches Restaurant mit süßem Innenhof, Springbrunnen, orientalischer Musik und leckerem Essen zu angemessenen Preisen. Shawarma, Aubergine mit Joghurt und Pita mit Hummus sind köstlich und sättigend. Da der Besitzer aus dem Nahen Osten kommt, schmecken die Gerichte herrlich authentisch. Happy Hour ist von 16 bis 18 Uhr, dann gibt es zwei Cocktails zum Preis von einem.

49 **El Camello**②, Calle El Caimito, 2 Blöcke östlich vom Parque Central, tägl. 11–22 Uhr. Vielseitige Speisekarte mit marrokanisch-libanesisch-thailändischen, orientalisch gewürzten Gerichten. Besonders gut sind hier der Fisch und das Chicken-Curry mit Gemüse, auch die Hühnchenspieße mit Erdnusssauce sind empfehlenswert.

Asia-Küche

20 **El Tercer Ojo**②, Calle La Calzada, 1½ Blöcke von der Kathedrale entfernt, tägl. 11–23 Uhr, WLAN/WiFi. Im begrünten und gepflasterten Hof eines Kolonialhauses bietet das auf asiatische Küche spezialisierte Restaurant eine breite Auswahl an thailändischen, indischen und Sushi-Gerichten, aber auch Spezialitäten aus anderen Ländern sowie Burger, Pasta und Salate gibt es – alles natürlich mit dem gewissen Etwas angerichtet. Am Wochenende wird oft Live-Musik geboten, wofür Eintritt gezahlt werden muss.

> Kiosko El Gordito – hier lässt es sich gut aushalten

Steakhouse

37 El Zaguán②, Ave. La Sirena, hinter der Kathedrale, tägl. 11–23 Uhr, WLAN/WiFi. Im gepflasterten Innenhof sitzt es sich gut in schönem Ambiente, und es riecht herrlich nach gebratenen Steaks. Und die bekommt man hier je nach Belieben von durch bis blutig. Ein gehaltvoller Wein dazu rundet das Menü ab.

Europäisch und Vegetarisch

44 Café de los Sueños②, Calle La Calzada, hinter der Kathedrale, Di bis So 11–22.30 Uhr, WLAN/WiFi. Im unteren Drittel der Fußgängerzone zwischen Park und See gelegen, bietet das Café eine ruhige Atmosphäre und sowohl für den kleinen Hunger zwischendurch als auch für eine Hauptmahlzeit ein tolles Repertoire an köstlichen Speisen: Fisch, Pasta, Paninis, Crêpes und einige vegetarische Gerichte.

8 El Garaje①, Calle Corrales Nr. 512, Richtung See auf der rechten Straßenseite, leicht zu übersehen, da vor der Eingangstür Metallgitter angebracht sind, Mo bis Fr 11.30–17 Uhr, nur Barzahlung. Schlichtes Ambiente mit leckerem lateinamerikanischem Essen und einem netten kanadischen Paar, das Küche und Gastraum zu zweit managt. Wechselndes Speisenangebot, weshalb es nie langweilig wird!

55 Charly's Bar & Restaurant②, von der Petronic-Tankstelle 4 Blöcke westlich, Mo und Mi bis Fr 18–23 Uhr. Eine Skihütte aus den Alpen mitten in Granada – so gemütlich hat es sich Besitzer *Charly* vorgestellt und realisiert. Hier werden BBQ und deutsche Küche angeboten, etwa Sauerbraten und Spätzle, aber auch Kartoffelsalat und Würstchen. Dazu ein kühles Blondes – wer die heimische Küche vermisst, wird hier geschmacklich nicht enttäuscht.

Cafés und Frühstück

9 Katy's Waffle House②, Calle Cervantes, gegenüber dem Kloster San Francisco, WLAN/WiFi, empfehlenswert mit Kindern, tägl. 7–14 Uhr. Unter dem Vordach eines Kolonialhauses sitzt es sich ganz gemütlich auf einer Veranda mit schönem Blick auf das Kloster. Wie der Name schon sagt, werden Waf-

nica048-ji

feln und Pancakes angeboten, mit Sahne oder Obst, aber auch Toasts, Nudeln und Sandwiches, doch vor allem leckere *Licuados* bzw. Smoothies! Ob Banane, Papaya oder Wassermelone, die Auswahl ist groß und gut, alles etwas teurer, doch das Ambiente ist klasse und die Terrasse immer gut besucht! Es bietet sich an, den Frühstücksplatz im Voraus zu reservieren, Tel. 2252 8401.

17 **Garden Café**②, Ecke Calle Libertad und Ave. Cervantes, 1 Block östlich vom Parque Central, WLAN/WiFi, empfehlenswert mit Kindern, tägl. 7–21 Uhr. Tolles Ambiente mit gemütlichem grünen Innenhof, schneller Service, leckeres Essen wie Sandwiches und Salate. Eine kleine Bibliothek bietet zudem eine große Buchauswahl zum Leihen oder Tauschen.

41 **Crazy Crepes**①, Calle La Calzada, 2½ Blöcke östlich der Kathedrale, WLAN/WiFi, empfehlenswert mit Kindern, tägl. 7–21 Uhr.

Feste und Feiertage

■ **Februar, Poetry Festival,** die dritte Woche im Februar gehört den Poeten Lateinamerikas, die dann alle nach Granada kommen. Es wird gelesen, gefeiert, debattiert und diskutiert. Infos unter www.festivalpoesianicaragua.com.

■ **Karfreitag,** am Donnerstag und Freitag vor Ostern finden viele Festveranstaltungen und Prozessionen statt.

■ **August-Festival,** 3. Woche im August, anlässlich von Mariä Himmelfahrt feiert Granada wild und ausgelassen mit Feuerwerk, Konzerten und Paraden; besonders spektakulär sind zwei Events:

Tope de toro, Sonntag vor dem 15. August, es wird hitzig in der sonst recht ruhigen Stadt, denn an diesem Tag gibt es eine wilde Stierjagd durch die Straßen von Granada. Die Bullen werden in der Nähe der Festung La Pólvora losgelassen und durch die Calle Xalteva, den Parque Central über die Calle La Calzada bis hinunter an den See getrieben. Und zwar in Begleitung furchtloser Jungs, die sie durch Schreie und Schläge mit Zweigen reizen. Im Centro Turístico am Seeufer ist für die Folgewoche eine Arena aufgebaut, wo sich tapfere Jugendliche im Stierreiten versuchen.

Granada Hípica, Sonntag nach dem 15. August, zu Ehren der Virgen de La Asunción, der Schutzheiligen von Granada, wird als Hauptattraktion eine Pferdeprozession veranstaltet. Cowboys und Cowgirls zeigen stolz ihre besten Pferde und ziehen als Parade durch die Straßen.

■ **28. November bis 7. Dezember, Fest der Unbefleckten Empfängnis** (Inmaculada Concepción), das religiöse Fest wird in Granada besonders groß gefeiert, und zwar mit Umzügen, Tänzen und den beliebten Feuerwerken.

Nachtleben

Entlang der **Calle La Calzada** wird es abends und nachts selten langweilig, es sei denn es regnet in Strömen. Restaurants reihen sich an Bars, unter der Baumallee findet sich ein „Biergarten" neben dem anderen, und wer dann noch nicht genug hat, kann sich eine Live-Band anhören.

23 **Imagine Bar,** Calle La Libertad, gegenüber dem Garden Café, 17–23 Uhr. Fetzige Bar mit einem guten Getränkeangebot und einer kleinen Bühne für Live-Acts. Die schönen Tequila-Gläschen mit dem Konterfei von *John Lennon* und dem Logo der Imagine Bar sind ein nettes Souvenir.

24 **Reilly's Tavern,** gleich neben der Imagine Bar, 11–3 Uhr. Eine ebenfalls schöne Bar mit langem Tresen – Bier, „Nica Libre" und andere Getränke gibt's zu fairen Preisen, ab Do über das Wochenende ist Disco-Party für Nicas und Touris.

Nützliches

■ **Tourist-Info: Intur,** Ave. Guzmán, gegenüber dem Colegio María Auxiliadora Billingue Secundaria. Informationen über Touren, Veranstaltungen, Unterkünfte und vieles mehr. Auch alle lokalen Touranbieter helfen gerne bei der Planung von Ausflügen weiter.

■ **Polizei: Policía Nacional,** Calle La Inmaculada, Tel. 2552 2929.

■ **Banken:** An der Westseite des Parque Central befinden sich viele Banken, z.B. **BAC,** Calle La Libertad und Calle Atravesada, **BanPro,** Calle Consulado und Calle Atravesada, und **Western Union,** Calle Real Xalteva.

■ **Post:** In der Calle Atravesada 1 Block nördlich des Parque Central, Mo bis Fr 8–16 Uhr.

■ **Internet:** WLAN/WiFi gibt es in allen Hotels, Hostels und in fast allen Restaurants; **Alhambra Internet Café,** Calle La Libertad, gegenüber dem Hotel Colonial, 0,80 US$ pro Std.

■ **Apotheken: Farmacia La Milagrosa,** Ecke Calle Corrales und Calle Atravesada, 8–19.30 Uhr; **Farmacia Praga-Central,** Calle Real Xalteva, 1½ Blöcke östlich der Kirche La Merced, 7.30–21.30 Uhr.

■ **Krankenhäuser: Hospital Amistad Japonés,** Calle La Inmaculada, parallel zur Carretera Masaya Granada, südlich der Busstation nach Masaya; auch eine **Privatklinik** befindet sich in der Calle La Inmaculada.

■ **Fahrradverleih:** Granada und Umgebung lassen sich gut per Fahrrad erkunden. Viele Hotels und Tourenanbieter vermieten Fahrräder für 2 US$ pro Std., ebenso die Spanischschule Casa Xalteva (s.u.) und Leo Tours (s.u., 50 C$ pro Std.).

■ **Waschsalons:** Viele Hostels und Hotels bieten einen Wäscheservice an, zudem gibt es 16 **Fernanda's Laundry Service,** angegliedert an die Galeria La Calzada in der Calle La Calzada; 18 **La Lavandería,** Ecke Calle La Libertad und Calle El Cisne nahe dem Parque Central, Mo bis Sa 8–18 Uhr, So 8–16 Uhr, 1 kg für 1,70 US$; 19 **Lavandería Mapache,** Ecke Calle La Calzada und Calle El Cisne, unweit von La Lavandería, Mo bis Fr 7.30–18 Uhr, Sa/So 7.30–16 Uhr, günstig und schnell.

■ Eine **Petronic-Tankstelle** befindet sich in der Calle Elena Arellano.

Sprachschulen

Von Ganztageskursen über Stundenangebote, Gruppen- oder Einzelunterricht bis hin zu Aktivitäten und Unterbringung bei Gastfamilien – all das bieten die Spanischschulen Granadas an, die sich inzwischen in harter Konkurrenz üben. WLAN/WiFi, aber auch Coffee for free sind fast überall Standard. **Spaß am Lernen** machen sie alle, die besten Schulen seien hier aufgelistet.

■ **Nicaragua Mia,** Calle Caimito, 3½ Blöcke vom Park in Richtung See, www.nicaraguamiaspanish.com. Geführt von einer Frauenkooperative, werden hier Kurse mit und ohne Gastfamilie angeboten.

■ **Nicaragua Spanish Lessons,** Calle Almendro, westlich vom Colegio Saleciano, www.nicaragua-spanish-lessons.com. Eine abwechslungsreiche Art des Lernens wird hier betont und viele Ausflüge, Kulturabende etc. organisiert.

■ **Xpress Spanish School,** Ave. Guzmán, vom Parque Central 2½ Blöcke nördlich, www.nicaspanish-school.com. Mitten in Granada gelegen, kümmert sich ein junges Team um einen kurzweiligen Lernerfolg.

■ **Casa Xalteva,** Calle Real Xalteva Nr. 103, von der Iglesia Xalteva 30 m nördlich, www.casaxalteva.com. Freundliche Lehrer, Gruppenkurse bis max. 4 Schüler, Einzelkurse, Gastfamilien, Airport-Shuttle – alles wird hier von dem jungen Team an Organisatoren und Lehrern realisiert.

■ **Casa Nica Spanish School,** Calle Cuiscoma, von Kelly's Bar 2 Blöcke südlich, www.casanicaspanish.com. Kunterbunte Schule, entspannte Atmosphäre, flexible Lernzeiten. Von Intensivkursen über einzel buchbare Stunden ist alles dabei.

■ **One on One Tutoring,** La Calzada, www.spanish1on1.net. Hier ist der Name Programm: Angeboten wird vorrangig Einzelunterricht, auch über Skype. So kann man nach dem Sprachkurs mit dem Lehrer weiter üben. Nach dem Unterricht geht's gleich auf die Partymeile La Calzada zu einem erfrischenden Getränk.

Touranbieter

Das **Programm** der Touranbieter ist **umfangreich** und umfasst z.B.: Stadtrundgang (20 US$ p.P.), Kutschfahrt (20 US$), Isletas-Kajaktour (2–4 Std., 25–35 US$), Fahrradtour (2 Std. für 15 US$), Mombacho-Tour (30–40 US$), Isla Zapatera (Tagestour, ca. 70 US$ inkl. Essen, Getränke, Guide, Eintritt), Kombi-Tour (Masaya-Vulkan und Markt, San Juan Oriente, Catarina, Lagune de Apoyo, 8 Std., 50 US$) – es ist sicher für jeden etwas dabei. Die **Guides** sind freundlich und hilfsbereit, können meist gut Englisch und wissen alles über die lokale Flora, Fauna und Menschen in und um Granada.

40 **Tierra Tours,** Calle La Calzada, 2 Blöcke vom Parque Central in Richtung See, Mo bis Fr 8–18 Uhr, Sa 8–17 Uhr, So 8–16 Uhr, www.tierratour.com.

38 **Leo Tours,** Calle La Calzada, 1½ Blöcke vom Parque Central in Richtung See, tägl. 7–22 Uhr, leotoursgranada@gmail.com.

35 **NicarAgua Dulce,** am Parque Central, gegenüber dem Hotel Gran Francia, tägl. 8–17 Uhr, www.nicaraguadulce-ecotourism.com, www.zopangoisland.com. Fahrten zu den Isletas de Granada und zur Insel Zopango vom Hafen Marina Cocibolca auf der Halbinsel Asese.

48 **Nahual Tours,** Calle Caimito im Hotel Real Destino, 2½ Blöcke östlich vom Parque Central, www.nahualtours.com.

Übernachten

In Granada lässt es sich richtig günstig nächtigen: Ein Doppelzimmer in guter Lage ab 20 US$ pro Nacht findet sich leicht, in der Calle 14 de Septiembre kurz nach der Igesia La Merced kommen viele Hostals nacheinander. Soll es etwas stilvoller sein, müssen ca. 30 Dollar eingeplant werden. Natürlich gibt es auch gehobene Unterkünfte mit fast allem, was das Herz begehrt.

12 **El Arca de Noe**①, Calle 14 de Septiembre, 2 Blöcke westlich und 1 Block nördlich vom Parque Central, www.facebook.com/El Arca de Noe, Tel. 8465 4008. Großes Patio-Haus mit mehreren Zimmern mit Ventilator und einem Bad, das jeweils mit einer anderen Partei geteilt werden muss. Es gibt eine Gemeinschaftsküche, in der das Frühstück serviert wird, das inklusive ist. Der Eigentümer *Carlos* bietet zudem eine kostenlose Stadtrundfahrt in seinem Auto an und erzählt dabei etwas über die Geschichte seiner Heimatstadt – man merkt ihm die Freude an, seinen Gästen alles zeigen zu können. Transfer vom Airport Managua für 35–40 US$.

45 **Posada Las Brisas**①, Calle La Calzada Nr. 440, in der Restaurant-Meile Richtung See, Tel. 8754 5414, www.posadalasbrisas.biz.ni. Familiär geführte, saubere Unterkunft. DZ mit Bad und Ventilator 20 US$, WLAN/WiFi/Internet, Gemeinschaftsküche.

51 **Hostel San Jorge**①, Ave. Vega, 3½ Blöcke südlich vom Parque Central, Tel. 2552 2613, www.hospedajesanjorge.webs.com. Einfache, saubere Unterkunft inmitten des Markttreibens. WLAN/WiFi, Ventilator, Wäscheservice, Küche, Dachterrasse mit Blick auf den Vulkan Mombacho. DZ mit Bad 15 US$, auch Monatsmieten möglich.

30 **Oasis Hostel**①, Calle Estrada, 5 Min. vom Parque Central entfernt, www.nicaraguahostel.com. Viel gelobte Backpacker-Unterkunft mit Pool und Garten, Dorms mit Ventilator und Safe, DZ mit Ventilator oder AC, WLAN/WiFi/Internet, Wäscheservice, Tourangebote.

13 **Backyard Hostel**①, Calle La Libertad, 2 Blöcke westlich vom Park, Tel. 8245 4797, www.facebook.com/BackyardGranada. Kultige Billig-Unterkunft mit sehr einfachen Zimmern und Hippie-Flair. Pool, Free Coffee, Open-Air-Bar in der Mitte, am Abend brennen Fackeln und es läuft Musik. Filmnächte, WLAN/WiFi, Gemeinschaftsküche.

MEIN TIPP: **27** **Hostal de Boca en Boca**①-②, Calle 14 de Septiembre, gleich rechts der Iglesia La Merced, debocaenbocasa@gmail.com, Tel. 2552 3386. Das schönste Hostal in Granada in Top-Lage, tolles Backpacker-Ambiente mit Hängematten, rustikalen Möbeln, Chill-Out-Areas, Liegestühlen, Sitzecken, Küche und sogar einer Bar! Alles ist sauber, ein leckeres Frühstück ist im Preis enthalten, und es gibt viele, viele Infos über Granada und andere Ziele. Die Dorms (8 US$ p.P.) haben Schließfächer, die Bäder sind in Ordnung, es gibt auch DZ (25 US$). Am besten reservieren.

MEIN TIPP: 32 **Hotel Pinolero**①-②, Calle Real Xalteva, wenige Meter südlich der Kirche La Merced, Tel. 2552 4497, pinolerohch@yahoo.com. Liebevoll gemachtes Hotelchen in einem Kolonialhaus mit sauberen Zimmern mit AC (35 US$) oder Ventilator (25 US$), die Betten haben sogar Nachttische. In den kleinen Patio scheint die Sonne, und im angegliederten, gemütlichen Mini-Restaurant schmeckt das Frühstück besonders gut.

4 **Hotel El Internacional**②, Calle La Islita, Tel. 2552 3377, www.higranada.com. Einfache Unterkunft, sauber, nettes Personal. Zimmer mit AC, TV, Frühstück inkl., nur kaltes Wasser. Kleiner Pool, WLAN/WiFi im Frühstücksbereich.

3 **Hotel Mar Dulce**③, Calle La Islita, Tel. 2552 3732, www.lamardulce.com. Schönes, sauberes Hotel, Zimmer mit AC, TV. Pool, WLAN/WiFi, Free Coffee.

26 **Hotel Kekoldi de Granada**③, Calle El Consulado Nr. 315, 3½ Blöcke westlich vom Parque Central, Tel. 2552 4106, www.kekoldi-nicaragua.com. Nettes Hotel mit schlichten Räumen. Ruhige Lage, freundliches Personal. Großer Patiobereich mit nettem Garten, Pool und Brunnen. DZ mit AC, TV, WLAN/WiFi. Ein einfaches Frühstück ist inklusive. Flughafentransfer von Managua kann gegen Aufpreis organisiert werden.

6 **Hotel Casa San Francisco**③, Calle Corral Nr. 207, schräg gegenüber dem Kloster San Francisco, Tel. 2552 8235, www.hotelcasasanfrancisco.com. Hübsches Boutique-Hotel mit freundlichem, engagiertem Personal. Noch zentral und total ruhig gelegen. DZ mit Balkon und Gartenblick, AC und Ventilator, TV, Safe und WLAN/WiFi. Das Hotel verfügt über einen Pool, eine Sonnenterrasse und ein Restaurant.

15 **Hotel Colonial**④, Calle La Libertad, direkt am Parque Central, Tel. 2552 7299, www.hotelcolonialgranada.com. Schickes Hotel im Kolonialstil mit vielen Annehmlichkeiten: Pool, Garten, Wellness-Angebote, WLAN/WiFi, geräumige Zimmer mit großen Betten, AC, Ventilator, TV.

25 **Hotel Alhambra**④, an der Westseite vom Parque Central, www.hotelalhambra.com.ni. Koloniales Ambiente, großzügig, wenn auch insgesamt etwas dunkel. Zimmer mit AC, TV, Safe, WLAN/WiFi. Kleiner Pool (nicht ganz sauber), grüner Patio (hier auch Zimmer, die Lage ist schöner als in der 2. Etage), verschiedene Services, z.B. Wäsche, Mietwagen, Touren.

36 **La Gran Francia**④, an der südöstlichen Ecke vom Parque Central, Calle Real Xalteva, Tel. 5526 000, www.lagranfrancia.com. Schickes Hotel im Kolonialstil in super Lage. DZ mit Kingsize-Bett, AC, TV. Hotelanlage mit Pool, tropischem Garten, WLAN/WiFi und gutem Restaurant.

47 **Hotel Patio del Malinche**④, Calle El Caimito, Tel. 2552 2235, www.patiodelmalinche.com. Schickes Kolonialhotel mit großem Innenhof und Pool. Geräumige Zimmer mit WLAN/WiFi, AC und Ventilator, TV und Safe. Frühstück à la Carte inkl.

Möblierte Apartments

Für längere Aufenthalte, also mehrere Wochen und Monate, gibt es eine gute Auswahl möblierter Apartments. Siehe auch Airbnb.

10 **Mansión de Chocolate,** neben dem Schokomuseum, enjoy@mansiondechocolate.com.

31 **Apartments Sofia,** Calle Real Xalteva, kurz vor der Kirche links vom Markt kommend, Tel. 2552 7954. Richtig schick mit Pool und AC.

Yoga & Spa

29 **Coco Berry Spa,** Calle 14 de Septiembre, ½ Block südlich der Iglesia La Merced, 9–18 Uhr, So geschlossen, www.cocoberryspa.com. Massagen,

Der Pellas-Clan – Erfolgsgeschichte eines Familienunternehmens

Carlos Pellas Chamorro ist der erste Milliardär Nicaraguas. Als Geschäftsführer der Grupo Pellas ist er für über 20 Unternehmen des Familienimperiums hauptverantwortlich. Der Erfolg gründet auf einer langen **Familiengeschichte:**

Im Jahr 1875 kam *Francisco Alfredo Pellas,* der Urgroßvater von *Carlos Pellas,* von Genua nach Nicaragua. Er hatte in Italien ein nicht unbeträchtliches Vermögen als Händler gemacht und wollte sein Geld nun gewinnbringend einsetzen. Er kam nach **Chichigalpa,** das 125 km nordwestlich von Managua, zwischen den Städten León und Chinandega, liegt. Als Teilhaber erwarb er die **Zuckerfabrik San Antonio.** Bereits der Pirat *William Dampier* hatte 1685 eine Zuckerfabrik in Chichigalpa beschrieben. 1916 modernisierte der Großvater von *Carlos Pellas, Silvio F. Pellas,* die Zuckerfabrik und legte damit den Grundstein für eine erfolgreiche Zuckerproduktion, aus deren Gewinnen sich die Mittel für weitere wirtschaftliche Unternehmungen des Pellas-Clans ergaben.

Im Rahmen des US-Embargos gegen Cuba und des Boykotts cubanischen Zuckerrohrs und Rums wurde die Zuckerfabrik San Antonio ab 1959 zum ergiebigsten Rohzuckerproduzenten Zentralamerikas. Daneben wurde **Rum** gebrannt, zusammen mit der *Compañia Licorera Flor de Caña.* Es wurde eine Bank gegründet, die **Banco de América,** verschiedene **Immobilien** gekauft und wieder verkauft, mehrere Autofilialen eröffnet, die **Telefongesellschaft TELCA** ins Leben gerufen, und am nicaraguanischen Marktführer im Bereich Kabelfernsehen, Direc TV, hält *Pellas* heute einen Anteil von 40%. Neben Rum produzieren die *Pellas* mit der Compañía Cervecera auch die beliebten Biere „Victoria" und „Toña" sowie Orangensaft auf einer über 7000 Hektar großen Anlage an der Grenze zu Costa Rica.

Seit 1980 ist *Carlos Pellas Chamorro* der Geschäftsführer der **Grupo Pellas.** Vier Jahre zuvor hatte er geheiratet. Nachdem das Ehepaar *Carlos* und *Vivian Pellas* 1989 als zwei von neun Geretteten einen Flugzeugabsturz überlebte, bei dem 149 Menschen starben, setzt sich *Vivian Pellas* für Verbrennungsopfer und die Unfallchirurgie in Nicaragua ein, denn sie erlitt bei dem Unfall selbst 40% Hautverbrennung und 62 Knochenbrüche.

Heute macht der Grupo Pellas einen **Jahresumsatz von 1,5 Milliarden US$,** was 13% des nicaraguanischen Bruttoinlandsproduktes entspricht. Rund 18.000 Mitarbeiter werden beschäftigt. *Carlos Pellas,* der Hauptaktionär, ist mit 63 Jahren der erste Milliardär in Nicaragua mit einem – je nach Quelle – geschätzten **Vermögen von 1,3 bis 2,7 Milliarden US$.**

Man nennt *Pellas* auch den **„Zuckerkönig".** Trotz all des Erfolges und des vielen Geldes wurden und werden den Zuckerrohr-Arbeitern, die aufgrund des Einsatzes von chemischen Pflanzenschutzmitteln an verschiedenen Krankheiten wie z.B. Nierenversagen leiden und häufig frühzeitig sterben, **keine Entschädigungen** gezahlt. Immerhin bietet das Unternehmen inzwischen eine kostenlose Gesundheitsversorgung für Arbeitnehmer an und betreibt eine Schule, die 500 Stipendien pro Jahr für Mitarbeiter bzw. ihre Kinder gewährt.

Maniküre, Pediküre, Gesichtspflege und Yoga (Di und Do 8 Uhr, Mi 18 Uhr) mitten in der Stadt.

7 **Pure,** Calle Corrales, 1½ Blöcke östlich vom Kloster San Francisco, Mo bis Fr 6–21 Uhr, Sa/So 8–17 Uhr, www.purenica.com. Yogastunden und Massagen, auch Dauer-Mitgliedschaft.

11 **Choco Spa,** Calle Atravesada, im Schokomuseum, www.hotelspagranada.com. Massagen, Maniküre etc., auch mit Schokolade. Es gibt einen Pool.

Ziele in der Umgebung

Wenige Kilometer von Granadas Altstadt und Hafenpromenade entfernt ragt die **Halbinsel Asese** in den Nicaragua-See und ist von Hunderten kleiner Inseln, den **Isletas,** umgeben. Vogel- und Tierbeobachtungen sind hier ein Muss, man kann zu den Inseln per Kanu hinausschippern, in einem entlegenen Restaurant frischen Fisch essen oder die Halbinsel per Fahrrad erkunden. Weiter südlich lockt der **Nationalpark Volcán Mombacho** mit seiner erstaunlichen Tier- und Pflanzenwelt. Abenteurer und echte „Robinsons" können die **Isla Zapatera** erkunden, die ein Stück weiter südlich im Nicaragua-See liegt. Hier wurden geheimnisvolle Skulpturen und Felszeichnungen gefunden; sie bezeugen die frühere Existenz eines wichtigen Kultzentrums indigener Stämme auf der Insel. Natürlich können auch **Masaya,** der **Vulkan** und die **Laguna de Apoyo** von Granada aus besichtigt werden.

Inselgruppe Las Isletas de Granada

Im Nicaragua-See liegt unweit von Granada diese Inselgruppe, die aus **über 300 sehr kleinen Inseln** besteht. Sie entstanden bei einem Ausbruch des Mombacho vor Tausenden von Jahren. Manche Inseln sind noch von einfachen Menschen bewohnt, andere befinden sich in Privatbesitz, z.B. von Flor-de-Caña-Inhaber *Carlos Pellas Chamorro,* und auf einigen gibt es ein Restaurant oder eine Lodge. Die Isletas sind ein **beliebtes Ausflugsziel** für Granadinos und Touristen. Es bietet sich an, die herrliche Landschaft per Kanu zu erkunden. Dabei lassen sich Wasservögel, Affen und mit etwas Glück auch Kaimane entdecken. Am besten lässt man sich treiben und hält dabei Ausschau nach dem spanischen **Fort San Pablo.** Es wurde 1784 gebaut und sollte Granada schon vorgelagert gegen Freibeuter und andere Gefahren schützen. Auf der **Isla de los Monos,** der Affeninsel, leben Spinnen- und Kapuzineraffen und nähern sich den Ausflüglern sehr neugierig.

■ **Touren** werden von allen Touranbietern in Granada angeboten. Am *Centro Turístico* beim Vergnügungspark locken Bootsbesitzer mit verschiedenen Touren (20 US$ p.P. und Std.). Es bietet sich an zu warten, bis weitere Interessenten kommen, dann lässt es sich besser verhandeln. Wer unterwegs gerne frischen Fisch essen möchte, kann den Guide nach einem guten und günstigen Restaurant fragen. Die Agentur NicarAguaDulce bietet Bootstouren mit Birdwatching an sowie Übernachtungen auf der Isla Zopango (siehe bei Granada).

50 **Kanuverleih: Inuit Kajaks,** 1,5 km südlich vom *Centro Turístico*, marielo_q75@hotmail.com. Eine geführte Tour kostet 12 US$ pro Std. Auch Cabinas Amarillas vermietet Boote.

Übernachten auf den Inseln

■ **Isla Zopango**⑤, DZ mit Bad und Ventilator 180 US$ inkl. Bootstransfer zur Insel, Frühstück und Kajakfahren; www.zopangoisland.com.

■ **Isla El Espino**⑤, Baumhaus-DZ mit Bad 115 US$, Pool; www.isletaelespino.com.

■ **Isla Jicaro, Jicaro Island Ecolodge**⑤, luxuriöse „Casitas" mit eigener Terrasse mit Seeblick, Safe, Kingsize-Betten und Vollpension inkl. nicht-alkoholischer Getränke je nach Saison zwischen 450 und 950 US$; Pool, Restaurant, Wellness-Center, WLAN/WiFi; www.jicarolodge.com.

Radtour über die Halbinsel Asese (Península de Asese)

Eine Fahrradtour über die Halbinsel Asese ist ein **wunderschönes Erlebnis** und perfekt geeignet, um Granadas Umgebung entspannt kennenzulernen. Verleihstationen für Fahrräder gibt es in der Altstadt (siehe bei Granada). Während der Tour fährt man über die einsamen Wege der Insel, skurill liegen umgefallene Bäume am Wegesrand, Arbeiter mit Macheten laufen durch den Busch, Vögel picken auf verendeten Wasserbüffeln herum – eine schöne und idyllische Radtour durch beinahe unberührte Natur. Es wird allerdings auch **vor Überfällen gewarnt,** sodass eine geführte Tour oder ein Trip in einer größeren Gruppe die sichere Variante ist.

Tourenvorschlag (Gesamtstrecke Granada Zentrum – Punto Ceiba und zurück 25 km)

Am besten mietet man ein Fahrrad bei Leo Tours (siehe bei Granada), deckt sich mit **genügend Wasser, Sonnencreme und Essen** ein (Bananen und Kekse vom *mercado* sind eine schnelle, sättigende Variante), und los geht's! Zunächst fährt man hinunter zur Promenade, dann diese entlang zum *Centro Turístico,* vorbei an Inuit Kajaks und kurz danach rechts hinaus zur Halbinsel Asese – dabei hat man die ganze Zeit den funkelnden Nicaragua-See vor Augen. Noch ist die Straße gut, doch folgt man nun den Schildern „Puerto Asese" und schließlich nach links in Richtung Astillero El Diamante, wird die Straße zur Schotterpiste im Wechsel mit durchaus auch schlammigen Abschnitten mit großen Löchern. Von diesem Abzweig immer weiter der Straße folgend, gelangt man nach 6,8 km vorbei an Vögeln, Leguanen, Orchideen und exotischen Bäumen bis zum Endpunkt der Asese-Halbinsel, dem **Punto Ceiba,** auch Puerto El Rayo genannt. Hier kann ein Sprung ins kühle Nass eine schöne Erfrischung nach der Radtour sein!

Die Route im Internet

■ **www.google.de/maps**/dir/11.8830027,-85.8965526/11.9064681,-85.9065061/11.9110276,-85.9136621/11.9036998,-85.9342982/11.9043512,-85.9358958/11.9127536,-85.9315689/11.9275061,-85.9418536/11.9294926,-85.9538026/@11.9231912,-85.9591613,15z/data=!4m2!4m1!3e0

▷ Eine schöne Radtour führt über die Halbinsel von Asese

Reserva Nacional Volcán Mombacho

Majestätisch liegt er vor den Toren Granadas, der 1344 m hohe und noch immer aktive Vulkan Mombacho, der allerdings seit 1570 nicht mehr ausgebrochen ist. Von vielen Punkten der Stadt aus ist er zu sehen, sein Gipfel fast immer in watteartig gerupfte Wolken gehüllt. An den Abhängen wächst **dichter Nebelwald,** in dem über 700 Pflanzenarten Schutz finden.

Der Mombacho hat nicht nur einen, sondern gleich **vier Krater,** um die es sich wunderbar wandern lässt! Aufgrund der Wolken und des Nebels ist die **Luftfeuchtigkeit recht hoch,** die Temperaturen dafür etwas kühler. Das ist für den recht steilen Anstieg einiger Trails ganz gut, denn man kommt auch so ordentlich ins Schwitzen! Der Blick von oben auf den Nicaragua-See mit seinen Inseln ist bei klarer Sicht fantastisch.

Infos: Zutritt zum Park bzw. auf den Berg Do bis So 8–17 Uhr, Parkeintritt 17 US$, Führungen (Führer warten am Eingang) zwischen 6 und 12 US$. Auch das Café Flores bei der Hacienda El Progreso auf dem Weg zur Biologischen Station organisiert verschiedene Touren (www.cafelasflores.com).

Thermalquellen La Calera

Am Fuße des Vulkans Mombacho, innerhalb des Nationalparks, liegen auf

nica049-ji

Die Legende von Nagrando und Ometepl

Um die **Entstehung der Inseln Zapatera und Ometepe** im Nicaragua-See rankt sich eine tragische Legende. Einst gab es zwei mächtige Indianerstämme, die jedoch verfeindet waren, da sie sich um Land und Machtansprüche stritten. Doch der junge und tapfere *Nagrando* des einen Stammes verliebte sich Hals über Kopf in die wunderschöne Häuptlingstochter der Feinde. Ihr lieblicher Name war *Ometepl*. Nach dem heiligen Gesetz der Ahnen war eine **Liebe zwischen verfeindeten Stämmen** verboten. So konnten sich die Beiden nur heimlich treffen und mussten schon bald aus ihren Heimatdörfern fliehen, denn nur so hatte ihre Liebe eine Chance. Doch sie wurden verfolgt und wussten bald, dass sie niemals ihren Frieden finden würden. Es blieb nur ein Ausweg: die **Freiheit erlangen durch Selbstmord.** Sie schnitten sich die Pulsadern auf und ließen ihr Blut gemeinsam strömen. *Ometepl* stürzte nach hinten, *Nagrando* taumelte noch ein paar Schritte und stürzte ebenfalls nieder. Das Blut der Sterbenden füllte bald das gesamte Tal aus, in dem sie nun lagen, und bedeckte ihre Körper – der heutige Nicaragua-See war geboren. Nur *Ometepls* Brüste ragten hervor, die heutigen Vulkane Concepción und Maderas. Der Rest von *Nagrandos* Körper bildet die Insel Zapatera.

dem Weg zur Finca Calera die mystischen heißen Quellen *(Aguas Termales)* des Nicaragua-Sees in der **Laguna de Tangara.** Die thermische Lagune mit 45° heißen Sprudeln ist angereichert mit vulkanischen Mineralien und **ein perfekter Ort, um zu enstpannen** und die Natur zu genießen, die hier quasi ein natürliches Spa geformt hat.

■ **Infos:** Touren und Boote starten zwischen 8 und 14 Uhr vom Hafen Marina Cocibolca und werden von Aventura Tours organisiert (www.aventuratoursnicaragua.com).

Aufstieg

Ein „Ecomobil" bringt die Besucher auf die Höhe von 1100 m zur Biologischen Station des Vulkans (8.30, 10, 13 und 15 Uhr). Nun können **vier Trails mit unterschiedlichen Schwierigkeitsgraden** gewählt werden, vorbei an dampfenden Fumarolen und wunderschön leuchtenden Orchideen:

- **El Cafetál Trail,** einfach, ca. 30 Min., er führt über die Kaffeeplantage;
- **El Cráter Trail,** mittelschwer, ca. 1½ Std.;
- **El Puma Trail,** schwer, ca. 4 Std., er führt um einen der Krater und kann nicht ohne Führer begangen werden (Führung 12 US$ pro Gruppe); der Bergführer macht auf Besonderheiten aufmerksam, die dem Wanderer sonst wohl entgehen würden;
- **El Tigrillo Trail,** sehr anstrengend, 2 Std., nur für abgehärtete Wanderer geeignet, er führt zu zwei Aussichtspunkten.

Oben gibt es ein Info-Zentrum, einen Souvenirshop, ein Café (6 US$ für ein einfaches Essen), eine Berghütte (s.u.), eine Schmetterlingsfarm (1,50 US$) und zwei Canopy-Anlagen über eine Distanz von 1,5 km (35 US$).

Anfahrt per Auto

Über eine steile Straße, die durch Kaffeeplantagen und den Nebelwald führt, kann der Gipfel mit einem Allradwagen „erklommen" werden. Allerdings kostet das noch einmal extra: Auto 17 US$, Erwachsener 2,50 US$, Kind 1,20 US$.

Übernachten

- Oben gibt es eine **einfache Hütte mit einem Schlafsaal** mit zehn Betten, die Bäder befinden sich draußen. Im Übernachtungspreis von 35 US$ sind der Parkeintritt, eine Tour bei Nacht, Abendessen und Frühstück inbegriffen. Reservierungen unter Tel. 2552 5858 oder www.mombacho.org.
- Gelobt wird die **Mombacho Lodge**⑤ mit tollen Hütten inmitten der waldigen Umgebung, die auch die Heimat von Brüllaffen ist. Facebook: Mombacho Lodge.

Parque Nacional Archipiélago de Zapatera

Die Isla Zapatera ist nach Ometepe die **zweitgrößte Insel im Nicaragua-See** mit einer Länge von 10 km und einer Breite von 7 km. Eine vielseitige Flora und Fauna prägt die hügelige, waldreiche Landschaft dieses **erloschenen Vulkans,** der heute die Insel bildet. Man weiß nicht, wann er das letzte Mal ausgebrochen ist, doch ist der höchste Punkt des Kraters noch 629 m hoch. Rings um diesen Gipfel liegen zahlreiche, durch verschiedene Ausbrüche entstandene weitere kleine Erhebungen und Täler.

So märchenhaft die Legende über die Entstehung der Isla Zapatera auch klingen mag (siehe nebenstehenden Exkurs), auf der Insel wurden tatsächlich bedeutende archäologische Artefakte gefunden, die eine **frühe Besiedlung** der Insel bezeugen: Felszeichnungen (Petroglyphen) und Skulpturen, die Tier- und Menschenkörper darstellen, beweisen die hohe Entwicklungsstufe und künstlerischen Fertigkeiten des Volksstammes, der sie hinterlassen hat. Forscher und Archäologen nehmen an, dass es sich dabei um das **Volk der Chorotegas** handelte, die hier ihre religiösen Bräuche feierten. Wahrscheinlich war Zapatera einst ein wichtiges zeremonielles Zentrum. Die Skulpturen stehen jetzt im Kloster San Francisco in Granada.

nica050-ji

▷ Statue von der Isla Zapatera

Archäologische Entdeckungen auf Isla Zapatera

Statuen, Skulpturen aus Stein, Keramik und andere Artefakte wurden und werden immer noch in fast allen Ecken der Insel und auch auf einigen Nachbarinseln entdeckt – Zeugnisse des aktiven Lebens und der **zeremoniellen Bedeutung des Archipels** in prähispanischer Zeit.

Der erste Bericht über archäologische Entdeckungen wurde 1852 von dem US-amerikanischen Archäologen und Diplomaten **Ephraim George Squier** in seinem Buch „Nicaragua, sus Gentes y sus Paisajes“ (Nicaragua, seine Menschen und Landschaften) veröffentlicht. 1849 kam er auch nach Zapatera und entdeckte im Nordwesten, einem Gebiet, das heute Punta de las Figuras (Ort der Figuren) genannt wird, zahlreiche Statuen beeindruckender Größe und eine beträchtliche Anzahl an Petroglyphen (Felsritzbildern). Einige seiner Funde verschiffte er in die USA, wo sie heute im Smithsonian Museum in Washington D.C. ausgestellt sind.

Mehr als 30 Jahre später besuchte der schwedische Naturforscher **Carl Bovallius** die Insel. Angespornt durch die Entdeckungen *Squiers* fand er schließlich 25 Statuen in der Gegend um Sonzapote und Petroglyphen auf der nahen Insel La Ceiba. Er veröffentlichte seine Studien in zwei Arbeiten 1886 und 1887. Einige der Objekte werden heute im Ethnographischen Museum in Stockholm gezeigt.

Schließlich interessierte sich Ende der 1930er Jahre der mexikanische Gelehrte **Felipe Pardines** für diese archäologische Zone. Er fand weitere Petroglyphen, vor allem auf der kleinen Isla del Muerto, und veröffentlichte Pläne des Gebietes und weitere Zeichnungen der Petroglyphen und Statuen.

Letztlich wurden die Funde jedoch bis heute nicht systematisch erfasst und ausgewertet. Obwohl die Meinungen der Archäologen in manchen Punkten unterschiedlich sind, geht die Mehrheit davon aus, dass die Statuen von Zapatera und die anderen Funde aus der Zeit von 1350 bis 800 v.Chr. stammen und mit dem **Volk der Chorotegas** in Verbindung stehen.

Die **Statuen** sind aus schwarzem Basalt und zwischen 1,10 und 2,25 m hoch. Sie zeigen Menschen- und Tierfiguren, die vermutlich **Gottheiten und Häuptlinge, Krieger oder Priester** repräsentieren. Die meisten von ihnen wurden um kreisförmige Hügel aus Stein und Erde gefunden, die wohl einst ein Zeremonialzentrum bildeten, wo vielleicht sogar Opferhandlungen ausgeübt wurden.

Einige der Statuen sind im **Museo San Francisco** in Granada ausgestellt. Hier informiert auch eine interessante Fotodokumentation, wie die schweren Statuen nach Granada transportiert wurden.

Literaturtipp

- *Sharisse and Geoffrey McCafferty,* **Monumentality at Sonzapote, Nicaragua.** Texas 2014, Download als PDF unter: www.academia.edu/9157171/Monumentality_at_Sonzapote_Nicaragua.

Noch heute leben auf der Insel Chorotegas in kleinen Gemeinschaften, vor allem in den zwei Gemeinden **Sonzapote** im Nordosten der Insel und in **El Morro.** Die Familien stammen zum Teil von der Insel, aber auch aus dem Norden Nicaraguas, aus der Region um Waslala, von wo sie in den 1980er Jahren im Zuge einer Agrarreform hierher zwangsumgesiedelt wurden.

Die **Bewohner** leben von der Landwirtschaft, dem Fischfang und dem bisschen Tourismus auf der Insel. Derzeit gibt es **zwei Frauenkooperativen,** eine in Sonzapote und eine in El Morro, die Kunsthandwerk wie Samenschmuck und Webarbeiten herstellen, um es vor allem an Touristen zu verkaufen.

Auf der grünen, baumbestandenen Insel leben **zahlreiche Tierarten,** die mit ein bisschen Glück bei Wanderungen und Expeditionen beobachtet werden können: Hirsche, Ozelots, Gürteltiere und Vögel wie Falken, Pirole, Tukane, Eisvögel, Papageien und Wellensittiche. Sogar Jaguare soll es vereinzelt noch geben. An den Ufern sind reichlich Fische wie Brassen, Buntbarsche *(guapotes)* und sogar Maifische zu Hause.

Rund um die Zapatera-Insel liegen mehr als zehn Inseln und Inselchen, die zusammen das **Zapatera-Archipel** (Archipiélago de Zapatera) bilden. Die größten sind: Isla del Muerto, Isla Jesús Grande, Isla El Plátano, Isla El Armado.

■ **Anreise:** Zapatera besucht man am besten im Rahmen einer Tour (Anbieter siehe bei Granada), da die Organisation alleine sehr aufwendig ist und öffentliche Boote nur zweimal die Woche fahren.

■ Die Gemeinde von Sonzapote organisiert **Wanderungen** mit Führern, Angeltouren, Pferde- oder Eselstouren über die Insel. Eine komplette Tagestour von Granada aus mit Besuch der beiden Gemeinden und der Frauenkooperativen, mit Getränken, Besichtigung der Petroglyphen inkl. Guide, Bootstour durch die Isletas und Rücktransport nach Granada kostet 30 US$ p.P.; info@zapatera.org.

■ **Unterkünfte** gibt es eigentlich nicht. Die Gemeinde bietet allerdings Übernachtungen in der Hängematte (3,50 US$) und in privaten Gemeinschaftsunterkünften (7 US$ p.P.) in Sonzapote an. Wer über Nacht bleiben will, kann auch zelten (3 US$ p.P. im eigenen Zelt, 6 US$ in einem Zelt der Gemeinde). Am besten durchfragen.

■ **Essen und Trinken:** Es gibt nur ein Restaurant. Ausreichend zu essen und trinken sollte deshalb mitgebracht werden.

Masaya

Überblick

Masaya und die authentischen alten Indígena-Siedlungen der sog. „Weißen Dörfer“ *(Pueblos Blancos)* liegen inmitten einer grünen Landschaft aus dunklen Lagunen und rumorenden Vulkanen. Sie bilden die Region des Landes, in der das **kulturelle Erbe des Mestizentums,** die Vermischung der spanischen Einwanderer mit der indigenen Bevölkerung, am deutlichsten spürbar wird. Die alten Traditionen leben in zahlreichen Festen, einer speziellen Küche, den bunten Tänzen und Trachten fort. Die Region ist die **Heimat meisterhafter Kunsthandwerker,** und so ist es kein Wunder, dass sich der größte Kunsthandwerksmarkt des Landes mitten in Masaya befindet. Doch auch in den **Pueblos Blancos** gibt es noch originäre Werkstätten und Familienbetriebe, die in den schnurgeraden Gassen ihre Erzeugnisse in kleinen, bunten Geschäften verkaufen. Einige dieser Dörfer bieten durch ihre Lage am oberen Rand des Kraters der Laguna de Apoyo einen wunderbaren Blick über den See, an dessen Ufern sich schöne Unterkünfte in der absoluten Ruhe der Natur befinden.

Masaya ist vor allem eines: authentisch. Es gibt hier keine monumentalen Attraktionen, doch die Nähe zur Apoyo-Lagune, den Pueblos Blancos und anderen spannenden Zielen empfehlen das Städtchen für einen Aufenthalt. Und ein weiterer Grund bietet sich, um mindestens auf einen Abstecher nach Masaya zu kommen: Wie oben schon erwähnt, gibt es hier den landesweit größten **Markt** für einheimische Kunsthandwerksprodukte *(artesanías)* und Souvenirs wie z.B. Hängematten, Schmuck oder Gemälde. Das **Stadtviertel Monimbó,** was übersetzt „in der Nähe von Wasser" bedeutet, ist zudem noch sehr indigen geprägt, da hier die Nachfahren der prähispanischen Chorotegas leben.

Auch sonst ist der Ort kulturell vielfältig. **In den Straßen geht es quirlig zu,** Schulkinder laufen in ihren Uniformen in die Primaria, die Grundschule, Händler reihen sich im schönen Parque Central auf, um Orangensaft, Kokosnüsse und andere Waren zu verkaufen, Straßenhunde schnüffeln umher, und es herrscht reger Verkehr, in den sich auch Pferdekutschen einreihen, um Besucher durch die Stadt zu fahren. Alles in allem ist Masaya wesentlich belebter als das touristischere Granada und hat dadurch einen **besonderen Charme.** Zahlreiche indigene Traditionen werden auf Festen und Festivals gepflegt, wodurch die Stadt auch zu einem Besuchermagnet für einheimische Touristen wird.

nica052-ji

Gruselig wird es allerdings Ende Oktober bzw. Anfang November, wenn in der **Noche de los Agüizotes** Dämonen, Teufel, Hexen und andere zwielichtige Gestalten durch die Gassen streifen. Was bei uns Allerseelen und Allerheiligen ist, wird hier mit Gruselfiguren aus alten kolonialzeitlichen Horrorgeschichten spektakulär gefeiert und sollte, wenn es zeitlich passt, keinesfalls versäumt werden.

Geschichte

Früher, in prähispanischer Zeit, hieß Masaya in der Sprache der Nahuas **Mazātlān,** was so viel wie „Ort *(-tlān)* des Rotwilds *(mazātl)*" bedeutet. Angesichts der Lage an der Laguna de Masaya kann man sich das sehr gut vorstellen. Masaya ist immer noch sehr indigen geprägt und gilt als **Wiege der nicaraguanischen Folklore,** was sich in zahlreichen Festen mit traditionellen Tänzen und Trachten äußert.

Vor der Ankunft der Spanier siedelten **Stämme der Niquiranos und Chorotegas** in Masaya und den Pueblos Blancos. Doch als **1524** der für seine Grausamkeit gefürchtete **Konquistador Pedrarias Dávila** die Gegend eroberte, wurden die ersten *encomiendas* begründet, spanische Besitztümer, welche die indigenen Völker enteigneten und sie quasi zu Sklaven machten. Das angenehme Klima und die fruchtbaren Böden zogen **viele Siedler** auch in diesen Teil der Neuen Welt – der Grundstein für das koloniale Masaya war gelegt. Den indigenen Siedlern wurde als Tribut auferlegt, Hängematten, Schuhe und andere Handwerksprodukte für die neuen Herren zu produzieren. Sie setzten sich vor allem unter ihrem legendären Häuptling *Diriangén* noch eine Weile gegen die Eroberer zu Wehr. Heute leben nur noch im Stadtteil Monimbó und den *Pueblos Blancos* Nachfahren dieser indigenen Bevölkerungsgruppen.

Im Jahr 1819 verlieh der spanische König *Ferdinand VII.* Masaya den Titel „sehr edle, loyale und treue Stadt von San Fernando de Masaya", den sie seitdem im Stadtwappen führt. **1839** folgte das **Stadtrecht,** was jährlich am 2. September gefeiert wird.

Die **Einwohner** von Mayasa haben den Ruf, sehr **wehrhaft** zu sein. So wurde auch der Held der nicaraguanischen Revolution gegen die US-Besatzung, *Augusto Sandino,* 1895 im nahe gelegenen Niquinohomo, einem der „Weißen Dörfer", geboren. Während der Somoza-Diktatur setzte sich Masaya energisch gegen die Truppen des Despoten zur Wehr, was jedoch die Zerstörung vieler Kolonialbauten zur Folge hatte. Ein Erdbeben im Jahr 2000 tat ein Übriges, sodass heutzutage keine nennenswerten Kolonialbauten mehr erhalten sind.

Heute ist die „Stadt der Blumen", wie Masaya sich selbst vermarktet, das **industrielle und gewerbliche Zentrum** der landwirtschaftlich geprägten Region. Es werden Fasern, Zigarren, Schuhe, Lederwaren, Seife und Stärke produziert. Doch auch das Kunsthandwerk, das sich das indigene Erbe in Verarbeitung und Herstellungstechnik teilweise bewahrt hat, ist ein wichtiger Wirtschaftszweig und wird gerne von Touristen gekauft.

☒ Noche de los Agüizotes – Ende Oktober wird es gruselig

Sehenswertes und Aktivitäten

Das Herz der Stadt bildet, wie in allen Nica-Städten, der **Parque Central,** den verkehrsreiche Straßen umgeben. Nördlich des Parks befinden sich die meisten Hostels und einige Restaurants, östlich davon der *Mercado de Artesanías,* der *Mercado Municipal* und die Busbahnhöfe. Im Westen liegt die Laguna de Masaya mit dem Malecón, südwärts gelangt man zum Indigenen-Viertel Monimbó.

Die Stadt lässt sich **wunderbar zu Fuß erkunden** und hält neben dem Mercado de Artesanías einige schöne Ecken zur Erkundung bereit. Pferdekutschen warten am Parque Central, um dem Besucher die Stadt auf ganz bequeme Art und Weise zu zeigen.

Kunsthandwerksmarkt (Mercado de Artesanías)

Der Markt richtet sich in erster Linie an Touristen und ist entsprechend teu(r)er – trotzdem: Shoppingbegeisterte und Liebhaber von Kunsthandwerk werden im *Mercado de Artesanías de Masaya* oder **Mercado Viejo,** wie er auch genannt wird, ihr Glück finden. Untergebracht ist er in einem weitläufigen, um-

mauerten Hof im Stile einer spanischen Festung mit großen Eingangstoren. Sämtliche Produkte des nicaraguanischen Kunsthandwerks und auch der Nachbarländer werden angeboten: Hängematten, Schaukelstühle, Textilien, bestickte Taschen, Gemälde mit Naiver Malerei, Schmuck, Töpferwaren, Holz- und Lederprodukte sowie Musikinstrumente. Am bekanntesten für das nicaraguanische Kunsthandwerk sind sicherlich die vortrefflichen, teils farbenprächtigen **Hängematten** *(hamaca)* und Hängestühle – ein ganz besonderes und dazu praktisches Souvenir. Zwei Stunden lassen sich auf diesem Markt getrost verbringen. Es gibt ein paar (touristische) Restaurants für eine Erfrischung. Zudem findet sich hier ein **Folkloremuseum (Museo del Folklore)** mit einer interessanten Ausstellung zu regionalen Traditionen, Legenden und Festen.

■ **Infos:** Calle San Miguel – Ave. El Progreso, Mo bis Sa 9–20 Uhr, So 9–17 Uhr; Folkloremuseum tägl. 9–17 Uhr, Do bis 19 Uhr, Eintritt 60 C$.

Markt (Mercado Municipal)

Noch **vielfältiger** und sehr viel **günstiger** als der wegen der hohen Standmieten recht teure „Touri-Markt" *Mercado Viejo* ist der *Mercado Municipal* weiter

östlich an der Calle San Miguel. Hier ist alles etwas chaotisch, schmutzig und eng, doch dafür **viel interessanter und authentischer.** Taschen und Wertsachen gut im Auge behalten!

Infos: Rechts der Calle San Miguel stadtauswärts, 3 Blöcke vom Mercado de Artesanías, Mo bis Sa 7–18 Uhr, So 7–16 Uhr.

Promenade an der Lagune Masaya (Malecón)

Das Schönste an der Promenade von Masaya **ist der Weg dorthin,** denn er führt durch kleine Straßen eines Handwerkerviertels mit zahlreichen Hängemattengeschäften und einfachen Werkstätten, die Besucher gerne willkommen

nica051-ji

heißen. Am Ende der **Calle Hospital Viejo** erreicht man jenes alte Krankenhaus, das der Straße ihren Namen gab und in einem schönen Kolonialhaus untergebracht war; heute ist es ein Altenheim.

Am Malecón liegt ein schattiges **Freizeitareal** mit vielen, nach Altersklassen unterteilten Spielplätzen, Imbissbuden und Bänken zum Ausruhen. Von hier ergibt sich ein schöner Blick auf die 300 m tiefer gelegene **Laguna de Masaya** und den Vulkan. Früher mussten die fleißigen Frauen der Stadt das Wasser von dieser Lagune auf einem beschwerlichen Weg in schweren Krügen, die auf dem Kopf balanciert wurden, in ihre Häuser tragen. Einige Wege führen hinab zur Lagune, die sehr verschmutzt ist, daher sollte auf Baden besser verzichtet werden. Auf dem Rückweg lohnt sich ein Abstecher über ein **„Gruselgeschäft" in der Calle Simpson:** Krummnasige Pickelhexen, zähnefletschende Werwölfe und blutüberströmte Zottelmonster blicken von den Wänden herab. Hier werden die schaurigen Masken und Kostüme für die **Noche de los Agüizotes,** die Nacht der schaurigen Legenden, Horrorgeschichten und Gruselgestalten, hergestellt. Gerne darf man hineingehen und die kunstfertigen Fantasiewesen aus der Nähe betrachten.

■ **Infos:** Zugang über Calle Hospital Viejo oder Calle Simpson, 5–21 Uhr.

◁ Top-Adresse zum Einkaufen – der Mercado Municipal

Kirchen

Masaya ist reich an Kirchen, doch zwei sind besonders schön. Da ist zunächst die **Parroquia de Nuestra Señora de la Asunción** (Mariä-Himmelfahrt-Kirche) im Parque Central. Die barocke Kirche mit ihren drei Schiffen und der pseudogotischen Kapelle wurde im Jahr 1750 fertiggestellt und dominiert den Park.

Die **Iglesia de San Jerónimo** nördlich des Parks (Ave. San Jerónimo, Ecke Calle Palo Blanco) wurde über älteren Gebäuden errichtet und zeichnet sich durch einen Mischstil mit einer stark neoklassizistischen Tendenz aus. Die helle Kirche mit ihrem Turm und einer Kuppel ist das spirituelle Herz Masayas, denn sie ist dem **Schutzpatron der Stadt,** dem heiligen Jerónimo, gewidmet. Ihm zu Ehren findet ab Ende September ein zweimonatiges Fest statt, bei dem die Kirche natürlich eine zentrale Rolle spielt.

Festung Coyotepe (Fortaleza de Coyotepe)

Auf dem Berg Coyotepe 2 km nördlich von Masaya wurde im Jahr 1893 eine Festung errichtet. Das aztekische *cóyotl* heißt Kojote und das Nahuatl-Wort *tepe* steht für Hügel oder Berg, was die Bezeichnung **„Kojotenhügel"** ergibt. Die Festung sollte einerseits die 192 km lange Eisenbahnstrecke von Granada zum Hafen von Corinto überwachen, zum anderen wollte der liberale Präsident *Zelaya* dadurch seine Macht über Masaya und Managua gegen die Konservativen aus Granada verteidigen.

1912 kam es hier zu einer **Schlacht (Batalla de Coyotepe):** Nachdem Nicaragua 1910 von US-amerikanischen Truppen besetzt worden war, erhoben sich der liberale **General Benjamín Zeledón** und seine Anhänger gegen den konservativen und mit den Amerikanern kooperierenden Präsidenten *Adolfo Díaz*. Dabei wurde er erschossen. Aus einem Brief an seine Ehefrau geht hervor, dass *Zeledón* keinesfalls mit einem Sieg rechnete, sondern bestenfalls mit seinem Überleben. In diesem Fall beabsichtigte er, mit ihr und den Kindern das Land zu verlassen, da er die Schande nicht ertragen könne, in einem besetzten Land zu leben. Einer, der diese politischen Ereignisse bereits ganz genau verfolgte, war der 17-jährige *Augusto Sandino*, der sich den Freiheitskämpfer *Zeledón* zu seinem Vorbild erkor.

Unter Diktator *Somoza* wurde die Festung ab 1936 zur Kaserne umfunktioniert und nach dem Umsturzversuch im April 1954 als **Gefängnis** genutzt, in dem auch gefoltert wurde. 800 Gefangene wurden nach der Sandinistischen Revolution befreit, der Bau aber weiterhin als Gefängnis genutzt, bis die Anlage schließlich der Kinderorganisation *Asociación de Niños Sandinistas* (ANS) übergeben wurde. Heute wird die Festung von einer Pfadfinderorganisation verwaltet und von Touristen vor allem wegen des **grandiosen Blicks auf die umliegenden Vulkane und Lagunen** besucht. Doch auch die alten unterirdischen Gefängniszellen können mit einem Führer besichtigt werden (Taschenlampe mitbringen!).

nica043-ji

Infos: Carretera nach Masaya, 2 km nördlich vom Zentrum, steiler Aufstieg, tägl. 9–16 Uhr, Eintritt 60 C$, Parkplatz 30 C$, Taxi 50 C$.

Indigenes Viertel Monimbó

Der Stadtteil Monimbó **im Süden von Masaya** war vor der Ankunft der Spanier ein wichtiges Dorf der indigenen Ureinwohner und bildet deshalb noch heute die **„Seele der Stadt"**. „Monimbó" ist ein Nahuatl-Wort und bedeutet „nahe am Wasser", also der Lagune. Die ersten prähispanischen Siedler waren Niquirano-Indígenas, ihre Traditionen und Lebensweise sind bis heute hier tief verwurzelt. Selbst das Essen in Monimbó hat einen indigenen Touch.

Im 20. Jahrhundert erlangte das Viertel Berühmtheit durch seinen rebellischen **Kampf für die Befreiung Nicaraguas** von der langjährigen Herrschaft des Diktators *Somoza*. Die Nationalgarde zog mit Panzern, Hubschraubern und schwerem Geschütz gegen die Bevölkerung von Monimbó, die sich mit Gewehren und Molotow-Cocktails verteidigte. Viele Bewohner wurden damals massakriert. Zur Erinnerung an diese Freiheitshelden stehen überall in Monimbó Gedenktafeln und Denkmäler für die Gefallenen.

☐ Überall in Masaya sind Hauswände mit Gemälden im Stil der „Pintura primitivista" bemalt

Ein Großteil des **Kunsthandwerks,** das auf den Märkten landesweit verkauft wird, hat seinen Ursprung in Monimbó. Beinahe jedes Haus besitzt eine eigene Werkstatt, in der Holz, Bambus, Palmenblätter oder Leder zu schönen Souvenirs verarbeitet werden. Die Geheimnisse ihrer Herstellung werden von Generation zu Generation weitergeben. Besucher sind herzlich willkommen, die Werkstätten zu besichtigen oder sogar an einem Workshop teilzunehmen. Am besten vor Ort nachfragen.

Praktische Informationen

An- und Weiterreise

Masaya liegt 16 km von Granada und 30 km von Managua entfernt und ist per Bus, Taxi oder Mietwagen unkompliziert zu erreichen. **Busse aus Managua** fahren vom Terminal UCA *(Universidad Centroamericana)* und dem Mercado Roberto Huembes regelmäßig nach Masaya. **Von Granada** starten sie zwei Blöcke westlich vom Markt, beim Palí-Supermarkt, alle 20 Min., 5–18 Uhr, 15 C$. Die Busse halten fast alle nur an der Schnellstraße außerhalb von Masaya, sodass man ins Zentrum zu Fuß oder per Taxi kommt.

In Masaya gibt es **zwei Busterminals.** Busse in Richtung Managua zum dortigen Terminal Mercado Roberto Huembes starten **am Mercado Municipal** auf der Nordostseite:

- **Managua,** *Bus expreso,* 5–19 Uhr, alle 20 Min., 17 C$, 50 Min.
- **Granada,** 6–18 Uhr, alle 20 Min., 14 C$, 45 Min.
- **Jinotepe,** 5–18 Uhr, alle 20 Min., 23 C$, 1½Std.
- **Matagalpa,** 6 und 7 Uhr, 85 C$, 4 Std.

Der Busbahnhof für die Minibusse zum Terminal UCA in Managua liegt **ein Block östlich vom Mercado Viejo** gegenüber dem Park und der Kirche San Miguel in einem blau-weißen Hof. Es gilt, sich in der Schlange anzustellen; wer noch in den Bus passt, darf mit.

- **Managua,** *Bus expreso,* 5.30–19 Uhr, alle 30 Min., 17 C$, 40 Min.
- **Laguna de Apoyo,** 10 und 15.30 Uhr, 20 C$, 45 Min.

Alle Busse kann man auch an der großen Carretera per Handzeichen anhalten; ihr Ziel steht oben an der Windschutzscheibe angeschrieben.

Taxis

Eine **gute Option** ist das Taxi: Granada ca. 430 C$, Laguna de Apoyo 200 C$, Managua 570 C$, Flughafen 720 C$. Ziele im Zentrum kosten 20 C$ p.P.

Stadtrundfahrt

- **Pferdekutsche:** Um den Parque Central stehen Kutschen bereit. Sie fahren eine größere Runde durch die Stadt, vorbei am Alten Bahnhof bis hin zur Promenade, dem Malecón, und kosten 100 C$ p.P. Man kann sie jedoch auch einfach als Taxi-Kutsche für ein bestimmtes Ziel innerhalb der Stadt nutzen, wofür 10 C$ p.P. verlangt werden bzw. für Ausländer mehr, also am besten das Geld nach der Fahrt passend parat haben.
- Eine ähnliche Tour wie die Kutsche bietet die kleine **Touristenbahn** an, die allerdings nur Do bis So fährt, Startpunkt ist das Hotel Maderas Inn, 85 C$ p.P. Besonders lustig ist das gegen Abend, denn dann leuchten zur lauten Musik auch noch die bunten Lichter an der Bahn.

[>] Preisverhandlung vor dem Start der Kutschfahrt

Einkaufen

Masaya ist perfekt zum Einkaufen. Es gibt hier einfach alles, Dinge des täglichen Bedarfs, Lebensmittel, Rum und Kunsthandwerk.

12 **Supermercado Palí,** an der Westseite des Parque Central, Mo bis Sa 8–20 Uhr, So 8–17 Uhr. Ein typischer Supermarkt mit einer großen Auswahl aller Versionen von Flor de Caña.

■ **Hängematten** gibt es in vielen Manufakturen mit großen Geschäften (z.B. in der Calle Humberto Cerda, 5 **Hamacas Nica,** tägl. 9–19 Uhr), doch vor allem im Viertel San Juan in Richtung Malecón haben viele kleine Betriebe ihre Türen geöffnet und verkaufen direkt zur Straße hinaus; man erkennt sie an aufgehängten Webstühlchen und Hängematten, z.B. 4 **Hamacas Cailagua.**

■ **Mercado de Artesanías** (s.o.), Kunsthandwerk aus Nicaragua und den Nachbarländern.

21 **Mercado Municipal** (s.o.), in der riesigen überdachten Markthalle gibt es einfach alles: Neben alltäglichen Dingen wie Haarspangen oder Schrauben werden auch Lebensmittel und Kunsthandwerk (sehr günstig) verkauft. Da es hektisch und bedrängt zugeht und viele Leute unterwegs sind, muss besondere Obacht auf Rucksack und Geldbeutel gegeben werden. Dennoch ein Tipp!

■ Im **Stadtviertel Monimbó** fertigen kleine, authentische Werkstätten allerlei Kunstvolles aus Holz, Leder und anderen Materialien.

Essen und Trinken

Latino-Küche

17 **La Cazuela de Don Nacho**②, im Mercado de Artesanías, tägl. 9–18 Uhr, Do 9–22 Uhr. Gutes Nica-Essen inmitten des Marktes, probieren sollte man unbedingt die Spezialität des Hauses, die *Cazuela de Don Nacho.* Es wird Bier ausgeschenkt, es gibt WLAN/WiFi, Kreditkartenzahlung ist möglich, sogar Kinderstühle sind vorhanden.

nica053-ji

Zu Tisch in Nicaragua: Traditionelle Rezepte aus der Nica-Küche

Gallo Pinto

Beide, Nicaragua und Costa Rica, beanspruchen *Gallo Pinto* als ihr **Nationalgericht.** Man weiß es jeweils am besten zuzubereiten. Die Nicas verwenden nämlich rote Bohnen, während die Ticos schwarze Bohnen bevorzugen. Doch findet man dieses Gericht auch in den übrigen Ländern Zentralamerikas. Nur heißt es dort anders, in Honduras und El Salvador *Casamento* („Heirat"). An der Atlantikküste, von Belize bis Panama, wohin die Schwarzen aus der Karibik geflüchtet waren, bekommt es einen englischen Namen verpasst, *Rice and Beans.* Allerdings wird der Reis vorher in Kokosmilch gekocht – lecker! Ganz anders der Name des Gerichts auf Cuba, wo es *Moros y Cristianos* („Mauren und Christen") heißt, wobei die Christen der Reis und die Mauren die Bohnen sind. So heißt das Essen übrigens auch in Spanien. Arabisch-afrikanische Einflüsse im *Gallo Pinto* sind also wahrscheinlich.

Der Klassiker – Gallo Pinto mit Tostónes

nica054-jj

Zutaten

300 g	rote gekochte Bohnen in der eigenen Brühe
500 g	gekochter weißer Reis vom Vortag
1	Stangensellerie für die Bohnen und den Reis
3	Möhren für die Bohnen und den Reis
2	Zwiebeln für die Bohnen und den Reis
2 EL	Sonnenblumenöl
1	Zwiebel, feingehackt
1	Knoblauchzehe, durchgepresst oder fein gehackt
1 EL	Koriandergrün, fein gehackt
3	Bananen, gebratene, reife Kochbananen *(plátanos maduros fritos)*
3	Eier als Spiegel- oder Rühreier

Dazu:
Pikante Salsa/Hot Pepper
Tortilla(s) de Maíz (Maistortillas)
Gebratener, geräucherter Käse *(queso ahumado frito),* ersatzweise gebratener Halloumi
Sauerrahm

Zubereitung

- **Vorbereitungszeit:** 1 Std.
- **Ruhezeit:** 12 Std.
- **Zubereitungszeit:** 15 Min.
- **Koch-/Backzeit:** 10 Min. bis 2 Std.

Am Vortag vorzubereiten: Der Reis und die Bohnen müssen gekocht werden. Der **Reis** wird im Sieb unter fließendem Wasser so lange gespült, bis das Wasser klar ist. Abtropfen lassen. Zwischenzeitlich werden Zwiebelwürfel in Öl angedünstet und anschließend der Knoblauch, der Stangensellerie und die Paprikawürfel hinzugefügt. Sobald das Gemüse glasig wird, kann der Reis zugegeben und kräftig durchgerührt werden, damit alle Reiskörner eingeölt sind. Durch dieses „Antoasten" im heißen Öl ändert der Reis seine Farbe, er wird bräunlich. Dies ist der richtige Zeitpunkt, um die doppelte Menge kaltes Wasser im Verhältnis zum Reis anzugießen, zu salzen und den Reis aufquellen zu lassen. Man lässt den Reis nun ausdampfen, lockert ihn mit einer Gabel auf und lässt ihn weiter ausdampfen, bis er schön körnig und locker geworden ist.

Die **Bohnen** müssen sorgfältig gewaschen und in ausreichend Wasser mind. 12 Stunden quellen. Danach das Einweichwasser abschütten, die Bohnen erneut spülen und in frischem Wasser in einem großen Topf aufsetzen. Die Bohnen sollten während des Kochvorgangs immer mit guten zwei Fingerbreit Wasser bedeckt sein. Nun die Zwiebel ganz, Stangensellerie, Mohrrüben und Paprikaschote (jeweils in grobe Stücke zerteilt) sowie die Knoblauchzehen hinzufügen. Ebenso Kräuter wie Lorbeer, Thymian, Oregano, Kreuzkümmel und Petersilie. Wer mag, kann Speck hinzutun. Erst am Ende werden Salz und Pfeffer hinzugegeben. Nach dem ersten Aufkochen den Schaum abschöpfen und die Bohnen 1½ bis 2 Stunden sieden lassen. Gegebenenfalls muss noch etwas Wasser nachgegossen werden. Sind die Bohnen weich, salzen und pfeffern und das Gemüse wieder herausfischen.

Und nun geht's los – langsam bekommt man ja Hunger: Öl in der Pfanne erhitzen und zuerst Zwiebel und Knoblauch, dann Stangensellerie, Paprikawürfel und Koriandergrün andünsten. Schließlich die Bohnen im eigenen Saft in die Pfanne geben. Man sollte sie nun mit Worcestershiresauce nachwürzen, das gibt dem *Gallo Pinto* seinen unverwechselbaren Geschmack. Bohnensauce etwas eindicken lassen, bevor der Reis untergerührt wird. Haben sich Bohnen, Gemüse und Reis gut vermischt und ist der Reis von der Bohnenbrühe nachgedunkelt, wird noch einmal mit Salz, Pfeffer und ein bisschen Worcestershiresauce abgeschmeckt.

Nun kann man sich nach Gusto noch der Beilage widmen: Backbanane und Spiegelei passen perfekt dazu. Fertig. *Buen provecho!*

Tostónes (frittierte Kochbananen)

Kochbananen und Bananen sind nicht miteinander zu verwechseln, da sie im Geschmack völlig unterschiedlich sind. Man kann sie für dieses Gericht also nicht einfach austauschen, sondern muss schon wirklich Kochbananen nehmen. Es gibt in Nicaragua auch zwei verschiedenen Begriffe dafür: *plátanos* (Kochbananen) und *bananos* („normale" Bananen).

Die **Kochbanane** ist im unreifen Zustand grün, hart und stärkehaltig. Mit gelber Schale befindet sie sich im Gleichgewicht zwischen Stärke und Süße und wird gerne als Gemüse z.B. in Eintöpfen verwendet. Verfärbt sich die Schale mit schwarzen Flecken oder wird komplett schwarz, dann ist die Kochbanane reif, weich und süß und dient – gebraten oder im Ofen gebacken – als süße Beilage oder Dessert. Anders als Bananen werden Plátanos niemals roh verzehrt. Das Gericht ist in ganz Zentralamerika beliebt, heißt aber überall anders.

Zutaten

4 große, unreife, noch grüne Kochbananen
Öl
Salz

Zubereitung

- **Zubereitungszeit:** ca. 5 Min.
- **Koch-/Backzeit:** ca. 15 Min.

In einem hohen Topf oder in der Fritteuse wird bei ca. 160° Celsius ausreichend Öl erhitzt. Die Plátanos schälen und längs angeschrägt, also der Länge nach, in 2 bis 3 cm dicke Scheiben schneiden. Manchmal geht es auch umgekehrt besser, da die Schale sehr fest an der Frucht klebt.

Es sind nun **mehrere Frittiervorgänge** nötig: Portionsweise werden die Kochbananenscheiben ca. 8 Min. frittiert, bis sie eine goldene Farbe annehmen. Ist eine Fuhre fertig, kommt die nächste dran. Das war der erste Frittiervorgang. Nun werden die Scheiben auf ihre glatte Fläche gelegt und mit einer breiten Messerklinge platt gedrückt, auf eine Dicke von 0,5 bis 1 cm. Früher machte man das offenbar mit der Hand, weshalb die Bananen in Mittelamerika den Spitznamen „Plátanos a puñetazos" (Bananen mit dem Faustschlag) tragen.

Zweiter Frittierdurchgang: Die Temperatur des Öls wird auf ca. 190° Celsius erhöht. Die Kochbananen-Taler werden noch einmal 1 bis 2 Min. ins Öl getaucht, bis sie von außen schön knusprig-braun und von innen noch etwas mehlig sind. Herausheben, abtropfen lassen und salzen, solange sie noch ganz heiß sind. Lecker!

Schwarzes Bohnenpüree

Pürierte Bohnen werden in ganz Mittelamerika gerne gegessen. Sie **schmecken zu** den knusprigen **Tostadas oder** dampfenden **Tortillas** einfach sehr gut. Das folgende Rezept lässt sich aus allen Bohnen, schwarzen, weißen und roten, machen.

Zutaten

200 g	Bohnen
1	Zwiebel
3	Knoblauchzehen
3 EL	Öl

Zubereitung

■ **Zubereitungszeit:** ca. 30 Min.

Bohnen kochen wie beim *Gallo Pinto:* In einer Schüssel mit Wasser bedecken, über Nacht quellen lassen, abtropfen und in einem Topf mit Wasser bedecken. Zwiebel und Knoblauch dazugeben und aufkochen. Hitze reduzieren und 1½ Stunden köcheln lassen. Abkühlen lassen. Zwiebel und Knoblauch herausnehmen. Bohnen abtropfen, wobei 125 ml der Flüssigkeit aufgehoben werden müssen. Öl in einer Pfanne erhitzen. Die Hälfte der Bohnen dazugeben und zerdrücken. Die Hälfte der Flüssigkeit unterrühren, restliche Bohnen und Flüssigkeit zugeben und zu einem dicken Mus zerdrücken. Am besten sofort servieren.

Guacamole á la Nica

Die leckere **Beilage zu Tacos und Nachos** ist ja vor allem aus Mexiko bekannt. Dort wird sie mit Tomaten, Zwiebeln und Koriander gemacht. Nicht so in Nicaragua: Hier kommen statt der Tomaten Eier mit in die Avocadopaste.

Zutaten

1 Avocado
1 Ei
½ Zwiebel
1 Limette für den Saft
1 Prise Salz
Frischer Koriander

Zubereitung

■ **Zubereitungszeit:** ca. 10 Min.

Die Avocado wird halbiert, der Kern entfernt und das Fruchtfleisch ausgelöst. Dann wird es grob gehackt und anschließend etwas zerdrückt. Das Ei wird hart gekocht und gewürfelt. Auch die Zwiebel wird in kleine Würfel geschnitten. Alles wird nun zusammen in eine Schüssel gegeben und gut verrührt. Der Limettensaft wird untergerührt, das Salz hinzugegeben, und wer mag, kann nun auch den Koriander hinzugeben. Noch einmal verrühren – und fertig!

10 **La Mestiza**②, Calle Central, 200 m nördlich vom Parque Central, www.restaurantelamestiza.com, Mo bis Do 10.30–22 Uhr, Fr/Sa 7.30–24 Uhr, So 9.30–22 Uhr. Einfach leckere und echt mexikanisch-spanische Küche mit *Moles, Enchiladas,* Tacos, *Guacamole* und mehr. Man sitzt sehr schön an kleinen hölzernen Tischen auf einer oberen Terrasse und kann beim Essen auf die Straße schauen. Der Vulkan Masaya raucht in der Ferne. Sehr lecker sind die *Enmoladas,* Maisteigfladen mit Hühnchen und einer pikanten Schokoladensauce.

Meeresfrüchte

14 **Ceviches El Pollo**②, an der Nordostecke des Parque Central, Mo bis So 8–21 Uhr. Hier werden frische Meeresfrüchtecocktails und Ceviche serviert, dazu gibt's traumhafte Smoothies mit saisonalen Früchten. Alles auch zum Mitnehmen.

Vom Grill

13 **Fritanga Ramírez**①, an der Südseite im Parque Central. Hier gibt es gegrilltes Huhn, Schwein oder Rind, dazu Reis und Salat, alles große Portionen. Die Fritanga ist auch bei Einheimischen sehr beliebt, es ist also sehr voll. Man kann dem Treiben im Park zuschauen.

■ Es gibt im Park weitere solcher **Fritangas,** z.B. in den kleinen Imbisshütten an der Westseite.

Pizza

19 **Pizza GeorAle's**②, an der Südseite des Mercado de Artesanías. Gute Pizzas, aber auch Hamburger und Hot Dogs erfreuen hier knurrende Mägen.

Cafés & Smoothies

18 **Hot & Ice Smoothies Bar Coffe**①, im Mercado de Artesanías, tägl. 9–17.30 Uhr. Kultiges Ambiente mit bunten Stühlen aus knorrigen Ästen. Es gibt hier nicht nur Kaffee und Smoothies, sondern auch Ceviche und Fisch.

11 **Café du Parc**①-②, an der nordwestlichen Ecke des Parque Central unter den Arkaden, 12–22 Uhr. Café mit Ambiente und internationaler Küche: Kotelettes, Hühnchen, Nudeln, Sandwiches. Draußen stehen ein paar Tische unter den Arkaden mit schönem Blick auf den Park.

20 **La Nani Café**②, an der Südseite des Mercado de Artesanías, www.lananicafe.com, tägl. 8–21 Uhr. Guter Kaffee, abwechslungsreiche Speisekarte mit Waffeln, Paninis und Burgern, auch Kindermenüs und Frühstück! Modern eingerichtet und alles auch zum Mitnehmen. Do und Fr gibt es eine Happy Hour für Margaritas (2 für 1), WLAN/WiFi funktioniert.

15 **Kaffe Café Bistro**②, an der Ostseite des Parque Central, tägl. 7–23 Uhr. Frühstück, Mittagessen und Abendessen können hier drinnen oder in einem kleinen Außenbereich eingenommen werden. Es gibt guten Kaffee, Desserts und besondere Kuchenkreationen. WLAN/WiFi funktioniert, und der Zugang ist rollstuhlgerecht.

Feste

In und um Masaya finden das ganze Jahr über Feste und Festivals statt, sodass es nicht schwer werden dürfte, eines dieser besonderen Events, zu denen sich die ganze Stadt in eine Bühne für Tänze, Trachten und Musik verwandelt, mitzuerleben.

■ **16. März, La Virgen de la Asunción,** die Statue der Jungfrau wird in einer Prozession aus der Kirche zur Laguna de Masaya getragen, um daran zu erinnern, wie sie im Jahr 1772 die Lavaströme nach einer Eruption des Vulkans Masaya stoppte und so die Stadt vor größerem Schaden bewahrte.

■ **3. April, Jesús del Rescate,** ein im katholischen Lila geschmückter Pilgerzug mit Eseln und Ochsenkarren beginnt seine Reise von Masaya nach San Jorge.

■ **März/April,** in der Woche vor Palmsonntag, **Fiestas de San Lázaro,** neben einer Prozession werden Haustiere, vor allem Hunde, in menschliche Roben oder andere Kostüme gesteckt und zur Statue des heiligen Lazarus gebracht, um ihn um die

Masaya – Hauptstadt der Folklore

Diesen Titel trägt Masaya zu Recht, denn nirgends in Nicaragua wird so viel getanzt wie hier. Die **Tänze** sind Teil des indigenen und kolonialen Erbes der Region und werden in traditionellen Trachten zu Marimba-Rhythmen getanzt.

400 Jahre alte Tradition: der Maskentanz Baile de Los Diablitos

nica083-ji

Baile de Las Negras

Mehrere Paare ausschließlich männlicher Tänzer, versehen mit Masken und gekleidet in Männer- und Frauenkostümen der Kolonialzeit, tanzen während der **Prozession des San Jerónimo** im Rhythmus der Marimba durch die Stadt.

Baile de Las Inditas

Hier spielt die **Liebe** eine Rolle, denn der Tanz symbolisiert die Werbung eines starken und tollkühnen spanischen Kolonisten um die Gunst einer schönen Indígena. In koketten Bewegungen werden die Frauen mit ihren langen Zöpfen und gewandet in traditionelle Kleider von den Männern mit Hemd, Hose und Hut „angetanzt" und umworben.

Baile de Los Diablitos

Dieser 400 Jahre alte Volkstanz entstand zur **Verhöhnung der Spanier** und ist heute eine Satire auf die damaligen Ereignisse. Maskierte, als Spanier verkleidete Tänzer drehen sich mit weiteren Figuren wie Bär, Leopard, Teufel und Sensenmann im Kreis.

Fürsorge für die Lieblinge zu bitten. Wirklich lustig anzusehen und eine besondere Empfehlung!

■ **15. August, Día de la Virgen de la Asunción** (Jungfrau der Himmelfahrt), in einer Prozession wird eine Statue der *Maria Magdalena*, die Zeugin der Auferstehung Jesu wurde, ins indigene Viertel Monimbó getragen, dazu gibt es Feuerwerke.

■ **30. September bis Dezember, Fiesta Patronal de San Jerónimo,** ursprünglich dauerte dieses Fest eine Woche, doch es ist wohl so schön, dass inzwischen drei Monate daraus geworden sind; die Statue des heiligen Jerónimo wird von „seiner" Kirche aus in der Stadt herumgetragen; das bunte Fest ist eine lange Abfolge von traditionellen Tänzen in farbenfrohen Trachten, Marimba-Musik, Prozessionen und Feuerwerk.

■ **Oktober,** letzter Freitag, **Noche de los Agüizotes,** ein wahrlich herausragendes Spektakel ist diese Nacht des Grusels und des Horrors! Die Menschen verkleiden sich in den schrillsten Kostümen, tragen Kerzen und Fackeln, manch einer spuckt sogar Feuer. All diese Geister und Dämonen ziehen die Ave. Real de Monimbó hinauf, begleitet von Hunderten Schaulustiger, die an den Straßenseiten dem wilden Treiben gespannt zusehen.

Nachtleben

2 **Disco Coco Jambo,** am Ende der Calle Simpson in Richtung Malecón, Mi bis Sa 19–3 Uhr, So 19–24 Uhr, Eintritt 50 C$. Eine der ältesten und beliebtesten Discos in Masaya mit guter Latino-Tanzmusik und bester Stimmung! Freitags ist „Ladys Night" – Frauen zahlen keinen Eintritt.

■ Mit den Diskotheken 1 **Ritmo de la Noche** und 3 **El Toro Loco** (jeweils Eintritt 30 C$) gibt es am Malecón noch zwei weitere Tanzschuppen. Der Toro Loco heißt so, weil hier ein mechanischer („verrückter") Stier den allzu Durstigen einen besonderen Abgang verschaffen kann ... Die Disco zieht ein jüngeres Publikum an, es wird moderne Musik gespielt, ab und an gibt es Konzerte und Stripshows.

16 **Shot-Karaoke-Sportsbar,** südlich gegenüber vom Parque Central. Hier wird in einer Bar mit offener Terrasse mitgegrölt, was das Zeug hält – man hört es bis in den Park. Es läuft Sport im TV, und auch das günstige Bier läuft – in Strömen.

Nützliches

■ **Tourist-Info: Intur,** Ave. El Progeso, ½ Block südlich des Mercado de Artesanías, Mo bis Fr 8–13 Uhr. Verkauf von Land- und Stadtkarten zur Region, Informationen auf Englisch, z.B. über aktuelle Feste und Events.

■ **Infos** zur Stadt, ihren aktuellen Angeboten und Aktivitäten unter **www.visitamasaya.com.**

■ Die **Post** liegt in der Calle Carlos Vega Bolaños, geöffnet ist sie Mo bis Fr 8–16.30 Uhr.

■ Die **Polizei** hat ihren Sitz in der Ave. El Progreso.

■ **Banken: BAC,** Ecke Calle Hospital Viejo und Calle Central; **Bancentro,** an der Westseite vom Parque Central; **BanPro,** im Mercado de Artesanías und an der Ave. El Progreso.

■ **Apotheken:** An der südöstlichen Ecke des Parque Central liegen einige Apotheken, z.B. **Farmacia Kielsa,** 8–22 Uhr.

■ **Krankenhaus: Hospital Hilario Sánchez Vásquez,** Calle San Miguel, Tel. 2522 2778.

Übernachten

8 **Hostal Mi Casa**①, Calle Central, www.facebook.com: Hostal Familiar Mi Casa. Sehr einfaches Hostal mit geräumigen, renovierungsbedürftigen Zimmern und einem großen Patio mit Pflanzen und Vögeln, alles in allem etwas düster, aber sauber.

7 **Hostal Central**①, Calle Central, gegenüber dem Hostal Mi Casa, www.facebook.com: Hotel Central Masaya. Kruzifixe hängen im Eingangsbereich, ein langer Gang, an dem die Zimmer liegen, führt nach hinten in die Küche, auf dem Dach haust ein großer Hund. Das Bad in den Zimmern ist eine

ummauerte Nische mit Vorhang. Die sehr freundlichen und hilfsbereiten Hausherren wohnen gleich nebenan, die Atmosphäre ist also sehr familiär. Das Hostel bietet mit 10 US$ pro Zimmer das wohl beste Preis-Leistungsverhältnis vor Ort.

6 **Hotel Madera's Inn**②, Calle Carlos Vegas Boloñas, wenige Meter westlich der Kirche San Jerónimo, www.hotelmaderasinn.com. Einfache, saubere, fensterlose Zimmer in zentraler Lage mit und ohne AC, teils etwas stickig, aber freundliche und hilfsbereite Besitzer.

Mein Tipp: 22 **Hotel Monimbó**②, im Viertel Monimbó 4 Blöcke südlich vom Parque Central, auf der Calle 4 Sureste 2 Blöcke östlich und ½ Block nördlich. Eine Oase im schönen Traditionsviertel Monimbó. Hinter einem typischen Straßenhaus liegt ein wunderschöner grüner Patio, der zu einem modernen, freundlichen und hellen Hotel mit sauberen Zimmern mit AC und Bad gehört.

9 **Casa Robleto**③, Ave. San Jerónimo, vom Parque San Jerónimo 1½ Blöcke südlich, www.casarobleto.blogspot.de. Das schickste Hostel der Stadt hat nette, saubere Zimmer und einen schönen begrünten Patio mit Schaukelstühlen und Poolbillard.

Ziele in der Umgebung

Parque Nacional Volcán Masaya (17 km)

Beeindruckendes hält die Natur im Parque Nacional Volcán Masaya bereit. Hier wächst der 635 m hohe Vulkan Masaya in den Himmel, der zu den **aktivsten Vulkanen des amerikanischen Kontinents** zählt. Im 20. Jahrhundert ist er häufig ausgebrochen, zuletzt hat er sich beruhigt. Der letzte, kleinere Ausbruch war im Jahr 2001, und 2012 spuckte er ein paar Steine in den Himmel, sodass der Park kurzzeitig geschlossen wurde.

Der Vulkan Masaya besitzt **drei große** und mehrere kleine **Krater** sowie viele Hügelformationen mit Fumarolen. Der 260 m tiefe **Krater Santiago** ist aktiv und spuckt täglich dicke, stickige Schwefelwolken aus, die oftmals die Sicht trüben können. Es kann, je nach Windrichtung, sehr unangenehm riechen. Da die Gase giftig sind, sollte man nicht länger als 20 Min. an dem Krater bleiben, vor allem mit Kindern. Von einer **Plattform** aus, der **Plaza de Oviedo,** kann man direkt in seinen schroffen Schlund hineinblicken, in dem die Lava beständig brodelt und am späten Nachmittag zahlreiche grüne Sittiche zu ihren Nestern in der Kraterwand zurückkehren – ein echtes Schauspiel!

Viele spanische Eroberer suchten die Gegend des Vulkans nach **Gold** ab. So im Jahr 1529 auch der glücklose Chronist *Gonzalo Fernández de Oviedo,* der für seine bedeutsamen Berichte über die spanische Konquista in Südamerika berühmt ist und nach dem der Aussichtspunkt benannt wurde. Bis zur Plattform kann man sogar mit dem Auto fahren, es gibt einen großen Parkplatz.

Gleich neben dem rauchenden Krater Santiago liegt der **Krater Nindirí,** der vom *Mirador Los Vientos* einsehbar ist.

Der dritte ist der erloschene **Krater San Fernando,** der ein kleines Stück westlich der beiden anderen Krater liegt und mit dichter grüner Vegetation bewachsen ist. Ein **Wanderweg** führt um den gesamten Krater, der eine schöne, etwa 1½-stündige Tour mit verschiedensten Ausblicken in die weitläufige Landschaft erlaubt. Einheimische bieten den Weg für 600 C$ auch zu Pferd an.

Neben diesem Wanderweg gibt es noch drei weitere: den **Sendero Los Co-**

nica054-ji

yotes (1,5 km) zur Erkundung des tropischen Trockenwaldes, den **Sendero El Comalito** (2 km), der zum Hügel Comalito (übersetzt etwa „kleine, runde Kochplatte") führt, an dem aus Fumarolen Wasserdampf und vulkanische Gase emporsteigen, und den **Sendero Cueva de Tzinacanostoc** (1½ Std.), der zu Lavatunneln führt, in denen Fledermäuse hausen. Alle Wanderwege sind in einer Broschüre, die man am Eingang des Nationalparks bekommt, eingezeichnet.

In der indigenen Sprache Nahuatl lautete der Name des Vulkans **Popogatepe,** „Brennender Berg". Genau so heißt noch heute ein sehr aktiver Vulkan in Mexiko nahe der Stadt Puebla, der Popocatépetl. Die prähispanischen Völker verehrten Vulkane und deuteten ihre Eruptionen als Zeichen des **Zorns der Götter.** Der Chronist *Orvieto* notierte, zur Besänftigung der Feuergöttin *Chacitutique* seien auch am Vulkan Masaya Menschenopfer dargebracht worden, vorzugsweise kleine Kinder oder Jungfrauen.

Die spanischen Eroberer nannten den Vulkan **La Boca del Infierno,** Höllenschlund, und errichteten am Rande des Kraters ein Kreuz, **La Cruz de Bobadilla,** um den Teufel in Schach zu halten. Es wurde nach dem Priester benannt, der es aufstellen ließ. Sein Standort ist heute ein weiterer Aussichtspunkt.

Museum

Im barrierefreien Besucherzentrum, das 1,5 km vom Parkeingang in Richtung Krater liegt, informiert eine **anschauliche Ausstellung** über Geschichte, Geologie, Flora und Fauna des Nationalparks. Toll ist das Modell der Vulkankette, die Nicaragua durchzieht. Am Museum kann auch ein **Führer** für eine der

⌃ Rauchender Krater am Vulkan Masaya

Wanderrouten gebucht werden. Die Parkmitarbeiter wissen, welche Wege begehbar und welche aufgrund der vulkanischen Aktivität möglicherweise vorübergehend geschlossen sind. Es wird auch eine **Tour in den Abendstunden** angeboten, bei der die Lava im Santiago-Krater eindrucksvoll zu sehen ist.

■ **Infos:** Geöffnet ist der Park tägl. 9–17 Uhr, Eintritt 120 C$ inkl. Museum; Abendtour zum Santiago-Krater 17–19.30 Uhr, 2½ Std., 300 C$ p.P. bei mind. 6 Pers., am besten im Voraus reservieren.

■ **Anfahrt:** Der Eingang zum Park liegt 7 km nördlich von Masaya. Busse in Richtung Managua halten dort auf Wunsch. Hier wird der Parkeintritt bezahlt, und man bekommt Bauhelme ausgehändigt, falls der Krater doch einmal rumoren sollte. Hinauf sind es von hier aus steile 5 km. Wer nicht laufen will, kann entweder trampen, mit dem eigenen Fahrzeug fahren oder ein wartendes Taxi anheuern (45 C$). Alle Touranbieter haben den Nationalpark im Programm, oder man organisiert selbst ein Taxi für den Transfer zum Park und handelt eine Wartezeit aus (von Granada ca. 550 C$, von Masaya ca. 300 C$ inkl. 1 Std. Wartezeit).

■ **Sicherheitshinweise** (gelten grundsätzlich für den Besuch aktiver Vulkane): Autos mit Fahrtrichtung zum Ausgang parken; Rauch beobachten (ändert er seine Farbe, könnte eine Eruption bevorstehen, die sich auch durch ein tiefes Grollen ankündigt); im Falle eines Steinausstoßes unter einem Auto Schutz suchen; gesperrte Zonen beachten; nicht länger als 20 Min. im Umfeld der giftigen Dämpfe bleiben, vor allem mit Kindern.

Laguna de Apoyo (7 km)

Türkisblau und geheimnisvoll liegt sie da, die **kreisrunde Lagune** im Krater des erloschenen Vulkans Apoyo. Vor etwa 23.000 Jahren explodierte seine Magmakammer und hinterließ ein Loch mit einem **Durchmesser von 6,6 km** – die Laguna de Apoyo war geboren. Bis heute ist nicht bekannt, wie tief sie wirklich ist, doch schließen Forscher auf mindestens 200 m, was 70 m unter dem Meeresspiegel wäre und die Lagune so zum tiefsten Punkt in Mittelamerika werden ließe.

1991 wurde die Lagune zum **Naturschutzgebiet** erklärt. Heute wie schon in prähispanischer Zeit leben hier Familien von und mit der Schönheit der Natur.

Die Lagune ist eines der Highlights einer Nicaragua-Reise. Umgeben von tropischem Trockenwald herrscht hier **Ruhe und nichts als Ruhe,** denn nur eine kleine Straße führt um die westliche Hälfte des Sees, als Zugang zu den fast durchgängig **sehr schönen Unterkünften.** Sie liegen unmittelbar am See und laden dazu ein, abzuschalten und die „Seele baumeln" zu lassen. Die Vögel zwitschern, ein paar Affen „unterhalten" sich von Baum zu Baum, ansonsten gibt es nur das ruhige Plätschern des Sees, einen leisen, warmen Wind und das Schaukeln der Hängematte.

Bei größerem Tatendrang lädt das durch heiße Thermalquellen auf 27° erwärmte, saubere und leicht salzige Wasser dieses größten Kratersees des Landes zum Schwimmen, Kajakfahren oder Fischen ein, im Wald um den See gibt es einsame Pfade zum Reiten, und sogar Paragliden ist hier möglich.

Der **Zufahrtsweg** zur Lagune ist steil; dort, wo er auf die Straße am See trifft **(Kreuzung El Triángulo),** führt diese in eine nördliche und eine südliche Richtung. Hier liegen zahlreiche Unterkünfte, direkt an der Kreuzung ist eine Tienda, die vor allem noch zum Anlaufpunkt für all jene werden sollte, die sich in der entfernteren Posada La Abuela einquartieren möchten.

Die Wälder von Apoyo beherbergen zahlreiche **Pflanzenarten** und tropische Bäume wie Pochote, Schwarzen Palisander, Mahagoni und Guacuco, zudem wächst hier eine große Vielfalt schöner Orchideen. Die **Fauna** von Apoyo ist ebenso vielfältig. Die meisten Tiere lassen sich zwar nur mit Glück erspähen, doch sie leben alle hier: Opossum, Großer Ameisenbär, Brüllaffe, Kapuzineraffe, Leguan, Boa, Falke, Kolibri und zahlreiche Schmetterlinge.

Die schönsten **Wanderwege** befinden sich im südwestlichen Bereich der Lagune. Vom San Simian Eco Resort (s.u.) kann man über steile Pfade direkt zu den zwei Aussichtspunkten in den Weißen Dörfern Catarina und Diría wandern. Aufgrund der Vielzahl kleiner Wege, die manchmal auch über Privatgelände verlaufen, empfiehlt sich ein Führer, den jede Unterkunft vermitteln kann. So erfährt man gleich alles über Flora und Fauna sowie lokale Geschichten aus erster Hand.

Das **mineralhaltige warme Wasser** ist fantastisch zum Schwimmen und Plantschen, es gibt überall kleine Strandabschnitte, die Unterkünfte bieten Badeplattformen für kühne Kopfsprünge – nach dem Bad fühlt sich die Haut wunderbar weich an. Das Wasser ist kristallklar und glitzert silbern in der Sonne. Selbst wenn sich Wolken in den Krater schieben und es zu regnen anfängt, macht das Baden im warmen Wasser Spaß – ein ganz besonderes Erlebnis.

Das klare Wasser der Lagune lädt zum **Tauchen und Schnorcheln** ein. Viele Fischarten leben hier, darunter sechs Arten von Buntbarschen, zudem Schildkröten und endemische Fische. Es gibt Stellen, wo noch Petroglyphen der Chorotegas in der Kraterwand zu erkennen sind, und man kann die Hand in die heißen Quellen halten, die an zahlreichen Stellen austreten. Deshalb ist das Wasser auch so angenehm warm, und wer kann schon von sich behaupten, in einem Vulkankrater getaucht zu sein?

Sport und Aktivitäten

- **Volcano Divers,** in Kooperation mit dem Hostel The Peace Project, 900 m nördlich der Kreuzung, www.volcanodivers.net. Tauchgänge in professioneller Begleitung bis 10 m Tiefe (z.B. 1½ Std., 1 Flasche, 1150 C$), Nachttauchen (2 Std., 1580 C$), sämtliche PADI-Kurse.
- **Estación Biológica,** von der Kreuzung 1 km gen Norden, www.gaianicaragua.org. Tauchgang 1730 C$, PADI-Zertifikat 8750 C$.
- **Apoyo Dive Center,** im Hotel Selva Azul 500 m nördlich der Kreuzung. Tauchgang 1500 C$ (1 Flasche), PADI-Kurse.
- **Paragliding:** Die thermischen Bedingungen über der Lagune sind optimal zum Paragliden. Bisher gibt es keinen Anbieter für diesen Sport vor Ort, doch Kenner wissen über gute Absprungstellen am Kraterrand Bescheid. Ein beliebter Platz ist der Mirador in Catarina.
- **Sprachschule:** Mitten in der Natur werden in der **Apoyo Intensive Spanish School** in der Estación Biológica (s.o.) Einzelkurse mit sehr guten Lehrern angeboten, inkl. Unterkunft, Verpflegung und mehreren Exkursionen: 1 Woche für 6900 C$, 2 Wochen für 13.200 C$ etc.

Übernachten

Die Unterkünfte an der Lagune sind toll und werden nachhaltig betrieben, oft auch ein bisschen preisintensiver. Alle heißen auch Tagesgäste herzlich willkommen und bieten ihre Annehmlichkeiten wie Kajaks und Badeliegen für einen geringen „Eintritt" an, der sogar mit dem Verzehr von Essen und Getränken verrechnet wird. Es gibt hier auch Ferienwohnungen-/häuser, die auch über Airbnb.com angefragt werden können.

Von der Kreuzung El Triángulo nach links in Richtung Norden:

■ **Laguna Beach Club**③, www.thelagunabeachclub.com. Das Hotel und die gesamte Anlage sind sehr schön aufgebaut, alles ist sehr sauber und das Personal freundlich. Die vielen Liegestühle und Hängematten laden zum Verweilen ein, und man kann sich bequem einen frischen Saft oder ein kühles Bier an der Bar abholen und mit dem Blick auf die tolle Lagune genießen.

■ **Monkey Hut**②, www.themonkeyhut.net. Schöne Backpacker-Unterkunft mit einfachen Hütten und tollem „Drumherum": schöner Strand, Plätze zum Chillen und Abhängen, terrassenartige Sonnenwiesen, Schwimmplattform, Kajaks, Kultbar, Shuttleservice und Ausflüge! Eintritt 6 US$ für Tagesgäste.

MEIN TIPP: **Paradiso Hostel & Restaurante**②, www.hostelparadiso.com. Grüne, gepflegte Anlage mit einem offenen, rustikalen Restaurant mit sehr gutem Essen. Weiter unten am Wasser gibt es eine weitläufige Bar- und Chill-Area, die Atmosphäre ist völlig entspannt und freundlich. Die Zimmer sind einfach und sauber und haben ein gutes Preis-Leistungsverhältnis. Es gibt gratis Kanus, gratis Kaffee, Tischtennis, Billard und vieles mehr.

■ **The Peace Project**②, www.thepeaceprojectnicaragua.org. Einfache, sehr kleine Zimmer ohne Bad (20 US$), nettes Personal, leckeres Essen und eine schöne Terrasse zum Abhängen in Hängematten. Es gibt keinen eigenen Strand, ein öffentlicher Abschnitt liegt wenige Meter entfernt. Zur Verfügung steht ein Kajak-Verleih, Kaffee und Wasser sind umsonst. Ein Teil der Einnahmen wird an eine lokale Schule gespendet.

Blick auf die Apoyo-Lagune vom Mirador in Catarina

nica056-ji

Mein Tipp: Posada Ecológica La Abuela④, www.posadaecologicalaabuela.com.ni. Eine tolle Anlage voll wunderschöner Blumen und Vogelvolieren an einem steilen Hang zur Lagune direkt am Wasser. Die geräumigen Holzcabinas haben einen Kühlschrank, AC, TV und eine eigene Terrasse. Vom schönen Restaurant am Wasser ist der Blick über den See fantastisch. Am Strand gibt es Sonnenliegen, Bambusschaukeln und eine Schwimmplattform im Wasser zum Relaxen. Tagesgäste zahlen 200 C$ + Tax. Da die Posada etwas ab vom Schuss liegt und keine Einkaufsmöglichkeiten vorhanden sind, sollte man sich an den *tiendas* an der Kreuzung El Triángulo vor der Anreise eindecken, denn um 20 Uhr schließt auch das Restaurant und dann gibt es nichts mehr im näheren Umkreis.

Von der Kreuzung El Triángulo nach rechts in Richtung Süden:

■ **Pájaro Azul**④, www.lagunadeapoyopajaroazul.blogspot.de. Gepflegte Anlage mit tollen Bungalows, die fantastische Blicke über die türkisblaue Lagune bieten. Tolle Sitzecken, alles individuell eingerichtet.

■ **San Simian Eco Resort**④, www.sansimian.com. Die schöne Anlage ist sauber und gepflegt, die Bungalows liegen am Hang, sind sehr schön ausgestattet und bieten von der eigenen Terrasse mit Hängematte einen tollen Blick auf den See. Alle Bungalows liegen weit genug voneinander entfernt, um genug Privatsphäre und Ruhe zu garantieren. Auch alle Zimmer haben einen Balkon. Das Abendessen ist reichlich und lecker. Es gibt einen Flughafentransfer und Abholservice von anderen Orten.

An- und Weiterreise

Die **Zufahrt über die Carretera Masaya** zur Lagune liegt näher an Masaya (7 km) als an Granada (20 km) und biegt von der Carretera Masaya ab auf die **Calle 11 B** und dann auf die **Calle 186,** die man auch schon von Granada aus nehmen kann (15 km), aber eine kleinere Straße ist. Noch eine weitere Abbiegung, und man gelangt zur **Kreuzung El Triángulo** mit der Straße am See, die in nördliche und südliche Richtung zu den Unterkünften führt. Es ist auch möglich, ab dem Abzweig von der Carretera Masaya bei km 37,5 die 5 km zum See zu laufen oder zu trampen.

■ **Busse von Masaya (Mercado Municipal):** 10 und 15.30 Uhr, 13 C$, 1 Std.; von der Lagune zurück 6.30, 11.20 und 16.30 Uhr, 13 C$, 1 Std.

■ **Shuttles nach Granada** fahren von den Hostals Paradiso und Monkey Hut tägl. um 11 und 16 Uhr, 175 C$, 30 Min.; von Granada starten Shuttles von den Hostels Bearded Monkey, Oasis und La Libertad um 10 Uhr, 175 C$.

■ Gerade am Wochenende fahren regelmäßig **Taxis colectivos** von Masaya zur Apoyo-Lagune – und sie fahren auch wieder zurück und sind mit 30 C$ p.P. bis ins Zentrum von Masaya günstig. Private Taxis sind teurer: Masaya 130 C$, Granada 145 C$, Managua 580 C$.

Die „Weißen Dörfer" (Pueblos Blancos)

In den „Weißen Dörfern" rund um Masaya werden die **indigenen, prähispanischen Traditionen und Bräuche** noch besonders intensiv gepflegt und bleiben dadurch im Bewusstsein der Bevölkerung. Hier war das **Kernland der Chorotegas,** und die heutigen Bewohner sind stolz auf dieses Erbe. Ihren Beinamen „blancos" erhielten die Dörfer aufgrund des weißen Kalkputzes der Häuser. **Kalk** desinfiziert und beugt Schimmel vor, unliebsame Krabbeltiere sind besser sichtbar, und außerdem reflektiert Weiß das Sonnenlicht und sorgt so für etwas mehr Kühle im Haus. Sehr nützlich also, diese „Erfindung“ der Chorotegas. Allerdings ist heute kaum noch ein Haus kalkweiß, sondern sie sind bunt bemalt.

Jedes Dorf hat seine **eigenen Feste und handwerklichen Spezialgebiete** wie die Herstellung von Hängematten, Möbeln, Keramik, Steinskulpturen, Lederarbeiten oder auch die Gärtnerei. Von einigen bietet sich ein herrlicher Blick über das blaue Wasser der Laguna de Apoyo, andere sind berühmt für ihre köstlichen hausgemachten Süßigkeiten.

An- und Weiterreise

Grundsätzlich bietet es sich an, die Pueblos Blancos mit einem **Mietwagen** zu erkunden. Verleihstationen gibt es aber nur in Granada und Managua, nicht in Masaya.

Den Aussichtspunkt (Mirador) in Catarina steuern regelmäßig **Busse** aus Masaya an. Von Catarina starten Minibusse zu allen anderen Zielen des Plateaus und halten jeweils am Parque Central der Orte bzw. fahren dort wieder ab.

- **Granada,** 6–18 Uhr, alle 60 Min., 20 C$, 30 Min.
- **Managua** (Mercado Roberto Huembes), 6–18 Uhr, alle 30 Min., 28 C$, 50 Min.
- **Masaya,** 6–18 Uhr, alle 30 Min., 20 C$, 30 Min.

Nindiri (3 km ab Masaya)

Nindiri gehört mit Niquinohomo und dem Stadtteil Monimbó in Masaya zu den ursprünglichsten Dörfern der Chorotegas. Von ihren Hinterlassenschaften zeugt das kleine archäologische **Museum Tendirí** (vom Parque Central 1 Block nördlich, Mo bis Fr 8–12 und 14–17 Uhr) mit Keramiken und Skulpturen sowie Funden aus der Kolonialzeit. Unweit des Friedhofs befinden sich bei dem kleinen Wasserfall **Cascada Cailagua** auch einige Petroglyphen. Ein Weg führt vom Friedhof über ein Feld zum Wasserfall. Sehenswert ist auch die kleine **Adobe-Kirche,** die eine kleine Christusstatue birgt, die den Ort bei einem Vulkanausbruch im Jahr 1772 vor der Zerstörung bewahrt haben soll.

Catarina (9 km)

Am Rande des Apoyo-Kraters gelegen, lebt dieses Dorf von der **Pflanzenzucht** und vom Tourismus, denn es gibt einen sehr schönen, allerdings von Besuchern auch **stark frequentierten Aussichtspunkt** (Parkplatz 30 C$), der von Restaurants und Souvenirständen umgeben ist. Von diesem Mirador öffnet sich ein weiter Blick auf den Kratersee, im fernen Dunst liegen Granada und der Nicaragua-See. Ein halbstündiger Weg führt hinab zur Lagune. Den kann man auch per Pferd genießen, das am Mirador ausgeliehen werden kann (150 C$ pro Std.).

Zeugnisse zur **Geschichte** von Catarina gibt es erst aus der Kolonialzeit, sodass über das frühere Leben hier wenig bekannt ist. Die Nähe zu den benachbarten Chorotega-Siedlungen lässt aber auch hier auf indigene Wurzeln schließen. Auf dem Friedhof befindet sich das **Grab des Freiheitskämpfers Benjamín Zeledón,** Idol des Helden der Region, *Augusto César Sandino* aus dem Pueblo Blanco Niquinohomo. Am 26. November wird das Stadtfest zu Ehren der heiligen *Catalina de Alejandría* gefeiert, und an Silvester gibt es eine große Blumenparade in dem Gärtnerörtchen.

Neben den Restaurants am Mirador finden sich auch einige einfache *comedores* im Zentrum von Catarina, außerdem ein paar wenige Unterkünfte, die besseren sind teuer.

Essen und Trinken

■ **Mi Viejo Ranchito**②, km 39,5 an der Carretera Masaya, Mo bis Fr 7–19 Uhr, Sa/So 7–22 Uhr. Obwohl nicht direkt in Catarina gelegen, ist dieses kultige Restaurant einen Besuch wert. Unter einem großen Palapa-Dach (aus getrockneten Palmenblättern) sitzt man gemütlich in rustikalem Ambiente. Das Essen besteht aus guten Nica-Speisen, ab und an spielt Live-Musik.

Übernachten

■ **Hostal Calle Real**①, Calle Real, vom Parque Central 1 Block westlich und 1 Block südlich. Modernes Hostel mit zweckmäßigen, sauberen Zimmern mit Bad, AC, TV und WLAN/WiFi.

■ **Casa Catarina**③, vom Parque Central 1 Block westlich. Die Zimmer gleichen denen in schickeren Hotels, der Patio ist über und über mit grünen Hängepflanzen bewachsen. Manche Zimmer riechen stark nach Reinigungsmittel, daher vorher zeigen lassen.

San Juan de Oriente (10 km)

Nur 700 m von Catarina entfernt liegt das Chorotega-Dorf San Juan de Oriente. Es ist berühmt für seine vielfältigen **Töpferwaren** mit prähispanischen Motiven; in manchen Werkstätten lassen sich die Künstler über die Schulter schauen. Am 24. Juni bekommt hier der Schutzpatron San Juan Bautista sein Fest, das aus rituellen Kämpfen und jeder Menge Chichero-Musik besteht.

Diría (13 km)

Bei der Ankunft der Spanier war der Ort der Herrschaftssitz des Chorotega-Fürsten und -Kriegers **Diriangén,** der sich bis zuletzt gegen die Machtübernahme durch die Spanier zur Wehr setzte und dem Ort seinen Namen gab. Die aufgestellten Kriegerstatuen erinnern an den Helden. Heute ist Diría ein authentisches, ruhiges Dörfchen mit einem atmosphärischen **Aussichtspunkt (Mirador El Boquete),** der ob seiner Einsamkeit dem in Catarina vielleicht vorzuziehen ist. Unweit gibt es ein paar typische, sehr nette *comedores* (die Suppen probieren!), von deren Terrasse sich ein Blick über die weitläufige Lagunenlandschaft ergibt. Vom Mirador führt ein steiler, steiniger **Wanderweg** etwa 30 Min. hinab zur Lagune, in den Bäumen turnen Brüllaffen, bunte Vögel und schillernde Schmetterlinge fliegen vorbei. Unten angekommen, lädt ein kleiner Strand zum Schwimmen ein. Vom 17. bis 29. Juni feiern die Einwohner ihren Schutzpatron San Pedro. Spektakulär sind die **Stierkämpfe,** und auch die rituellen Kämpfe unter Männern können sich sehen lassen.

■ **An- und Weiterreise:** Busse aus Granada mit dem Ziel Niquinohomo halten an der Kirche San Pedro am Parque Central in Diría.

Diríomo (14 km)

Diríomo grenzt gleich südlich an Diría und ist berühmt für seine **Süßigkeiten,** die *cajetas*. Sie werden in mehreren Geschäften verkauft, z.B. gleich am Parque Central gegenüber der netten Backsteinkirche in La Casa de las Cajetas mit wechselnden Geschmacksnoten bzw. Tagesangeboten.

Vom 2. bis 8. Februar wird im Dorf mit Prozessionen, Tänzen, Trachten und Masken die **Virgen de la Candelaria** (Mariä Lichtmess) gefeiert. Ein Pilgerzug aus Granada kommt am 2. Februar eigens dafür nach Diríomo.

■ **An- und Weiterreise:** Vom Parque Central im Ort fahren Busse nach Managua/Mercado Roberto Huembes (alle 60 Min., 30 C$) und nach Masaya (alle 40 Min., 20 C$).

Niquinohomo (11 km)

Der indigene Name von Niquinohomo, dem „Tal der Krieger“ (*nec* steht für Krieger, *nahome* für Tal), macht einem der Söhne des Ortes besondere Ehre: **Hier wurde der Revolutionär Augusto César Sandino geboren,** und zwar in dem Haus, das heute die Augusto-Sandino-Bibliothek mit einem kleinen Museum beherbergt. Seine Statue begrüßt den Besucher am Ortseingang. Die Barockkirche Iglesia de Santa Ana wurde 1663 aus Steinen von der Laguna de Apoyo erbaut. Bei einem Umbau im Jahr 1945 wurden einige Gräber aus der vorkolonialen Zeit geöffnet. Das Fest für die heilige Ana findet am 26. Juli mit folkloristischen Tänzen, Prozessionen und einem Feuerwerk statt und bringt das ganze Dorf auf die Beine.

nica057-ji

- **An- und Weiterreise** mit Bussen aus Granada.
- **Essen und Trinken:** In Niquinohomo gibt es einige *comedores,* z.B. **Nic Pollo** an der nordwestlichen Ecke des Parque Central für alle mit Appetit auf ein knuspriges Hähnchen. Zur Erfrischung passt ein Eis aus saisonalen Früchten bei **Eskimos** in der Calle Real 2 Blöcke östlich des Parks.

Masatepe (17 km)

Der Name dieser ehemaligen indigenen Siedlung stammt aus der Sprache Nahuatl und bedeutet Hirschhügel (*mazatl* = Hirsch, *tepec* = Ort, Hügel). In dem kleinen Park mit der schönen Kirche im **atmosphärischen kolonialen Zentrum** kommen am Nachmittag Groß und Klein zusammen. Der Blick auf den Vulkan Masaya ist von hier aus fantastisch.

Masetepe mit seinen 13.000 Einwohnern ist bekannt für die Produktion und den Verkauf von **Korbmöbeln** zu guten Preisen. Andere Souvenirs, die besser in den Rucksack passen, findet man auf dem **Kunsthandwerksmarkt** in der alten Bahnstation (tägl. 9–18 Uhr).

Eine Spezialität von Masatepe ist die reichhaltige **Kuttelsuppe** *(Sopa de mondongo)* aus Gemüse, Kräutern und Rinderkutteln. Sie wird auch zu dem einmonagigen Fest gekocht, das der *Santíssima Trinidad* (Heiligen Dreifaltigkeit) gewidmet ist. Es beginnt Mitte Mai, ein Highlight sind die prächtigen Pferdeparaden.

☒ In den Pueblos Blancos werden Bambusschaukeln hergestellt

An- und Weiterreise

Busse verkehren zwischen dem Parque Central und folgenden Zielen:

- **Managua** (Mercado Roberto Huembes), alle 30 Min., 30 C$, 1 Std.
- **Masaya,** alle 30 Min., 20 C$, 45 Min.
- **Jinotepe,** es verkehren Minibusse, die losfahren, wenn sie voll sind, 20 C$, 15 Min.

Essen und Trinken

- **Restaurante Mondongo de Arriba,** 3ra Ave. Oeste, 1½ Blöcke nördlich der Hauptstraße, tägl. 10–18 Uhr. In dem entspannten Lokal schmeckt Kuttelsuppe, die Spezialität des Ortes, besonders gut.

San Marcos (23 km)

Ein kühleres Lüftchen weht in dem **Universitätsstädtchen** San Marcos 8 km westlich von Masatepe. Ringsherum wächst Kaffee auf üppigen Plantagen, und so haben viele reichere Nica-Familien ihren Wahl-Wohnsitz in diesem angenehmen Klima bezogen.

Bereits 2500 v.Chr. lebten hier Menschen, wie archäologische Funde erst kürzlich belegten. Einen berühmten, wenn auch unliebsamen Sohn hat die Stadt ebenfalls: **Hier kam der Diktator Anastasio Somoza zur Welt.** Ein Standbild von ihm vermisst im Ort niemand.

Am 24. April wird in San Marcos ein großes Fest, die **Fiesta de Toro Guaco,** gefeiert: Ein Feuerwerk, Prozessionen, Tänze und jede Menge Satire auf die spanischen Eroberer ehren vier Schutzheilige, drei aus den umliegenden Orten und den von San Marcos selbst. Die Heiligen besuchen sich jeweils in ihren Heimatorten (es gibt also insgesamt vier dieser *fiestas*), die früher auch rivalisierten, und zollen sich damit gegenseitigen Respekt.

An- und Weiterreise

Minibusse fahren ab, wenn sie voll sind, und verkehren zwischen dem Parque Central und folgenden Zielen:

- **Managua** (Mercado R. Huembes), 30 C$, 1 Std.
- **Masaya,** 20 C$, 45 Min.
- **Jinotepe,** 10 C$, 20 Min.

Nützliches

- **Sprachschule: La Mariposa,** an der Straße nach Ticuantepe. Tolle Option für einen längeren Sprachaufenthalt! Mitten in der Natur mit einem traumhaften Ausblick in die umliegenden Hügel und auf den Vulkan Masaya kann man sich ganz dem Lernen hingeben. Das **angegliederte Öko-Hotel,** in dem die Sprachschüler untergebracht werden, besitzt schöne, große Räume mit eigenem Bad. In der Hochsaison muss mind. eine Woche gebucht werden, der Preis beinhaltet drei Mahlzeiten, den Unterricht mit 20 Wochenstunden und Ausflüge, z.B. Wandern und Reiten. Weitere Infos auf www.mariposaspanishschool.com.
- **Banken** (mit Geldautomat): **Bancentro** (VISA), westlich vom Park; **BAC** (MasterCard), 2 Blöcke südlich vom Park.

Übernachten, Essen und Trinken

- **Casa Blanca**③, vom Parque Central 3 Blöcke östlich. Große, nüchterne Räume mit Ventilator oder AC, TV und einem netten Garten im Außenbereich.

Mein Tipp: **Café Casona**②, Calle de Cementerio, 11–21 Uhr. Schönes Restaurant, in dem Burger, Sandwiches und Nica-Gerichte in heimeliger Atmosphäre auf den Tisch kommen. Außerdem gibt es hier, wie könnte es anders sein, exzellenten Kaffee!

Diriamba (33 km)

Der in der Sprache der Chorotega „Großer Hügel" (*diri* = Hügel, *mba* = groß) genannte Ort im **Valle de Apompuá** war zur Ankunft der Spanier eine lebhafte indigene Siedlung. Legenden künden von blutigen Fehden und bewaffneten Kämpfen, von tückischem Frauenraub und Geiselnahmen. Hier wurde im Jahr 1502 der ruhmreiche Chorotega-Fürst **Diriangén** geboren, dessen Statue würdevoll am Eingang der Stadt steht. Er **widersetzte sich der Eroberung durch die Spanier,** die ihn als starken, stämmigen Indigenen mit schönem Gesicht, beachtlicher Willenskraft und schwarz blitzenden Augen beschrieben. Immerhin sechs Jahre lang konnte er das Vordringen der Konquistadoren unter ihrem gewalttätigen Anführer *Gil González Dávila* verhindern. Nachdem der listige *Diriangén* zum Schein einer Taufe zugestimmt hatte, legte er den Europäern einen Hinterhalt und griff sie mit etwa 4000 bewaffneten Indígenas an. Die Eindringlinge mussten sich vorübergehend an das Ufer des Lago de Cocibolca zurückziehen, doch letztlich verlor der tapfere Kazique den Kampf und starb im Alter von nur 25 Jahren in Nindiri. Die Chorotegas und andere Stämme wie die Mangues, Pipil und Nicarao wurden zur Zwangsarbeit in die Minen von Las Segovias im

Norden des Landes, auf die Antillen oder nach Perú verschleppt.

Heute ist der Ort für guten **Kaffee** berühmt, zu den Plantagen und zur Kaffeemühle werden Touren angeboten.

Das überschaubare **Museo Ecológico Tropico Seco** klärt über Flora und Fauna, die Umweltverschmutzung und andere Themen zum nicaraguanischen Ökosystem auf.

An- und Weiterreise

Busse fahren vom Markt am Uhrturm zu folgenden Zielen:

- **Jinotepe,** jederzeit, 30 C$, 15 Min.
- **Managua,** 5–18 Uhr, alle 20 Min., 45 C$, 75 Min.
- **Casares,** 5–17 Uhr, stündlich, 18 C$, 90 Min.

Essen und Trinken

Für die überschaubare Größe des Ortes gibt es eine erstaunliche Dichte an Cafés, Restaurants und Bars.

- **La Nani Café**①, vom Parque Central ½ Block östlich, www.lananicafe.com. Guter Kaffee, köstliche *Licuados* und ein reichhaltiges Frühstück – was will man mehr?
- **Restaurante Vila's**①-②, an der Südecke des Parque Central, www.vilasnicaragua.com. Viele verschiedene Fleischgerichte und internationale Küche, Salate, Suppen und anderes mehr zu guten Preisen, serviert von freundlichem Personal. Mit Kinderspielplatz.

Nützliches

- Der **Markt** befindet sich beim Uhrturm im Ortszentrum.
- **Post:** 1ra Calle SE, 2 Blöcke südlich des Uhrturms.
- **Bank: Bancentro,** 2da Calle NE.
- **Apotheke:** Calle Central Este, 2 Blöcke westlich des Uhrturms.

Übernachten

- **Jardin y Vivera Tortuga Verde**③, am Ortsausgang in Richtung Managua auf der rechten Seite, www.ecolodgecarazo.com. Die Kaffeefinca bietet einfache Räume und Dorms und besitzt einen sehr schönen Garten zum Entspannen.
- **Hotel Mi Bohio**③, gegenüber dem Museum, hotelmibohio@gmail.com. Geräumige und saubere Zimmer mit Ventilator oder AC gruppieren sich um einen blühenden Garten, gleich daneben liegt das dazugehörige Restaurant.

Jinotepe

Jinotepe hat 32.000 Einwohner und ist der Hauptort des Departamento Carazo. Das **koloniale Stadtbild** wird dominiert von der mächtigen Kirche Parroquia Santiago am Parque Central. In Jinotepe wird seit eh und je der Kaffee aus den Bergen Carazos vermarktet. Hier war der Verwaltungssitz der vielen Haciendas, **hier lebte die Bourgeoisie,** während in den umliegenden Gemeinden die Knechte wohnten.

Nahe dem Park gibt es einen **Kunsthandwerkermarkt,** ferner wurde ein großer **neuer Markt** *(Mercado Nuevo)* für die zahlreichen Händler geschaffen, die ihre Stände überall im Ort recht unkontrolliert und unsortiert aufstellten.

Am 24. Juli wird das **Fest zu Ehren des heiligen Santiago** gefeiert, dessen Statue der Legende nach an diesem Tag im Jahr 1700 in einem Schrein am Strand von Huehuete gefunden wurde.

An- und Weiterreise

Der große **zentrale Busbahnhof** liegt gleich nördlich des Parque Central an der Panamericana. Folgende Busverbindungen gibt es:

- **Granada,** stündlich, 30 C$, 90 Min.
- **Managua,** 6–18 Uhr, alle 20 Min., 35 C$, 75 Min.
- **Masaya,** 5–17 Uhr, alle 30 Min., 15 C$, 75 Min. (hält in San Marcos, Masatepe und Catarina).
- **Rivas,** 6–15 Uhr, stündlich, 60 C$, 2 Std.
- Zu den **Pazifikstränden** bei La Boquita und Casares fahren alle 10 Min. Busse, 10 C$, 45 Min.

Essen und Trinken

- **Pizzeria Colisseo**②, von der Bank BanPro ½ Block südlich, Di bis Fr 12–14.30 und 18–22 Uhr, Sa/So 12–22 Uhr. Schöne und geräumige Pizzeria mit Tischen um einen Innenhof nahe dem Parque Central. Es gibt echte italienische Küche, dazu Bier, Wein und andere süffige Getränke.

MEIN TIPP: **MamaYamna el Chante**②, etwas ab vom Schuss am Parque de la Villa im Süden der Stadt, Mi bis Sa 14–22 Uhr, So 14–20 Uhr. Einzigartige künstlerische Atmosphäre mit viel Dekoration an den Wänden und einer kleinen, aber extravaganten Speisekarte. Neben Crêpes und Salaten gibt es *Licuados,* guten Kaffee, aber auch Sangria. WLAN/WiFi und Kinderstühle sind vorhanden, Kreditkarten werden akzeptiert.

- **Café Paris**①, neben BanPro ½ Block südlich vom Parque Central, Di bis Fr 9–21 Uhr, Sa/So 8–21 Uhr. Paris so fern und doch so nah … Das Ambiente ist schön gelungen, der Eiffelturm fehlt natürlich nicht. Es gibt Kuchen, Kaffee, Frühstück, ein Tagesmenü, eine Auswahl an *Licuados,* aber keine alkoholischen Getränke. WLAN/WiFi ist vorhanden, Kreditkartenzahlung möglich.

Nützliches

- **Banken** finden sich um den Parque Central.
- Eine **Apotheke** liegt 1 Block südlich vom Parque Central.
- **Supermarkt Palí,** südlich vom Park gegenüber der Kirche Santiago.

Übernachten

- **Casa Mateo**③, vom Parque Central 1 Block nördlich und 1 Block westlich. Das recht große Hotel bietet viele Zimmeroptionen, einige der sauberen Zimmer haben einen Balkon, der die Straße überblickt. WLAN/WiFi funktioniert in der Lobby.

Ziele in der Umgebung

Casares

Am Pazifik, nur 45 Min. von Jinotepe entfernt, liegt das Fischerdörfchen Casares, das sehr viel schöner ist als das touristisch verplante La Boquita 5 km weiter nördlich. **Meeresfrüchte** bietet hier jedes Restaurant an, und man kann sich an Fisch und Garnelen zu erschwinglichen Preisen delektieren, während die Sonne rot im Meer versinkt. Am Strand liegen viele bunt angemalte Boote, mit denen die Fischer nachts hinausfahren und am Morgen ihren Fang an die Restaurants und auf dem Fischmarkt verkaufen.

Wenige Kilometer südlich liegt der **Strand Huehuete,** an dem die Santiago-Statue von Jinotepe (s.o.) angespült worden sein soll. Hier bietet sich die beste Gelegenheit zum **Surfen** an diesem Küstenabschnitt, alternativ unternimmt man einen langen Strandspaziergang nach La Boquita. Das Hotel Casino organisiert zudem Bootsausflüge inklusive Fischen, Surftrips, Reitausflüge und Touren zu den näher gelegenen Städten.

■ **Übernachten/Essen und Trinken: Hotel Casino②**, www.nicaraguabeachhotel.com. Das gemütlich eingerichtete Hotel direkt am Strand hat 12 Zimmer mit Balkon oder Terrasse direkt zum Meer hinaus. Unten dümpeln die Fischerboote, während das Rauschen der Wellen und der Blick aufs offene Meer die reinste Entspannung sind. Im Restaurant des Hotels kann man es sich bei Fisch, Meeresfrüchten, *Ceviche* und anderen Delikatessen zu fairen Preisen gut gehen lassen.

Wasserfälle La Maquina und Naturschutzgebiet

Die wichtigsten Gründe, La Máquina zu besuchen, sind die **Entspannung,** die sich in der kühlen, schattigen Schlucht einstellt, und die imposanten Wasserfälle, die der Río La Trinidad hier bildet.

Auf **13 Hektar tropischen Trockenwald** schlängeln sich drei **Wanderwege** durch den Wald, Schilder erklären die lokalen Baumarten. Eine **vielfältige Tierwelt** aus Vögeln, Leguanen, Schlangen und verschiedenen Säugetieren hat hier ihre Heimat. Fledermäuse können in einer Höhle beobachtet werden.

Vom **Aussichtspunkt Indio Desnudo** („Nackter Indianer") ergibt sich ein toller Blick auf den Tropenwald und den Pazifik. In einem kleinen, günstigen Restaurant kann man sich nach dem Baden stärken.

■ **Infos:** Di bis So 8–18 Uhr, Eintritt 45 C$, Camping ist erlaubt (90 C$ p.P.).

■ **Anfahrt:** Die Wasserfälle liegen auf halbem Weg zwischen Casares und Diriamba auf der linken Seite bei km 58,5 an der Carretera nach La Boquita. Busse fahren alle 40 Min. vom Strand.

5

Nicaraguas Südwesten

Im Südwesten des Landes ballen sich mit der Isla de Ometepe im Nicaragua-See und San Juan del Sur am Pazifik zwei Highlights. Während die Insel vor allem Naturliebhaber anspricht, kommen in der chilligen Kleinstadt San Juan del Sur sportliche Naturen auf ihre Kosten: Baden, Tauchen und Schnorcheln, Surfen, Reiten und Segeln – alles ist möglich.

[<] Strand bei San Juan del Sur

ISLA DE OMETEPE UND PAZIFIKKÜSTE

Die Ometepe-Insel mit ihren beiden Vulkanen ist ein Naturparadies: Flüsse, Lagunen, Wasserfälle und einsame Strände wechseln sich ab, umgeben von einer bunten Vogelwelt. Auch Hinterlassenschaften alter Völker liegen verstreut in der Landschaft: geheimnisvolle Petroglyphen mit symbolhaften Ritzzeichen. Neben Wanderungen auf den Concepción und den Maderas sind Kanufahrten und eine Umrundung der Insel mit dem Motorrad nur zwei weitere der zahlreichen Aktivitäten.

Nicht weit von Ometepe liegt am rauschenden Pazifik das Surfer-Örtchen San Juan del Sur. Auch wenn Surfen hier natürlich die Sportart der Wahl ist, bietet das Städtchen ein breites Angebot sportlicher Alternativen – kein Wunder: Entlang der Küsten um San Juan breiten sich wunderschöne Strände aus, jeder mit seinem eigenen zauberhaften Charme.

NICHT VERPASSEN!

- **Laguna de Charco Verde:** Baden am Vulkan | 218
- **Cristo de La Misericordia:** die beste Aussicht am Südpazifik | 235
- **Simon Says Smoothie Bar:** All-you-can-eat-Frühstück am Wochenende | 243
- **Sunday Funday:** der ultimative Party-Sonntag ist in San Juan del Sur | 243
- **Playa Maderas:** Surf & Schlürf am Kult-Strandhostal Tres Hermanos | 247
- **Playa Hermosa:** der „schöne Strand" ist auch der perfekte Strand | 248

Diese Tipps sind gelb hinterlegt.

Rivas

Die **trubelige und chaotische Geschäftsstadt** ist der Transportknotenpunkt im Südwesten Nicaraguas. Überall scheint Markt zu sein, Händler verkaufen Obst, Getränke und Snacks, kleine Essensstände füllen jede Straßenecke, und an den Zufahrtsstraßen und vor allem am unübersichtlichen Busbahnhof brüllen die Busbegleiter die Namen der Zielorte. Obwohl die meisten Touristen hier nur in einen Bus oder ein Taxi nach San Juan del Sur, in Richtung der Insel Ometepe oder nach Peñas Blancas an der Grenze zu Costa Rica umsteigen, gibt es doch ein paar authentische Ecken zu besichtigen, sollte man aus welchem Grund auch immer länger hier hängen bleiben.

Sehenswertes

Museo de Antropología e Historia

Die **alte Hacienda** aus dem 18. Jahrhundert, in der heute das Anthropologische Museum untergebracht ist, war eines der ersten Gebäude, das der Freibeuter *William Walker* (siehe entsprechenden Exkurs) während seines Zuges gegen Nicaragua eroberte. Es diente ihm zudem als strategischer Rückzugsort, denn in Rivas verlor er drei Schlachten.

Die **Ausstellung** erstreckt sich über mehrere Räume. Neben der Darstellung lokaler Legenden und Mythen auf Gemälden und prähispanischen Artefakten, u.a. von der Insel Ometepe, sind der spannende Höhepunkt die Funde des intensivsten Grabungsprojektes, das je in Nicaragua durchgeführt und als **„Proyecto Santa Isabel"** zwischen 2000 und 2005 in kanadisch-nicaraguanischer Gemeinschaftsleistung realisiert wurde. Das Team grub unter der Leitung von *Prof. Geoffrey McCafferty* von der Calgary-Universität in Kanada die alte Hauptstadt der Nicaraos, **Quauhcapolca,** ein Stück nördlich von San Jorge am Lago de Nicaragua aus. Es wurden Gräber mit Grabbeigaben aus Schmuck und Geschirr gefunden, zudem Urnen, Werkzeuge, Götterstatuetten und der Kultplatz einer Fruchtbarkeitsgöttin. Die Stätte war von 1000 bis 1250 besiedelt.

■ **Infos:** Vom Markt 1 Block südlich und 1 Block östlich, tägl. 9–12 und 14–17 Uhr, Eintritt 60 C$.

Iglesia Parroquial de San Pedro

Die blau-weiß getünchte **Barockfassade** der im Jahr 1863 fertiggestellten katholischen Kirche an der Ostseite des Parque Central ist mit ihren **Säulen und Verzierungen** einen Blick wert. Die Kuppeldecke innen ziert das Gemälde einer Schlachtszene zu Wasser, angefertigt von einem deutschen Künstler. Die Altarbilder wurden extra aus Spanien in diese Kirche gebracht.

Praktische Informationen

An- und Weiterreise

Busse

Rivas hat einen zentralen, chaotischen **Busbahnhof** beim Markt. Busse halten aber auch an der Hauptstraße nahe der Uno-Tankstelle und am Abzweig zum Hafenort San Jorge (Ometepe). Am besten beim Einsteigen dem Busfahrer sagen, wohin man will, dann hält er an der Straße und vermittelt gleich zum nächsten Bus oder Taxi weiter. 1½ Blöcke nördlich der Tankstelle haben auch Transnica und Ticabus ihre Büros.

- **Managua,** 4.30–18 Uhr, alle 30 Min., 70 C$, 2½ Std.
- **Granada,** 4.30–18 Uhr, alle 45 Min., 60 C$, 1½ Std.
- **Masaya,** 5.45–21 Uhr, alle 30 Min., 60 C$, 1½ Std.
- **San Jorge (Ometepe),** alle 30 Min., 7 C$, 20 Min.
- **San Juan del Sur,** alle 30 Min., 30 C$, 45 Min.

■ **Ostional und Strände südlich von San Juan del Sur,** 11, 15 und 16.30 Uhr, 80 C$, 2–3 Std.
■ **Peñas Blancas** (Grenze zu Costa Rica), 5–16 Uhr, alle 30 Min., 25 C$, 1 Std.

■ **Internationale Busse: Ticabus** und **Transnica,** Büros von der Uno-Tankstelle 1½ Blöcke nördlich. Die Busse nach Costa Rica und Honduras halten an der Uno-Tankstelle.

Taxis

■ **San Jorge,** *Taxi colectivo* 30 C$, privat 60 C$.
■ **San Juan del Sur,** *Taxi colectivo* 50 C$, privat 7 C$.
■ **Peñas Blancas,** *Taxi colectivo* 60 C$, privat 8 C$.

Essen und Trinken

Rund um den Parque Central öffnen abends kleine Stände ihre Tore. In der Gegend gibt es auch ein paar nette Restaurants.

5 **Vila's Rosti-Pizza**②, an der Südseite vom Parque Central, tägl. 10–22 Uhr. Besseres Restaurant, man kann draußen sitzen und den Einheimischen beim Schwatz im Park zusehen. Es gibt Pizza, Steaks oder Hühnchen mit Reis. Während der Wartezeit können sich Kinder auf einem Indoor-Spielplatz vergnügen.
1 **Comilona**②, Carretera Panamericana im Barrío Gaspar, der Hauptzufahrt zur Stadt, 11–23 Uhr. Wer mal wieder ein richtiges Schnitzel essen möchte, ist hier richtig. Daneben gibt es eine vielseitige internationale Küche und Meeresfrüchte. Die Portionen sind groß, nicht umsonst heißt Comilona auf Deutsch „Fresssack" …

Nützliches

■ **Bank: BanPro,** an der nordwestlichen Ecke vom Parque Central.
■ **Einkaufen:** Der **3** **Supermercado Palí** liegt vom Parque Central einen guten Block westlich, der **2** **Markt** beim Busbahnhof.
■ **Polizei:** 4ta Ave. NO, vom Parque Central 3 Blöcke westlich und 1 Block nördlich.
■ **Apotheken: Farmacia San Andrés,** 1ra Ave. SO, 1 Block südlich vom Parque Central; **Farmacia Rivas,** Nic72, an der Ecke 1ra Calle NE.

Übernachten

4 **Hotel Nicarao Inn**②, 1ra Calle NO, vom Parque Central 1½ Blöcke nordwestlich, www.hotelnicaraoinn.com.ni. Das beste Hotel im Zentrum mit sauberen, ordentlichen Zimmern mit AC, TV, warmer Dusche, WLAN/WiFi. Es gibt einen Wäscherei-Service und eine Autovermietung.
6 **Hotel La Misión**②, 1ra Calle SO, von der Iglesia San Francisco 1 Block südlich, www.hotellamisionrivas.com. Schickes Hotel mit großem begrünten Patio und Wandelgang, an dem die geräumigen Zimmer liegen, die mit schweren Holzmöbeln eingerichtet sind. TV und Ventilator sind vorhanden.

San Jorge

Das kleine San Jorge, das wie ein Vorort von Rivas wirkt – es liegt nur 5 km entfernt –, ist der **Hafen** zur Abfahrt nach Moyogalpa bzw. San José del Sur auf der Isla Ometepe. Am Ortseingang grüßt eine kleine Statue des Häuptlings *Nicarao* über einem hölzernen Kreuz die Ankommenden. An dieser Stelle, an der das **Cruz de España** steht, fand im Jahr 1523 das erste Zusammentreffen dieses bedeutenden Häuptlings des Stammes der Niquiranos mit dem spanischen Konquistador *Gil González* statt. *Nicarao* trat

den Eindringlingen in sein Herrschaftsgebiet freundlich gegenüber. Die beiden Männer führten offenbar ein sehr philosophisches Gespräch, denn der Chronist *Pedro Mártir de Anglería* notierte nur ein Jahr später folgende Fragen, die der Indio **Nicarao** dem spanischen Eroberer gestellt haben soll: Haben Sie schon von einer großen Flut gehört, welche die Menschheit ausgelöscht hat? Wird Gott zurückkehren, um die Menschheit scheitern zu lassen? Was passiert nach dem Tod? Wie bewegen sich die Sonne, der Mond und die Sterne? Wie weit sind sie entfernt? Wann werden sie zu leuchten aufhören? Fragen, die sich die Menschen schon seit Jahrtausenden stellen und die trotz der Erkenntnisse der modernen Wissenschaften nichts von ihrer Aktualität und Relevanz verloren haben.

Wer die Nacht vor Ort verbringt, um am nächsten Tag die erste Fähre auf die Insel zu erwischen, kann sich im Schein der Sterne und mit der dunklen Silhouette der Vulkane von Ometepe den grübelnden *Nicarao* gut vorstellen.

Der spanische Eroberer Gil González trifft im Jahr 1523 auf Häuptling Nicarao

Essen und Trinken: Wer nicht erst ins Zentrum von Rivas fahren möchte, kann in einem der Restaurants am Strand von San Jorge einen Fisch mit Reis zu sich nehmen oder im Parque Central an einer der

nica058-ji

abendlichen, günstigen *fritangas* ein gegrilltes Stück Huhn oder Schwein probieren.

■ **Übernachten: Hotel Hamacas**②, 5 Ave. Sureste, 2. Querstraße vom Strand. Atmosphärisches Hotel mit Pool, Billard und natürlich Hängematten. Die Zimmer sind hell und sauber und haben Ventilator und Bad. Ein leckeres Nica-Frühstück ist im Preis inbegriffen.

■ **Weiterreise:** Fähren und Boote fahren nach einem Fahrplan (siehe weiter unten) zur Insel Ometepe, und zwar nach Moyogalpa (tägl. 8 Fähren und 6 Boote, 40/80 C$), dem größeren Hafenort, und nach San José del Sur (2 Fähren, 2 Boote), einem kleinen Pier im Süden des nördlichen Inselteils. Man wartet nie länger als 1 Stunde auf die nächste Abfahrt. Am Pier muss eine „mysteriöse" Eintrittsgebühr von 20 C$ entrichtet werden.

Isla de Ometepe

Überblick

Bereits die Anfahrt über den Nicaragua-See zur Insel Ometepe birgt etwas Geheimnisvolles, eine gewisse Magie, wenn am strahlend blauen Himmel oder im dunstigen Nebel eines regnerischen Tages die Silhouette des Vulkans Maderas (1394 m) und der perfekte Kegel des Concepción (1610 m) majestätisch in den Himmel ragen. Mit 276 km² Fläche ist Ometepe **weltweit die größte Vulkaninsel in einem Süßwassersee,** in den der Bodensee übrigens 15 Mal hineinpassen würde – womit der **Lago de Nicaragua** das zweitgrößte Binnengewässer zwischen Mexiko und Feuerland ist. Obwohl ein Besuch von Ometepe zu den Highlights einer Reise durch Nicaragua zählt, verteilen sich die Touristen dennoch so weitläufig über die grüne Insel, dass viele Sehenswürdigkeiten und Naturattraktionen einsame Fleckchen inmitten einer beinahe unberührten Natur sind.

Neben den anstrengenden **Wanderungen** zu den beiden Vulkanen ist Ometepe der perfekte Ort zum **Entspannen, Baden** oder für **Erkundungstouren** mit dem Fahrrad oder Motorrad, sodass ein paar Tage Aufenthalt ohne Weiteres eingeplant werden können.

Es gibt mit **Moyogalpa** und **Altagracia** zwei größere Ortschaften, ansonsten nur kleine Ansiedlungen und Strände, wo sich ebenfalls Unterkünfte (meist die schöneren) finden.

An heißen Tagen sind die **Wasserfälle von San Ramón** eine sehr „erfrischende

Adresse", und wenn es um einen wunderschönen Ort zum Träumen und zum Relaxen geht, dann ist **Punta Jesús María** einfach perfekt.

Geschichte

Der **Legende** nach wurde die Isla Ometepe von dem Körper bzw. den Brüsten einer wunderschönen Frau geformt (siehe Exkurs „Die Legende von Nagrando und Ometepl"). Der **Name Ometepe** stammt aus dem Nahuatl und ist zusammengesetzt aus den Begriffen *ome* (zwei) und *tepetl* (Berg, Hügel), die sich auf die beiden Vulkane beziehen. Tatsächlich bestand Ometepe **ursprünglich** aus **zwei einzelnen Inseln,** die durch Lavaströme, die bei Ausbrüchen der beiden Vulkane entstanden, zusammengewachsen sind.

Es gibt Anzeichen dafür, dass die Insel **seit etwa 1500 v.Chr. bewohnt** ist. Diese frühen Bevölkerungsgruppen, zu denen die Chorotegas und Stämme der Nahuas gehörten, hatten ihren Ursprung wahrscheinlich in Mexiko und wurden von dort von aus dem Norden einwandernden Stämmen in den Süden verdrängt. Sie blieben in Nicaragua „hängen" und siedelten sich hier an. Ometepe wurde zu ihrem **Wohn- und Zeremonialplatz.** Auf dem Maderas, so glaubten sie, sei der heilige Platz der Sonne, und der Vulkan Concepción sei ihr Bruder, der Mond. Auf der Insel wurden viele Funde an prähispanischer **Keramik** gemacht sowie große **Skulpturen** aus Basalt entdeckt, die heute auf dem Hof der Kirche von Altagracia und im Museum des Ortes sowie im Nationalmuseum und Palacio Nacional in Managua ausgestellt sind. Diese Skulpturen können den glei-

nica084-ji

chen indigenen Künstlern wie die Steinfunde auf der Zapatera-Insel zugewiesen werden, der Kultur der Chorotegas. Diese schufen auch die **Petroglyphen,** die in den Fels gemeißelten Bilder, die zahlreich auf Ometepe gefunden wurden und aus der Zeit zwischen 1000 und 300 v.Chr. stammen. Sie zeigen Tiere wie Eidechsen, Krokodile, Schildkröten und Frösche, aber auch antropomorphe Figuren und immer wieder Spiralen und Kreise.

Während der Kolonialzeit wurde die Insel zum **Zufluchtsort für Piraten.** Sie kamen aus der Karibik über den Río San Juan in den Nicaragua-See und überfielen von da aus das aufstrebende Granada. Auch die Dörfer der Bevölkerung von Ometepe wurden geplündert und ihre Frauen von den Piraten entführt, sodass sich die Inselbewohner in das Innere von Ometepe zurückzogen.

Heute ist Ometepe aufgrund der zahlreichen Naturschönheiten, der Gastfreundschaft, der herrlichen Stille, der artenreichen Flora und Fauna und natürlich der imposanten Präsenz der beiden Vulkane ein bei Einheimischen und Touristen beliebter Ort. Nur langsam passt sich die Infrastruktur der wachsenden Zahl der Inselbesucher an, grundlegend bleibt ein auf Entschleunigung und Ruhe bedachter **Ökotourismus.** Natürlich freuen sich die Ometepinos, die Inselbewohner, darüber, neben der Bananenernte und dem Fischfang auch von den Einkünften aus dem Tourismus in ihrem kleinen Paradies leben zu können.

◁ Volcán Concepción auf der Isla de Ometepe (im nördlichen Teil der Insel)

Orientierung

Die Insel hat durch die beiden Vulkane die **Form einer „8“,** wobei der Concepción den nördlichen Teil bildet und der Maderas den südlichen. Die beiden **Hauptorte Altagracia und Moyogalpa** liegen auf dem nördlichen und infrastrukturell besser erschlossenen Gebiet. Eine **Ringstraße** führt um diesen Nordteil, ist allerdings ganz im Norden zwischen San Marcos und Altagracia nicht mehr asphaltiert, sodass selbst das Motorradfahren über diesen steinigen und löchrigen Straßenabschnitt keinen Spaß macht. Der Südteil der Insel ist nur über eine Erdpiste befahrbar, entsprechend langsam geht es hier voran. Am Isthmus der Insel liegt der schöne und beliebte **Strand Santo Domingo,** wo es nette Unterkünfte und Restaurants gibt.

Achtung: Haie!

Ja, im süßen Nicaragua-See gibt es Haie! Dieser sogenannte „Nicaragua-Hai“ ist ein **Bullenhai** und kann problemlos vom salzigen Atlantik über den Río San Juan im Süden des Landes in den süßen Lago Cocibolca gelangen. Ihre Vermehrung erfolgt allerdings im Brackwasser und nicht im See. Forschern zufolge erreichen nur 10 bis 12% der Bullenhaie, die den Río San Juan aufsteigen, den Nicaragua-See, da viele Tiere „unterwegs“ Berufsfischern ins Netz gehen. In den 1970er/-80er Jahren wurden über 100 Tonnen pro Jahr gefangen und ihre Flossen beispielsweise auf dem asiatischen Markt als Aphrodisiakum verkauft. Da sich die Zahl der Tiere seitdem stark dezimiert hat, ist die **Jagd** auf die Haie inzwischen **streng untersagt.**

Übernachtung

1 Hotel Playa Santa Martha
2 Posada Chico Largo, Hotel Finca Venecia
3 Hotel Charco Verde Inn
4 Hotel El Tesoro de Pirata
7 Finca Montaña Sagrada
8 Hacienda Mérida
9 Hotel La Omaja
10 Hotel Monkey's Island
11 Finca Mystica
12 Totoco Eco-Lodge
13 Finca Magdalena
14 Casa del Bosque
15 Hostel Lazy Crab
18 Öko-Finca El Zopilote
19 Finca del Sol, Santa Cruz Hostel
20 El Encanto Garden-Hotel
21 Casa Istiam
22 Hotel Xalli
23 Hotel Villa Paraíso, Hospedaje Buena Vista
24 Hotel Finca Santo Domingo
26 Finca San Juan de la Isla
27 Hotel Finca El Chipote
31 Hospedaje Ortíz, Hotel Central

0
2 km
©Reise Know-How 2017
Nica 23
Essen und Trinken
5 Restaurante Caballito
6 Restaurante Loana
16 Café Isabel, Café Campestre, Comedor Chepito
17 El Bamboo
25 Comedor Gloriana, Natural Restaurante Vegetariano, Comedor Jackeling
30 Pizzeria Nicaro, Los Bocaditos
Nachtleben
29 Tito's Bar, Bar Copacabana
Einkaufen
28 Productos y Servicios Altagracia
LAGO DE NICARAGUA
Puerto de Gracias
Museo de Ometepe
Farmacia Jany
Polizei
ATM Procredit
Altagracia
Playa Tagüizapa
Playa Paso Real
Playa San Silvestre/Playa Calaiza
La Sabana
El Quino
El Ojo de Agua
Playa Santo Domingo
Santo Domingo
Playa San Fernando
Santa Cruz
Río Istián
Playa Santa Cruz
Sunkite School Nicaragua
Punta Gorda
Petroglyphen
Balgüe
Punta Zagagoza
Las Cuchillas
El Corozal
Vulkan Maderas
1394
Mérida
Archäologische Privatsammlung Hamilton Silva Monge
Monkey Island
Wasserfall von San Ramón
La Palma
San Pedro
Biologische Station Ometepe
Ausgangspunkt zum Wasserfall San Ramón
San Ramón
Tichaná
64
226

Abfahrtszeiten der Fähren

Von San Jorge nach Ometepe

Zeit	Fähre/Boot (Lancha)	Hafen	Preis	Sonntag
7 Uhr	Fähre *(El Che)*	Moyogalpa	60 C$	ja
7.45 Uhr	Fähre 1 *(Milton García)*	Moyogalpa	80 C$	ja
8.30 Uhr	Fähre 3	Moyogalpa	80 C$	ja
9 Uhr	Lancha *(Karen María)*	Moyogalpa	45 C$	ja
9.30 Uhr	Fähre *(Rey del Cocibolca)*	San José	80 C$	ja
10 Uhr	Lancha *(Mozorola)*	San José	45 C$	ja
10.30 Uhr	Fähre 1 *(Milton García)*	Moyogalpa	80 C$	ja
11 Uhr	Lancha *(Estrella del Sur)*	Moyogalpa	50 C$	nein
12.30 Uhr	Lancha *(Santa Martha)*	Moyogalpa	40 C$	ja
13.30 Uhr	Lancha *(Karen María)*	Moyogalpa	45 C$	ja
14.30 Uhr	Fähre 1 *(Milton García)*	Moyogalpa	80 C$	ja
15.30 Uhr	Lancha *(Estrella del Sur)*	Moyogalpa	50 C$	nein
16 Uhr	Fähre *(El Che)*	Moyogalpa	60 C$	ja
16.40 Uhr	Lancha *(Mozorola)*	San José	45 C$	ja
17 Uhr	Fähre *(Rey del Cocibolca)*	San José	80 C$	ja
17 Uhr	Lancha *(Santa Martha)*	Moyogalpa	40 C$	ja
17.45 Uhr	Fähre 1 *(Milton García)*	Moyogalpa	80 C$	ja

Von Ometepe nach San Jorge

Zeit	Fähre/Boot	Hafen	Preis	Sonntag
5.30 Uhr	Lancha *(Karen María)*	Moyogalpa	45 C$	ja
5.40 Uhr	Lancha *(Mozorola)*	San José	45 C$	ja
6.00 Uhr	Fähre 1 *(Milton García)*	Moyogalpa	80 C$	ja
6.30 Uhr	Lancha *(Santa Martha)*	Moyogalpa	40 C$	ja
6.45 Uhr	Fähre 3	Moyogalpa	80 C$	ja
7 Uhr	Lancha *(Estrella del Sur)*	Moyogalpa	50 C$	nein
7.30 Uhr	Fähre *(Rey del Cocibolca)*	San José	80 C$	ja
9 Uhr	Fähre 1 *(Milton García)*	Moyogalpa	80 C$	ja
10 Uhr	Fähre 3	Moyogalpa	80 C$	ja
11 Uhr	Fähre *(El Che)*	Moyogalpa	60 C$	ja
11.30 Uhr	Lancha *(Karen María)*	Moyogalpa	45 C$	ja
12.30 Uhr	Fähre 1 *(Milton García)*	Moyogalpa	80 C$	ja
13 Uhr	Lancha *(Estrella del Sur)*	Moyogalpa	50 C$	nein
14.00 Uhr	Fähre 3	Moyogalpa	80 C$	ja
15.00 Uhr	Lancha *(Santa Martha)*	Moyogalpa	40 C$	ja
15 Uhr	Fähre *(Rey del Cocibolca)*	San José	80 C$	ja
16 Uhr	Fähre 1 *(Milton García)*	Moyogalpa	80 C$	ja
17.30 Uhr	Fähre *(El Che)*	Moyogalpa	60 C$	ja

Um möglichst viel zu sehen, bietet sich die **Erkundung per Fahrrad oder Motorrad** an, denn die Entfernungen sind weiter, als man beim Blick auf die Karte annehmen möchte. Zudem ist der öffentliche Verkehr sehr spärlich, Taxis sind auf Dauer teuer, und per Anhalter fahren ist durch den beschränkten Verkehr nicht effizient.

Sehenswertes und Aktivitäten

Neben der Besteigung der beiden Vulkane – wobei der Concepción nicht „ganz ohne" ist – gibt es auf Ometepe **allerhand zu erleben:** Radtouren zu den beiden Hauptorten Moyogalpa und Altagracia, Museen und romantische Aussichtspunkte, Kiten auf dem Nicaragua-See, Schwimmen im Naturpark Charco Verde und an den verschiedenen Stränden wie der Playa Venecia oder der Playa Balcón, Kajaktrips zu kleinen umliegenden Inseln wie der Isla del Congo oder der Isla de Quiste (Verleih bei dort gelegenen Hotels), Wandern zum Wasserfall von San Ramón oder Reiten, z.B. zu den prähispanischen Petroglyphen (fast jede Unterkunft kann Pferde mit und ohne Guide organisieren).

Es gibt auch zahlreiche **Touranbieter,** vor allem in Moyogalpa, die all diese Aktivitäten organisieren. Auch die Hacienda Mérida auf dem südlichen Teil der „Insel-8" organisiert alles, was das Herz begehrt, sogar Segeltouren.

Für Vulkanbesteigungen ist es nach mehreren Unglücksfällen mit Touristen inzwischen obligatorisch, einen **Guide** anzuheuern. Auch für die Kajaktour auf dem Río Istián am Isthmus der Insel ist ein Führer sinnvoll. Der Rest kann auf eigene Faust erkundet werden.

Allgemeine praktische Informationen zur Insel

An- und Weiterreise

Große Fähren fahren von Granada nach Altagracia auf Ometepe, Fähren und Boote von San Jorge bei Rivas zu den Ometepe-Hafen von Moyogalpa und San José del Sur.

Boote/Fähren

Ometepe hat **drei Häfen,** an denen Fähren und Boote an- bzw. ablegen. Die großen eisernen Fähren sind etwas langsamer, transportieren auch Autos und haben etwas weniger Flair als die **hölzernen Motorboote (lancha),** wo man innen auf harten Holzbänken Platz findet oder am Bug die Nase in den Wind strecken kann. Zwischen November und Februar kann es stürmisch sein, sodass ein rauer Seegang herrscht. Wer schnell seekrank wird, sollte dann besser die Fähre nehmen. Im Gegensatz zu einigen Booten verkehren die Fähren auch sonntags (siehe Tabelle zu den Abfahrtszeiten).

- **Moyogalpa,** Fähren/Motorboote von und nach San Jorge bei Rivas, Abfahrten stündlich, Fahrzeit 60 Min./17 km, Boot 40 C$, Fähre 80 C$.
- **San José del Sur,** Fähren von und nach San Jorge bei Rivas, Fahrtzeit 80 Min./24 km.
- **Altagracia,** Fähren von und nach Granada, zu den Solentiname-Inseln und nach San Carlos.

Achtung: Bei niedrigem Wasserstand des Nicaragua-Sees wird der Fährbetrieb auf der Strecke Granada – Ometepe (Altagracia) – San Carlos eingestellt. Rechtzeitig in Granada oder San Carlos erkundigen!

In der windigen Jahreszeit von Januar bis März kann es passieren, dass Fähren aus Sicherheitsgründen zeitweise nicht fahren, da es zu stürmisch ist. An solchen Tagen besser nicht mit der letzten Fähre planen, die dann möglicherweise nicht fährt!

Flugzeug

Folgende Städte sind von Ometepe aus mit der Airline La Costeña zu erreichen:

- **Managua,** Do und So, Abflug 12 Uhr, Flugzeit 20 Min., 82 US$ inkl. Steuer.
- **San Carlos,** Do und So, Abflug 12.30 Uhr, Flugzeit 15 Min., 72 US$ inkl. Steuer.
- **San Juan de Nicaragua,** Do und So, Abflug 12.30 Uhr, Flugzeit 55 Min., 116 US$ inkl. Steuer.

Da bei niedrigem Wasserstand während der Trockenzeit die Fähre von Altagracia nach San Carlos nicht fährt, ist der Flug eine gute und schnelle Alternative.

Mit dem eigenen Fahrzeug nach Ometepe

Per Fähre kann auch das eigene Auto zur Insel Ometepe übergesetzt werden, was vor allem in der Regenzeit nur dann sinnvoll ist, wenn es sich um ein Allradfahrzeug handelt. Sonst empfiehlt es sich, das Auto am Parkplatz in San Jorge auf dem Festland abzustellen.

Wer das Auto mitnehmen möchte, sollte zuvor den Platz dafür **reservieren,** auch wenn die Fährunternehmen sagen, dass man am selben Tag auch ohne Reservierung übersetzen kann (1 Std. vor Abfahrt da sein). Die Kosten pro Strecke belaufen sich inkl. Steuern auf ca. 20 US$ plus die Tickets für die Personen.

Reservierung

- **Fähre Milton García,** Tel. 8966 4983 oder 2278 8180.
- **Fähre El Che,** Tel. 2569 4101 oder 2563 4779.

Transport auf der Insel

- **Busse** fahren von Moyogalpa etwa stündlich zwischen 5 und 17 Uhr über die Playa Santo Domingo und Altagracia zum Südteil der Insel. Die Fahrt dauert allerdings mit über 1 Stunde bis Santo Domingo recht lange. Der übernächste Strand ist Santa Cruz, von wo auch Busse entweder nach Mérida und San Ramón im Süden oder nach Balgüe und zur Finca Magdalena im Norden (einer der Ausgangspunkte zur Vulkan-Maderas-Besteigung) fahren. Sonntags verkehren allerdings kaum Busse.
- Schneller sind natürlich **Taxis,** die überall warten, wo ein Schiff ankommt – wenn man sich mit anderen Reisenden zusammentut, sicher eine gute und zügige Variante. Richtpreise ab Moyogalpa: nach Altagracia und Playa Santo Domingo 650 C$, nach Balgüe (Finca Magdalena) 800 C$, bis San Ramón 1400 C$. Wer einen günstigen Taxifahrer erwischt, kann auch weitere „Deals" mit ihm vereinbaren bzw. einen Termin für den Rücktransport ausmachen – jede Unterkunft wird den Taxifahrer zu einem beliebigen Zeitpunkt telefonisch bestellen (Telefonnummer geben lassen).
- **Auto-, Motorrad-, Fahrradvermietung:** In Moyogalpa gibt es die meisten Mietstationen, die mit 90 US$ pro Tag und Auto nicht gerade günstig sind. Vielmehr empfiehlt sich ein Fahrrad (6 US$ pro Tag), Motorroller oder Motorrad (28 US$ pro Tag), die auch am Playa Santo Domingo gemietet werden können – so muss man nicht erst nach Moyogalpa fahren, wenn hier das Hostel ist.

Der größte Teil der Straße im Norden ist gut befahrbar, während im Süden bisher nur eine Erdpiste z.B. zum Wasserfall von San Ramón führt.

〉 Die Kirche von Moyogalpa

Nützliches

- **Geldautomaten** (ATM) gibt es in Moyogalpa (4x), einen in Altagracia (nur VISA) und einen an der Playa San Fernando. **Kreditkarten** werden fast überall akzeptiert, es wird jedoch meist eine Gebühr aufgeschlagen.
- Ein **Krankenhaus** mit Basisausstattung gibt es in Moyogalpa, in Altagracia arbeitet ein **Arzt.** Bei ernsthaften Fällen muss jedoch ein Transport nach Rivas oder gar nach Managua erfolgen.

Übernachten

Die günstigsten Unterkünfte gibt es in Moyogalpa, schöne und günstige am Playa Santo Domingo und bei San José, preisintensivere und luxuriöse um Altagracia sowie in und um Balgüe auf dem südlichen Teil der Insel, hier aber auch jede Menge Fincas mit gutem Preis-Leistungsverhältnis. Ein guter, zentral gelegener Ausgangspunkt zur Erkundung beider Seiten der „Insel-8" ist sicherlich **Playa Santo Domingo,** wo auch Fahrräder und Mopeds ausgeliehen werden können.

Der nördliche Teil der Insel rund um den Concepción

Moyogalpa

Moyogalpa (3000 Einwohner) ist ein **hübsches Dorf** mit bunten Holzhäusern, ein paar netten Bars und vor allem guter Pizza. Idyllisch liegt der kleine Ort am Westufer der nördlichen Insel-8 und mutet mit seinem fröhlichen **Charme fast ein wenig karibisch** an. Majestätisch und meist mit einer zarten Schleierwolke geschmückt, erhebt sich der

nica062-ji

Moyogalpa
0 100 m
©Reise Know-How 2017
Nica 15
Übernachtung
1 Casa Mauro
6 The Landing Hotel
7 Hotel Ometepetl
15 Casa de Gio
16 Hotel Nicaraús
Essen und Trinken
3 Eiscafé Dos Volcanes
4 Chido's Pizza
8 Pizzeria Buon Appetito
9 The Cornerhouse
11 Los Ranchitos
14 Yogi's Bar
Nachtleben
10 Timbo al Tambo
12 Café Bistro Cocibolca
13 Jazz Monkey
Einkaufen/ Sonstiges
2 Supermercado Martínez
5 Ometepe Tours
64
Católica Santa Ana
Banco Lafise
BAC
Arcia
Procredit
Parque Central
Calle Sta Ana
Pier
Tank-stelle
Polizei
San Jorge
LAGO DE NICARAGUA
BanPro
Farmacia Avellán
Hospital
Calle La Paloma

Vulkan Concepción über dem Ort. Es macht Spaß, durch die schnurgeraden Straßen zu spazieren, in kleine Geschäfte und die nett gestalteten Restaurants hineinzuschauen oder am Hafen einfach dem munteren Treiben der Boote und Fischer zuzuschauen.

Vom kleinen Hafen steigt der Ort mit der Hauptstraße Calle Santa Ana gerade einmal 600 m bis zur Kirche hin an und ist dann auch schon zu Ende. Hier trifft die Straße auf die Ringstraße, die um die ganze Insel führt. Es gibt zudem einen kleinen Stadtpark, an dem einige schöne Restaurants liegen.

Moyogalpa ist ein **guter Ausgangspunkt für Inseltouren,** entweder mit einem Touranbieter oder man leiht sich ein Fahrrad oder Motorrad zur Erkundung auf eigene Faust.

Auch ein Wanderweg zur Besteigung des Vulkan Concepción, der **Sendero El Floral,** beginnt nur ein Stück nördlich von Moyogalpa (der andere startet in Altagracia).

Weltbewegendes tut sich im Dorf nicht, aber die relaxte Stimmung überträgt sich auf den Reisenden und lohnt den Besuch. Zudem gibt es Banken, eine Klinik und eine Poststation. Da das Indiowort Moyogalpa mit **„Ort der Moskitos"** übersetzt werden kann, sollte ein Mückenspray Dauerbegleiter sein und in Unterkünften auf ein Moskitonetz geachtet werden.

Die Schutzheilige von Moyogalpa ist die **heilige Ana,** Mutter von *Maria* und Großmutter von *Jesus von Nazareth.* Die kleine, gelb getünchte Kirche Católica Santa Ana in der Calle Santa Ana (Calle Real) ist ihr geweiht. Jedes Jahr vom 23. bis 26. Juli findet ihr zu Ehren ein großes **Fest** *(fiesta patronal)* statt, natürlich mit Messen, aber auch mit Stierkämpfen und traditionellen Tänzen und Trachten. In einer Prozession wird die Statue der heiligen Ana bis zum Punta Jesús María getragen, wo als Höhepunkt ein Feuerwerk entzündet wird.

Die Lage an der Westseite des Vulkans Concepción macht Moyogalpa zu einem der besten Plätze auf Ometepe, um den **Sonnenuntergang** über dem Nicaragua-See zu sehen. Ein guter Platz am Abend ist der kleine Park neben dem Fähranleger, wo man zugleich das An- und Ablegen der Boote beobachten kann.

An- und Weiterreise

- **Fähren und Boote** verkehren zwischen Moyogalpa und San Jorge, Boot 40 C$, Fähre 80 C$, jeweils einfache Fahrt, hinzu kommt eine Hafengebühr von 30 C$. Abfahrtszeiten: San Jorge – Moyogalpa 7, 7.45, 9, 10.30, 12.30, 13.30, 14.30, 15.30, 16 und 17.45 Uhr; Moyogalpa – San Jorge 6, 7.45, 11, 12.30, 16 und 17.30 Uhr.
- Auch die Anreise mit **privaten Shuttles** ist möglich; hier einige Beispiele (die Preise gelten für die einfache Strecke und 2 Pers.): Granada, 1 Std., 36 US$; León, 4 Std., 100 US$; Managua Flughafen, 2 Std., 60 US$; Managua Zentrum, 2 Std., 60 US$; Peñas Blancas (Grenze zu Costa Rica), 45 Min., 26 US$; San Juan del Sur, 45 Min., 26 US$.
- **Busse und Taxis** fahren nach 8.30 Uhr direkt vom Hafen ab, davor oben von der Kirche. Fixe Fahrpläne gibt es kaum; am besten erkundigt man sich vor Ort, wann der erste Bus abfährt und der letzte ankommt. Alle Busse fahren über Altagracia und warten hier auf weitere Passagiere, sodass es sehr lange dauert, bis man den Isthmus oder den Südteil der Insel erreicht. Abfahrtszeiten: nach Altagracia stündlich 5.30–18.45 Uhr (1 Std., 20 C$); nach Balgüe um 10.20 und 15.30 Uhr (2 Std., 30 C$), von Altagracia fahren 4x tägl. Busse nach Balgüe; nach Mérida um 8.20 und 16.30 Uhr (2½ Std., 36 C$), ein zusätzlicher Bus fährt ab Altagracia um 15.30 Uhr.

■ **Taxis** kosten vom Pier zur Finca Magdalena etwa 800 C$; am besten nach Mitfahrern suchen und die Kosten teilen.

Einkaufen

2 **Supermarkt:** Der **Supermercado Martínez** liegt am Beginn der Calle Santa Ana beim Parque Central, Mo bis Sa 7.30–20 Uhr.

Essen und Trinken

Moyogalpa kann ein gutes und breites Angebot an preiswerten Restaurants aufweisen (viele Hostels haben eigene Lokale), besonders gut schmecken hier die Pizzas.

MEIN TIPP: 9 **The Cornerhouse**①, vom Hafen 2 Blöcke östlich direkt an der Hauptstraße Santa Ana, Mo bis Sa 7–17 Uhr. DAS Frühstückslokal in Moyogalpa! Leckere Omeletts mit der Wahl zwischen verschiedenen Zutaten, dazu toll gewürzte Kartoffeln und Toast, sowie eine große Auswahl an Fruchtshakes (Banane, Mango, Ananas, Passionsfrucht, Orange). Der hauseigene Shop bietet Öko-Produkte von der Insel an.

11 **Los Ranchitos**①, vom Hafen 2 Blöcke östlich und ½ Block südlich, tägl. 7–21 Uhr. Internationale Gerichte werden in einem offenen Raum unter einem hohen, mit Bambus verkleideten Dach serviert, während im Fernsehen schnulzige Telenovelas laufen.

14 **Yogi's Bar**①, von der Kirche 1 Block westlich (in Richtung See) und 2½ Blöcke südlich, tägl. 11–20 Uhr. Burger, Sandwiches und Pommes sind hier auf der Speisekarte, zudem hausgemachte Brownies. Abends werden Filme gezeigt und füllen so das spärliche Entertainment-Programm des Ortes.

3 **Eiscafé Dos Volcanes**①, gegenüber der Bank BanPro Credit an der Hauptstraße, tägl. 11–20 Uhr. Eis am Stiel, Eis in der Waffel, Eis in der Schale – das Angebot ist hier groß, und verschiedene Sorten gibt es auch. Streusel oben drauf, und das Geschmackserlebnis ist perfekt!

nica063-ji

Mein Tipp: 4 **Chido's Pizza**②, von der BanPro Credit 1 Block östlich und ½ Block nördlich, tägl. 17–21 Uhr. Sehr gute hausgemachte Pizza wird hier ganz frisch zubereitet und auf einer gemütlichen Terrasse serviert. Dazu einen leckeren Saft oder ein kühles Toña-Bier – das Leben kann so schön sein!

Mein Tipp: 8 **Pizzeria Buon Appetito**②, vom Hafen wenige Meter östlich an der Hauptstraße, tägl. 17–21 Uhr. Das Speisenangebot reicht von Pizza über Pasta bis hin zu Meeresfrüchten und Fisch. Alles lecker und frisch! Beim Essen lässt sich ganz entspannt das Treiben auf der Straße beobachten.

Nachtleben

Viel ist nachts nicht los auf Ometepe, und auch in Moyogalpa gibt es nur wenige Adressen, wo man „Party machen" kann. Filme werden in Yogi's Bar gezeigt.

12 **Café Bistro Cocibolca,** vom Hafen 3½ Blöcke östlich und 1 Block südlich. Hier wird am Wochenende die Musik etwas lauter gedreht, sodass eine Art „Disco-Atmosphäre" entsteht.

13 **Jazz Monkey,** direkt an der Ringstraße Nic64 1½ Blöcke südlich des Abzweigs zur Calle Santa Ana, Di bis So 11–23 Uhr. Lounge und Bar mit einer Terrasse zur Straße und einem kleinen Garten mit Springbrunnen. Ab und zu spielt Live-Musik und es werden kühles Bier und Cocktails serviert. Die Bar ist auch ein beliebter Treffpunkt für Einheimische.

10 **Timbo al Tambo,** vom Hafen 2½ Blöcke östlich, Di bis Sa ab 15 Uhr bis in die Nacht. DIE Bar in Moyogalpa: Einheimische und Touristen treffen sich hier auf ein paar Drinks und können mit den Jugendlichen des Ortes das Tanzbein schwingen.

☐ Moyogalpas Hauptstraße Santa Ana ist gerade einmal 600 m lang

Nützliches

- **Infos und Agenturen:** Die meisten Touranbieter für sämtliche Attraktionen auf Ometepe befinden sich in Moyogalpa, z.B. 5 **Ometepe Tours,** www.ometepe-tours.com. Alle organisieren auch den Transport vor Ort oder private Transfers von Granada und anderswo zur Fähre in San Jorge.
- **Polizei:** Vom Pier 3 Blöcke östlich und 1 Block südlich, Tel. 2569 4231.
- **Banken** (alle in der Calle Santa Ana): **Banco Lafise,** vom Pier 200 m östlich; **Procredit,** vom Pier 3 Blöcke östlich; **BAC,** neben Procredit.
- **Krankenhaus: Hospital Moyogalpa,** an der Ringstraße, vom Parque Central 3 Blöcke südlich, Tel. 2569 4247.
- **Apotheke: Farmacia Avellán,** an der Ringstraße gegenüber dem Hospital Moyogalpa, Mo bis Sa 8–20 Uhr, So 10–20 Uhr.
- **Internet: Arcia,** Calle Santa Ana, vom Pier 2½ Blöcke östlich, 30 C$ pro Std.
- **Wäscheservice** bieten die meisten Unterkünfte an, oder sie wissen, wer wo wäscht.
- Eine **Tankstelle** findet sich 1 Block östlich vom Pier.

Übernachten

Moyogalpa ist ein guter Standort für alle, die nicht viel Zeit für die Insel eingeplant haben. Günstige und passable Unterkünfte gibt es hier, auch wenn die schöneren Hostels und Hotels an den Stränden liegen. Übernachtungen bei Einheimischen bieten sich am Playa Puesta del Sol in der Gemeinde La Paloma nur 1,5 km südlich vom Moyogalpa.

6 **The Landing Hotel**①, an der Hauptstraße Calle Santa Ana, vom Hafen 50 m östlich, www.thelandinghotel.com. Bestes Preis-Leistungsverhältnis vor Ort! Für jeden ist hier was dabei: vom Apartment oder Bungalow über originelle, helle Zimmer mit Bad und Ventilator/AC bis zu Dorms und Hängematten verteilt über drei Etagen und den schönen Garten. So kann man sich hier durchaus wohlfühlen und „abhängen". Eine gemütliche Dachterrasse gibt

es außerdem. Gute Auswahl an verschiedenen Frühstücksmenüs, WLAN/WiFi ist vorhanden. Das freundliche Personal verwirklicht auch alle Tour-Wünsche.

15 **Casa de Gio**①, 2½ Blöcke südlich der Kirche. Einfache, aber saubere Zimmer mit Ventilator und Bad, es gibt auch Familienzimmer. WLAN/WiFi, Gemeinschaftsküche und ein Garten sind vorhanden.

1 **Casa Mauro**①, 300 m nördlich der Kirche. Saubere, zweckmäßige Zimmer mit Gartenblick, Ventilator und Bad. Mit WLAN/WiFi, Gemeinschaftsküche und Patio. Ein Wäscheservice wird angeboten.

16 **Hotel Nicaraús**②, 50 m südlich vom Krankenhaus in Richtung See, flores68@hotmail.com. Größeres Hotel mit Pool, Parkplatz, Restaurant und Auto- bzw. Quadverleih. Die Zimmer sind etwas dunkel, aber geräumig mit großen Betten, Bad, TV, AC und WLAN/WiFi.

7 **Hotel Ometepetl**③, an der Hauptstraße Calle Santa Ana, vom Hafen etwa 50 m östlich. Großzügige Anlage mit Garten und Pool, saubere Zimmer mit Bad und Ventilator, WLAN/WiFi und Fahrradverleih.

Vulkan Concepción

Mit 1610 m ist der Concepción der **zweithöchste Vulkan in Nicaragua** und mit seinem wunderschönen konischen Gipfel **einer der schönsten Vulkane Lateinamerikas.** Er ist **aktiv,** was seine durch Geröllawinen entstandenen kahlen, oberen Hänge mit den schleierhaften Rauchschwaden und die kleinen Lavaströme bezeugen. Nachdem der Vulkan Hunderte von Jahren geschlafen hatte, brach er 1880 wieder aus und räuspert sich seitdem immer wieder, wobei er stetig an Höhe zunimmt. Die letzte Eruption war 1957. 2010 stieß er eine mächtige Aschewolke in die Luft, die bis nach Rivas „herabregnete“. Sein indigener Name lautet **Omeyatecigua,** doch die katholischen Spanier tauften den Berg nach dem christlichen Ereignis der unbefleckten Empfängnis *(inmaculada concepción)* der Jungfrau Maria um.

Aufstieg

Drei anspruchsvolle Wege führen auf den Concepción, zwei starten nördlich von Moyogalpa, der eine in La Concepción, der andere, der beliebtere Trail (El Floral), in La Flor; der dritte Aufstieg beginnt bei Altagracia in La Sabana.

nica059-ji

Der erste Abschnitt am unteren Bereich des Vulkans führt über aschegedüngte, fruchtbare Felder, auf denen Bananen, Tabak und Getreide gedeihen, und die landesweit dank der relativ regelmäßigen Eruptionen am ertragreichsten sind. Weiter geht es durch Trockenwald, der bis zu einer Höhe von 800 m wächst. Danach gibt es keinen Schatten mehr und der Weg geht langsam in Lavageröll über, das den Wanderer bis zum Gipfel begleitet. Es wird steiler und steiler, und der Wind weht stärker und kühler. **Ordentliche Wanderschuhe, eine Windjacke und eine gute körperliche Verfassung sind ein Muss!**

Oben angekommen, kann man in den schroffen Krater hineinblicken, während stickiger Schwefeldampf emporsteigt. Falls man das Glück hat, einen wolken-

Inselerkundung mit dem Motorrad vor der Kulisse des Vulkans Concepción

freien Tag zu erwischen, ergibt sich eine berauschende Rundumsicht über die Insel und weit über das Festland hinweg. Meist ist der Gipfel des Concepción allerdings wolkenverhangen, sodass nur der Blick in den Krater bleibt und manchmal nicht einmal das.

Infos: Der Aufstieg dauert insgesamt ca. 10 Std., kostet ca. 600 C$ p.P., ein Führer ist obligatorisch.

Playa Puesta del Sol

Völlig ruhig und entspannt ist es an diesem Strand, von dem aus – der Name ist Programm – ein **fantastischer Sonnenuntergang** zu beobachten ist.

Das Besondere hier ist vor allem die Möglichkeit eines **Aufenthalts bei Einheimischen.** Mehrere, sehr gastfreundliche Familien haben sich zusammengeschlossen und bieten im Rahmen eines kommunalen Ökotourismus Zimmer, Essen und Ausflüge über die Insel an. Die Zimmer sind einfach, aber sauber und haben Moskitonetz und Ventilator. Unter einem Schatten spendenden Dach baumeln Hängematten, Picknicktische stehen bereit, es gibt einen Platz für Beach-Volleyball, WLAN/WiFi steht zur Verfügung sowie ein kostenloser Fahrrad- und Kajakverleih. Auch Mopeds können ausgeliehen werden. Das Essen, das von den Familien zubereitet wird, ist sehr lecker und günstig (ca. 170 C$). Man kommt mit den Gastgebern ins Gespräch, erfährt viele Geschichten über die Insel und kann dabei auch noch Spanisch trainieren. In einem kleinen Laden gibt es zudem Wasser, Bier, Wein und Snacks zu kaufen. Eine empfehlenswerte Urlaubsoption!

Anfahrt: 1,5 km südlich von Moyogalpa liegt die Gemeinde La Paloma; hier von der Schule aus 1 Block westlich in Richtung See fahren und dann noch einmal 100 m südlich.

Punta Jesús María

4 km südlich von Moyogalpa liegt am Ende einer Sandbank die Punta Jesús María, ein **Aussichtspunkt,** der einen herrlichen Blick auf Ometepe bietet. In der Trockenzeit kann man die Sandbank etwa 1 km auf den Nicaragua-See hinaus wandern, wobei von beiden Seiten das Wasser auf den Sand schwappt. Wasservögel ruhen sich hier gerne aus, auch wenn sie dabei sicherlich weniger Wert auf den fantastischen Blick legen, der sich am Ende der Sandbank auf Ometepe und seine beiden Vulkane ergibt. Bei dem **herrlichen Sonnenuntergang,** der von hier aus sehr gut zu sehen ist, wirkt die Insel besonders geheimnisvoll. In der kleinen Bucht lässt es sich zudem fantastisch baden, denn das Wasser ist hier schön ruhig.

Anfahrt: Von Charco Verde/San José del Sur sind es ca. 6 km in Richtung Moyogalpa. Von der Hauptstraße geht es noch 1,5 km auf einer baumbestandenen Straße bis zum Ufer. Aus Altagracia kommend, weist ein Schild 4 km hinter Moyogalpa auf den Aussichtspunkt hin.

Esquipulas

Die kleine **Kunstgalerie** *(Galeria de Arte)* des Fotografen *Carlos Vargas* zeigt Gemälde aus der Region, die auch erworben werden können. Wem eine Postkarte davon reicht, bekommt auch diese.

Infos: Gemeinde Esquipulas, 4 km südlich von Moyogalpa unweit des Punta Jesús María, Mo bis Sa 9–18 Uhr, So 9–12 Uhr.

Museum El Ceibo

Das Museum ist sehr interessant für all jene, die sich für **prähispanische Volksgruppen und ihre archäologischen Artefakte** auf Ometepe interessieren, denn hier sind zahlreiche Funde der Insel ausgestellt, darunter bemalte Keramiken, Felszeichnungen (Petroglyphen) und andere Gegenstände. Es gibt auch eine umfangreiche **numismatische Abteilung** (Münzsammlung). Die Mitarbeiter vor Ort kennen sich sehr gut mit der Geschichte und den Fundsachen aus und begleiten den Rundgang, wenn das gewünscht wird. In einem Gewölberaum leben Hunderte von **Fledermäusen,** die auch gerne gezeigt werden. Achtung: Luft anhalten, es stinkt extrem!

Infos: 9 km südlich von Moyogalpa hinter der Gemeinde Sacramento in Richtung Punta El Refugio (ausgeschildert), Eintritt 230 C$, Rundgang ca. 1 Std. Es gibt hier auch Übernachtungsmöglichkeiten in großen, geräumigen Bungalows③ mit AC, WLAN/WiFi und heißem Wasser.

San José del Sur

Die **Ansammlung von Häusern und Hüttchen** verdient kaum den Titel eines Dorfes, doch immerhin gibt es einen Fußballplatz, und auch die Fähren legen hier an einem kleinen **Pier (Puerto de Brisas)** an, während die Einheimischen mit Netzen auf Fischfang gehen. Schön ist der kleine Strand ein Stückchen nördlich des Fährhafens mit einer netten Unterkunft (günstig, um die erste Fähre um 7.20 Uhr nach San Jorge zu erwischen), und auch die Umgebung hat ein paar Sehenswürdigkeiten zu bieten.

An- und Weiterreise

Am Ufer von San José liegt die kleine Fähranlegestelle Puerto de Brisas. 2x täglich kommen hier Fähren an und fahren wieder nach San Jorge auf dem Festland ab. Taxis warten am Pier auf Fahrgäste.

Fähren und Boote *(lancha)* verkehren zwischen San José und San Jorge, Fähre 80 C$, Lancha 40 C$ (jeweils einfache Fahrt) plus Hafengebühr von 30 C$, 40 Min. Abfahrtszeiten: San José – San Jorge 7.20 und 15.20 Uhr (Fähre); San Jorge – San José 9.30 und 17 Uhr (Fähre), 10 und 16.40 Uhr (Lancha).

Busse von Moyogalpa auf dem Weg nach Altagracia halten auch am Abzweig nach San José sowie an allen weiteren Abzweigungen zu Stränden oder ins Naturschutzgebiet Charco Verde.

Bei der Ankunft in San José warten ein paar **Taxis,** um die Reisenden an die umliegenden Strände zu chauffieren. Am besten nach anderen Touristen Ausschau halten, um sich eventuell die Kosten teilen zu können (zum Playa Santo Domingo werden ca. 200 C$ fällig).

Wer weiter zum Südteil der Insel-8 möchte, kann auch per **Speedboat** von San José nach Mérida übersetzen: Fahrzeit 30 Min./10 km, Abfahrt um 10.45 Uhr (Anschluss an die Fähre um 9.30 Uhr von San Jorge) und 18 Uhr (Anschluss an die Fähre um 17 Uhr von San Jorge). Das Angebot wird von der Hacienda Mérida organisiert und kostet für 1 bis 2 Pers. 1500 C$ pro Boot, für 3 bis 4 Pers. 600 C$ p.P.

Übernachten

1 Hotel Playa Santa Martha②, am nördlichen Ende von San José, Abbiegung gegenüber dem Parque Central. Schöne, gepflegte Anlage mit einfachen Bungalows direkt am Strand, mit Bad und Ventilator, nur 5 Min. Fußweg von der Fähre. Bei der

Zimmerwahl die Matratzen prüfen, denn manche sind durchgelegen. In dem großen, offenen Restaurant-Bereich mit WLAN/WiFi sitzt man abends gemütlich. Zahlung per Kreditkarte möglich.

Playa Venecia

Dieser **schöne Strand mit ruhigem Wasser** ist ideal zum Baden, Schwimmen und Kajakfahren. Ein bisschen aufpassen muss man, vor allem bei niedrigem Wasserstand, da sich ein paar Felsen unter Wasser befinden.

Übernachten

2 **Posada Chico Largo**②, vom Puerto Las Brisas 1 km östlich, www.hotelchicolargo.com. Die neueren Zimmer im hinteren Haus des Hotels sind geräumig und recht sauber, wenn auch nicht in optimalem Zustand. Die Anlage und der Garten sind schön und gemütlich mit Hängematten und Schaukelstühlen. Das Ambiente ist familiär, da die Rezeption gleichzeitig das Wohnzimmer der Besitzer ist. Das Essen im hoteleigenen Restaurant ist sehr gut und preiswert.

2 **Hotel Finca Venecia**③, gleich neben der Posada Chico Largo, www.hotelfincavenecia.com. Doppelstöckige, schöne und geräumige Cabañas mit Terrasse/Balkon. Die Zimmer sind sauber und haben Mückengitter, AC und ein eigenes Bad. Die Lage direkt am See ist fantastisch, die Sonnenuntergänge sind es auch. Zu empfehlen sind die oberen Zimmer, will man keine Schritte von den Nachbarn oben hören. Im hoteleigenen Restaurant kann bis 20 Uhr (gutes) Essen bestellt werden, die Bar schließt spätestens um 22 Uhr. Touren und Pferdeausflüge können organisiert werden.

Reserva Natural de Charco Verde und Laguna de Charco Verde

Friedlich, wunderbar **windstill und ruhig** ist es am Ufer der Laguna de Charco Verde im gleichnamigen Naturreservat.

Ein Pakt mit dem Teufel

Viele Geschichten kursieren über Charco Verde unter den Bewohnern von Ometepe, eine jedoch kennt jedes Kind. Sie wird von Generation zu Generation immer ein wenig abgewandelt weitergegeben – die **Legende vom Chico Largo:** Es war einmal ein alter, sehr großer und dürrbeiniger Hexer, der auf einem Berg, dem Cerro Chico Largo, nahe dem Naturschutzgebiet Charco Verde wohnte. Er war einen Pakt mit dem Teufel eingegangen und trieb sein Unwesen auf den einsamen Wegen um die Finca Venecia. Viele arme und kranke Leute kamen zu ihm und boten ihre Seele für Genesung und Reichtum an. Aber anstatt ihnen das Versprochene zu gewähren, verwandelte er sie in Kühe – die Metzger in der Umgebung behaupten, manche ihrer geschlachteten Tiere hätten Goldzähne gehabt. Man erzählt sich auch, auf dem Grund der Lagune liege ein Ort namens **El Encanto,** und dort würden die Seelen der Leute hausen, die um Charco Verde herum Früchte gestohlen oder gewildert haben. Zur Strafe würden auch sie in Tiere verwandelt. Noch heute behaupten Einheimische, den Chico Largo ab und an beim Fischen oder Schwimmen in der Lagune zu sehen, vor allem in der Dämmerung …

Inmitten des 20 Hektar großen Gebiets aus tropischem Trockenwald liegt die **grün schimmernde und sagenumwobene Lagune.** Sie verdankt ihre intensive Farbe den vielen Algen, die im Wasser wachsen. In prähispanischer Zeit hielten hier Indígenas ihre Zeremonien und Opferrituale ab. Heute genießt man vor allem die absolute **Ruhe und Ursprünglichkeit der Natur.** Wer keine Angst hat, dem „Chico Largo" (siehe nebenstehenden Exkurs) zu begegnen, kann auf einem schönen Rundwanderweg, der am Hotel Charco Verde Inn beginnt und um die Lagune führt, mit etwas Glück verschiedene Affenarten und farbenprächtige Vögel beobachten. Nach einer Weile erreicht man einen schmalen, weißen Sandstrand, die **Playa Baleón,** wo man ausgezeichnet baden kann, den Vulkan Maderas direkt vor Augen. Dem Strand gegenüber liegt die kleine **Insel Quiste,** die zu Erkundungstouren per Kajak einlädt. Dort kann auch gezeltet werden. Das Inselchen ist ein ausgezeichneter Flecken, um Vögel zu beobachten.

■ **Infos:** Eingang und Infotafel am Hotel Charco Verde, Eintritt 50 C$.

Übernachten

Die meisten Hotels in und um Charco Verde liegen am See, man kann Zimmer und Cabinas direkt am Strand bekommen. Viele Hotels vermieten Kajaks und bieten Bootstouren an, z.B. zur Isla Quiste.

3 Hotel Charco Verde Inn③, www.charcoverde.com.ni. Komfortable Bungalows mit Doppel- oder Familienzimmern mit Bad, Terrasse mit Hängematte oder Liegestühlen, AC und WLAN/WiFi. Das überdachte Restaurant mit Blick auf den See bietet internationale Küche und Gerichte mit frischem Fisch aus dem See, verschiedene Weine und Bier.

■ Zu empfehlen sind auch die Unterkünfte auf den **Fincas Verdes,** traditionelle Haciendas, die ökologische Landwirtschaft betreiben und neben einem Einblick in das Landleben auch Familienanschluss bieten.

Mirador del Diablo

Der **Aussichtspunkt** Mirador del Diablo liegt auf einer Anhöhe über dem Naturschutzgebiet Charco Verde und bietet einen fantastischen Blick über die Insel. Für den Aufstieg am besten im Hotel Charco Verde Inn nach dem genauen Weg fragen. Oben befindet sich die **Canopy-Anlage** von Chico Largo Adventure, geführt von zwei enthusiastischen jungen Männern der Insel, die sehr auf die Sicherheit ihrer Gäste achten. Es gibt zehn Ziplines über eine Gesamtlänge von 2,5 km, zehn Plattformen, eine Hängebrücke und ein paar Specials („up side down – kopfunter") für den ultimativen Adrenalin-Kick.

■ **Infos: Chico Largo Adventure,** Touren starten um 8.30, 10, 11.30, 13, 14.30 und 16 Uhr, adventure@chicolargo.net.

Übernachten

4 Hotel El Tesoro de Pirata②, 2 km östlich von Charco Verde und unweit des Mirador del Diablo, vom Abzweig nach Sincapa ist es noch knapp 1 km zu Fuß bis zum Strand und dem Hotel. Malerische Lage am Strand mit großen, alten Bäumen in einer ruhigen Bucht mit Blick auf den Vulkan Maderas. Es gibt DZ mit und ohne AC, Betten im Schlafsaal werden sehr günstig angeboten. Der Pool des Hotels steht nicht immer zur Verfügung, das Restaurant schon. Trips per Boot und Angeltouren werden angeboten.

Playa Santo Domingo und Playa San Fernando

Am Isthmus zwischen den beiden Vulkanen gelegen, ist der Playa Santo Domingo **einer der beliebtesten Strände** auf Ometepe. Am Ufer waten oft Reiher und weiße Ibisse, die im flachen Wasser Fische fangen. An dem schönen, 4 km langen Sandstrand, der am südlichen Ende zum Playa San Fernando wird, gibt es **gute Unterkünfte** bzw. einige bessere Hotels sowie ein paar Bars und Restaurants. Sämtliche Touren können organisiert werden, es gibt einen Fahrrad- und Motorradverleih, Pferdetrips werden angeboten, spannende Umgebungsziele liegen in der Nähe. Somit ist der Strand ein guter Ausgangspunkt für die Erkundung der Insel. Allerdings ist es auf dieser Seite windiger als auf der Westseite, sodass beim Baden mit ein paar Wellen gerechnet werden muss, dafür ist es flach und ohne störende Steine im Wasser.

Aktivitäten

- **Fahrrad- und Motorradverleih:** Auf der gegenüberliegenden Straßenseite am Playa Santo Domingo; ein Motorrad kostet 900 C$ für 24 Std., ein Fahrrad 150 C$ pro Tag. Auch der Comedor Gloriana verleiht Motorräder, die sich insbesondere für die Straßen im Südteil der Insel mehr empfehlen als Mopeds.
- **Pferdeverleih:** bei der Finca Santo Domingo für 120 C$ pro Std.
- **Canopy Sendero Los Monos,** gegenüber der Finca Santo Domingo: sechs Plattformen und 500 m Zipline-Vergnügen für 300 C$ p.P.

Essen und Trinken

Fast jede Unterkunft hat ihr eigenes Restaurant. Am Nordende des Playa Santo Domingo haben sich ein paar preiswerte Restaurants etabliert.

25 **Natural Restaurante Vegetariano**①, am Nordende des Playa Santo Domingo, gleich am Abzweig zum Strand, tägl. 8–21 Uhr. Uriges Palapa-Restaurant mit gutem Frühstück wie Omeletts und Pancakes, mit leckeren Smoothies und vegetarischen Gerichten am Abend, das Curry ist besonders empfehlenswert. Dazu gibt es eine kleine Auswahl an Weinen und Bier. Der Service lässt allerdings etwas zu wünschen übrig, und die Zubereitung der Speisen dauert lange. Es ist hier angeraten, mit Córdobas zu zahlen, da ein schlechter Wechselkurs für den Dollar genommen wird.

25 **Comedor Jackeling**②, tägl. 7–21 Uhr. Kleines Restaurant mit Holzmobiliar und verschiedenen Fleisch- und Fischgerichten, aber auch Angeboten für Vegetarier wie Spaghetti mit Gemüse. Beim Frühstück schauen gerne einmal *Urracas* vorbei, elsterartige Vögel mit einem langen Schwanz, und lassen sich aus der Hand füttern. Es gibt WLAN/WiFi, und man kann mit Kreditkarte bezahlen. Ein einfaches Zimmer wird vermietet.

25 **Comedor Gloriana**②, gleich neben dem vegetarischen Restaurant, tägl. 7–21 Uhr. Im Vergleich zu den anderen Lokalen ein recht großes Restaurant mit Holzmöbeln und Betonfußboden. Die Außenterrasse mit Blick auf den See ist ganz kultig. Nica- und internationale Küche sowie frischer Fisch aus dem See. Hier werden auch Motorräder vermietet. Kreditkartenzahlung ist möglich.

Übernachten

Die meisten Unterkünfte liegen am nördlichen Ende der Playa Santa Domingo. Es gibt eine gute Auswahl besserer Strandhotels mit schönen Zimmern und Cabinas sowie romantische Bars und Restaurants. Eine einfache Unterkunft ist das Buena Vista. Auch an der Playa San Fernando stehen einige kleine Hotels zur Verfügung und sogar ein Geldautomat.

MEIN TIPP: 23 **Hospedaje Buena Vista**①, nahe dem Abzweig von der Nic64 zum Playa Santo Domingo, direkt am Strand. Schöne, urige, farbenfrohe und günstigste Anlage mit mehreren, um einen

Garten angelegten Zimmerchen im Bungalow-Stil. Die Zimmer sind einfach, aber verfügen über ein Bad, Moskitonetz und WLAN/WiFi. Überall baumeln Hängematten und -stühlchen für Kleinkinder. Ein wunderbarer Ort zum Relaxen! Der freundliche Besitzer bestellt auch gerne ein Taxi oder ruft den Taxifahrer seines Vertrauens an.

24 **Hotel Finca Santo Domingo**②, ein Stück südlich des Buena Vista, www.hotelfincasantodomingo.org. 17 Zimmer in kleinen Bungalows mit Bad, die über das weitläufige Gelände verteilt sind, Zimmer 3 und 4 haben den besten Blick auf den Strand. Leider sind die Betten etwas durchgelegen, am besten vorher kurz testen. Das Restaurant bietet exzellente Gerichte, Touren werden organisiert.

23 **Hotel Villa Paraíso**③, noch ein Stück weiter südlich des Buena Vista, www.villaparaiso.com.ni. Schöne Bungalowanlage am breitesten Strandabschnitt des Playa Santo Domingo und beste Unterkunft an diesem Ort. Alle Bungalows sind in einem Ziegel-Holz-Mix errichtet und haben ihre eigene Terrasse mit Hängematte. Die Zimmer verfügen über AC, TV und ein Bad mit warmem Wasser. Am Strand stehen Liegestühle und Sonnenschirme aus getrockneten Palmenblättern. Das Restaurant bietet ein umfangreiches Menü, von der nicaraguanischen Küche über Spezialitäten des Hauses bis hin zu Fisch aus dem Nicaragua-See. Es gibt einen Touren- und einen Taxiservice.

21 **Casa Istiam**②, Playa San Fernando, nahe der Mündung des Río Istián, www.hotelistiam.blogspot.de. Einfache, bunt bemalte Zimmer, auch Familienzimmer und Dorms, AC-Zimmer sind teurer als Zimmer mit Ventilator. Umfangreicher Service: Restaurant (6–20 Uhr) und Bar (12–21 Uhr), Fahrrad- und Pferdeverleih, Touren, WLAN/WiFi.

22 **Hotel Xalli**④, Playa San Fernando, direkt am Strand, www.xallihotel.com. Schickes Strandhotel mit modernen, geräumigen Zimmern. Freundliches, aufmerksames und engagiertes Personal (findet man nicht überall). Das Restaurant bietet frisch zubereitete Speisen der lokalen Küche bis zu europäischen, amerikanischen und veganen Gerichten.

Wanderwege

Um den Strandabschnitt Playa Santo Domingo und Playa San Fernando gibt es einige schöne Wanderwege. Der felsige **Naturpfad Peña Inculta** (1,5 km, Eintritt 750 C$) führt über vulkanisches Gestein (gute Schuhe anziehen) durch einen Auenwald mit riesigen alten Bäumen, wo sich sehr früh am Morgen viele Sittiche, Papageien und Affen tummeln. 63 Vogelarten leben hier, darunter der vom Aussterben bedrohte **Gelbkopfamazonen-Papagei** – leise laufen und aufmerksam schauen, dann lassen sich einige Exemplare beobachten. Der Weg startet am nördlichen Ende von Santo Domingo und endet gegenüber dem Hotel Villa Paraíso.

Ein anderer Weg (20 Min.) führt vom Hotel Casa Istiam zum Oberlauf des Río Istián mit seiner vielfältigen Vogelwelt.

Die besten Strände auf Ometepe

Playa Santo Domingo | 220

Am Isthmus **zwischen den beiden Vulkanen** liegt dieser lange, ruhige Sandstrand mit schönen Unterkünften, guten Restaurants und Bars sowie spannenden Ausflugsmöglichkeiten.

Playa Puesta del Sol | 216

Der ultimative Strand für alle Fans von **Sonnenuntergängen!** Gute und günstige Übernachtungsmöglichkeiten bei lokalen Familien unweit von Moyogalpa.

Playa Baleón | 219

Kleine Bucht im Wald, herrlich zum Baden mit Blick auf den Vulkan.

Río Istián

Der langsam fließende Río Istían durchschneidet den Isthmus von Ometepe und ist **eine der besten Vogelbeobachtungsstellen** auf der Insel. Dicke Pflanzenteppiche treiben auf dem Wasser, knorrige Bäume ragen am Ufer empor und strecken ihre schweren Äste über das Wasser, dicht bewachsen mit Lianen und Flechten. Hier leben viele Wasservögel, etwa Reiher, Ibisse, Pfeifgänse und Jacanas.

Am besten ist der Fluss **per Kajak oder Ruderboot** zu **erkunden,** die von Einheimischen gemietet werden können. Ein guter Startpunkt ist Mérida auf dem Südteil der Insel. Von hier aus sind es 3 km über den Nicaragua-See bis zur Flussmündung. Am besten früh aufbrechen, bevor gegen 11 Uhr Wind aufkommt – über den offenen See gegen den Wind zu paddeln, ist sehr mühsam. Nach etwa 70 Min. ist die Mündung des Río Istián erreicht – und Stille tritt ein. Während das Kajak durch das Wasser gleitet, fliegen Vögel vorbei, Schildkröten sonnen sich auf altem Gehölz, Brüllaffen verstecken sich in den Baumkronen. Im Sumpfland leben auch Kaimane, doch die Reptilien sind sehr scheu und lassen sich nur selten blicken (Kaimane sind wesentlich kleiner als Krokodile und greifen Menschen nicht an). Hin und zurück dauert die Tour etwa 4 Std. In der Trockenzeit (Februar bis April) sind manche Flussarme zu flach, um mit dem Kajak durchzukommen. In der Regenzeit hingegen (Oktober) ist es oft zu stürmisch zum Paddeln.

Wer sich das Paddeln über den See ersparen will, kann sich mitsamt Kajak per Motorboot bis zur Flussmündung bringen lassen. Einheimische Führer wissen gut Bescheid, wann und wo welche Tiere zu beobachten sind.

Infos: Kajakverleih/-touren in Mérida über das Restaurant Caballitos del Mar, 500 C$ p.P.

Kleine Vogelkunde

Es leben viele Vogelarten auf Ometepe, darunter auch ganz seltene. Daran erkennt man die wichtigsten und schönsten:

- **Gelbkopfamazone:** Ein grüner Papagei mit gelbem Fleck über dem Schnabel, Körperlänge 35–38 cm, laute Stimme.
- **Glockenvogel** (Dreilappenkotinga): Weiß von Brust bis Kopf, braun der Rest, Körperlänge 25–30 cm, glockenähnlicher Ruf.
- **Purpurkehlnymphe:** Kleiner Kolibrivogel mit schwarz-grün schillerndem Gefieder und einem langen Schnabel.
- **Urraca:** Elstervogel mit weißer Brust, blauem Deckgefieder und langem schwarz-blauen Schwanz, mehrere Kopffedern.

El Ojo de Agua

2 km vor dem Playa Santo Domingo (aus Richtung Altagracia) befindet sich auf der rechten Seite die Abzweigung zum Ojo de Agua, **zwei Schwimmbecken** inmitten des Waldes. Im mineralhaltigen, erfrischenden und **glasklaren Wasser,** das aus 35 unterirdischen Quellen tritt, kann man fantastisch baden und sich eine erholsame Abkühlung verschaffen. Die Wassertemperatur in den fast 2 m tiefen Pools beträgt zwischen 22 und

28°. Das untere Becken ist über 40 m lang, sodass man richtig gut schwimmen kann. Manchmal schauen Brüllaffen in den umstehenden Bäumen vorbei. Es gibt **Umkleidekabinen, WCs und ein kleines Restaurant.** Rund um das Becken stehen Liegestühle und Tischchen aus Holz, an denen freundliche Kellner bedienen. Manchmal ist das „Wasserauge", so die deutsche Übersetzung, ziemlich voll, und dementsprechend laut geht es dann zu. Wer aber das Glück hat und auf wenige Leute trifft, kann den Zauber dieses Ortes genießen, der eine Wohltat für Körper und Geist ist.

Infos: Es gibt zwei Eingänge; von Playa Santo Domingo sind es 2 km auf der Straße in Richtung Altagracia, dann biegt links ein Fußweg ab und nach ca. 800 m folgen die Schwimmbecken. Von Altagracia sind es ungefähr 5 km bis zum Parkplatz von Ojo de Agua (ausgeschildert mit „Eye of the Water"). Eintritt 60 C$ p.P.

Altagracia

Der **zweite Hauptort der Insel** mit etwa 4000 Einwohnern besteht aus nicht viel mehr als ein paar Straßenzügen, dem Stadtpark im Zentrum mit einer kleinen Kirche, in deren Hof einige imposante Steinskulpturen aufgestellt sind, und dem Pier (Puerto de Gracias) für die Fähren nach San Carlos und Granada. Einst landeten an der Stelle des heutigen Hafens die spanischen Eroberer. Später versteckten sich hier **Piraten** wie *Francis Drake* mit ihrer Beute aus Granada. Heute gibt es ein paar preiswerte Unterkünfte, Geschäfte und Sprachschulen. Mit einem Fahrrad, auszuleihen bei einem der Hostels, lässt sich die Umgebung erkunden. Die meisten Reisenden bleiben hier allerdings nur eine Nacht, um am nächsten Tag die Fähre nach Granada oder San Carlos zu erwischen.

Sehenswertes und Aktivitäten

Die kleine, gelb getünchte **Kirche San Diego de Alcalá** wurde 1924 fertiggestellt und ist vor allem wegen ihres umliegenden Patios sehenswert. Denn hier sind einige der **prähispanischen Basalt-Statuen** aufgestellt, die auf Ometepe gefunden wurden und der Kultur der Chorotegas zugewiesen werden können. Sie stellen Tierfiguren (Vögel), aber auch thronende menschliche Wesen mit zoomorphen Kopfbedeckungen, möglicherweise hohe Würdenträger oder Schamanen *(sacerdote)*, dar. Die Steinmonolithen auf dem Kirchhof sind die einzigen originalen Statuen, die auf der Insel verblieben sind. Alle weiteren wurden nach Managua oder gar in die USA „verschleppt".

Zwei der bedeutendsten **Fundstellen** sind die nahe bei Altagracia gelegenen Strandgemeinden **Tagüizapa** und **San Silvestre,** wo bisher vier große Steinfiguren gefunden wurden und wahrscheinlich noch viele weitere unter der Erde liegen.

Infos: Die Kirche liegt am Parque Central (östlich), Eintritt 14 C$.

Neben dem Fährhafen ist das Museum von Ometepe **(Museo de Ometepe)** ein weiterer Grund, um Altagracia einen Besuch abzustatten. Das übersichtliche und sehr anschauliche Museum zeigt seit 1994 Ausstellungen zur Inselgeschichte, **Petroglyphen, Statuen und Statuetten, Keramikfunde** und viele weitere Kleinfunde der indigenen Vorfahren der heutigen Inselbewohner. Die Infos sind nur auf Spanisch verfasst, doch wer der Sprache mächtig ist und Glück hat, bekommt vielleicht sogar eine **Führung** von Professor *Don Manuel Hamilton*, einem Experten zur Geschichte und Archäologie Ometepes.

■ **Infos:** Parque Central, 1 Block westlich, Mo bis Fr 8–12 und 13–16 Uhr, Sa 9–15 Uhr, So 9–13 Uhr, Eintritt 60 C$, Touren und Workshops bei Professor *Hamilton* gibt es für 1000 C$, manuelhamilton2000@yahoo.com.

Seit der Ankunft der Spanier im Jahre 1613 wird zu Ehren des Schutzheiligen von Altagracia, San Diego, den die Eroberer mit auf die Insel brachten, ein Ortsfest mit Prozessionen und Tänzen abgehalten, die **Fiesta Patronal de San Diego** vom 11. bis 18. November. Das wichtigste Ereignis des Events ist der **Baile de los Zompopos** am 17. November. Der Tanz hat indianische Wurzeln und wird mit grünen Zweigen in der Hand zu traditioneller Musik mit Trommeln und Blasinstrumenten aufgeführt. Er handelt vom Sieg über eine Plage von Blattschneiderameisen und war vor dem christlichen Einfluss der Konquistadoren dem Ernte- und Regengott Quiateot gewidmet. Heute sind die indigenen und europäisch-christlichen Traditionen miteinander verschmolzen.

An- und Weiterreise

■ Direkte **Fährverbindungen** gibt es 2x die Woche zwischen Granada und Altagracia sowie zwischen Altagracia und San Carlos. Der Hafen (Puerto de Gracias) liegt 3 km nördlich vom Zentrum am Ende der Carretera Puerto de Gracias. Einheimische nehmen Reisende für etwa 30 C$ gerne mit zum Pier. Abfahrtszeiten und Preise: Granada – Altagracia, jeden Mo und Do 14 Uhr vom Pier in Granada, Altagracia – Granada, Di 15 Uhr, jeweils 140 C$, 4 Std.; San Carlos (Río San Juan) – Altagracia, jeden Di und Fr 14 Uhr, Altagracia – San Carlos, jeden Mo und Do 18 Uhr, jeweils 180 C$, 9 Std.; die Fähre hält auch in San Miguelito.

■ Alle **Busse,** die in Moyogalpa abfahren und die Insel umrunden bzw. bis zum südlichen Teil fahren, machen Stopp in Altagracia. Verbindungen: Moyogalpa – Altagracia, 5.30–18.45 Uhr, stündlich, 20 C$, 1 Std.; Altagracia – Moyogalpa, gleiche Zeiten, gleicher Preis; Altagracia – Balgüe, 11.30, 12, 16.30 und 18 Uhr, 35 C$, 2 Std.; Altagracia – Mérida, 9.30, 13.30 und 17.30 Uhr, 40 C$, 2½ Std.; Altagracia – San Ramón, 9.30 und 13.30 Uhr, 40 C$, 3 Std.

Essen und Trinken

Neben den hoteleigenen Restaurants und den **Fritangas,** kleinen Ständen oder „Fressbuden" mit typisch nicaraguanischer Hausmannskost, die gegen Abend bis etwa 21 Uhr geöffnet werden, gibt es ein paar weitere Optionen zum Essen vor Ort.

30 **Los Bocaditos**①, Ave. Central, 2 Blöcke nördlich des Parque Central. *Burritos,* Tacos und *Chalupas* (etwas dickere Tacos aus Maismehl, belegt mit verschiedensten frischen Zutaten) werden hier lecker zubereitet. Die Spezialität des Hauses ist ein ursprüngliches Nica-Gericht namens *peoresnada,* umgangssprachlich für „Schlimmer geht's nicht". Diese, mit einem Hauch von Spott benannte Speise besteht aus in der Pfanne vermischten Kochbananen, Tomaten, Chilis, Zwiebeln und Knoblauch, abgeschmeckt mit Orangensaft und Salz. Probieren geht über Studieren!

Buen provecho – Guten Appetit!

30 **Pizzeria Nicaro**①,1ra Calle SO, direkt an der Westseite des Parque Central. Nicht nur in Moyogalpa, sondern auch hier gibt es gute Pizza. Gegenüber, an der Ostseite des Parks, bietet auch *Juan* seine Pizzas an.

Nachtleben

Es gibt ein paar Bars, in denen man auch zu späterer Abendzeit noch einen Drink nehmen kann.

29 **Bar Copacabana,** 2da Calle SO, vom Parque Central 1 Block südlich und 1½ Blöcke westlich, Mo bis Fr 11–22 Uhr, Sa/So bis Mitternacht. Gängige Cocktails und kaltes Bier in nettem Ambiente mit einer hölzern gehaltenen Einrichtung machen einen Abend im Copacabana zu einer gelungenen Sache.
29 **Tito's Bar,** an der Nic64, 2½ Blöcke südlich des Parque Central. Auch hier bekommt man Bier.

Nützliches

28 **Supermarkt: Productos y Servicios Altagracia,** tägl. 8–19.30 Uhr.

- **Geldautomat: Procredit,** an der Nic64, Ecke 3ra Calle SO (Südwesten).
- **Apotheke: Farmacia Jany,** 1ra Avenida SO, Parque Central (Westseite), Mo bis Fr 8–22 Uhr.
- Einige Hostels bieten einen **Wäscheservice** an.

Übernachten

Die Unterkünfte in Altagracia sind sehr einfach, es gibt ein bis zwei gute Optionen. Besser und teurer wohnt man etwas außerhalb in Richtung Süden. Alle Hostels haben ihr eigenes Restaurant.

31 **Hospedaje Ortíz**①-②, mitten in Altagracia, 1ra Avenida SO und 3ra Calle SO, 2½ Blöcke südlich der Kirche. Nette Unterkunft mit einem schönen kleinen Garten und sehr einfachen, zweckmäßigen Zimmern mit Bad und Ventilator. Es gibt eine Gemeinschaftsküche und WLAN/WiFi, Trinkwasser steht zur freien Verfügung bereit. Das hauseigene Restaurant bietet passables Essen, Pferde und Fahrräder werden zu günstigen Preisen vermittelt. Eine gute Option in Altagracia.

nica068-ji

31 **Hotel Central**①, von der Kirche 2 Blöcke südlich, www.hotel-central-altagracia-ometepe.com. Wohnliche, nett gestaltete Anlage. Die Zimmer hinten sind schön angelegt, super sauber, mit Bad und Ventilator oder Klimaanlage. Die Zimmer zur Straßenseite haben jeweils eine kleine Terrasse mit Hängematte. Es wird sehr leckeres Essen angeboten, das Personal ist sehr freundlich. Die Busse halten direkt vor dem Hotel, gegenüber ist ein Supermarkt, wo man alles Nötige bekommt. Eine weitere gute Option in Altagracia.

26 **Finca San Juan de la Isla**③, außerhalb von Altagracia in der Siedlung El Quino, 2,3 km östlich in Richtung See, www.sanjuandelaisla.com. Traumhafte Lage am Strand inmitten einer Bananenplantage und mit einem fantastischen Blick auf den Vulkan Concepción. Jedes der gemütlich mit viel Holz gestalteten klimatisierten Zimmer bietet eine Terrasse, ein eigenes Bad mit Dusche und Pflegeprodukten sowie einen Ventilator. Es sind auch ganze Cabañas mit privater Terrasse für Familien verfügbar. Überall baumeln Hängematten oder warten Schaukelstühle zum Relaxen. Es gibt WLAN/WiFi, ein Restaurant und eine Bar, Frühstück ist im Preis inbegriffen. Sämtliche Touren können über das Hotel arrangiert werden.

27 **Hotel Finca El Chipote**③, etwas außerhalb von Altagracia in der Ansiedlung Sarren. Freundliche Unterkunft mit einem schönen Ausblick auf den See und die Umgebung. Schlichte, aber saubere

nica060-ji

Zimmer mit Bad, Klimaanlage, WLAN/WiFi und teilweise mit Terrasse. Ein bisschen weniger Beton hätte der Atmosphäre sicher gut getan. Doch es gibt einen Pool, ein Restaurant, Mopeds können gemietet und Touren organisiert werden. Zudem ist das Hotel familienfreundlich: Bis zu zwei Kinder unter 12 Jahren zahlen keinen Aufpreis in einem der vorhandenen Betten.

Auf den Straßen von Ometepe bewegen sich auch viele Pferde und Kühe

Strände in der Umgebung von Altagracia

Paso Real

Dieser **kleine, schattige Strand** liegt nur 800 m vom Zentrum Altagracias entfernt. Auf dem Weg zum Hafen kommt ca. 300 m nach dem Elektrizitätswerk ein kleiner Fußweg auf der rechten Seite, der zum Strand führt.

Tagüizapa

Zu dieser idyllischen **kleinen Badebucht** sind es 1,3 km ab dem Zentrum von Altagracia. Auf dem Gelände des Hotels am Strand (günstige Cabañas) kann man einen **riesigen Kapokbaum** bewundern, angeblich der älteste dieser Art auf Ometepe. Tagüizapa ist **eine der wichtigsten archäologischen Fundstellen auf Ometepe.** Bisher wurden hier vier große Steinskulpturen ausgegraben.

San Silvestre

Der Strand ist **felsig,** bietet aber eine schöne Aussicht zum Vulkan Maderas. Manchmal sind Fischer in San Silvestre, die frischen Fisch verkaufen oder mit denen man eine Bootstour unternehmen kann. Vom Hotel Central die Straße nach links nehmen und nach 1,3 km nochmals nach links abbiegen.

Calaiza

Nach Calaiza führt der gleiche Weg wie nach San Silvestre, nur biegt man nach 1,3 km nach rechts ab. In der Trockenzeit ist eine schöne, lange Wanderung am Ufer entlang bis zum Playa Santo Domingo möglich.

Aus dem Tagebuch zweier Reisender

Die Besteigung des Maderas am 29. August

Unpünktlich, statt 4.30 Uhr weckte uns der Guide kurz vor 5 Uhr. Es folgte eine hektische Phase, die schnell vorüber war, denn der Bus kam später in Santo Domingo an als erwartet. Mit einem Paar aus Spanien, die auch einen Guide hatten, fuhren wir in einer ollen Hitsche nach Balgüe. Von der Dorfstraße aus nahm uns ein alter W50-Lkw aus der DDR mit bergauf zur Finca Magdalena, von wo aus unsere Tour starten sollte. Zuvor gab es noch ein Frühstück. 7 Uhr ging es dann los. Ca. vier Stunden Aufstieg auf 5 km lagen vor uns. Anfangs war alles noch ganz easy, das hielt aber nicht lange, denn **Schlamm, Steine, Wurzeln, die schwüle Luft und die Steigung machten uns sehr zu schaffen.** Ich wollte zeitweise nicht mehr. Wir machten zwei Pausen und kamen schließlich 11.30 Uhr an der Lagune an. Einige Touris waren schon da und genossen ein kurzes, kaltes Bad im Kratersee. Uns war es zu kalt, da sich die Sonne nicht so recht blicken lassen wollte. Eine Stunde verweilten wir auf dem Gipfel, der nichts von der Schroffheit eines Vulkans erahnen ließ. Dann starteten wir den Rückweg, der sehr beschwerlich war und kein Ende zu nehmen schien. 15.30 Uhr erreichten wir endlich wieder die Finca und stärkten uns erstmal mit Bier und Mangosaft. Dann ging's noch ein halbes Stündchen leicht bergab zur Hauptstraße, wo wir hungrig und total fertig auf den Bus warten mussten. Kurz vor der Dunkelheit landeten wir wieder im Hotel …

Der südliche Teil der Insel rund um den Maderas

Der südliche Teil Ometepes ist deutlich **weniger erschlossen** als der nördliche, hier ist die Natur noch ursprünglicher und wilder. Geschäfte sind selten, Busse fahren kaum, und die Straße ist sehr schlecht. Doch gerade hier gibt es **fantastische Öko-Fincas** und **tolle Pferdetouren** zu den zahlreich vorkommenden Petroglyphen. Auf der unasphaltierten, 35 km langen Landstraße kann der Maderas komplett umrundet werden.

Vulkan Maderas

Der Maderas ist ein 1394 m hoher, **erloschener Schichtvulkan** und bis zu seinem zerborstenen Gipfel mit **dichtem Nebelwald** bewachsen. Es herrscht hohe Luftfeuchtigkeit, wodurch sich eine **artenreiche Fauna und Flora** entwickelt hat. Kapuziner- und Brüllaffen leben hier, seltene Vögel und Insekten, und es wachsen viele Orchideen. Eine Baumart kommt weltweit nur an den Hängen des Maderas vor und heißt daher **Ardisia ometepensis.** Dieses einzigartige Biotop ist zu einem geschützten Naturreservat erklärt worden.

Vor der Eroberung durch die Spanier war der Vulkan Maderas für die indigene Bevölkerung der heilige Platz der Sonne, und so findet man an vielen Stellen prähispanische **Felszeichnungen** (Petroglyphen) und Kultstätten.

Meist hängen sich dichte Wolken um den Maderas fest, und nur gelegentlich öffnet sich ein Fenster ins grüne Tal – man fühlt sich bei dem Anblick wie die

Dinosaurierkinder in dem Film „Ein Land vor unserer Zeit“. Oben im Krater befindet sich inmitten des Waldes eine **dunkelgrüne Lagune,** in der man schwimmen kann. Eine Aussicht von oben ergibt sich also nicht.

Aufstieg

Besonders während der **Regenzeit** wird eine Besteigung des Maderas zur reinsten **Schlammschlacht.** Die Wanderschuhe werden bis zur Oberkante verschmiert, und auch die übrige Kleidung vom Schweiß und der feuchten Luft völlig durchnässt, denn es geht über Wurzeln und Steine steil bergauf. Die Kletterpartie dauert hochwärts 4 bis 5 Stunden. Zurück geht es schneller (ca. 3 Std.), zur Regensaison ist es durch den Matsch allerdings sehr rutschig.

Es gibt **drei Routen,** um den Maderas zu besteigen. Der Klassiker beginnt an der Finca Magdalena bei Balgüe, wo meist noch ein Frühstück eingenommen wird. Etwas länger sind die Routen ab der Hacienda Mérida in Mérida und der Finca El Porvenir bei Santa Cruz.

■ **Infos:** Insgesamt ist mit ca. 8 Std. zu rechnen und ca. 600 C$ für 2 Pers., Führer sind obligatorisch.

Playa und Siedlung Santa Cruz

Der Playa Santa Cruz liegt direkt am Isthmus von Ometepe, während die zugehörige Ansiedlung bereits zum Südteil der Insel gehört. Santa Cruz ist sozusagen der **„Kreuzungsort“,** in dem sich die Straße teilt: Links geht es nach Balgüe (3 km) im Norden des Südteils der Insel, rechts in den Südosten nach Mérida und San Ramón. An der Kreuzung befinden sich ein kleiner Shop und einige tolle Übernachtungsmöglichkeiten. Einer der Wanderwege auf den Maderas startet hier an der Finca El Porvenir.

Aktivitäten

■ **Sunkite School Nicaragua,** Tel. 8287 5023, www.kiteboardingnicaragua.com, von November bis Juni (Windsaison). Die ultimative Kite-Schule mit erfahrenen und geduldigen Trainerinnen, *Emmanuelle* und *Sonia*. Verschiedene Kurse für Anfänger und Fortgeschrittene: 3 Std. Einzelunterricht für 220 US$, 12 Std. Einzelunterricht für 680 US$.

Übernachten

Es gibt eine gute Auswahl an günstigen Hostels, zudem haben sich viele schicke Fincas hier und in Balgüe und Mérida angesiedelt.

19 **Santa Cruz Hostel**①, von der Kreuzung Santa Cruz 50 m südlich. Schlichtes Hostel mit kleinen Zimmern, aus den Hängematten bietet sich ein weiter Blick in die Landschaft und auf den Concepción. Der WLAN/WiFi-Empfang schwankt manchmal. Restaurant und Fahrradvermietung.

18 **Öko-Finca El Zopilote**①, 200 m nach der Haltestelle Madroñal auf der rechten Seite, www.ometepezopilote.net. Hier ist alles ökologisch, von der

Freiwillige Helfer auf Ometepe …

… werden gerne von der **18** **Finca Zopilote** in den Dienst genommen (30 Std. pro Woche). So kann man als Barmann, Yoga-Lehrer, Gärtner, Verkäufer im Shop oder als Rezeptionist arbeiten. Dafür sind Unterkunft und Verpflegung frei, jedoch wird ein Mindestaufenthalt von zwei Monaten gefordert. Wer kürzer bleibt, muss einen kleinen Unkostenbeitrag zahlen. Die Anmeldung erfolgt online über www.ometepezopilote.net.

Holzbauweise über das WC (Plumpsklo) bis hin zum Essen. Es gibt Dorms und Hängematten zum Schlafen, das Zelt kann aufgestellt werden, die Zimmer sind einfach mit Moskitonetz, die Duschen außerhalb. Alles in allem eine interessante Erfahrung für diejenigen, die der Natur ganz nah sein möchten und es einfach mögen, kostenlose Yoga-Stunden in Anspruch nehmen zu können und auch mit den Hippie-Dauerbewohnern kein Problem haben. In einem zum Kult-Shop umfunktionierten Ami-Schulbus werden lokale Bio-Produkte, Schmuck, T-Shirts und anderes verkauft. Zudem gibt es ein reichhaltiges Kursangebot: Brot backen, Töpfern, Yoga, Spanischunterricht.

20 El Encanto Garden-Hotel②, zwischen Playa Santa Cruz und der Kreuzung in Santa Cruz führt rechts ein kleiner Weg zum Hotel, www.goelencanto.com. Die Finca ist gut gelegen und gemütlich. Die Zimmer sind einfach, aber ausreichend, mit renovierten Bädern, Hängematten baumeln davor, und manche sind mit typisch nicaraguanischen Malereien verziert. Es gibt zudem zwei luxuriösere Cabinas und Familienzimmer. Im Restaurant werden ausgezeichnete Currys und andere Gerichte zubereitet, WLAN/WiFi steht zur Verfügung.

19 Finca del Sol③, kurz hinter der Kreuzung rechter Hand, www.hotelfincadelsol.com. Drei schöne, sechseckige ökologische Cabinas mit guten Matratzen, sauberen Moskitonetzen und Hängematten. Im Gemeinschaftsbereich WLAN/WiFi-Empfang, alles über Solarbetrieb. Frühstück kann dazugebucht werden.

Balgüe

Das Örtchen Balgüe an der nördlichen Seite des Südteils der Insel ist der Hauptausgangspunkt für die **Besteigung des Vulkans Maderas.** Viele **Petroglyphen** liegen in der Umgebung verstreut. Es gibt ein gutes Angebot an Unterkünften, Restaurants und sogar ein paar simple Shops. An dem **Kieselstrand** stehen knorrige, alte Bäume, und man hat eine tolle Sicht auf den Concepción. Hier ist die Endstation für die alten, klapprigen Busse nach ihrer mühsamen Fahrt über Fels und Geröll von Altagracia. Diese abgelegene Gegend Ometepes ist mit ihrem Fokus auf **Ökotourismus** eine der Hauptstationen für viele Reisende in Mittelamerika.

Essen und Trinken

In Balgüe gibt es einige Restaurants und Cafés, vor allem im Norden des Ortes.

16 Comedor Chepito①, 50 m abseits der Hauptstraße in einer kleinen Seitenstraße, Mo bis Sa 8–20 Uhr. Das einfache, aber gute Restaurant wird von einer einheimischen Familie geführt. Im Angebot sind vegetarische Gerichte, aber auch Huhn und Rind sowie leckere Smoothies und Säfte.

16 Café Campestre①, an der Straße mitten im Ort, tägl. 11.30–21 Uhr. Kleines, gemütliches Café mit einer guten, abwechslungsreichen Küche aus Burgern, Wraps, Sandwiches, Salaten und anderen Gerichten der Nica- und mexikanischen Küche.

Mein Tipp: 16 Café Isabél①, ein Stück hinter dem Café Campestre. Ein weiteres einheimisches Restaurant – *Doña Isabél* verwöhnt mit gegrilltem Huhn und Schwein, es gibt auch günstiges Frühstück mit großen Portionen.

17 El Bamboo②-③, an der Straße am Ortseingang, Mo bis So 8–21 Uhr. Gutes Essen in entspannter Atmosphäre. An kleinen Holztischen werden Steaks und vegetarische Gerichte serviert. Es gibt eine kleine, rustikale Holzhütte mit Privatbad zur Vermietung.

Übernachten

Mein Tipp: 15 Hostel Lazy Crab①, mitten in Balgüe, Tel. 8221 2382, www.hostellazycrab.simplesite.com. Kleines, relaxtes Hostel mit fünf farbenfrohen, sauberen Zimmern und guten Betten. Es gibt einen netten Aufenthaltsbereich mit Hängematten, zudem können Fahrräder, Roller oder Motorräder ausgeliehen werden. Der sehr freundliche Besitzer *Ryder* spricht auch Englisch.

13 **Finca Magdalena**②, 1,5 km oberhalb von Balgüe, www.fincamagdalena.com. Die traditionelle Backpacker-Unterkunft auf einer 350 Hektar großen Kaffeefarm wurde vor über 120 Jahren gebaut und gehörte vor der Revolution der Familie *Somoza*. Inzwischen ist sie etwas in die Jahre gekommen und könnte mal wieder aufgemöbelt werden. Die Zimmer sind sehr einfach, es gibt Gemeinschaftsduschen und auch Dorms, ebenso kann man sein Zelt aufschlagen. Der Blick von hier oben über die ganze Insel ist sicher einer der spektakulärsten aller Unterkünfte. Es gibt Bio-Essen von der Farm, die von 24 Familien als Gemeinschaftsprojekt geführt wird.

14 **Casa del Bosque**③, 200 m östlich und 400 m südlich vom Río Balgüe, www.campestreometepe.com/Accommodation. Nur 3 Zimmer mit guten Betten, Balkon und Kompostierklo (riecht nicht) hat diese kleine Farm. Besitzer *Ben* kreiert eine hervorragende Pizza, dazu gibt es Bio-Salat von der Finca. Auch die große Gemeinschaftsküche kann genutzt werden, allerdings sind Geschäfte, um etwas zu kaufen, ein Stück entfernt. Bei dem leckeren Frühstück verzichtet man aber gerne aufs Kochen.

12 **Totoco Eco-Lodge**⑤, von Balgüe 1,5 km ins Inselinnere, www.totoco.com.ni. Gepflegte Anlage, tolle, 40 m^2 große Cabinas mit Palmendach und eigener Terrasse mit Hängematte und einem berauschenden Blick auf den Concepción. Die Hütten sind mit organischen Materialien wie Bambus und Holz gebaut, auch die Einrichtung ist aus Holz. Es gibt breite Kingsize-Betten. Herrlicher Blick vom Pool über den See. Sicher sein Geld wert.

Mérida

Mérida ist die größte Siedlung auf der Südseite des Vulkans Maderas. Hier startet an der Hacienda Mérida der dritte **Wanderweg hinauf zur Lagune des Vulkans.** Naturliebhaber können von hier aus verschiedene **Kajaktouren** und weitere Wanderungen unternehmen, z.B. zum Wasserfall von San Ramón und Petroglyphen. Es gibt so gut wie keine Geschäfte, dafür aber nette Cabinas, Hostels und Fincas, die teilweise idyllisch am See liegen oder vom Dschungel des Maderas umgeben sind. Die Anfahrt ist noch immer beschwerlich, da die Straße nicht asphaltiert ist.

Monkey Island

Sie tut ihrem Namen alle Ehre, die „Affeninsel" gegenüber von Mérida, denn hier leben **zahlreiche Kapuziner- und Klammeraffen.** Mit dem Kajak kann man in ca. 20 Min. problemlos heranfahren, aber Achtung: Die Affen können beißen, also lieber nicht zu nah ran und Fütterversuche unterlassen! Kajaks können im Restaurante Caballito (s.u.) gemietet werden.

Archäologische Privatsammlung

Hamilton Silva Monge ist ein Experte zur Geschichte und Archäologie der Isla Ometepe. Er macht auch Führungen durch das Museum in Altagracia und hat in Mérida eine kleine Privatsammlung mit Artefakten von der Insel zusammengetragen; sie kann am Wochenende besichtigt werden (vor Ort am besten nach *Hamilton* fragen).

Aktivitäten

■ **Segeln:** Die Hacienda Mérida bietet Halbtages-Segeltouren zum Naturpark Charco Verde (860 C$ p.P. bei mind. 4 Pers.) und zum San-Ramón-Wasserfall (575 C$ p.P. bei mind. 4 Pers.) inkl. einer dreistündigen geführten Wanderung an.

■ **Kajaktour zum Río Istián:** Mérida ist dafür ein guter Ausgangspunkt, da man zur Flussmündung paddeln oder sich per Motorboot hinschippern lassen kann. Das Restaurante Caballito organisiert fachkundige Touren, auch mit englischsprachigen Führern (2½ Std., 720 C$ p.P. + 570 C$ für das Boot für den Transfer zur Flussmündung). Mit etwas Glück taucht sogar ein Kaiman aus dem Wasser.
■ **Tipp für Kids:** Die Hacienda Mérida bietet für Kinder unter 12 Jahren kostenloses Pony-Reiten an.

Essen und Trinken

5 Restaurante Caballito②, im Viertel Santa María direkt am See. Leckeres, frisches Essen, fangfrischer Fisch aus dem See und köstliche Säfte, gepresst aus den Früchten der Limetten- und Orangenbäume des Restaurants.

nica064-ji
Gut getarnt

6 Restaurante Loana②, an einer Nebenstraße rechts in Richtung See, Mo bis So 11–22 Uhr, Di geschlossen. Schneller Service und gutes Essen, z.B. Curries.

Übernachten

Es gibt hier so viele tolle Unterkünfte der mittleren Preisklasse, dass es beinahe schwerfällt, sich für eine zu entscheiden.

10 Hotel Monkey's Island①, 1 km südlich der Hacienda Mérida am Punto Conga gelegen. Freundliches Hotel mit einfachen Cabinas mit Bad, Moskitonetze fehlen allerdings. Perfekter Ort zum Relaxen, sehr einsam und ruhig, dem Einen oder Anderen vielleicht zu sehr. Man kann Kajaks (150 C$ pro Std.) und auch ein Motorrad mieten.
8 Hacienda Mérida①-②, am Strand in Mérida, www.hmerida.com. Bekannte Backpackerherberge mit einfachen Zimmern, Dorms und Hängematten, WLAN/WiFi und einem großen Angebot an Touren sowie Pferde- (2 Std. für 580 C$) und Kajakvermietung (150 C$ pro Std.). Es gibt ein Restaurant mit guten westlichen Gerichten, Frühstücks- (175 C$ p.P.) und Abendbuffet (230 C$ p.P., Kinder bis 12 Jahre zahlen die Hälfte).
MEIN TIPP: **9 Hotel La Omaja**③, von der Hacienda Mérida 500 m südlich links der Straße, www.laomaja.com. Komfortable Unterkunft mit schönem Garten und freundlichem Service. Die schicken Cabinas haben eine eigene Terrasse mit Hängematte und Schaukelstuhl. Es gibt einen Pool, der Blick über die Insel ist fantastisch. WLAN/WiFi ist vorhanden, Touren werden organisiert, ein Restaurant steht von 6 bis 21 Uhr zur Verfügung.

Mein Tipp: 7 **Finca Montaña Sagrada**③, hinter dem Restaurant Caballito links von der Straße. Die Finca liegt in traumhafter Natur und hat wunderschöne, saubere Bungalows mit Fliesenböden, Moskitonetz, Balkon und WLAN/WiFi. Das Team ist herzlich, authentisch und hilfsbereit. Es gibt eine Gemeinschaftsterrasse mit Schaukeln, Papageien fliegen umher, und im hauseigenen Restaurant werden italienische Pasta und Salate serviert.

Mein Tipp: 11 **Finca Mystica**③, am südlichen Ende, 500 m rauf in Richtung Vulkan. Etwas abgelegen ist diese tolle, stilvolle Unterkunft einer netten US-amerikanischen Familie. Die Cabinas wurden aus rein organischem Material auf Grundlage der indigenen Bauweise errichtet. So mitten im Dschungel des Maderas fliegen nachts Tausende Glühwürmchen umher, und die Brüllaffen geben ein lautes Konzert. Im Restaurant wird gut gekocht.

San Ramón

San Ramón, 4 km südlich von Mérida, ist **Endstation für den Bus.** Von hier kommt man auf einer sehr schlechten Straße zu Fuß, per Fahrrad oder Motorrad um die östliche Seite Ometepes bis nach Balgüe. Da die Straße katastrophal ist, braucht man für die 14 km bis Balgüe mit dem Fahrrad ca. 5 Stunden, zu Fuß bis zu 9 Stunden.

Biologische Station

An den südlichen Hängen des Maderas lebt eine **vielfältige und teilweise endemische Tierwelt.** Hier fällt relativ viel Regen, und der Dschungel geht in den höheren Regionen von Feuchtwald in Nebelwald über. Im Verhältnis zu seiner Fläche weist das Gebiet wahrscheinlich die höchste Biodiversität Nicaraguas auf. Die Biologische Station von San Ramón *(Estación Biológica de Ometepe)* wird vom US-amerikanischen Smithsonian Institute betrieben. Hier wird zur Flora und Fauna des Maderas geforscht. Bislang wurden 50 Säugetiere, 148 Vogelarten, 31 Reptilien und neun Arten von Amphibien registriert.

Wasserfall von San Ramón

Tosend stürzt der Wasserfall während und nach der Regenzeit aus einer **Höhe von 50 m** über eine bemooste Felswand in ein flaches Becken. Zum Ende der Trockenzeit bleibt dagegen nicht viel mehr als ein schmales Rinnsal mit einem Gischtschleier übrig. Dennoch kann man sich nach dem Marsch zum Regen-

Petroglyphen auf Ometepe

Auf der Südseite von Ometepe gibt es die meisten Petroglyphen, deren genaue Lage man sich am besten von Einheimischen zeigen lässt. Einige solcher reliefierten Felssteine und antike Keramiken findet man in vielen Privathäusern, Sammlungen und Hotels auf Ometepe.

Auf der **San-Antonio-Farm,** auf einem Landzipfel im Nicaragua-See, sind mehrere Petroglyphen mit kreisförmigen, quadratischen und rechteckigen Zeichnungen zu sehen.

Fundorte von Petroglyphen

- **Südinsel:** Santa Cruz (Finca Porvenir), Balgüe (hinter der Finca Magdalena), Cigüeña (Tierfiguren), auf der nordwestlichen kleinen Landzunge (Punta Gorda), an der Ostseite des Maderas (um Tichana, San Pedro und Corozal)
- **Nordinsel:** San Marcos (Adler mit weit geöffneten Schwingen)

fall in dem Becken erfrischen, zum Baden und Schwimmen ist es allerdings nicht tief genug.

Der **gut ausgeschilderte Weg zum Wasserfall** beginnt an der Biologischen Station in San Ramón, wo der Eintritt zu zahlen ist. Danach kommt ein Abschnitt auf einem ca. 2 km langen, größtenteils schattenlosen Weg, bis ein kleines Wasserkraftwerk erreicht ist. Nun beginnt das Naturschutzgebiet und der Pfad teilt sich auf: Links geht es hinauf zum Krater des Vulkan Maderas, rechts entlang folgt man dem Weg weitere 2 km bis zum Wasserfall. Leider wurden inzwischen viele der **Urwaldriesen** abgeholzt, was das Dschungelfeeling ein wenig beeinträchtigt, doch einige stehen noch und sind dicht behangen mit Bromelien, Orchideen und Lianen. Brüllaffen schwingen sich durch die Bäume, Vögel und große, blaue Morphoschmetterlinge schwirren umher, und auch auf Schlangen kann der Wanderer treffen. Es gibt zudem viele Insektenarten, die nur auf Ometepe am Abhang des Maderas vorkommen.

Anfahrt/Zugang: Der Wasserfall von San Ramón befindet sich am Südhang des Vulkans Maderas ungefähr 4 km vom Dorf San Ramón entfernt. Ein Bus fährt von Moyogalpa 1x täglich um 8.30 Uhr, Ankunft in San Ramón um 12.30 Uhr. Am besten dem Busfahrer mitteilen, dass er an der Biologischen Station in San Ramón halten soll. Zu Fuß sind es von den Hotels in Mérida bis zur Station ungefähr 4 km. Die eigentliche Wanderung zum Wasserfall dauert hin und zurück etwa 4 Std., Eintritt 100 C$.

Blick auf die Bucht von San Juan del Sur

San Juan del Sur

Überblick und Geschichte

Hip, relaxt, ein wenig schrill und „take it easy“ – das ist San Juan del Sur **an der südlichen Pazifikküste,** von Einheimischen abgekürzt mit SJDS. Das einst ruhige Fischerdörfchen mit seinen bunt angestrichenen Holzhausfassaden liegt in einer lang gestreckten, hufeisenförmigen Bucht. Die ruhigen Zeiten sind lange vorbei, denn heute ist SJDS ein **turbulenter Touristenort,** der vor allem ein jüngeres, internationales Publikum anzieht und eine Vielzahl an Vergnügungsmöglichkeiten, Touragenturen, kultigen Bars und Strandrestaurants bietet. Die Leute, die hierher kommen, wollen vor allem eines: **Surfen!** Dazu müssen allerdings die nördlichen oder südlichen Strände um San Juan aufgesucht werden, denn der breite Strand des Ortes mit seinem immerfeuchten, festen Sand lädt eher zu einem Spaziergang bei einem der herrlichen Sonnenuntergänge oder zum Joggen ein. Dafür sind die umliegenden Strände umso schöner, jeder mit seinem ganz eigenen Charme.

Im Jahr 1523 kam der Spanier *Andrés Niño* in San Juan an und suchte einen Zugang vom Pazifik zum Nicaragua-See – ein durch den geplanten **Nicaragua-Kanal** heute wieder aktuelles Projekt. Während des kalifornischen **Goldrausches** spielte der Hafen von San Juan schließlich eine Schlüsselrolle, denn von hier aus legte die Fähre nach San Francisco ab und nahm viele Nordamerikaner, die in Booten über die Karibik, den Río San Juan und den Nicaragua-See bis hierher kamen, mit in die Ferne auf der Suche nach dem großen Glück. Erst als die Eisenbahnstrecke durch die USA im 19. Jahrhundert fertiggestellt war, spielte der „Umweg“ über Mittelamerika keine Rolle mehr.

Orientierung

Die schachbrettartigen Straßen und das Meer machen es leicht, sich in San Juan zurechtzufinden. Mitten im Ort liegt der Markt, im Osten befindet sich die Kirche mit dem kleinen Parque Central, im Westen der Pazifik und die Promenade (Paseo del Rey) mit Restaurants, Discos und Bars. Es gibt zwei Hauptstraßen, an denen alle „lebensnotwendigen“ Dinge zu finden sind: die **Avenida Mercado** (auch Avenida Central genannt) verläuft ost-westlich, die **Avenida Vanderbuildt** kreuzt den Ort von Norden nach Süden. Auch in der Avenida del Parque, die von der Kirche zum Strand führt, gibt es viele Unterkünfte und Wäschereien. Nachts sollte man nicht alleine am Strand herumlaufen, es kam bereits zu Überfällen und Pöbeleien.

Sehenswertes und Aktivitäten

Der Ort selbst weist kaum Sehenswürdigkeiten auf, und das muss er auch nicht, denn hier geht es um Sport und Spaß. Eine etwa einstündige Wanderung lässt sich allerdings mit dem Besuch der **Aussichtsplattform** der Christus-Statue (**Cristo de La Misericordia**, tägl. 8–17 Uhr, Eintritt 60 C$) auf dem höchsten Hügel, 2 km nördlich von San Juan, ver-

nica065-ji

binden, von der sich ein herrlicher Panoramablick über die Bucht und die Umgebung bietet. Der Weg führt über eine Fußgängerbrücke am nördlichen Ende des Strandes. Der Aufstieg ist sehr steil, aber man kann auch bis zu einem Parkplatz fahren (Abzweig in Richtung der nördlichen Strände) und nur noch das letzte steile Stück laufen.

Etwa 30 Min. Fußmarsch von San Juans Zentrum entfernt liegt ein 1700 Jahre alter **Petroglyph,** der wahrscheinlich eine Jagdszene zeigt. Mit einem Blatt und einem Bleistift lässt sich die Felsritzung wunderbar kopieren und noch besser studieren. Der Weg führt 500 m hinter der Schule rechts durch ein Tor und dann weiter zur Finca Palermo (Schild von „Da Flying Frog Canopy"). Hier muss allerdings um Erlaubnis gefragt werden, da das Privatland ist.

Interessant ist auch ein Besuch des lokalen **Marktes,** wo ein günstiges Mittagessen „auf die Hand" erstanden werden kann. Der **Strand** mit seinen vielen Fischerbooten lohnt einen Abstecher bei Sonnenuntergang mit anschließendem Abendessen in einem der vielen Strandrestaurants mit leckeren Gerichten aus Fisch und Meeresfrüchten.

Doch – wie gesagt – San Juan ist aufgrund der guten Wellen **vor allem bei Surfern beliebt,** es gibt tolle Surfschulen und professionelle Shops mit sämtlichem Equipment. Aber auch Sonnenhungrige, Tauch-, Schnorchel- und Schwimmfans kommen angesichts der schönen umliegenden Sandstrände auf ihre Kosten. Sprachschulen bieten aktionsreiche Spanischkurse an. Reiten, Yoga, Beach-Volleyball, Fischen, die Eiablage der Schildkröten (vor allem im August und September) und Whale-Watching (Januar bis März) sind weitere Attraktionen, um sich die Zeit zu vertreiben. Ein abwechslungsreiches **Nachtleben** sorgt dafür, dass die relaxte Stimmung bis in die frühen Morgenstunden anhält. Kurz: SJDS ist sicher einer der besten Orte in Nicaragua, um „Party zu machen".

Surfen

Durchschnittlich mehr als 300 Tage im Jahr ist der **seewärtige Wind** in San Juan optimal, um an den herrlichen Stränden um den Ort den ganzen Tag lang zu surfen. Die Gezeiten sind der wichtigste Faktor, um den perfekten Zeitpunkt für einen „ride" zu bestimmen. **Von Mai bis Anfang Dezember** ist generell die beste Zeit, denn dann herrscht ein ordentlicher Wellengang an der Pazifikküste.

Die Strände bieten für alle Levels gute Voraussetzungen. Der beliebteste Strand zum Surfen ist der **südliche Abschnitt am Playa Maderas** (auch Los Playónes genannt) nördlich von San Juan, denn er ist leicht zugänglich und nicht weit entfernt von der Stadt. Anfänger und Profis finden hier die „perfekte Welle". Das Hostel Casa Oro bietet einen Shuttleservice (5 US$) zu diesem Strand an.

Weiter entfernte Strände sind per Pick-up oder Boot zu erreichen. Wer kein eigenes Surfbrett dabeihat, kann eines in einem der vielen **Surf-Shops** ausleihen.

16 Arena Caliente, ½ Block nördlich vom Markt, 7–20 Uhr, arenna_caliente@yahoo.es. Das ist das originale Surfcamp in der Stadt: große, einfache Zimmer, Shuttle-Service zu den „richtigen" Wellen, einheimische Mitarbeiter und ein Surf-Shop, der

Bretter (300 C$ pro Tag) verleiht und das passende Lieblingsshirt dazu verkauft.

13 **Surfshop Good Times,** Ave. Vanderbuildt, genau zwischen den Kultbars El Barrio und Gato Negro, tägl. 7.30–19 Uhr. US-amerikanisch geführter Shop mit Shuttle zu den umliegenden Stränden, Boardverleih (Preis abhängig von der Qualität des Boards, normale Bretter 300 C$ pro Tag) und einer Surfschule (900 C$ pro Std.), www.goodtimessurfshop.com.

31 **SurfNicaWaves,** Calle Central, gegenüber dem Hotel Colonial, 8–18 Uhr, www.surfnicawaves.com. Verleih von Surfbrettern (10 US$), Standup-Paddles (15 US$), Boogie-Boards (5 US$), Shuttle zu den Stränden (5–10 US$), Boottrips.

8 **Moke Huhu Surf School,** von der Uno-Tankstelle 100 m in Richtung Strand, 9–19 Uhr, www.mokehuhu.com. Transport zu den Stränden, Board-Verleih, Surf-Kurse, Ankauf und Verkauf von gebrauchten Brettern. Ein schönes, sauberes kleines **Hotel**② mit Gemeinschaftsküche und einem Mini-Pool ist angegliedert.

■ **Barefoot Surf Travel,** www.barefootsurftravel.com, ohne Shop. Organisiert werden ein- bis mehrwöchige Surfcamps mit allen Annehmlichkeiten und Unterbringung in einer großen Villa.

Schwimmen, Tauchen und Schnorcheln

Zum **Schwimmen** bieten sich die umliegenden Strände besser an als der Stadtstrand von San Juan mit seinem Bootsverkehr. Im Norden und Süden liegen idyllische Buchten, meist muss man ein Stück ins Meer hineinlaufen, um keinen Boden mehr unter den Füßen zu haben. Vorsicht vor gefährlichen Strömungen, die vorkommen können!

Beim **Tauchen und Schnorcheln** enttäuscht der Pazifik nicht, denn hier tummeln sich Rochen, Aale, Barsche, Papageienfische, Red Snapper, Seesterne,

nica066-ji

San Juan del Sur
0 50 m
©Reise Know-How 2017
Nica 14
Übernachtung
3 Hostel Pachamama
7 Hotel El Jardin
8 Moke Huhu Guesthouse
18 Hotel Royal Chateau
19 Hospedaje Elizabeth
28 Barrio Café
33 Hotel Colonial
34 Casa El Oro Hostel
37 La Posada Azul
38 Hostal Casa Romano
39 Hostel Esperanza
Essen und Trinken
5 Jicaro Garden
10 El Gato Negro
11 Iguana Bar
15 El Bocadito, Tapas y Cervezas
22 La Vecchia Signora
23 Simon Says Smoothie Bar
24 Nacho Libre
25 SmoothieTime
27 Taco Stop
28 Barrio Café
35 Pizza Da Maurizio
Nachtleben
1 Crazy Crab
2 Casa del Mar Hostal & Bar
4 Howler Bar
9 Dale Pués
14 The Loose Moose Canadian Bar
21 Republika
Einkaufen/ Sonstiges
6 Supermercado Palí
12 Alamo Rent a Car
17 Mercado Central (Markt)
19 Gaby's Laundromat, Fahrradverleih
20 Surf and Sport
29 Pepe Rental's
32 Marco Rental's, Claro
36 Maria's Laundry
38 Roller- und Motorrad-vermietung
40 Rancho Chilamate
Wassersport
8 Moke Huhu Surf School
13 Surfshop Good Times
16 Arena Caliente
20 Surf and Sport
26 Neptun Watersports
30 Aquatic Rana Tours
31 SurfNicaWaves
Río San Juan Del Sur
Calle El Rio Escondido
Cristo de La Misericordia
Paseo del Rey
Kunsthand-werksmarkt
Av. El Pargo
Calle El Dorado
Sprachschule Spanish Ya
Calle El Rio Escondido
16
Polizei,
Pelican Eyes Sailing Adventures,
Da Flying Frog Canopy,
Petroglyph
Parque de Aventura Las Nubes
(8 km)
Farmacia Santa Marta
BAC
Av. El Abanil
Entrada San Juan
Av. Vanderbuildt
Av. Gaspar Garcia Laviana
Cyber
Gaby's Spa
BAC
Bus
Av. Mercado
Bancentro
Nicaragua Language School
Entrada El Calvano
Paseo del Rey
Beach-Shuttle
Spanish Corner School
Parque Central
Av. del Parque
Av. La Bolsa
Zen Yoga
40 Polizei

Tintenfische, Anemonen und natürlich Schildkröten, die ganz nah am Taucher vorbeischwimmen. Viele Tauchschulen bieten professionelle Kurse an.

20 **Surf and Sport,** Calle Central, schräg gegenüber der Bushaltestelle, www.sanjuandelsursurf.com. Der engagierte Besitzer *Darío* bietet Schnorcheltouren an, Ausrüstung wird gestellt, los geht's um 9 Uhr, 40 US$ p.P. für 4 Std.

26 **Neptun Watersports,** vom Markt 1 Block in Richtung Strand, 10 m nördlich, www.neptunenicadiving.com. Mit ihrer 8 m langen *panga* bietet das einheimische Team Tauch- und Schnorcheltouren, Hochseefischen sowie Dolphin- und Whale-Watching an. Man kann den zertifizierten Tauchschein Open Water Diver für Anfänger und Fortgeschrittene erwerben.

30 **Aquatic Rana Tours,** Paseo del Rey, südlicher Strand, gegenüber dem Hotel Estrella, ranatours@gmail.com. Verleih von Ausrüstung für 13 US$ pro Tag, Organisation von Touren (Fischen, Schnorcheln, Surfen, Whale- und Dolphin-Watching, Bananenboot-Fahrten).

Bootstouren, Fischen, Whale-Watching

Von Januar bis Anfang April ist die Zeit der großen **Buckelwale.** Gemächlich ziehen sie vorbei, nicht selten begleitet von springenden **Delfinen.** Angler können ihre Ruten auf Marlin, Dorade, Thunfisch oder Makrelen auswerfen. Viele Hotels bieten alle Arten von Touren an, ansonsten auch externe Shops. Am günstigsten und authentischsten ist allerdings eine Angeltour mit einem Fischer vom Hafen – einfach fragen, es findet sich bestimmt jemand.

20 **Surf and Sport** (s.o.), Besitzer *Darío* organisiert alles, was das Meer zu bieten hat: Hochseeangeln (50 US$), Surfkurse (50 US$ für eine Privatstunde, in der Gruppe 40 US$ p.P.), Bootsausflüge (ab 23 US$), Schnorcheltrips (40 US$ p.P.), Schildkröten- und Whale-Watching (4 Std. für 40 US$) und vieles mehr. Ganze Boote können gechartert werden (8-Meter-Panga bis 4 Pers., 4½ Std. für 300 US$, 8 Std. für 425 US$), alles auch online buchbar: www.sanjuandelsursurf.com.

■ **Aquaholic Cruises,** www.sanjuanfishingcharter.com, ohne Shop. Tages- und Sunset-Bootstouren, Schwertfisch-Angeln, Fischen. Das Ganze kostet entsprechend, z.B. Boots-Charter für einen halben Tag bzw. 6 Std. 475 US$.

■ **Extreme Nicaraguan Adventures,** www.nicaraguaextreme.com, ohne Shop. Sportfischen (z.B. 255 US$ für 5 Std. und max. 6 Pers.), Harpunen-Fischen (4 Std. für 70 US$ p.P.), jeweils inkl. Ausrüstung, sowie Mehrtagestouren.

Segeln

Bereit zum Segeln? Auf einem Katamaran **zu einsamen Stränden,** nebenbei einen dicken Fisch an der Angel – folgende Agenturen machen es möglich:

■ **Nica Sail and Surf,** www.nicasailandsurf.com, ohne Shop. Touren starten um 11 Uhr (123 US$ p.P., 7 Std.) und 13 Uhr (74 US$ p.P., 5 Std.) am Hafen und enden abends bei Sonnenuntergang um 18 Uhr wieder dort. Der Trip beinhaltet Snacks wie Guacamole und Ceviche (roher, frischer Fisch), Frühstück und/oder Mittagessen und Getränke wie Rum und Bier, die nie enden. Das alles passiert bei guter Musik auf einem Katamaran, begleitet von einem jungen, professionellem Team, das Spaß hat an dem, was es tut.

■ **Pelican Eyes Sailing Adventures,** von der Kirche 1½ Blöcke hochwärts gen Osten (im gleichnamigen Resort und Spa), www.pelicaneyesresort.

com. Segeltouren zum Strand Brasilito starten um 9 Uhr am Hafen, wenn mind. eine Gruppe von 10 Leuten zusammenkommt (ein ganzer Tag kostet 89 US$ p.P., ein halber Tag 60 US$).

Schildkröten-Tour (Turtle Tour)

Von Juli bis Januar ist die Zeit der **Eiablage** der Schildkröten, die vor allem von August bis Oktober das Schutzgebiet Vida Silvestre La Flor 22 km südlich von San Juan zu Tausenden aufsuchen. Unter ihnen sind die gefährdete **Lederschildkröte** sowie die seltene **Oliv-Bastardschildkröte,** die das Schutzgebiet als einen von weltweit insgesamt nur sieben Nistplätzen auserkoren hat.

■ **Infos:** Das Casa El Oro Hostel, aber auch Surfschulen wie San Juan del Sur Surf and Sport bieten abendliche Ausflüge (Start 19 Uhr) zu den Panzertieren an; Preis: ca. 40 US$ inkl. Transport, Eintritt und Führer.

Canopy und Abseilen

Dieses beliebte Sportvergnügen ist auch in San Juan del Sur anzutreffen.

■ **Da Flying Frog Canopy,** von der Polizeistation an der Straße Richtung Playa Marsella 700 m nordöstlich in einem kleinen Seitenweg rechter Hand (Finca Palermo), www.daflyingfrog.com, Mo bis Sa 8–16 Uhr, Touren um 9, 11, 13 und 15 Uhr. Wie Tarzan durch die Baumwipfel – so viel Spaß und echtes Dschungelfeeling bietet die 2,5 km lange Hochseilbahn mit 17 Plattformen nahe San Juan. Mit etwas Glück lassen sich sogar Affen blicken. Ein weiteres Abenteuer ist das Abseilen an dem 45 m hohen Wasserfall Las Miradores hinab in den Dschungel. Die Wanderung zurück zur Finca führt an Petroglyphen vorbei. Das Team ist sehr auf die Sicherheit der Gäste bedacht. Die Agentur Surf and Sport bietet einen Shuttleservice zur Finca an. Canopy und Abseilen je 30 US$ p.P. für ca. 2 Std., Kombi-Preis 50 US$, geeignet ab 7 Jahren.

■ **Parque de Aventura Las Nubes,** 8 km vor San Juan del Sur gelegen, geöffnet von 8.30 Uhr bis Sonnenuntergang, Eintritt 5 US$. Canopy 30 US$ (inkl. Eintritt), auch im Paket mit anderen Angeboten wie z.B. dem Besuch eines Iguanariums (Leguan-Anlage) buchbar. Es gibt einen Spielplatz, der Eintritt für Kinder unter 2 Jahren ist frei.

Reiten

Die **Strände und Hügel um San Juan** sind für Reitausflüge optimal geeignet. Es ist ein tolles Gefühl, auf dem Pferderücken über den Sand zu reiten, während das Wasser in die Höhe spritzt.

20 **Surf and Sport** (s.o.), Touren starten um 9, 11, 13 und 15 Uhr, 15 US$ pro Std.

40 **Rancho Chilamate**⑤, www.ranchochilamate.com. Von der Urlaubsranch werden kleine Gruppen auf abenteuerlichen Wanderausritten zu den nahen und spektakulären Stränden geführt. Strandtouren (Dauer 5 Std. inkl. Transfer von San Juan, 3 Std. im Sattel, 75 US$ p.P.) starten einmal am Tag zu unterschiedlichen Uhrzeiten, die auf der Website stehen. Daneben gibt es kürzere Touren durch die Berge (1½ Std. im Sattel, 55 US$ p.P.) und Reitstunden für Kinder (1 Std., 30 US$ pro Kind). Die Ranch bietet zudem vier exklusive Zimmer zum Übernachten, die um einen wundervollen Patio im Kolonialstil mit Pool liegen – ein Traum!

Sprachschulen

Es gibt ein großes Angebot an Spanisch-Schulen in San Juan. Das Leistungsspektrum ist ähnlich, die Preise variieren etwas. Eine Auswahl:

■ **Spanish Ya,** 100 m nördlich der Tankstelle Uno, 8–17 Uhr, www.spanishya.com. Gut organisierte Schule im grünen Ambiente am Fluss. Einzelunterricht (15 US$ pro Std.) und Gruppenunterricht möglich, optional auch als Paket mit Unterkunft, Verpflegung und Aktivitäten (350 US$ pro Woche). Kurs mit Prüfung und Zeugnis (DELE-Kurs) ca. 350 US$ pro Woche, 20 Std.; ohne Prüfung ca. 170 US$ pro Woche, 20 Std.

■ **Nicaragua Language School,** 1 Block westlich vom Parque Central, www.nicaspanish.com. Gruppenunterricht (130 US$ pro Woche, 20 Std.; inkl. Unterkunft in der Schule mit eigenem Zimmer und Bad 300 US$), Einzelunterricht (100 US$ pro Woche, 15 Std.). Optional kann der Aufenthalt bei einer einheimischen Familie inkl. 3 Mahlzeiten gebucht werden (320 US$ pro Woche). Hier gibt es auch die Möglichkeit, einen Freiwilligendienst zu leisten.

■ **Spanish Corner School,** Ave. del Parque, 1 Block vom Parque Central in Richtung Strand, www.spanishcornerschool.com. Gruppenunterricht 125 US$ für 20 Std. pro Woche, Unterbringung bei einheimischen Familien und Aktivitäten am Nachmittag werden organisiert, ebenso kann ein Freiwilligendienst absolviert werden.

Praktische Informationen

An- und Weiterreise

Busse und Colectivos (Abfahrt am Markt)

■ **Rivas,** 5–17 Uhr, alle 40 Min., 17 C$ bzw. 30 C$ inkl. Gepäck, 40 Min.; von Rivas geht's auch nach Managua weiter.

■ **Managua,** *Bus expreso* zum Mercado Roberto Huembes, 5, 5.30, 6 und 17.30 Uhr, 90 C$, 2½ Std.

■ **Managua,** „Chickenbus", 5–15.30 Uhr, stündlich, 60 C$, 3½ Std.

Transport an die Strände

■ **In den Süden** fährt ein Bus über die Strände Hermosa (weitere 3 km zu Fuß zum Strand), El Coco und La Flor mit dem Endziel El Ostional: 7, 13, 16 und 17 Uhr, 25 C$, 1½ Std. Der Bus fährt auch zurück nach San Juan, die genauen Zeiten besser am Strand selbst noch mal erfragen.

■ Einen **Shuttleservice** bieten viele Hotels und Surf-Shops an. Regelmäßige Abfahrtszeiten hat das Hostel Casa de Oro, per Pick-up geht es an die Strände Remanzo (5 US$), Hermosa (10 US$) und Maderas (5 US$), Preise gelten für Hin- und Rückfahrt.

■ Per **Boot** organisiert Aquatic Rana Tours 100 m östlich vom Markt den Transport an die Strände, hin und zurück kostet das ca. 7 US$ p.P.

Auto-, Roller- und Motorradvermietung

12 **Alamo Rent a Car,** Paseo del Rey, schräg gegenüber der Iguana-Bar, www.alamonicaragua.com. Auto ca. 35 US$ pro Tag inkl. Versicherung.

29 **Pepe Rental's,** Ave. Mercado, ½ Block westlich vom Markt, 8–17 Uhr. Motorräder und Mopeds, jeweils 30 US$, für 24 Std. 40 US$.

38 **Hostal Casa Romano,** Ave. del Parque, von der Kirche 1½ Blöcke nach Westen, 8–19 Uhr. Roller 25 US$ pro Tag, Moped 125 cm^3 30 US$ pro Tag, Motorrad 35 US$ pro Tag.

32 **Marco Rental's,** Ave. Vanderbuilt, rechts vom Hotel Colonial, 8–17 Uhr, Motorrad 35 US$ pro Tag.

19 **Fahrradverleih:** Im **Hospedaje Elisabeth,** Ave. Mercado, 280 C$ pro Tag, günstiger bei mehreren Tagen.

Einkaufen

■ In der **Ave. Vanderbuildt** und in der **Ave. Mercado** gibt es Supermärkte, kleine Tiendas, Klamottengeschäfte und Surf-Shops.

6 **Supermercado Palí,** an der Nic16, 8–20 Uhr.

■ **Kunsthandwerksmarkt:** Kleiner Markt am Paseo del Rey, auf dem Kunsthandwerker ihre Produkte verkaufen.

17 **Markt: Mercado Central,** mitten im Ort, 9–18 Uhr. Obst und Gemüse, Shirts mit Toña- und Surf-Aufdrucken, Hängematten und andere Souvenirs werden von Händlern an kleinen Ständen angeboten. Die Essenstände mit Obst und Nica-Gerichten vor dem Markt haben bis 22 Uhr geöffnet.

Essen und Trinken

Ein Tipp für günstige Fischgerichte sind die **Comedores im Mercado Central** – einheimisch, gut und günstig! Die Restaurants **am Strand** sehen alle ziemlich gleich aus, unterscheiden sich aber in der Qualität und den Preisen. Die meisten bieten eine Happy Hour ab 14 oder 16 Uhr bis etwa 19 Uhr an.

Lateinamerikanische Küche

27 **Taco Stop**②, Ave. Vanderbuildt, neben dem Barrio Café. Stylisches Taco-Bistro mit allen leckeren Tex-Mex-Taco-Varianten. Unbedingt probieren! Hier sitzt man auch sehr schön an einem Tresen zur Straße hin. Mexikaner würden allerdings einen Schock angesichts der Preise für einen Taco bekommen.

24 **Nacho Libre**②, Ave. Vanderbuildt, ziemlich mittig, 12–1 Uhr. Nachos, Pommes und gute Burger, darunter einige spezielle Kreationen, z.B. mit Erdnussbutter. Auch das Kokosbrot von den Corn-Inseln ist köstlich!

Fisch und Meeresfrüchte

Am Strand liegt ein Restaurant am nächsten, alle bieten Fisch, Lobster und andere Meerestiere an. Das Timon ist ziemlich teuer, das Vivian gut und normal im Preis, es wurde allerdings zur Zeit der Recherche renoviert. Immer gut gefüllt ist:

11 **Iguana Bar**②, am Strand, 8.30–22 Uhr, die Bar ist bis 2 Uhr geöffnet. Tolle, große, doppelstöckige Terrasse mit massivem Holzmobiliar und einem schönen Blick auf den Strand. Es gibt Meeresfrüchte, vegetarische Gerichte, Burger, Kuchen, Büchertausch, ab und zu auch Live-Musik. Happy Hour mit Angeboten zu 1 US$ für Snacks, Bier und Cocktails von 14–19 Uhr.

Pizza

Es gibt in der **Ave. Mercado** einige Pizzerias, die auch einzelne Pizzastücke für 30–35 C$ verkaufen, z.B. bei Don Monchi's Pizza, 12–22 Uhr.

35 **Pizza Da Maurizio**①, Ave. La Bolsa, nahe der Kirche. Günstige, selbst gemachte Pizza & Pasta, Fleisch, Fisch und Salate, Happy Hour 16–19 Uhr. Draußen sitzt es sich sehr schön, mal ganz ruhig und abseits vom Trubel.

22 **La Vecchia Signora**②, Ave. Vanderbuildt, gegenüber vom Taco-Stop, 12–23 Uhr. Die Pizzas sind lecker und riesengroß, an kleinen Tischen lässt sich das abendliche Treiben auf der Straße wunderbar beobachten.

Mediterrane und orientalische Küche

15 **El Bocadito, Tapas y Cervezas**②, Ave. Gaspar Laviana, vom Markt 50 m nördlich, Mo bis Sa 11–22 Uhr. Tolles Ambiente, freundlicher Service und leckerste Tapas in drei unterschiedlichen Portionsgrößen – Empfehlung: Tintenfisch in Knoblauch!

5 **Jicaro Garden**②, Ave. El Pargo, vom Gato Negro links und 2 Blöcke geradeaus (nördlich), Di bis So 18–22.30 Uhr, Reservierungen unter Tel. 8109 9132. Orientalische Mezze, Hummus oder gegrillte Aubergine als Vorspeise, Paella zum Hauptgang und zum Dessert ein Eis mit Knusper-Cornflakes, getaucht in Schokolade – so könnte ein Menü in diesem schönen Restaurant mit seinem tollen, in gelbe Lichter getauchten Garten aussehen. Es gibt weitere Meeresfrüchte-Gerichte, Filet Mignon und andere Köstlichkeiten.

Cafés, Snacks und Smoothies

10 **El Gato Negro**①, Ecke Ave. Abanil und Ave. Vanderbuildt, 7–15 Uhr. Cooles Bücher-Café mit frischem Kaffee, Tees, Säften, Smoothies, Sandwiches, Crêpes und Vegetarischem, alles mit einem indischen Touch. Wunderbar sitzt man in einem gemüt-

lichen Innenraum voller Bücher oder in einem Garten mit kleinen Sitzecken. Hier ist der Ort für einen Büchertausch.

25 **SmoothieTime**①, Ave. Vanderbuildt, schräg gegenüber vom Simon Says, 8–17 Uhr. Smoothies in allen Varianten zum selbst Kreieren für 80 C$.

23 **Simon Says Smoothie Bar**②, Ave. Vanderbuildt, 60 m südlich vom Gato Negro, 8.30–21 Uhr, in der Nebensaison bis 16 Uhr. Wunderschöner kleiner Garten in einem schattigen Patio und verschiedene Sitzecken mit künstlerischer Deko. Es gibt tolle Smoothies, Frühstückspakete mit sehr gutem Refill-Kaffee (150 C$) und Sa/So ein köstliches Frühstück („All you can eat", 170 C$).

28 **Barrio Café**③, Ave. Mercado, mitten im Ort an einer Kreuzungsecke, tägl. 6.30–22.30 Uhr. An dem Tresen mit Blick auf die Straße und das Leben im Ort könnte man ewig sitzen. Auch Lümmelsofas laden dazu ein, die großen Portionen zu genießen: Es gibt Frühstück, Sandwiches und Salate. Der Kaffee ist wirklich erstklassig! Die Preise sind für Nicaragua hoch, doch das Auge isst ja bekanntlich mit …

Feste und Veranstaltungen

■ **Sunday Funday,** jeden Sonntag ist Partytime in San Juan del Sur! Für 30 US$ ziehen Nicas und Touristen aus aller Welt in schwarzen T-Shirts mit dem Aufdruck „Sunday Funday Pool Crawl" durch bisher insgesamt fünf Hotels, Hostels und Bars (Hotel Anamar, Pelican Eyes Resort, Hostal Naked Tiger, Hostal Pachamama und Bar Arribas), die alle über einen Pool und eine Bar verfügen und für diesen Tag einen DJ anheuern. Meist kommen zwischen 250 und 300 Partywütige im Alter zwischen 18 und 30 Jahren zusammen und feiern von 12 Uhr mittags bis 2 Uhr früh. Der Eintritt beinhaltet das Shirt und den Transport. Gäste des Naked Tiger und des Pachamama erhalten einen Discount.

■ **Dezember, Pitahaya-Festival,** mehrtägiges Open-Air-Musikfestival mit verschiedenen lateinamerikanischen Bands am Playa Hermosa.

■ **24. Juni, Fest des Schutzheiligen Johannes der Täufer,** Tänze, Feuerwerk und Prozessionen.

■ **16. Juli, Virgen del Carmen,** die Schutzheilige der Fischer wird in einer Prozession auf ein Schiff gebracht, wo sie auf einen mit Fischerutensilien geschmückten Altar gestellt wird und anschließend eine Segeltour mit Musik und Meeresfrüchten „genießen" darf.

Nachtleben

In die oben genannten Restaurants und Bars kann man meist auch „nur" auf einen gemütlichen Drink einkehren. Alle haben eine Happy Hour von 14 bis 19 Uhr. Will man später noch weiterziehen, empfehlen sich:

21 **Republika,** Ave. Mercado, um die Ecke vom Markt, 8.30–2 Uhr. Pub-ähnliche Bar mit hölzernen Hockern, fetziger Musik und coolen Leuten. Ein guter Auftakt für eine lange Partynacht.

14 **The Loose Moose Canadian Bar,** Ave. Vanderbuilt, gegenüber von Cyber Leo's. Gemütlicher Pub mit einer guten Auswahl kanadischer Tropfen – hier kann man abends gut „abhängen". *Adrien* plaudert gern mit seinen Gästen, und die lässige Musik ist der pefekte Einstieg für eine lange Nacht.

MEIN TIPP: 9 **Dale Pués,** ein paar Häuser rechts des Gato Negro, 7.30–23.30 Uhr. Richtig kultiges, beinahe künstlerisches Ambiente mit vielen bunten Lichtern bietet diese kleine Bar. Neben „Nica Libre", *Micheladas* und anderen Getränken gibt es auch Sandwiches oder Pasta. Dazu läuft fetzige Musik aus Lateinamerika.

4 **Howler Bar,** Paseo del Rey, nach der Iguana-Bar auf der gegenüberliegenden Straßenseite. Diese Location ist schon etwas mehr als „nur" eine Bar, es füllt sich ab 22 Uhr, und es wird getanzt.

2 **Casa del Mar Hostal & Bar,** Paseo del Rey, noch ein Stück weiter nördlich nach der Howler Bar. Vor allem am Wochenende Treff der Einheimischen, denn es ist einer der wenigen Orte in SJDS, wo es

nica067-ji

große Biere zu kleinen Preisen gibt. Bei guter und lauter Musik sitzt man gemütlich vor oder in dem Hostel, das eine gut sortierte Bar hat. Auch zwielichtige Gäste sind hier willkommen.

1 Crazy Crab, Paseo del Rey, am nördlichen Ende des Strandes, Fr/Sa 20–3 Uhr. Heiße Latino-Rhythmen mit ebensolchen Tänzen, ab und an auch Live-Bands, Promo-Angebote der Biermarken „Victoria" oder „Toña". Vor allem ein Club für Einheimische, auf dem Rückweg ist ein Taxi die sichere Variante.

Nützliches

- **Touren und Informationen:** Jedes Hotel bietet Touren an, ferner etliche Agenturen. Viele Infos gibt es im Casa El Oro Hostel und bei Intur an der Ecke gegenüber dem Parque Central (Broschüren).
- Informationen zur Stadt auf Englisch unter **www.sanjuandelsur.org.**
- **Polizei:** Calle Los Trapitors, parallel zum Paseo del Rey am südlichen Strandende, Tel. 2435 3732. Eine andere Station ist gleich am Ortseingang neben dem Palacio Municipal.
- **Post:** Am südlichen Strand im Enitel-Gebäude, Mo bis Fr 8–12 und 13–17 Uhr, Sa 8–12 Uhr.

32 Telefonkarten: Claro, am Paseo del Rey und in der Ave. Vanderbuilt neben Marco Rental's.

- **Geld: Bancentro,** Ave. Gaspar Laviana; Geldautomat der **BAC** am Hotel Casa Blanca in der Ave. del Mar, Auszahlung in US-Dollar.
- **Internet: Cyber,** gegenüber vom Markt, 8–20 Uhr.
- **Wäschereien** gibt es unzählige, vor allem in der Ave. del Parque beim Casa El Oro Hostel. Sie rechnen nach der „Docena", einem Dutzend an Kleidungsstücken, ab (100–120 C$). In **36 Maria's Laundry** wird auch einfach der Wäschesack angeschaut und ein guter Preis gemacht. **19 Gaby's Laundromat** findet sich beim Hospedaje Elizabeth, Mo bis Sa 8–19 Uhr, So bis 15 Uhr, Preis pro Kilo.
- **Apotheke: Farmacia Santa Marta,** Ave. El Abanil, nicht weit vom Strand, 8–19 Uhr.

An Unterkünften herrscht kein Mangel in und um San Juan del Sur

Übernachten

Die Preise für Unterkünfte variieren in San Juan del Sur je nach Saison stark: Zu Ostern und an Weihnachten verlangen viele über das Doppelte, zur Regenzeit gibt es günstige Angebote. Eine Vielzahl an preiswerten Hostels, aber auch teurere Hotels befinden sich in der Ave. del Parque in Richtung Strand.

8 **Moke Huhu Guesthouse**①, von der Uno-Tankstelle 100 m in Richtung Strand, www.mokehuhu.com. Nett gemachtes Hotel mit Pool, vielen Pflanzen und einer eigenen Surfschule (s.o.). Zweibettzimmer mit Gemeinschaftsbad, WLAN/WiFi, AC, Sonnenstühlen und Gemeinschaftsküche.

3 **Hostel Pachamama**①, Ave. El Pargo, vom nördlicheren Teil des Paseo del Rey rechts rein, www.facebook.com: Hostel PachaMama. Sauberes und nett gemachtes Party-Surfer-Hostel, in dem immer was los ist. Die Zimmer sind einfach, etwas dunkel, aber der Preis stimmt. Oben gibt es eine chillige Veranda zur Straße, unten einen Relax- Aufenthaltsbereich mit TV und einen kleinen Pool.

34 **Casa El Oro Hostel**②, Ave. del Cine, vom Parque Central 1 Block westlich und 50 m nördlich, www.casaeloro.com. Beliebte Backpacker-Bleibe, einfach und sauber, Dorms, DZ mit Bad, alle Zimmer verfügen über einen Ventilator. Chillige Dachterrasse, TV-Lounge, Gemeinschaftsküche und Schließfächer sind vorhanden, Kreditkartenzahlung möglich, Shuttle an die Strände ab 5 US$ p.P. Das Hostel wurde zur Zeit der Recherche komplett renoviert und dürfte demnach wieder besonders schick und in neuem Glanz erstrahlen.

39 **Hostel Esperanza**②, Paseo del Rey, am südlichen Strandende, hostelesperanzasjs@gmail.com. Beachfront-Backpackertreff mit einfachen, etwas dunklen Zimmern und einem schönen Garten mit Hängematten und einer Sitzecke in Richtung Strand. WLAN/WiFi, Safe, Gemeinschaftsküche, Services wie Beach Shuttles, Surf-Kurse und Surfboard-Verleih.

MEIN TIPP: 38 **Hostal Casa Romano**③, Ave. del Parque, von der Kirche 1½ Blöcke nach Westen, Tel. 2568 2200. Das Haus mit dem lila-gelben Anstrich fällt sofort auf. Das familiengeführte Hostal hat schöne, saubere DZ mit Bad und Ventilator (25 US$) bzw. AC (obere Zimmer, 30 US$), Gemeinschaftsküche, Wäscheservice, Motorradverleih, WLAN/WiFi, Internetplatz, oben mit Terrasse und Hängematten. Das Hostal ist sehr sauber, auf Zimmerlautstärke ab 22 Uhr wird geachtet, es ist also kein Party-Hostel! Bestes Preis-Leistungsverhältnis vor Ort!

28 **Barrio Café**③, direkt im Stadtzentrum an der Ave. Mercado, gleich im Hof der angesagten Bar El Barrio, www.barriocafesanjuan.com. Sauber und modern, DZ mit eigenem Bad, AC, TV, WLAN/WiFi und Balkon zur Straße.

33 **Hotel Colonial**③, Ave. Vanderbuilt, www.hotel-nicaragua.com. DZ mit Bad inkl. Frühstück, AC, Ventilator, WLAN/WiFi, Parkplatz. Schöner Garten, die oberen Zimmer sind heller.

MEIN TIPP: 7 **Hotel El Jardin**③, 4 km außerhalb von San Juan in der Bahia Nacascolo, www.eljardinhotel.com. Außenpool, Sonnenliegen, Terrasse mit Blick auf die Bucht. Einfache, farbig gestrichene Zimmer mit Bad inkl. Frühstück, auch Deluxe-Zimmer mit Meerblick, Meerbettzimmer verfügbar.

18 **Hotel Royal Chateau**④, am Ortseingang 1 Block östlich vom Markt, www.hotelroyalchateau.com. Größtes Hotel am Ort, ruhige Lage. Jedes Zimmer hat einen eigenen Balkon/kleine Terrasse und ist sauber und geräumig, inkl. Frühstück, AC, WLAN/WiFi, TV, Parkplatz.

37 **La Posada Azul**④, Calle Parque de Iglesia, www.laposadaazul.com. Gemütliches Boutique-Hotel mit Pool, schönen Zimmern und liebevoll angerichtetem Frühstück. Die Lage der Zimmer variiert: Zimmer 1 ist direkt an der Straße, Zimmer 4 und 5 liegen unmittelbar an der kleinen Frühstücksterrasse – vorher Optionen zeigen lassen. Ein kleiner Laden mit Souvenirs ist angeschlossen. Gleich daneben liegen mit dem Hotelito Coco Azul und dem Gran Océano noch zwei weitere, teurere und schicke Hotels mit Pool.

Yoga & Massage

Vor einem anstrengenden Tag auf dem Meer kann eine Einstimmung mit Yoga nicht schaden. Und eine entspannende Massage danach auch nicht.

MEIN TIPP: **Zen Yoga,** gegenüber der Kirche, www.zenyoganicaragua.com. Stylisches, mehrstöckiges offenes Holzhaus mit einem spitzen Giebel, umgeben von einem großen Garten und mit Blick über San Juan und das Meer. Auf kleineren, separaten Terrassen werden Massagen angeboten, während in der Ferne die Fischerboote auf dem glitzernden Pazifik in der Mittagssonne dümpeln. Die Eigentümerin *Vanessa* ist sehr inspirierend, die Stimmung im ganzen Team von Gemeinschaftsgeist geprägt. Die internationalen Mitarbeiter kommen sogar an den Ort der Wahl, sei es am Strand oder im Hotel. Kurse finden um 8.30, 10 und 17 Uhr statt, 285 C$ für 1 Std., es gibt auch Paketpreise.

■ **Gaby's Spa,** Calle Central, vom Markt 75 m südlich, Mo bis Sa 9–19 Uhr, www.gabysspa.com. Sämtliche Arten von Massagen zwischen 30 Min. (25 US$) und 1 Std. (40 US$, 45 US$ für „Hot Stone") sorgen für Entspannung, daneben gibt es weitere Beauty-Angebote. Zur Happy Hour zahlt man auf einige Tages-Specials 15% weniger.

Ziele in der Umgebung

San Juan del Sur ist umgeben von **Stränden.** Der schönste Strand im Süden ist Playa Hermosa (Eintritt 2 US$), im Norden ist es Playa Maderas. Am besten lässt man sich mit einem Shuttel hinbringen oder mietet ein Motorrad oder Quad, da die Wege so schlecht sind, dass es mit einem Roller zur Tortur werden kann. Die Einheimischen warnen ausdrücklich davor, ab der Dämmerung und alleine die Strände Playa Remanzo und Playa Yankee im Süden aufzusuchen. Auch beim Schwimmen ist Vorsicht geboten: Man sollte sich immer bewusst machen, dass es weiter draußen und bei Flut stärkere **Strömungen** geben kann.

Strände im Norden

Eine zunächst asphaltierte, dann jedoch **einem Feldweg ähnliche Straße** aus Sand, Wurzeln und Steinen, die nicht der Küstenlinie folgt, sondern mal landeinwärts biegt, um später wieder in Richtung Meer zu verlaufen, führt zu den nördlichen Stränden.

Playa Marsella (5 km)

Schöner Strand zum Spazieren, Relaxen, Schwimmen und Schnorcheln. Am Flusszulauf warnen Schilder vor Kaimanen. Zum Surfen eignet sich Playa Maderas, ein Stück weiter nördlich, besser.

Der Strand und das Meer sind in Marsella relativ ruhig, der **Río Baston** fließt hier in den Pazifik, es gibt ein paar schicke Unterkünfte direkt am Strand und ein paar Kultige am Zufahrtsweg.

■ **Hostal Villas México**③, neben dem Río Baston, www.hostalvillasmexico.com. Große Bungalowanlage mit weiß getünchten Cabinas, aber auch Dorm-Optionen (8 US$). Moskitonetze, Hängematten, Billardtisch, zur Happy Hour von 17 bis 18 Uhr gibt es spezielle Tequila- und Bierangebote.

■ **Marsella Beachfront Hotel**③, ganz am hinteren Ende wunderbar am Strand liegt die Anlage mit Restaurant und Surfbrett-Vermietung, www.marsellabeachfronthotel.online.com.ni. Es gibt diverse Zimmer aus rustikalem dunklem Holz mit verschiedenen „vistas", je nachdem unterscheidet sich der Preis. TV, AC, WLAN/WiFi vorhanden, ebenso ein Pool. Buchbar über booking.com.

■ **Empalme a Las Playas**④, kurz vor der Gabelung zwischen Playa Marsella und Playa Maderas links, 10 Min. vom Strand, www.empalmealasplayas.com. Vier urige Bambus-Cabañas für insgesamt max. 12 Personen werden geboten, außerdem bereiten *Roy* und *Karen* ein wunderbares Frühstück und Abendessen zu. Da nicht so viel Platz ist, lieber reservieren.

■ **Casa Bahia Hotel Resort**⑤, am Zufahrtsweg zur Playa Marsella rechts, 300 m vom Strand, www.casabahiahotel.com. Dieses 4-Sterne-Hotel wirkt ein bisschen wie Disneyland, mit hohen, geschwungenen Mauern, einem Pool mit Meeresblick, knallbunten Sonnenliegen und einer opulenten Treppe zu einer Terrasse. Die Zimmer sind nobel mit Vorhängen und Gemälden an den Wänden, die Bäder schick und mit allem ausgestattet, was für den Preis (ab 120 US$) erwartet werden kann.

Playa Maderas (9 km)

Der **beliebteste Strand bei Surfern und Backpackern** liegt nur 20 Min. Fahrtzeit von SJDS entfernt! Eine große Felsenfläche, über die Krabben huschen und muntere Einsiedlerkrebse tippeln, teilt ihn in zwei Abschnitte. Am südlichen Teil, auch **Playa Los Playónes** genannt, liegen direkt am Strand ein Restaurant und eine kultige Strandbar mit tollen Smoothies und einfachen Surferunterkünften, die Shuttles halten gleich gegenüber. Alles ist sehr chillig und belebter als im **nördlichen Teil.** Hier wird der Playa Maderas zu einem schönen, langen, breiten Strand mit tollem Sand und ordentlichem Wellengang – perfekt zum Baden, Schwimmen, Surfen und Sonnen. In der Nebensaison kann echtes Robinson-Feeling aufkommen – man ist fast alleine. Es gibt einfache Cabañas, z.B. im Matilda, mit Surfbrettvermietung und einer Strandbar, die spätestens dann öffnet, wenn sich Neugierige nähern.

■ **Hostal/Strandlokal Los Tres Hermanos**①, am südlichen Strandabschnitt, www.facebook.com: HostalMaderaLosTresHermanos. Beliebt bei Surfern und Travellern aus aller Welt. Einfache und farbenfroh angepinselte Dorms (10 US$) und DZ (25 US$ ohne Bad) im OG mit hölzernen, balkonartigen Terrassen mit einem fantastischen Blick über den Strand und die Surfer. Über dem Geländer flattern bunte Handtücher im Wind, während in einem der Dorms jemand auf der Gitarre spielt. Im rustikalen Restaurant darunter (8–19 Uhr) läuft Reggae, serviert werden leckere Smoothie-Kombos aus Pitahaya oder Kokos, Roter Beete oder Gurke und frische Fischgerichte. Bretterverleih, Surfschule und natürlich viele Tipps, um die perfekte Welle zu erwischen. Oft voll belegt, also lieber reservieren: Tel. 8460 7464, manuelantoniocascante@hotmail.com.

■ **Tacos Locos**①, gleich gegenüber vom Tres Hermanos, 10–20 Uhr. Gut besuchtes Taco-Restaurant mit Strandliegen und Surfbrettverleih.

■ **Hostal Matilda**①-②, am nördlichen Strandabschnitt, www.hostalmatilda.com. Man ist hier fast allein. Um einen schönen Garten mit viel Sand und tollen Pflanzen gruppieren sich kleine, einfache Holzcabañas mit Terrasse und Hängematten. Manche sind so niedrig wie ein Hobbit-Haus. Die Zimmer sind einfach und etwas düster, doch der Strand strahlt dafür umso mehr. Kurz vor dem Matilda weist ein Schild mit der Aufschrift „Rooms" (früher hieß die Herberge Castaway) auf weitere einfache Zimmer (20–25 US$) hin.

■ **Casa Maderas Ecolodge**②, an der Zufahrtsstraße 200 m von der Abbiegung zum Playa Maderas, 10 Gehminuten zum Strand, www.casamaderas.com. Schicke Hotelanlage mit netten weißen Cabañas, es gibt einen Pool, Yoga und Massagen werden angeboten.

■ **Buena Vista Surf Club**③, linker Hand am Zufahrtsweg zum Strand, www.buenavistasurfclub.com. Schicke Baumhäuser oberhalb der Felsen und mit Blick auf das Meer. Alle Zimmer haben ein eigenes Bad, Ventilator und Moskitonetz. Mindestaufenthalt zwei Nächte.

Playa/Bahía Majagual (10 km)

Dieser **sehr breite, einsame Strand** lässt Robinson-Gefühle aufkommen, denn hier sind kaum Menschen. Er ist durch die auslaufenden Wellen fest und feucht, zum Schnorcheln und Baden herrlich. Im Jahr 2003 gab es hier noch ein uriges Öko-Camp à la *Leonardo DiCaprios* „The Beach", wo Bio-Snacks in handgeschnitzten Holzmöbeln oder in Hängestühlen verspeist wurden, doch Investoren haben ein **ummauertes Betonresort** mit Wachtürmen in das Naturparadies gesetzt. Am Strand sitzen nun nicht mehr die Traveller aus aller Welt zusammen, um bei Toña-Bier den fantastischen Sonnenuntergang zu genießen, denn im Resort gibt es ja einen Pool. So können sich die Zeiten ändern.

Aus dem Tagebuch zweier Reisender

So schön war es hier einmal …

Um 11 Uhr ging das Boot zum Strand von Majagual. Auf der Fahrt sahen wir zwei große Schildkröten beim Liebesspiel. Angekommen, saßen ein paar Leute beim Frühstück, der erste Eindruck passt, alles aus Holz, mit Sandboden und öko-mäßig. Wir checkten ein – in ein Zelt mit zwei Betten drin! 8 US$ kostete das – kultig. Kein Licht, kuschelig, und die Bäder waren auch gleich um die Ecke. Im Bar-Bereich zischten wir erstmal ein Bierchen. Dann wollten wir an den Strand. Da stellten wir fest, dass der Beutel mit meinen Klamotten im Hotel in San Juan geblieben war. Also hieß es für mich, nackt baden zu gehen, was wiederum hieß, den nächsten einsamen Strand in 5–10 Min. Fußmarsch aufzusuchen. Es ging ein Stück über Felsen und dann waren wir in der Bucht – herrlich! Aufgrund der Ebbe ein riesenbreiter Strand …

Strände im Süden

Ähnlich wie im Norden: Die Straße gen Süden ist nur am Anfang gepflastert, dann wird sie mehr zu einem Feldweg und **es geht teils sehr steil bergauf und bergab.** Ein Motorrad oder Quad ist für die Strecke angebracht. Es fährt mehrmals am Tag ein Bus zum Fischerdorf **El Ostional,** doch bis auf die Strände El Coco und La Flor ist es zu den anderen noch ein gutes Stück zu Fuß, da sie weiter entfernt von der Straße liegen.

Playa Remanzo (7 km)

Die kleine Bucht mit **Steinstrand** ist beliebt bei Surfern (leichtes bis mittleres Level). Sie liegt 30 Min. von San Juan entfernt, von der Straße sind es noch 3 km Feldweg. Am Strand gibt es zwei chillige Restaurants und im Hinterland ein paar schicke Cabañas und Ferienapartments entlang des Zufahrtsweges.

■ **Ferienhaus Casa Bahia Azul**④, oberhalb der Bucht von Playa Remanzo, Tel. 8804 6648. Komplett eingerichtete Villa mit 3 Schlafzimmern für bis zu 6 Pers. (ca. 150 US$). Von den Terrassen und dem Außenpool bietet sich ein fantastischer Blick auf den Pazifik. Das Haus hat einen TV, AC und WLAN/WiFi. Buchbar auch über booking.com oder airbnb.

Playa Hermosa (11 km)

Der „schöne Strand" (Zutrittsgebühr für Tagesgäste 180 C$) liegt 3 km von der Straße entfernt und trägt seinen Namen zu Recht, denn es ist der **schönste Strand im Süden von San Juan del Sur,** mit Palmen bestanden, weitläufig und breit, zum Toben im Wasser ideal (auch für Kinder). Surfer sind hier richtig, denn die Wellen brechen gleich mehrfach. Zum Schwimmen ist er allerdings weniger geeignet, da es sehr lange flach reingeht. Die Surfergemeinde trifft sich im offen angelegten Strandrestaurant oder bezieht Quartier in dem wunderbaren und einzigen Strandhostel vor Ort.

■ **Playa Hermosa Beach Hotel**③, www.playahermosabeachhotel.com. Direkt am Strand zwischen Palmen ist dies ein wunderbarer Ort für einen Traumurlaub am Strand. Die mit viel Holz gestalteten Zimmer haben große Betten mit Moskitonetzen, es gibt ein Dorm mit 6 Betten und oben geräumige Zweibettzimmer, eines mit einer offenen Terrasse in Richtung Meer unter einem Spitzdach aus Palmenblättern. Surfbretter werden verliehen und Reitausflüge in die Umgebung organisiert. Ein Tipp auch für Familien. Buchbar über booking.com.

Playa Yankee (14 km)

30 Min. Fahrtzeit. Langer, breiter und einsamer Strand **ohne Schatten,** der vor allem bei einheimischen Surfern beliebt ist. Eintritt pro Fahrzeug 100 C$.

Playa El Coco (17 km)

Weitläufiger, flacher Strand mit weißem, weichem Sand, geeignet zum **Schnorcheln und Schwimmen** und bei einheimischen Familien der Mittel- und Oberschicht beliebt durch das variantenreiche, wenn auch relativ teure Angebot an Unterkünften. In der Umgebung leben einige Familien, sodass der Eindruck eines verstreuten Dorfes entsteht, wo Kinder auf der Straße spielen und auch schon mal Buckelrinder zu einem Spaziergang am Strand aufbrechen. Es gibt sogar ein paar *tiendas,* kleine Shops zum Einkaufen, und einen Geldautomaten.

■ **Restaurante Puesta del Sol**②, Mo bis Do 7.30–18 Uhr, Fr bis So bis 20 Uhr. Schöne Terrasse mit rustikalem Holzmobiliar, Sonnenstühle im Sand, ein toller Blick auf den Strand und – es gibt einen Pool!

Der Kreislauf der Meeresschildkröten – Wunder der Natur

Meeresschildkrötendamen kehren zur **Ablage ihrer Eier** immer an den Strand zurück, an dem sie selbst einst auf die Welt geschlüpft sind. Dabei hinterlassen sie deutliche Spuren im Sand. Mit ihren hinteren Flossen buddeln die Schildkröten ein 30 bis 50 cm tiefes Nest, verharren dann geduldig darüber und lassen bis zu 100 tischtennisballgroße, weiße Eier hineinplumpsen. Dass die Eier dabei nicht zerbrechen, verdanken sie ihrer weichen Hülle. Nach diesem anstrengenden Akt bedecken die fleißigen Mamas ihre Brut mit Sand, kehren ins Meer zurück, und die Wärme der Sonne tut das Übrige. Die Temperatur des Sandes bestimmt während der **Brutzeit** das Geschlecht der kleinen Panzertiere: Unter 29,9° C werden es Männchen, darüber Weibchen. Nach 45 Tagen schlüpfen die Winzlinge alle gemeinsam, denn nur so erreicht wenigstens ein Teil von ihnen das halbwegs sichere Meer. Nach der Geschlechtsreife werden die weiblichen Tiere vom Playa La Flor immer wieder hierher zurückkehren, um ihre eigenen Eier abzulegen – denn was bei ihnen gut funktioniert hat, wird auch bei ihrem Nachwuchs klappen.

Parque Marítimo El Coco⑤, www.playaelcoco.com.ni. Ca. 20 Apartments und schöne Ferienhäuser für 2–12 Personen (120–380 US$) mit Küche, teils AC, Grillplatz und Hängematten. Das angegliederte Restaurant Puesta del Sol bietet Frühstück, Kindermenüs, Salate, Fisch und Fleisch zu etwas höheren Preisen. Es gibt hier einen Geldautomaten.

Energy Touch, therapeutische Massagen durch die US-Amerikanerin *Amanda*. Ihr Motto: Jeder Körper ist einzigartig. Und so sorgt sie bei ihren Kunden für Entspannung des Körpers und Befreiung des Geistes. Stunden können online reserviert werden: www.energytouchmassage.com.

Playa La Flor und Naturschutzgebiet Vida Silvestre La Flor (22 km)

22 km südlich von San Juan kommen **von Juli bis Januar** (Hauptsaison September/Oktober) die gefährdete **Lederschildkröte** sowie die **Oliv-Bastardschildkröte zur Eiablage** in das Refugio de Vida Silvestre La Flor. Während die bis zu 3 m großen und 300 kg schweren Lederschildkröten einzeln ankommen, kann die Ankunft der nur bis zu 80 cm großen Bastardschildkröten zu Tausenden mit etwas Glück in einer sogenannten *arribada* beobachtet werden. Die Eiablage erfolgt meist nachts zwischen 22 und 2 Uhr, sodass unter Umständen ein bisschen Geduld mitgebracht werden muss. Die Tiere sollten nicht mit Blitzlicht fotografiert werden! Während der Brutzeit werden die Nester von den Parkwächtern und teilweise sogar von Soldaten vor Fressfeinden beschützt, zu denen in Nicaragua noch immer der Mensch gehört, denn Schildkröteneier werden hier gerne gegessen und stehen sogar in Restaurants auf der Speisekarte.

Strand und Meer, so weit das Auge reicht

nica061-ji

■ **Infos:** Eintritt 286 C$, Zugang nur mit Führer, Touren werden in San Juan angeboten. Camping ist im Schutzgebiet möglich (575 C$ pro Zelt), im Park können Getränke gekauft werden, mehr aber auch nicht, also vorsorgen, wenn man das Abenteuer der Übernachtung wagt. Taschenlampe mitbringen!

Fischerdorf El Ostional (24 km)

24 km südlich von San Juan del Sur ist dieses ursprüngliche Örtchen **deutlich weniger touristisch** als der beliebte Nachbar im Norden. Ein breiter und heller Sandstrand lädt zum Sonnenbaden und Relaxen ein, die Wellen sind bei Surfern beliebt. *José* von **Community Tours** gegenüber der Bushaltestelle kann private Unterkünfte vermitteln (10 US$ p.P.). Diese einheimische Ökotourismus-Initiative bietet zudem **Ausflüge** an, z.B. Ritt zu einem präkolumbischen Friedhof, Kajaktouren, Schildkröten-Beobachtung oder Touren mit dem Boot. Frischer Fisch wird im **Soda Mi Casita** oder im **Comedor Blanquita** angeboten, übernachten kann man auch im simplen **Hostal Doña Alba**①, vom *Centro de Salud* 100 m südlich. Ein **Bus** fährt am Markt von San Juan 4x tägl. nach Ostional (25 C$, 1½ Std.).

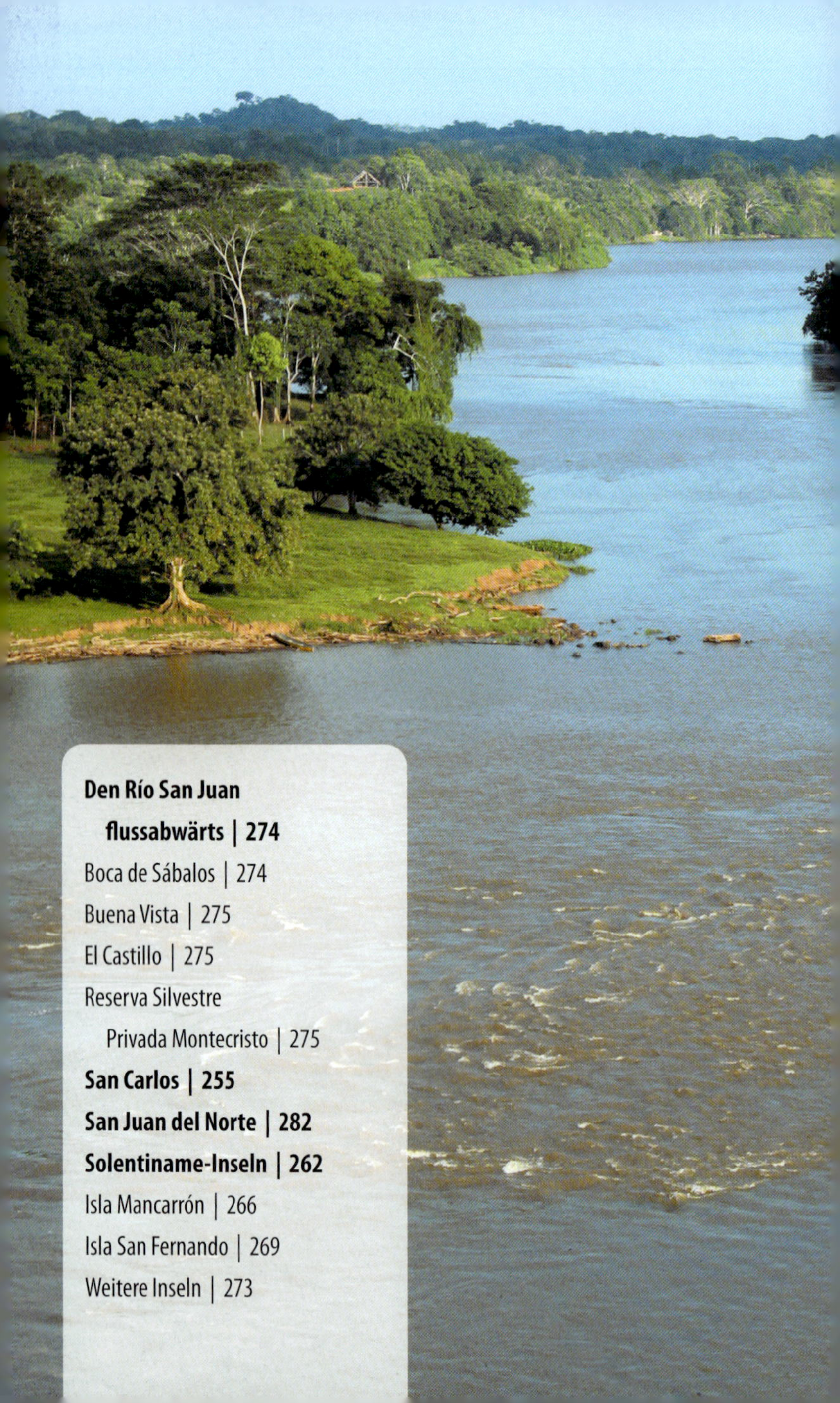

nica073-ji

6

Nicaraguas Süden

Der Süden des Landes ist eine sehr ursprüngliche Region voller Abenteuerluft und wunderschöner Natur. Hier fließt der breite Río San Juan gemächlich über eine Entfernung von 199 km vom Lago de Nicaragua bis in die Karibik. Und hier liegt das geheimnisvolle Naturparadies des Solentiname-Archipels.

< Der Río San Juan ganz im Süden ist 199 km lang

POETISCHE INSELN UND ABENTEUERLICHE FLÜSSE

Der Río San Juan bildet über einen Großteil seiner Länge den Grenzverlauf zu Costa Rica. Und das ist sein Malheur – oft verpassen Reisende das Flussabenteuer, da sie in den südlichen Nachbarn übersetzen, ohne diese aufregende Gegend voller Legenden und Geschichte(n) zu entdecken: Früher trieben hier Piraten ihr Unwesen, bis eine junge Frau sie stoppte. Der kalifornische Goldrausch trieb Tausende Glücksritter über den Fluss, er war umkämpft von Briten, Holländern und US-Amerikanern. Kleine Städte mit trutzigen Burgen liegen an seinen Ufern, weite, unerforschte Dschungelgebiete erstrecken sich tief in das Landesinnere, und überall ist Wasser, Wasser, Wasser. Die kleine Stadt San Carlos ist das Tor, um den Fluss von seiner Entstehung am Nicaragua-See bis zu seiner Mündung in die Karibik zu entdecken und in das Naturreservat Río Indio Maíz vorzudringen. San Carlos ist außerdem der Ausgangspunkt für eine Reise zu den geheimnisvollen und wunderschönen Inseln des Solentiname-Archipels im Nicaragua-See. Kurzum: Eine Region, so poetisch und spannend wie in einem Abenteuer-Roman.

NICHT VERPASSEN!

- **Solentiname-Inseln:** ursprüngliches Inselhopping mit dem Kajak | 267
- **El Castillo:** Picknick mit Aussicht hoch über dem Fluss | 278
- **Río San Juan:** erlebnisreiche Bootstouren und sonstige Unternehmungen auf und am Fluss | 279
- **Essen wie bei Muttern:** in der Soda Alisson in El Castillo wird leckerste Nica-Hausmannskost aufgetischt | 280
- **San Juan del Norte:** geheimnisvolle Ruinen in Callo Canto | 285

Diese Tipps sind gelb hinterlegt.

San Carlos

Die **wasserumspülte Hauptstadt der südlichsten Provinz Nicaraguas** ist der Ausgangspunkt, um den aufregenden Río San Juan zu erkunden, um auf die entlegenen Islas Solentiname überzusetzen und anschließend die Grenze nach Costa Rica zu passieren. Aufbruchsstimmung liegt in der Luft, und die meisten Touristen besuchen San Carlos nur auf der Durchreise – doch **hier kann man es länger aushalten.** Die ruhige und entspannte Stadt hat knapp 51.000 Einwohner, in ihr enden die Straßen und das Flussleben beginnt. **Am Malecón,** der Seepromenade, liegen zahlreiche Restaurants, Bars, Hotels und Geschäfte – ein Ort zum „Sich-Treiben-Lassen" und die Zeit mit einem kühlen Getränk in einer der Bars mitten unter Einheimischen zu verbringen.

Als die **Spanier** die Handelsroute über den Río San Juan erschlossen, um ihre geraubten Güter aus den neuen Kolonien über den Atlantik ins Mutterland zu bringen, wurde San Carlos, das damals noch Nueva Jaén hieß, im Jahr 1550 zu einem **wichtigen Handelsstützpunkt.** Im 17. Jahrhundert drangen immer mehr Piraten über den Río San Juan ins Landesinnere vor, und so wurde zusätzlich zum Fort in El Castillo auch in San Carlos eine Festung errichtet.

Während der Sandinistischen Revolution von 1979 spielte San Carlos eine wichtige Rolle als **Militärbasis der Rebellen,** unter ihnen der Priester, Poet und spätere Politiker *Ernesto Cardenal* (siehe entsprechenden Exkurs).

Orientierung

Es gibt **drei Bootsanlegestellen** in San Carlos: Im Osten liegt das Terminal Por-

tuario mit Booten über den Río San Juan, dann folgt die Muelle Flotante mit Booten zum Solentiname-Archipel und schließlich die Muelle Román im Westen mit Booten zum Naturschutzgebiet Los Guatuzos. Sie sind über eine Hafenstraße, den **Malecón,** miteinander verbunden. Nördlich liegt der Parque Central mit WLAN/WiFi und der katholischen Kirche. Der Flughafen befindet sich etwas außerhalb und ist mit dem Taxi in etwa 7 Min. erreichbar.

Sehenswertes und Aktivitäten

Der Bau der **Fortaleza de San Carlos** (tägl. 9–12 und 14–17 Uhr, Eintritt frei) diente wie das Fort in El Castillo nur einem Ziel – dem Schutz der reichen Stadt Granada, verheißungsvolles Ziel sämtlicher Piratenträume. Doch die Festung hielt den Piraten nicht lange stand, wurde 1670 eingenommen und zerstört. Heute beherbergen ihre Überreste ein kleines **Museum bzw. Kulturzentrum** und einen fantastischen Aussichtspunkt über den Nicaragua-See und den Ursprung des Río San Juan.

Im Herbst verwandelt sich die Stadt in ein turbulentes Tohuwabohu partywütiger Verkleidungsfans: Der **Carnaval Acuático** (Okt./Nov.) wird mit knappen Kostümen und üppigem Federschmuck gefeiert, Schiffsparaden über den See und den Río San Juan zeigen Figuren riesiger Flussgötter und solche mit indigenen Herrschermasken, allerorten wird getanzt, musiziert und gefeiert. Während des Volksfestes besuchen über 3000 Gäste die Stadt, und es gibt zahlreiche Stände mit landestypischem Essen und Kunsthandwerk entlang des Malecón.

Touren

San Carlos ist der Startpunkt für zahlreiche Touren **in die fabelhaften Naturschutzreservate der Umgebung.** Es gibt mehrere Anbieter, die den Transport inkl. Führer organisieren:

- **Transporte Turístico Osprey,** der junge Geschäftsführer *Evert Ugarte* ist zuverlässig, hilfsbereit und geschäftstüchtig, Tel. 8963 2845 (Movistar/Whatsapp), hostalbuenamigo@gmail.com, ohne Shop. Er bietet private Bootstransfers und geführte Ausflüge an: Solentiname-Tagestour, Besichtigung von vier Inseln (Mancarrón, San Fernando, Isla de los Pájaros/Vogelinsel, Isla de los Monos/Affeninsel), 150 US$, bis zu 6 Pers.; El-Castillo-Tagestour, Flussfahrt und Besichtigung des Ortes und der Festung, 300 US$, bis zu 6 Pers.; Tagestour ins Naturreservat Los Guatuzos, Bootsfahrt durch das Reservat, Besuch des Flusses und der indigenen Siedlung von Papaturro, 200 US$, bis zu 6 Pers.; privater Transfer nach Los Chiles/Costa Rica über den Río Frío, 300 US$, bis zu 10 Pers.
- Touren mit **Cabinas Leyko** (s. „Übernachten"): Tagestour Solentiname 160 US$ für max. 8 Pers.; Esperanza Verde 25 US$ p.P. bei mind. 2 Leuten; Papaturro 200 US$ für max. 8 Pers.
- **La Esquina del Lago,** Touranbieter im gleichnamigen Hotel an der Mündung des Río Frío, Reserva Los Guatuzos, www.riosanjuan.info, Tel./Whatsapp 8849 0600. Die erfahrene Agentur bietet seit 1999 Sportfischen (Schwertfisch) und Kajak-Abenteuer auf dem Río San Juan mit kundigen Führern an und hat bei Produktionen von Discovery Channel und CNN mitgewirkt.

Praktische Informationen

An- und Weiterreise

San Carlos ist mit dem Bus, der Fähre und per Flugzeug erreichbar. Boote fahren von hier über den Río San Juan, zum Solentiname-Archipel und an die Grenze zu Costa Rica.

Fähren/Boote

Es empfiehlt sich generell, mit den schnelleren Booten zu planen, da die langsamen wirklich doppelt so lange brauchen. Die **Schnellboote** sind etwas teurer. Da sich die Abfahrtszeiten ändern können, am besten immer vorher nachfragen, wann die Boote fahren.

Ein spektakuläres Naturerlebnis ist der **Grenzübertritt** per Boot über den sich durch unberührten Regenwald schlängelnden Río Frío **nach Costa Rica/Los Chiles.** Doch auch hier gilt: Vor Ort nach den genauen Abfahrtszeiten erkundigen.

Alle Boote fahren am Pier ab, jedoch von unterschiedlichen Molen.

■ **Granada/Ometepe:** Di und Fr 14 Uhr, 1. Klasse 9,50 US$, 2. Klasse 4 US$, Fahrzeit 10 Std. bis Altagracia,14 Std. bis Granada. Die 1. Klasse ist meist leerer und hat bessere Sitze, der Aufpreis lohnt sich.

Achtung: Zum Zeitpunkt der Recherche bzw. Drucklegung dieses Buches war die Fährverbindung für unabsehbare Zeit außer Betrieb!

- **El Castillo** (über Sábalos und Reserva Montecristo), Schnellboot Mo bis So 6, 10.30 und 16 Uhr, 140 C$, 2½ Std.; langsames Boot Mo bis Fr 8, 12 und 14 Uhr, Sa nicht, So nur 8 und 13.30 Uhr, 90 C$, 5 Std.
- **San Juan del Norte** (Río San Juan), Express Di und Fr 6 Uhr, Mi und So 10 Uhr, 630 C$, 7 Std.; langsames Boot Di, Do und Fr 6 Uhr, 340 C$, 11 Std.; zurück nach San Carlos geht's Do, Sa und So 6 Uhr.
- **Solentiname,** *panga colectiva* Di und Fr 13 Uhr, 4 US$, Fahrzeit 2½ Std. mit Zwischenstopps in La Venada, San Fernando und Mancarrón; Schnellboot von Transol tägl. 15 Uhr, 10 US$, 1 Std., gleiche Zwischenstopps.
- **Río Papaturro und Biosphärenreservat Los Guatuzos,** Di, Mi und Fr 9 Uhr, 100 C$, 3½ Std.
- **Los Chiles, Costa Rica,** kleine Boote fahren über den Río Frío Mo bis Sa 10.30, 13 und 16 Uhr, So 12.30 und 16 Uhr, 10 US$, Fahrzeit ca. 1 Std. nach Los Chiles. Unbedingt den Ausreisestempel (2 US$) im Zollamt in San Carlos einholen! Auf dem Weg befindet sich ein Grenzkontrollposten; dieser darf nicht fotografiert werden, da es sich um eine militärische Anlage handelt. In Costa Rica fahren Busse nach San José und zu anderen Zielen.

Zur Zeit der Recherche fuhren Boote nach Los Chiles nur, wenn mind. 8 Pers. zusammenkamen.

Inzwischen ist die **Brücke der Nic258 bei Santa Fé** über den Río San Juan fertig, sodass der Grenzübergang Las Tablillas und Costa Rica nun auch per Bus und Auto erreicht werden. Die Grenze ist von 8 bis 16 Uhr geöffnet.

Es können im Ort auch **Boote privat** gebucht werden, z.B. über *Evert* von Transporte Turístico Osprey (s.o.); dieser Service kostet allerdings, z.B. bis zum Solentiname-Archipel 150 US$ pro Boot. Nach Los Chiles liegt der Transfer bei 300 US$ (bis zu 10 Pers.).

Flugzeug

Der **Flughafen** liegt 3 km von San Carlos entfernt. Etwa 1 Std. vor Abflug am Flughafen sein, ein Taxi kostet 30 C$, zu Fuß ins Zentrum dauert es ca. 30 Min. Die Inlandsairline La Costeña hat ein Büro zwischen Tankstelle und Kirche.

- **Managua,** Do und So 14.15 Uhr, einfacher Flug 105,50 US$, ca. 1 Std.
- **Ometepe,** Do und So 14.15 Uhr, einfacher Flug 85 US$, ca. 20 Min.
- **San Juan del Norte,** Do und So 12.55 Uhr, einfacher Flug 85 US$, ca. 30 Min.

nica070-ji

Busse

Alle Busse halten beim Mercado Municipal. Auf dem Landweg gelangt man auf einer langen Fahrt von San Carlos nach Managua. Von Juigalpa kann die Reise nach El Rama (Corn-Inseln) fortgesetzt werden. Wer die einfache und entschleunigte Fortbewegung bevorzugt, für den ist diese Fahrt bestimmt das Richtige! Es verkehren auch Direktbusse nach:

- **Managua,** 7x tägl., 2, 6.30, 8, 12, 14.30, 18 und 21 Uhr, 150 C$, 7 Std.
- **Granada,** Di und Fr, 15 und 16 Uhr, 190 C$ (Direktbus).
- **Juigalpa,** 3x tägl., 9, 10 und 11 Uhr, 110 C$, 4 Std.
- **El Rama,** 9 Uhr, 150 C$, 7 Std.

☐ Gemütlich abhängen in San Carlos

Essen und Trinken

Entlang der Seepromenade liegen viele Restaurants, Bars und bunte, sechseckige Imbiss-Kioske, sog. „Sodas", wo es sich ganz entspannt sitzt und lecker isst, immer den Malecón und den Nicaragua-See vor Augen.

Mein Tipp: **8 Soda San Carlos**①, in Sichtweite der Muelle Flotante mit den Booten nach Solentiname, 8–20 Uhr. Hühnchen-Gericht mit Reis und Salat sowie andere Nica-Gerichte für 150 C$, dazu eine frische, selbst gemachte Limonade, die absolut köstlich schmeckt!

5 Pizza House①, an der mittleren Straße, die hoch zum Park führt, auf der rechten Seite, tägl. 10–22 Uhr. Auch wenn das Lokal geschlossen aussieht – Pizzas werden gemacht, wenn jemand kommt. Es gibt kleine Tische an der Straße, an denen man ganz nett sitzt.

6 Kaoma②, an der Ecke der „Barzeile" am Malecón, tägl. 9–23 Uhr. Doppelstöckiges Restaurant mit einer großen Terrasse mit Blick auf den See. Meeresfrüchte, Fisch, Hühnchen, vegetarische Spaghetti und andere Gerichte werden geboten, die Portionen sind groß. Auch zum Frühstücken ein feines Plätzchen.

9 Panadería Pantzin①, Calle 1, parallel zum Malecón, 8–18 Uhr. Eine Adresse für alle, die genug *Gallo Pinto* und Tortillas gegessen haben, denn hier gibt es richtiges Vollkornbrot, Baguette und selbst gemachte Kekse. Dazu einen leckeren Cappuccino, überraschend im abgelegenen San Carlos.

Nachtleben

7 La Champa, Eckterrasse am Malecón. Do, Fr und So ist Karaoke, die bis weit auf den See schallt, Sa wird das Tanzbein geschwungen.

6 Kaoma Disco, unter dem gleichnamigen Restaurant am Malecón. Bar, Tanz und Karaoke, bis der Rum alle ist.

Nützliches/Einkaufen

Entlang des Malecón liegen Apotheken, Tiendas, Spirituosengeschäfte und Banken. Wer eine richtige Dschungeltour plant, kann sich hier mit Gummistiefeln eindecken; oft werden sie auch von Touranbietern gestellt.

- **Tourist-Info: Intur,** im sechseckigen Kiosk am Malecón in Richtung des 3. Piers, Mo bis Sa 8–16 Uhr. Hier gibt es auch einen Geldautomaten von BanPro, der sonntags möglicherweise kein Geld ausspuckt, da er dann leer ist. Entlang des Río San Juan und auch auf Solentiname gibt es keine Geldautomaten, also lieber vorsorgen.
- **Post:** 8–14 Uhr. Es gibt Briefmarken und Postkarten.
- **Polizei:** Tel. 2583 0397.
- **Migración,** Malecón, gegenüber der Muelle Flotante (Boote nach Solentiname), 8–17 Uhr, Tel. 2583 0263. Hier muss der Ausreisestempel von Nicaragua eingeholt werden (2 US$), bevor es auf das Boot nach Los Chiles/Costa Rica geht; spät. 30 Min. vor Abfahrt hier sein und die Formalitäten regeln.
- **WLAN/WiFi** gibt es frei im Parque Central, wo auch ein großer Spielplatz ist.
- **Apotheke: Farmacia Karosi,** am Malecón zwischen all den Restaurants und Bars.
- **Krankenhaus: Hospital Felipe Moncada,** 1 km nördlich der Stadt, Tel. 2583 0244. Seit einiger Zeit wird hier Know-how und Geld aus der deutschen Partnerstadt Erlangen investiert.
- **Taxis** im Ort kosten tagsüber 10 C$ p.P., nachts das Doppelte.

11 Mercado Municipal, gegenüber dem Terminal Portuaria, 7–18 Uhr. Hier gibt es alles.

Übernachten

10 Hostal Don Frank①, Calle El Comercio, unweit der Muelle Flotante (Boote nach Solentiname), Tel. 8942 2077. Zimmer mit Bad und Ventilator, schön ist die schmale Veranda zur Straße. *Don Frank* lässt Backpacker mit ganz wenig Geld auch mal im Flur auf den Sesseln oder in einer Hängematte übernachten.

4 Hotel Carelis①, 1 Block nördlich der Muelle Flotante, Tel. 2583 0389. Saubere Zimmer mit eigenem Bad und Ventilator, freundliches Personal.

1 Cabinas Leyko②, von der Polizei 2 Blöcke südlich, leyko@ibw.com.ni, Tel. 2583 0354. Ruhige Unterkunft mit rustikalen Hütten, kleiner Kiosk anbei, nette Schaukelstuhle auf der Veranda. Die Zimmer sind einfach, etwas hellhörig, aber sauber und haben gute Betten, Frühstück ist inklusive.

3 Hotel Ocaso③, in einer ruhigen Seitenstraße unweit des Restaurants El Mirador am hinteren Pier, hostalelocaso@yahoo.es, Tel. 8629 8803. Hotel mit langen Gängen, an denen die Zimmer mit Bad und AC liegen (DZ 50 US$), allerdings sind nur wenige hell, da die meisten keine Fenster haben. Darüber befindet sich ein dazugehöriges Restaurant mit einer weitläufigen Terrasse, das gute Gerichte bietet und von 7 bis 22 Uhr geöffnet ist.

2 Hotel Gran Lago③, direkt am Seeufer, ein kleines Stück westlich des letzten Piers mit den Fähren nach Ometepe, www.grandhotelsnicaragua.com. Ansprechend gemachtes Hotel mit umlaufendem Balkon, von dem sich ein weiter Blick auf den See ergibt. Die Zimmer sind sauber und zweckmäßig, mehr aber auch nicht. Die Räume im 2. Stock mit Aussicht sind etwas teurer (50 US$) als die unteren ohne.

Refugio de Vida Silvestre Los Guatuzos

Das 437 km² große **Biosphärenreservat** Los Guatuzos und der Solentiname-Archipel waren einst die **Heimat des Volkes der Maleku.** Sie lebten von der Jagd, vom Fischfang und dem Anbau von Kakao, Mais und Kochbananen im Einklang mit der Natur – bis die Spanier kamen. Sie versklavten die Bewohner und nannten sie *guatuzos*, **„Rotgesichter“**, denn die Menschen bemalten sich in der Farbe des Agutis, ein großer, rot-bräunlicher Nager, der in den Wäldern lebt. Als sich Kakao- und Kautschukbauern ansiedelten, wurden die verbliebenen Guatuzos völlig verdrängt; heute erinnern nur wenige Hinterlassenschaften an dieses indigene Volk.

Während des Contra-Krieges von 1981 bis 1990 gegen die dank der Revolution siegreiche sandinistische Regierung wurde das gesamte Gebiet vermint; erst **seit 2001** gilt es wieder als **minenfrei** und sicher.

Zwölf Flüsse durchziehen diesen geschützten Naturraum im Süden des Nicaragua-Sees direkt an der Grenze zu Costa Rica. Er ist die Heimat von Brüllaffen, Faultieren, Schildkröten, Kaimanen, Schlangen und anderem Getier, das sich zwischen den tropischen Bäumen des Regenwaldes und dem Sumpfland mit über 315 Pflanzen- und 130 Orchideenarten wohlfühlt. Eine **unglaubliche Vogelwelt** schwirrt und flattert hier umher, darunter Papageien, Fischadler, Reiher, Störche, Eisvögel, Rosalöffler und Prachtmeisen. Über 400 Arten wurden bislang vom **Centro Ecológico Los Guatuzos,** einem Forschungszentrum (s.u.) am Río Papaturro, registriert.

Anreise per öffentlichem Boot: San Carlos – Guatuzos, Di, Mi und Fr 9 Uhr, 100 C$, 3 Std. (2 Std. über den See, 1 Std. den Fluss entlang); Guatuzos – San Carlos, Mo, Di und Do 8 Uhr.

Die Fahrt kann natürlich auch mit einem privaten Boot organisiert werden, was ca. 150 US$ für die einfache Fahrt ab San Carlos kostet.

Centro Ecológico Los Guatuzos②, www.losguatuzos.com. Im Forschungszentrum am Río Papaturro kann man Kajaks ausleihen, geführte Touren durch die Natur oder nachts zu den Kaimanen unternehmen (45 US$), über Hängebrücken laufen und beim Canopy mit den Affen um die Wette schwingen. Ferner gibt es eine Aufzuchtstation für Schildkröten und Kaimane. Günstige Übernachtungsmöglichkeiten findet man hier ebenfalls (DZ mit Bad 30 US$).

Mein Tipp: Eine weitere Option bieten die mit Solarenergie versorgten **Cabañas Caiman**②, Tel. 8877 5096, www.cabañascaimanlosguatuzos.com. Die vier luftigen, geräumigen Holz-Bungalows sind mit Moskitonetzen ausgestattet und befinden sich direkt am Fluss, DZ 30 US$ inkl. einem leckeren Frühstück. Die Inhaber, *Armando Gómez* alias „El Gato" und *Aillén,* lieben, was sie tun. *Armando* ist zertifizierter Intur-Touristenführer und begleitet Gäste voller Enthusiasmus und mit perfekten Kenntnissen der Tierwelt durch sein Paradies (Tour 60 US$ für 2 Pers.). Obwohl das Wasser so nah ist, kommen nur wenige Moskitos vor. Ein Spray und eine Taschenlampe mitzubringen ist dennoch ratsam.

Solentiname-Inseln

Überblick

Es ist eine ganz besondere, eine vergessene Welt – die **36 Inseln,** die zusammen den Solentiname-Archipel **(Archipiélago de Solentiname)** im südlichen Nicaragua-See bilden. Hierher zu kommen bedeutet einzutauchen in absolute Ruhe und Abgeschiedenheit inmitten einer

nica071-ji

Solentiname-Archipel – eine stille und abgeschiedene Welt

vielfältigen Natur- und schillernden Vogelwelt. Der Archipel ist vulkanischen Ursprungs, die höchste Erhebung auf der Hauptinsel Mancarrón liegt 226 m über dem Wasserspiegel des Sees. Die Inseln sind bedeckt von einer **dichten tropischen Vegetation,** die sich im Wasser spiegelt.

Insgesamt leben etwa **1000 Menschen** auf den 38 km^2 Fläche des Archipels, unter ihnen Bauern, die Mais, Sesam und Baumwolle anbauen, Fischer, die im Morgengrauen im wimmelnden Gewässer das Essen des kommenden Tages fangen, und Künstler, die sich der Schönheit ihrer Heimat in Schnitzereien und Gemälden widmen. Dabei kann ein Bauer gleichzeitig ein Künstler oder ein Maler ein hauptberuflicher Fischer sein.

Nur zwei der Inseln, **Isla Mancarrón** und **Isla San Fernando,** sind dichter besiedelt und bieten Unterkünfte für Gäste. Hier gibt es kleine asphaltierte Wege, hier wohnen die Künstlerfamilien aus Malern und Holzbildhauern, denen Besucher bei ihrer Arbeit über die Schulter schauen können. Vor den rosa und türkis angestrichenen Holzhäusern blühen wunderschön angelegte Gärten, bunt gefiederte Vögel fliegen durch die Bäume.

Ernesto Cardenal – Priester, Poet, Politiker

Inzwischen ist er ein alter Mann, *Ernesto Cardenal*, Freiheitskämpfer und Vordenker, Priester und Poet, Weltverbesserer und Enthusiast. Er ist leicht zu erkennen an seiner schwarzen Baskenmütze, dem welligen weißen Haar und Rauschebart und dem stets weißen Campesino-Hemd mit den lockeren Dreiviertel-Ärmeln.

1925 wird *Cardenal* im aristokratischen Granada als Sohn einer wohlhabenden Familie mit spanischen Wurzeln **geboren.** Er besucht elitäre Schulen in León und Granada und macht erste dichterische Versuche. Später studiert er in Mexiko und New York Philosophie und Literatur. Sein Bildungsdrang geht einher mit ausgedehnten Europareisen. Schon zu dieser Zeit verstrickt er sich immer wieder in **politische Scharmützel.** Brisant wird es für ihn nach der Aprilrevolte im Jahr 1954 gegen Diktator *Anastasio Somoza.* Während viele seiner Kameraden ermordet werden, kann sich *Cardenal* ins Exil in die USA retten und lebt dort zwei Jahre in einem Kloster. Nachdem er sich in Mexiko und Kolumbien dem **Studium der Theologie** widmet, kehrt er 1965 nach Nicaragua zurück und wird schließlich in Managua zum Priester geweiht.

Nun nimmt er eines seiner ehrgeizigsten Projekte in Angriff: **1966** gründet er auf der Insel Mancarrón im Solentiname-Archipel eine **klosterähnliche Kommune,** basierend auf den christlichen Normen von Solidarität, Einfachheit und einem harmonischen Miteinander. Er baut die Kirche wieder auf und richtet eine Bibliothek ein.

Als *Cardenal* sieht, wie die Inselbewohner ihre Kürbis-Gefäße mit bunten Tierfiguren und heimischen Landschaften verzieren, initiiert er eine **Mal- und Künstlerschule.** Mit Bildern und geschnitzten Tierfiguren in diesem authentisch-naiv-farbenprächtigen Stil, der sog. **Pintura primitivista,** sollen die Bewohner fortan ihren Lebensunterhalt aufbessern. Das ist bis heute so.

Die **Messen** hält der Priester im Stil eines Dialogs: Er liest einen Bibelabschnitt vor und fordert die Gemeindemitglieder zur Diskussion darüber auf. Dabei erkennt er selbst die politische Brisanz des Neuen Testaments. Aus den gemeinsamen Gesprächen entsteht 1975 sein in Deutschland bekanntestes literarisches Werk **„Das Evangelium der Bauern von Solentiname“,** ein Aufruf zum Aufstand gegen Unterdrückung und der Grundstein der **Befreiungstheologie.**

Auf dem Festland werden die Machenschaften im Inselarchipel misstrauisch beäugt; der *comandante* aus San Carlos kommt höchstpersönlich zur Inspektion nach Mancarrón. Er soll mit seinem Argwohn recht behalten. Aufgrund der Missstände der Diktatur formiert sich Widerstand auf den Inseln und gipfelt in einem **Aufstand:** In der Nacht vom 12. auf den 13. Oktober 1977 rudert ein Grüppchen sandinistischer Jugendlicher die sieben Stunden nach San Carlos, darunter die heutigen Eigentümerinnen der Hotels Mancarrón und Paraíso, und besetzt erfolgreich die Kaserne der Nationalgarde.

Der Vergeltungsschlag lässt nicht lange auf sich warten: *Somozas* Soldaten zerstören die Kirche, die Bibliothek und Häuser in Solentiname. Doch die Revolution der Sandinisten ist nicht mehr aufzuhalten und zwei Jahre später siegreich – *Cardenal* wird **Kulturminister.** In dieser Position sorgt er dafür, dass die Analphabeten im Land, mehr als zwei Drittel der Bevölkerung, lesen und schreiben lernen.

Aufgrund seiner politischen Tätigkeit in der FSLN wird der revolutionäre Priester 1985 von Papst *Johannes Paul II.* von seinem Amt suspendiert. Heute lebt *Cardenal* in Managua und schreibt mit über 90 Jahren immer noch.

Kolibris tauchen ihren Schnabel nach dem Nektar in rot leuchtenden Hibiskusblüten, aus der Ferne sind die Rufe der Brüllaffen zu hören, und riesige Vogelspinnen krabbeln über die Waldwege – keine Angst, sie sind nicht gefährlich, man sollte sie nur nicht anfassen. Auch Leguane, Schildkröten, Boas, Kaimane, Hirsche und Gürteltiere leben auf den Inseln, die so nah beieinander liegen, dass sie per Kajak problemlos innerhalb einer Stunde zu erreichen sind.

Elektrizität wird in den meisten Häusern mit **Sonnenenergie** gewonnen, daher kann es vorkommen, dass tagsüber kein Strom da ist, damit für die Nacht genügend eingespeist wird.

Klassische Badeinseln sind die Islas Solentiname nicht, denn es gibt **keine Strände,** aber von den Bootsstegen lässt es sich prima ins warme Wasser springen – wie die Einheimischen es machen.

Geschichte

Der Inselarchipel hat eine bewegte Geschichte hinter sich. In den 1960er Jahren kam der katholische Priester **Ernesto Cardenal** nach Solentiname und gründete auf der Isla Mancarrón eine christlich geprägte Künstlergemeinde. Bevor der „Padre", wie *Cardenal* hier schlicht genannt wird, auf die Inseln kam, gab es nichts: keine Boote, keine Schulen, keine Gesundheitsversorgung. Er initiierte die kommerzielle Vermarktung der naiven Malerei und machte die Bilder lokaler Künstler über die Grenzen Nicaraguas hinaus bekannt. Eine Zeit lang war die Welt hier in Ordnung, die Gemeinde betete, musizierte und aß gemeinsam, in Frieden und in Eintracht mit der Natur. Das änderte sich, als die Inseln zu **einer der Keimzellen der Sandinistischen Revolution** wurden und *Cardenal* ein Mitstreiter der linksgerichteten FSLN. Verfolgungen und Unterdrückungen durch *Somozas* Truppen waren an der Tagesordnung, die Bewohner mussten sich im Inseldschungel verstecken oder fliehen.

Nach dem Sieg der Sandinisten im Jahr 1979 verstreuten sich viele Mitglieder der Comunidad über das Land und erhielten Posten in der FSLN-Regierung. Gute Jahre begannen für Solentiname. *Cardenal,* in seiner Position als Kulturminister, hatte Kontakte ins Ausland, besonders nach Deutschland. Er machte die naive Bauernmalerei bekannt, gründete den Verein zur Entwicklung von Solentiname (*Asociación para el Desarollo de Solentiname,* APDS) und vermittelte den Inseln Spendengelder. Damit war es vorbei, als die FSLN 1990 die Wahlen verlor. Die Bauern von Solentiname mussten sich wieder allein auf die Landwirtschaft und das Kunsthandwerk besinnen, einige Künstlerfamilien eröffneten Hotels. So trägt heute ein überschaubarer **Ökotourismus** zum Einkommen der Inselbewohner bei.

An- und Weiterreise

Der Insel-Archipel ist **nur per Boot** zu erreichen. Es gibt täglich einen teureren Shuttle von Transol und ein *colectivo,* das nur 2x die Woche fährt. Beide halten an den Inseln San Fernando und Mancarrón. Natürlich kann auch ein privater Transport in San Carlos organisiert werden, doch der kostet ca. 130 US$ pro Panga, also pro Boot bis zu 6 Personen.

Viele Hostels bieten **Touren** zwischen den Inseln an (20 US$), doch ein Paddeltrip auf eigene Faust ist günstiger, einfach und macht mehr Spaß. **Kanus und Kajaks** (200–300 C$ pro Tag) werden auf beiden Besucher-Inseln vermietet.

- **San Carlos,** Shuttle *Transol,* tägl. 9 Uhr von Isla Mancarrón über San Fernando, 10 US$ p.P., 1 Std.; um 15 Uhr geht es von San Carlos zurück.
- **San Carlos,** *colectivo,* nur Di und Fr, 5 Uhr früh ist Start von Mancarrón über San Fernando, um 13 Uhr geht es von San Carlos zurück, 4 $ p.P., 2½ Std.
- **San Juan del Sur,** über Colón auf der Westseite des Nicaragua-Sees, 120–150 US$, 6 Std.

Isla Mancarrón

Die **dicht bewaldete** Isla Mancarrón ist die größte der Inseln mit einer kleinen Ansiedlung von Häusern auf einem Hügel, genannt **El Refugio** (mehrere günstige Unterkünfte). Vom Bootsanlegesteg dorthin sind es nur wenige Minuten. Im dichten Dschungel mit großblättrigen Waldbananenstauden und stacheligen Coyol-Palmen führen **Waldwege** über die Insel zu verborgenen Petroglyphen und versteckten Höhlen. Am besten besucht man sie mit einem Führer.

Sehenswertes und Aktivitäten

Auf dem Campus der Comunidad, der Gemeinde, vom Steg gleich rechts hoch, liegt das kleine **Museo Arqueológico** (immer geöffnet, Eintritt frei) mit einigen archäologischen Funden der Insel wie *metates,* steinernen Mörserplatten zum Zerkleinern und Mahlen, bemalten Keramikgefäßen und kleinen Statuetten.

Auf demselben Gelände befindet sich die **Bibliothek Ernesto Cardenal** (Mo bis Sa 8–17 Uhr, WLAN/WiFi auch nach den Öffnungszeiten, Passwort beim Personal erhältlich), in der die Schriften des *padre* verwahrt werden und natürlich auch Bücher anderer Autoren auszuleihen sind. In Schaukästen verrotten ein paar der einheimischen Insekten und Spinnentiere.

Am Fuße des Campus steht die **Kirche Nuestra Señora de Solentiname,** seit 1966 Wirkungsstätte von *Cardenal.* Nach der Messe gab er hier immer bekannt, welche Bilder der heimischen Maler verkauft wurden. Nach der Zerstörung durch *Somozas* Soldaten im Jahr 1979 musste die Kirche neu aufgebaut werden. Ein farbenfrohes Wandbild zeigt das Leben auf der Insel.

Ein kleiner Asphaltweg führt hinauf zu **El Refugio,** wo die netten Bewohner Balsaholzfiguren wie Tukane, Schildkröten, Krokodile und andere Tiere im typisch simplen Stil knallbunt anmalen und sich dabei gerne zuschauen lassen. Natürlich können die Figuren auch erworben werden, die Preise variieren je nach Bemalung und Größe.

Touren

1 Das **Hostal Buen Amigo** bietet Touren mit Führung an: Rundtour Isla Mancarrón, Isla San Fernando, Isla Venado und Cueva del Duende (Petroglyphen), 60 US$, 3–4 Std.; Reserva Mancarróncito und Isla de las Aves, 60 US$, bis zu 6 Pers.; Reserva Vida Silvestre Los Guatuzos, 120 US$, bis zu 6 Pers., 7 Std.; Vogel-Beobachtung auf den Inseln Mancarróncito, La Carlota, La Cabrera und La Javia, 80 US$, bis zu 6 Pers.; Sportangeltouren für 15 US$ p.P.

Kajaks

4 **Doña Victoria** vermietet Kajaks, ihr Haus liegt am Wasser: Hinter dem Museum dem kleinen Trampelpfad über den Campus in den Wald hinein ca. 500 m bis zum Wasser hinab folgen. Canadier kosten 200 C$ pro Tag, ein Kajak 300 C$ pro Tag bzw. 200 C$ für 4 Std. In 40–60 Min. ist San Fernando erreicht, je nach Wind und Wellengang; zurück dauert es länger.

Praktische Informationen

Nützliches, Essen und Trinken, Einkaufen

■ Das **Centro Información Turístico** wurde zur Zeit der Recherche renoviert und war bis auf Weiteres geschlossen.

■ Auf Mancarrón gibt es **kein Restaurant. Jede Unterkunft** bereitet jedoch Essen für die Gäste zu und auch für Besucher, die woanders nächtigen.

Streit im Paradies: Wem gehört das Hotel Mancarrón?

Auf dem Weg zur Kirche hängt an einem Baum ein auffälliges Schild: „Sie stehlen uns das Hotel Mancarrón! Unterstützt keine Diebe!" Dahinter steckt ein Streit um den Besitz des blau-weiß getünchten Hotels am Eingang zur Siedlung auf dem Hügel. Laut Grundbuch gehört es dem von *Cardenal* gegründeten **„Verein zur Entwicklung von Solentiname"**, dem der *padre* in seinem neuen Amt als Kulturminister 1980 alle seine Grundstücke auf Mancarrón überschrieb.

Als einer seiner engsten Freunde und Mitstreiter aus der Zeit der *comunidad, Alejandro Guevara,* 1993 bei einem Autounfall starb und eine Frau mit fünf Kindern hinterließ, überredete *Cardenal* den Verein, der Witwe, **Nubia Arcia,** die Leitung des Hotels zu übertragen. Die Zeit wurde auf 15 Jahre festgelegt. Nachdem *Arcia* recht bald wieder neu geheiratet hatte, übernahm ihr Mann, ein Deutscher, das Marketing des Hotels und investierte viel Geld in die Renovierung. Nun wollte das Paar das Hotel nicht mehr hergeben und präsentierte sich den Gästen als Eigentümer. Die Streitigkeiten landeten vor Gericht, doch *Cardenal* verlor mehrere Prozesse, und *Arcia* und ihr zweiter Mann, *Immanuel Zerger,* blieben die Verwalter des Hotels. *Cardenal,* der sich mit Präsident *Ortega* aufgrund dessen autoritären Führungsstils überworfen hat und aus der FSLN ausgetreten ist, vermutet eine Parteinahme *Ortegas* für das Ehepaar *Arcia-Zerger* hinter den Urteilen.

Man muss ein paar Stunden im Voraus reservieren, damit genügend Vorbereitungszeit bleibt.

1 Im **Hostal Buen Amigo** gibt es eine kleine **Tienda,** in der man Bier, Rum, Zahnbürsten und andere nützliche Dinge kaufen kann.

■ **WLAN/WiFi** gibt es nur in der Bibliothek, es funktioniert auch nach den Öffnungszeiten.

Übernachten

Es gibt mehrere einfache Hostels und zwei gehobenere Unterkünfte direkt rechts vom Pier und am Eingang zu El Refugio. Alle Zimmer verfügen aufgrund der rudimentären Stromversorgung nur über Ventilatoren, doch abends kühlt es auch ein wenig ab.

1 **Hostal Buen Amigo**②, El Refugio, vom Steg aus den Berg 400 m hinauf, Tel. 8869 6619, hostalbuenamigo@gmail.com. Um einen bunt blühenden Garten stehen mehrere Bungalows mit je zwei separaten Zimmern und einer eigenen Terrasse davor (30 US$ inkl. Frühstück). Die Zimmer sind sauber, die Matratzen gut, der Ventilator wird bei Bedarf vom netten Besitzer eingeschaltet, denn hier wird Solarenergie genutzt. Überall laufen Hühner und fliegen Kolibiris. Das Abendessen (Fisch oder Huhn mit Reis und Salat, 150 C$) kann vorbestellt werden, die Mahlzeiten werden ganz authentisch im offenen Wohnbereich der Familie eingenommen. Die beste günstige Adresse!

2 **Hotel La Comunidad**②, gleich hinter dem Steg noch vor dem Kinderspielplatz rechts den Pfad entlang, Tel. 2277 3495, www.hospedajelacomunidad.com. Diese gepflegte Anlage mit geräumigen Zimmern und großen Veranden mit Hängematten, alles in dunklem Holz gehalten, liegt nahe am Wasser. Entsprechend bieten alle Zimmer einen schönen Blick auf den See, Schaukelstühle laden zum Entspannen ein. Die Mahlzeiten werden in einem Speiseraum auf dem dazugehörigen Campus der Comunidad eingenommen, wenn wenig los ist, wird das Frühstück auch auf der Veranda serviert. Für den doppelten Preis (40 US$ p.P.) ist Vollverpflegung mit Mittag- und Abendessen möglich.

3 Gleich daneben liegen die **Ferienapartments Casa Vircam**② mit mehreren schönen Zimmern und einem großzügigen Aufenthaltsraum, ebenfalls alles in dunklem Holz und mit großer Veranda mit Hängematten. Die Besitzer leiten auch das etwas abgelegene Hotel Catalanica④ am Nordostufer der Isla Mancarrón und sind über dessen Website zu kontaktieren, www.catalanica.com.

Isla San Fernando

Die **schöne Insel** ist nicht so bewaldet wie Isla Mancarrón, der Blick auf den See ist von der kleinen Ansiedlung bunter Häuser aus offen, und die **350 Einwohner** begegnen Besuchern interessiert und aufgeschlossen. Hier leben vor allem die Maler der **Pintura primitivista,** der farbenfrohen naiven Malerei mit Szenen der Inselwelt von Solentiname, die hier viele Häuser zieren. Es gibt gute Unterkünfte, ein Restaurant und einen gemütlichen Comedor. Ein kleiner Asphaltweg verbindet die Häuser am Ufer miteinander – hier lässt es sich schön spazieren, während die bunten Boote im Wasser dümpeln und Reiher und andere Vögel durch das warme Nass des Nicaragua-Sees staken. Abends versinkt die Sonne in einem kräftigen Dunkelgelb im pastellgrünen See, bevor die Sterne durch das Fehlen jeglicher künstlicher Lichtquellen in voller Pracht leuchten.

Übrigens wird die Isla San Fernando in manchen Karten als **Isla Elvís Chavarría** und die Isla La Venada als **Isla Donald Guevara** bezeichnet, in Erinnerung an zwei Helden der Comunidad, die im Aufstand gegen die Somoza-Diktatur getötet wurden.

☐ Romantischer Weg auf San Fernando

nica074-ji

Reisen einmal anders – Von Solentiname nach San Juan del Sur

Diese etwas kostspielige Variante spart Zeit und ist aufregend! Die Überfahrt **von Solentiname nach Colón** dauert etwa 1 Std., es geht tempomäßig gut ab, der Wind weht ordentlich um die Ohren und man saust hinein in den Sonnenaufgang. 6 Uhr fährt dann der Bus in Colón ab, zuvor geht es noch durch eine Militärkontrolle, aber alles easy. Da es keinen Anlegesteg gibt, müssen bei der Ankunft etwa 500 m durch fast knietiefes Sumpfland zurückgelegt werden – am besten ohne Schuhe, denn zumindest Sandalen würden im schmatzenden Morast stecken bleiben. Es ist aber nicht schlimm – sondern eine spezielle Erfahrung, und das Team vom Boot hilft beim Tragen des Gepäcks.

Überfahrten von Solentiname nach Colón bieten mehrere **Bootsbesitzer** auf den Inseln an: Fair ist das Angebot von *Reynaldo Ugarte* vom Hostal Buen Amigo auf Mancarrón für 120 US$ pro Boot, teurer mit 150 US$ ist das Boot der Familie von *Silvio Espinoza* von der Isla San Fernando. Schon bei einer Gruppe von vier Leuten lohnt sich dieser alternative Weg nach San Juan del Sur, denn er dauert nur 6 statt 10 bis 11 Std. über Managua und Rivas.

Von Colón geht es tägl. um 6 Uhr **nach Cardenas** (80 C$, 2 Std.) und von dort weiter Richtung **Rivas** (25 C$) mit einem Stopp (15 Min.) im Grenzort **Peñas Blancas** am Grenzübergang zu Costa Rica. Noch vor Rivas, in einem Ort namens **La Virgen** am Abzweig nach San Juan del Sur *(empalme para San Juan del Sur)*, zeigt der Busfahrer an, dass es nun Zeit ist auszusteigen. Jetzt heißt es nur noch auf einen Bus (10 C$, 30 Min.) oder ein *taxi colectivo* (50 C$, 20 Min.) nach San Juan del Sur zu warten – und dann ab in die Wellen.

nica075-ji

Auf dem Weg nach San Juan del Sur – Marsch durchs Sumpfland bei Colón

Sehenswertes und Aktivitäten

Auch auf dieser Insel gibt es einiges zu entdecken, z.B. das **Museum** (60 C$, 7–12 und 14–17 Uhr), das über Flora und Fauna, Petroglyphen und andere archäologische Funde der prähispanischen Zeit auf dem Archipel aufklärt.

Kurz hinter dem Hotel Paraíso führt der **Wanderpfad El Trogón** (Eintritt 3 US$ ohne Führung, 5 US$ mit Führung, zahlbar in der Unterkunft oder im angemalten Haus von *Silvio Espinoza*) ins Innere der Insel. Der Weg wird von den Einheimischen mit der Machete stets von Gestrüpp und stacheligem Geäst freigehalten. Während gelb gefiederte Paare des Weißnacken-Maskentyrannen mit gellend-glucksenden Lauten durch die Äste tänzeln und Blauraben an doldenförmigen Früchten picken, führt der Weg über Viehgatter, Wiesen und Stufen hinauf zum **Mirador:** Auf einer Holzplattform lässt sich der Blick in die darunterliegende Bucht, über den Dschungel von San Fernando und auf den Nicaragua-See genießen. Schließlich geht es weiter zu einem massigen, mitten auf dem Weg liegenden **Petroglyphen,** übersät mit spiralartigen Ritzzeichnungen; manch einer möchte hierin ein Krokodil erkennen. Es gibt noch weitere Petroglyphen auf der Insel und einen Rundwanderweg.

Wer die Insel weitläufiger erkunden möchte – jedes Hostal vermietet **Kajaks oder Kanus** (200–300 C$ pro Tag).

In der **Galerie Artesanía San Fernando** (Mo bis Sa 8–12 und 13–16 Uhr) können kleine Schnitzkunstwerke im typisch bunten und naiven Stil zu günstigen Preisen als Souvenir erworben werden. Auch Gemälde der lokalen Künstler kann man hier kaufen, dafür muss allerdings etwas tiefer in die Tasche gegriffen werden.

■ **Fremdenführer und Bildhauer Silvio Espinoza,** der mit seiner Frau, der Malerin *Rosa Piñeda,* in dem mit farbenprächtigen naiven Bildern bemalten Haus direkt am Weg ein Stück links des Piers wohnt, führt Besucher gerne zu all den versteckten Plätzen und Schätzen von San Fernando (Tel. 8790 3778).

Praktische Informationen

Übernachten

Alle Unterkünfte bieten ein Frühstück und die Option eines Abendessens an. Da auch hier der Strom nur stundenweise läuft, gibt es in den Zimmern nur Ventilatoren und keine AC, was aber ausreicht.

7 **Hostal Mire Estrellas**①, einfache Holzbungalows mit großen Terrassen in Richtung See und herrlichem Blick. Die Zimmer sind zweckmäßig, aber sauber, die Matratzen gut. Es gibt sie mit eigenem Bad (20 US$) und Gemeinschaftsbad (16 US$). Der eifrige Besitzer ist sehr freundlich und kümmert sich hingebungsvoll um die Pflege der Anlage. Sein Sohn führt den Comedor Cocibolca (s.u.) gleich schräg gegenüber.

9 **Hostal Vanessa**①, am Hang gelegen, 100 m vom Wasser, jose.sequeirapineda@gmail.com, Tel. 8740 8409 oder 8680 8423. Ebenfalls einfache Zimmer mit Bad (20 US$) und ohne (16 US$), davor eine umlaufende Veranda.

5 **Hotel Albergue Celentiname**②, ganz am Ende des Weges links vom Pier. Große, hotelartige Anlage, eingebettet in den Wald unweit des Wassers und mit vielen blühenden Pflanzen im Garten, um die Kolibris schwirren. Es gibt mehrere, vollständig aus Holz gestaltete Zimmer mit Bad und eigener Terrasse. Allerdings sind die meisten ein wenig in die Jahre gekommen und bedürften einer Renovie-

Drei Fragen an …

… **Rosa Piñeda,** Malerin auf San Fernando und Mitbegründerin des von *Ernesto Cardenal* ins Leben gerufenen Vereins zur Entwicklung von Solentiname. Sie verkauft ihre Bilder bis nach Europa und in die USA und hat mehrere Preise gewonnen.

Wie sind Sie zur Malerei gekommen? Seitdem *Ernesto* uns Pinsel und Farben schenkte, spielen die Kunst und vor allem die primitivistische Malerei hier eine große Rolle. Ich bin damit aufgewachsen und male seit meinem siebten Lebensjahr. Mein Mann ist Bildhauer und zwei unserer sechs Kinder malen ebenfalls, zwei Töchter – die Kunst liegt uns im Blut, wir mussten nur drauf gebracht werden.

Haben sich die Inseln durch den „Padre" sehr verändert? Er hat uns geprägt, gezeigt, was es heißt, zusammenzuhalten. Uns ökonomisch vorangebracht; als er kam, hatten wir keine Boote, es gab keine Krankenstation, Babys wurden zu Hause geboren. Heute fahren die werdenden Mütter mit dem Boot rüber ins Krankenhaus nach San Carlos. Allerdings *(lacht)* kam es schon vor, dass Kinder auf dem Boot geboren wurden.

Woran erinnern Sie sich in Ihrer Karriere besonders gerne? Da gibt es viele Momente. Doch ganz toll und inspirierend war ein Künstleraustausch mit Finnland. Zwei Monate lebte und arbeitete ich mit internationalen Künstlern zusammen, was eine berauschende Erfahrung war, so außerhalb der kleinen Welt von Solentiname.

Rosa Piñeda, Malerin auf der Isla San Fernando

nica076-ji

rung. Der große, offene Aufenthaltssaal lädt zum Entspannen und Abschalten ein.

Essen und Trinken

Wie auf Mancarrón auch, bieten die Hostales ihren Gästen jegliche Verpflegung an, die sie wünschen. Auf San Fernando gibt es daneben aber noch zwei weitere Optionen.

6 **Comedor Cocibolca**①, vom Pier links den Weg entlanggehen, das Lokal liegt hinter dem Hostal Mire Estrellas auf der rechten Seite, tägl. 8–20 Uhr. Auf der Veranda des blau-weiß gestrichenen Comedor sitzt man wunderbar mit einem herrlichen Blick auf den See. Das Bier ist kalt, der Fisch frisch, es gibt sogar Nudeln – eine Seltenheit in der traditionellen Nica-Küche, wo Reis die erste Geige spielt.
8 **Restaurante Paraiso**②, etwas schickeres Restaurant oben am Hang wenige Meter links vom Pier. Der weite Blick über den See und die gegenüberliegende Insel Atravesada, auf der Krokodile leben, macht wieder bewusst, an welch entferntem und abgelegenem Zipfel Erde man sich gerade befindet. Das Essen ist gut, und sogar Kreditkartenzahlung ist möglich.

Weitere Inseln

Die anderen Inseln sind ebenfalls per Kajak, mit einer privaten *panga* oder im Rahmen einer geführten Tour erreichbar. **Isla Mancarróncita** westlich der großen Schwester ist felsig. Legenden erzählen von bösen Hexen, die einst in den Höhlen hausten, zu denen kleine Trampelpfade führen.

Die kleine, der Isla San Fernando gegenüberliegende **Isla Atravesada,** die „quer liegende", ist Heimat zahlreicher Wasservögel. Zeternd wippen schwarze Kormorane in den Bäumen, und weiße Reiher fliegen majestätisch auf, wenn sich das Kajak nähert. Aber Vorsicht: Hier gibt es auch 5 m lange Krokodile, die tagsüber – wenn überhaupt zu sehen – am flachen Ufer in der Sonne dösen.

Auf der westlichen Nachbarinsel **Isla El Padre,** die Mancarrón direkt gegenüberliegt, leben mehrere Generationen von Brüllaffen. Ein einziges Paar wurde einst von einem Priester dort ausgesetzt. Seitdem haben sie sich eifrig vermehrt und stimmen besonders in den Abendstunden ihre Gesänge an.

Auf **Isla La Venada,** der Rehinsel, lebt der Künstler *Rodolfo Aurellano.* Obwohl bereits betagt, malt er noch immer die farbenfrohen Landschaftsbilder im typisch naiven Stil des Archipels und verkauft sie vor Ort auch. Zudem plaudert er gerne von alten Zeiten, besonders vom revolutionären Widerstand Solentinames gegen *Somoza.* Er kennt mehrere Einheimische, die Touristen auch über die Insel führen.

Wer von Solentiname aus das Refugio de Vida Silvestre Los Guatuzos besucht, kommt an der **Isla El Zapote** vorbei, die von Dezember bis April zur Kinderstube Zehntausender Jungvögel wird – ein Paradies für Ornithologen.

Den Río San Juan flussabwärts

In ganz Nicaragua ist man stolz auf einen Fluss namens Río San Juan. **Der Fluss verbindet die Karibik mit dem Lago de Nicaragua,** an dem Granada liegt. Außerdem wurde lange Zeit über eine (künstliche) Verbindung zwischen Atlantik und Pazifik via Río San Juan, Nicaragua-See und einem Kanal nachgedacht. Diese strategisch wichtige Achse versuchten die spanischen Kolonien im 17. Jahrhundert bei El Castillo vor Piraten und anderen Kolonialmächten zu verteidigen und errichteten daher an einer übersichtlichen Stelle am Flussufer eine Festung.

Boca de Sábalos

An der Mündung des Río Sábalos in den Río San Juan liegt diese **kleine Ansiedlung von Stelzenhäusern** mit etwa 800 freundlichen Bewohnern. Der Fluss erhielt seinen Namen nach den riesigen Schwertfischen, auf Spanisch *sábalos,* die sich mit ihren 150 kg Gewicht im Wasser tümmeln und begehrtes Ziel von Sportfischern sind. Zum Essen gibt es allerdings geeignetere Fische.

Der Ort erstreckt sich **rechts und links entlang der Ufer des Río Sábalos:** Hinter dem Pier gibt es ein paar nette Unterkünfte und ein paar Geschäfte entlang der Straße. Mit einem flachen Boot gelangt man für 2 C$ zur anderen Flussseite, wo einfache Stelzenhäuser der Einheimischen dicht beieinander liegen. Die Nic118 führt von dieser Seite aus zur Brücke bei Santa Fé und dem Grenzübergang Las Tablillas nach Costa Rica.

Der **Dschungel** kann auch von hier aus erforscht werden: per Kajak, zu Fuß (Tagestour mit Führer 15 US$ p.P.) und nachts auf der Suche nach Krokodilen (15 US$ p.P.). **Ausflüge** organisieren mehrere lokale Führer, die sich in der *Asociación de Guías Jacamar* zusammengeschlossen haben (gegenüber vom Pier, tägl. 8–17 Uhr, asociacionguiasjacamar @yahoo.com).

Übernachten, Essen und Trinken

Es gibt mehrere einfache Unterkünfte im Ort und zwei schickere Lodges direkt am Fluss. Die Boote halten direkt an der Unterkunft – einfach dem Fahrer Bescheid sagen. Alle Hotels besitzen ein Restaurant oder bieten die Möglichkeit der Verpflegung. Reine Restaurants gibt es dagegen nicht.

1 **Hotel Sábalos**②, das große Hotel gegenüber dem Pier, www.hotelsabalos.com. Diese Unterkunft auf Stelzen begrüßt Flussreisende demonstrativ mit einer breiten Veranda und einem großen Schild. Die Zimmer sind rustikal gestaltet, es gibt warmes Wasser, Zimmer mit Flussblick (40 US$) sind teurer als solche mit Dschungelblick (30 US$). Im Restaurant werden leckere Flussgarnelen für 15 US$ serviert.

2 **Hospedaje Kateana**①, vom Pier 1½ Blöcke nördlich an der Straße, Tel. 2583 3838. Einfache und günstige Bleibe mit sauberen Zimmern, Ventilator und TV. Es gibt einen *comedor* mit vorrangig vegetarischen Gerichten und eine Waschmaschine zur Nutzung. Ein Blick auf den Fluss bietet sich hier allerdings nicht.

3 **Sábalos Lodge**③, 1 km stromabwärts vom Pier, www.sabaloslodge.com. Kultige Bungalows auf Stelzen mit Terrassen, auf denen Hängematten schaukeln. Jeder hat einen fantastischen Blick über den Fluss. Es gibt Moskitonetze – und das Beste: Geduscht wird draußen!

Reserva Silvestre Privada Montecristo

Nur 3 km stromabwärts von Boca de Sábalos liegt dieses 84 Hekar große private Naturreservat, das zum **Fischen, Reiten und Kajakfahren** einlädt. Um den Naturraum zu erhalten, bemüht man sich um die Aufforstung der abgeholzten Flächen mit Mandel-, Lorbeer- und Mahagonibäumen sowie Eichen.

4 **Übernachten: Montecristo River Lodge**③, www.montecristoriverlodge.com. 86 U$ p.P. für Übernachtung, Essen und sämtliche Aktivitäten vor Ort. Tagesgäste zahlen in dem Öko-Hotel für ein Mittagessen und sämtliche verfügbaren Angebote 25 US$.

Buena Vista

Die Gemeinde von Buena Vista liegt im Landesinneren 15 km nördlich von Boca de Sábalos. Hier wird auf nachhaltiger Basis **Bio-Kakao** angebaut; in der Kooperative *Cooprocafuc Cacao* haben sich 146 Kakaoanbauer zusammengeschlossen. Die abgelegene Region mit ihrem tropisch-feuchten Klima ist für den Anbau von Kakao ideal. Jährlich werden etwa 50 Tonnen Kakaobohnen, hauptsächlich für den Export, geerntet. Die Fincas der Kakaobauern verteilen sich über ein großes Gebiet um Buena Vista und werden im Sinne einer ökologischen Landwirtschaft bewirtschaftet.

Während einer Kakao-Tour – der von den Bauern initiierten **„Tour de Chocolate"** – wird bei dem Besuch einer Kakaofinca der Herstellungsprozess erklärt. Um auf die Finca zu kommen, muss mit einer Zipline der Fluss überquert werden – ein Riesenspaß und für die Einheimischen der einzige und völlig normale Weg, den Fluss zu überqueren. Nach dem Besuch der Finca geht es zu *Doña Elia*, wo Schokolade zubereitet wird.

■ **Tourbuchung** über die **Asociación de Guías Jacamar** in Boca de Sábalos, 45 US$ p.P. inkl. zweisprachigem Führer, Dauer 8 Std.

El Castillo

Die nächste Station auf der Reise über den Río San Juan von San Carlos nach San Juan del Norte hat wieder ihren **ganz eigenen, romantischen Charme** und zieht die meisten Reisenden in ihren Bann. Schon von Weitem sieht man die bunten Stelzenhäuser am Ufer mit ihren breiten Veranden zur Flussseite, auf de-

Voluntariat auf einer Kakaofinca

Studierende der Landwirtschaft, Biologie oder Lebensmitteltechnik können in Buena Vista ein Praktikum absolvieren. An fünf Tagen pro Woche findet der jeweils zweistündige Unterricht mit einem Kakaofarmer statt, der alles über den Anbau von Kakao und dessen Weiterverarbeitung zur Schokolade verrät. Als Tourismusstudent(in) gibt es die Möglichkeit, bei der Entwicklung des Landtourismus mitzuwirken und die *Tour de Chocolate* als nachhaltige touristische Aktivität für Reisende zu etablieren. Außerdem besteht die Option, im Dorf Englisch zu unterrichten. Erkundigen kann man sich über die örtlichen Hostels. Eine mit Kosten verbundene Vermittlung bietet www.world-unite.de.

Río San Juan
0 2 km ©Reise Know-How 2017
Nica 18
118
274
Boca de Sábalos
1 2 3
Buena Vista
275
118
San Carlos,
Lago de
Nicaragua
275
Reserva Silvestre
Privada Montecristo
4
Santa Cruz
Río San Juan
Ausschnitt unten
275
El Castillo
NICARAGUA
COSTA
RICA
NICARAGUA
Refugio
Bartola
Atlantikküste
COSTA RICA

El Castillo
0 50 m ©Reise Know-How 2017
Nica 18
Essen und Trinken
7 Restaurante Vanessa
8 Comedor El Raudal
12 Soda Allisson
5
Pier
Río San Juan
Tourist-Info/Touren
6
Schmetterlingshaus
(Mariposario)
Friedhof
Festung
7
8
Übernachtung
1 Hotel Sábalos
2 Hospedaje Kateana
3 Sábalos Lodge
4 Montecristo River Lodge
5 Hotel Lara's Planet
6 Hotel Luna del Río
7 Hotel Tropical
9 Hostal La Fortaleza
10 Nena Lodge
11 Casa de Huésped Chinandegano
9
Info Center Indio Maíz
10
11
12

nen gemütliche Schaukelstühle stehen. Der Río San Juan macht hier eine Biegung; eine breite Zone sprudelnder Stromschnellen sorgt für ein gleichmäßiges Rauschen.

Ein schmaler Pfad führt parallel zum Wasser vom einen zum anderen Ende des Ortes. Hier gibt es **zahlreiche Unterkünfte** verschiedener Preisklassen, viele Restaurants und Comedores mit ihrer Spezialität, den prächtigen Flussgarnelen. Über allem thront ein trutziges **Kastell,** das dem Ort seinen Namen gab. In unmittelbarer Nähe liegen die **Zugänge in das unberührte Naturschutzgebiet Reserva Biológica Indio Maíz,** zu dessen Schätzen verschiedene Touranbieter abenteuerliche und spannende Ausflüge organisieren.

Geschichte

Wo unerschrockene Piraten ihre Boote über die **Stromschnellen El Raudal** navigierten, die mitten im Río San Juan in Hunderten kleiner Sprudel tosen und den Fluss an dieser Stelle schwer passierbar machen, errichteten die spanischen Verteidiger im 17. Jahrhundert ein Kastell, von dem sie ihre Kanonen auf die Eindringlinge abschossen. Die **Piraten** hatten nur ein Ziel: das reiche Granada erobern, das sie innerhalb von fünf Jahren dreimal erstürmten. Einer von ihnen war der charismatische britische Freibeuter *Henry Morgan,* der später Namenspate für eine bekannte Rumsorte wurde. Vom britisch besetzten Jamaika aus unternahmen er und seine Truppe erpresserische Raubzüge.

Damit sollte endlich Schluss sein, und so wurde eine **Schutzburg** erbaut, die 1675 fertiggestellt war. Seitdem diente El Castillo, zusätzlich zum Kastell in San

Anfahrt auf El Castillo

nica072-ji

Carlos, als strategischer Punkt im Kampf gegen die Eindringlinge, vor allem britische aus der Karibik. Diese Kastelle waren nur zwei von vielen, die im 17. Jahrhundert entlang der gesamten Karibikküste errichtet wurden, um Silber, Gold und all die kostbaren Güter aus Peru, Mexiko und den anderen Kolonien auf ihrem Weg ins spanische Mutterland zu schützen.

Sehenswertes

Schon ein Spaziergang von einem zum anderen Ende des Ortes, immer den kleinen Betonweg entlang, ist ein Erlebnis. Rechts und links stehen die **bunten, karibisch anmutenden Holzhäuser** mit ihren Veranden und Schaukelstühlen, hier und da lässt sich ein Blick ins Innere der Häuser erhaschen. An einer Ecke brutzeln *tostónes,* die knallgelben Kochbananen, im heißen Öl, an anderer Stelle wird die Wäsche zwischen den Hauswänden aufgehängt, irgendwo jagt ein Hund ein Huhn und in der Ferne knattern die Motoren der Fischerboote. Oberhalb des Castillo liegt der Friedhof mit seinen verstreut aufgestellten Kreuzen und blumengeschmückten Betonquadern, die über den eigentlichen Gräbern aufgestellt werden.

Festung

Tortillas, Salz, getrocknetes Fleisch und Wasser standen auf dem Speiseplan der spanischen Soldaten, die im Fort die Stellung halten mussten. Im Falle einer Belagerung hatten sie einen **Vorrat für vier Monate,** doch die Trinkwasserversorgung war ein Problem – ohne Brunnen hätten die Spanier nicht lange durchgehalten. El Castillo gehört mit seinen 4 m dicken Mauern, vier trutzigen Ecktürmen und seinen stattlichen Abmessungen zu den **mächtigsten Festungsbauten in Mittelamerika.** Dennoch wagten Piraten immer wieder neue Angriffe. 1762 wurde das Kastell von 2000 britischen **Piraten,** die sich mit Kariben verbündet hatten, belagert. Doch der Versuch blieb erfolglos, El Castillo hielt stand – und zwar dank einer Frau, der 19-jährigen *Rafaela Herrera.* Sie war geübt im Umgang mit Waffen und feuerte Kanonen auf die Angreifer ab; die dritte traf den gegnerischen Kommandeur, die Schlacht war gewonnen.

1780 näherten sich erneut britische Truppen unter der Führung von **Admiral Nelson.** Diesmal gelang die Eroberung nach harten Kämpfen, wobei der Admiral selbst schon wieder auf dem Rückweg nach England war, da er sich mit Gelbfieber infiziert hatte. Auch viele seiner Soldaten erlagen tropischen Krankheiten, und so scheiterte die Inbesitznahme letztendlich.

Ein **kurzer und steiler Pfad führt hinauf zum Eingang** des Castillo, das über dem Fluss thront. Es macht Spaß, die Burg mit ihren Toren, verwinkelten Gängen, Zimmern und Höfen zu erkunden, doch **am spektakulärsten ist die Aussicht** von den oberen Zinnen über den Río San Juan und das Dorf. Ewig könnte man hier sitzen, den dümpelnden Booten zusehen, dem Rauschen der Stromschnellen lauschen, den Blick über den grünen Hügeln in der Ferne verlieren und die bunten Papageien bei ihrem Spiel zwischen den Bäumen beobachten.

Wer genug genossen hat, ist wieder konzentriert genug, um die **Bibliothek** und das **historische Museum** gegenüber dem Eingang zu besuchen. Neben einigen archäologischen Funden, Kanonenkugeln und Waffen sind hier vor allem gute Infotafeln über verschiedene historische und kulturelle Themen des Landes aus- bzw. aufgestellt.

Übrigens ist das Castillo ein schöner Ort für ein **Picknick** oder ein erfrischendes Bierchen (mitbringen!).

■ **Infos:** Aufstieg kurz vor der Tourist-Info am Pier, Mo bis Fr 8–17 Uhr, Sa/So 8–16.30 Uhr, Eintritt 2 US$ oder 45 C$, Fotogebühr 25 C$.

Schmetterlingshaus (Mariposario)

Elf Bäuerinnen haben sich zu einer Frauenorganisation zusammengeschlossen und diesen Schmetterlingsgarten ins Leben gerufen. Riesige blaue, braune, rosa getupfte und weiß gesprenkelte Prachtexemplare segeln umher und saugen an süßen tropischen Früchten, auch Monarchfalter sind darunter. Sie bringen nach mexikanischem Glauben die **Seelen der Toten** am *Día de los Muertos* (Allerseelen) zurück zu den Lebenden. Die Frauen kümmern sich liebevoll um die Larven und Puppen der Schmetterlinge und freuen sich, jeden Tag etwas Neues über die Tierchen zu lernen.

■ **Infos:** Loma Nelson, hinter dem Kastell im Centro de Interpretación de la Naturaleza, 10–12 und 13–16 Uhr, Eintritt 3 US$.

Touren

Die Tourist-Info am Pier und zahlreiche Hostels bieten Touren **in das Reservat Indio Maíz** und Aktivitäten **auf dem Río San Juan** an; die reichen von nächtlichen Krokodil-Safaris über Rafting und Kajaking bis zu Wanderungen in den Dschungel. Auch **Pferdeausflüge** (15 US$) hat die Tourist-Info im Programm, eine **Kakao-Tour** für 15 US$ das Hotel Luna del Río, **Kajaks** verleiht z.B. die Nena Lodge (15 US$ für 3 Std.).

Der beste **private Führer** vor Ort ist **Juan Ardilla,** Tel. 8938 8552. Er bietet mehrtägige Kanu-Touren in den Regenwald an und kennt sich mit Flora und Fauna bestens aus. Schon mal Termiten probiert? Sie schmecken wie Karotten! Alles in allem ein wirklich unvergessliches Dschungel-Erlebnis!

Info Center Indio Maíz

Kompetent, aufregend und abwechslungsreich sind die Angebote vom Info Center Indio Maíz der 10 **Nena Lodge,** www.nenalodge.com (Transport, Führer und Regenjacken im Preis enthalten):

■ **Dschungeltour Bartola** im Reserva Indio Maíz, Dauer 4 Std., 70 US$ für 1–2 Pers., 80 US$ für 3–4 Pers. Mit dem Boot geht es ein Stück flussabwärts zum Bartola Visitor Centre, wo der 2,5 km lange Wanderweg durch den Dschungel beginnt. Der Pfad ist schlammig, die Luft heiß und feucht. Unterwegs lümmeln Affen in den Wipfeln, schlafen Faultiere in knorrigen Ästen und verstecken sich giftige Mini-Frösche an großen, grünen Blättern. Wer Glück hat, entdeckt sogar eine Schlange. Nach der Wanderung lockt ein erfrischendes Bad in einem sauberen Becken des Bartola-Flusses. Es lohnt sich, Gummistiefel und Insektenspray mitzunehmen.

■ **Dschungeltour Aguas Frescas** im Reserva Indio Maíz, Dauer 5 Std., 80 US$ für 1–2 Pers., 90 US$ für 3–4 Pers. Die Wanderung ist etwas länger als der Bartola-Trail und das Gebiet weiter entfernt von El Castillo, wodurch die Chance hier noch größer ist, exotische Tiere zu entdecken.

■ **Bootstour** auf dem Río San Juan, Dauer 7 Std., 100 US$ für 1–2 Pers. Reine Flusstour ohne Wanderung auf den Spuren früherer Piraten und des Goldrausches.

- **Paddeltour im Holzkanu,** Dauer 3 Std., 20 US$ p.P., ab 2 Pers. 15 US$ p.P.
- **Krokodil-Safari bei Nacht,** Dauer 1½ Std., 45 US$, bis zu 4 Pers. Viele Prachtexemplare gehen am Abend auf Nahrungssuche, ganz nah um El Castillo.
- **Rafting,** 20 US$ pro Std. Ab geht die Post über die Stromschnellen El Raudal von El Castillo.

Praktische Informationen

An- und Weiterreise

El Castillo liegt 60 km stromabwärts von San Carlos uns ist nur per Boot über den Río San Juan zu erreichen. Da sich die Abfahrtszeiten u.a. saisonabhängig ändern können, besser vor Ort nochmal nach den aktuellen Zeiten erkundigen.

- **San Carlos** (über Sábalos), Schnellboot Mo bis So 5.30, 9, 11, 14 und 16.30 Uhr, 140 C$, 2½ Std.; langsames Boot Do, Sa und So 14 Uhr, 50 C$, 5 Std.
- **San Juan del Norte,** *expreso* Di und Fr 9 Uhr, Mi und So 13 Uhr, 620 C$, 5 Std.; langsames Boot Di, Do und Fr 6 Uhr, 330 C$, 11 Std.; zurück nach San Carlos geht's Do, Sa und So um 5 Uhr (langsames Boot) bzw. 6 Uhr (*expreso,* nur Do und So).

Essen und Trinken

In El Castillo gibt es eine Vielzahl an Restaurants und kleinen Comedores in der „ersten Reihe" direkt am Flussufer.

8 **Comedor El Raudal**①, direkt an den Stromschnellen. An einem einfachen „Brettertresen" gibt es gute und günstige Nica-Mex-Gerichte, während das tosende Rauschen des Raudal bewusst macht, an welch besonderem Ort man gerade seine *Quesadillas* verdrückt.

12 **Soda Allisson**①, 6–22 Uhr. Eine der besten Adressen vor Ort, denn hier stimmt einfach alles: Essen, Ambiente und Preis-Leistungsverhältnis. Es gibt riesige Eintöpfe vom Huhn oder Fisch, Flussgarnelen *(camarónes)* und Fischgerichte mit Reise und Salat, alles frisch und geschmackvoll von der Hausfrau zubereitet. Auf der Terrasse über dem Fluss sitzt es sich herrlich, und es stört nicht, wenn die Zubereitung des Essens etwas länger dauert.

7 **Restaurante Vanessa**②, am Hotel Tropical bei den Stromschnellen, 9–22 Uhr. Traumhafter Platz zum Essen, Entspannen und um das Flair des Río San Juan aufzusaugen. Kleine Tische mit feinen Tischdecken stehen verteilt auf einer offenen Holzterrasse mit Überdachung, ringsum ist der Blick auf den Fluss frei. Es gibt Huhn oder Fisch mit Reis und Salat (250 C$), Flussgarnelen und andere Gerichte.

Nützliches

- **Tourist-Info:** Gegenüber dem Pier, Mo bis Sa 8–12 und 14–17 Uhr. Info-Broschüren und Karten zum gesamten Gebiet des Río San Juan.
- **Internet:** Die meisten Unterkünfte verfügen über WLAN/WiFi, ein öffentliches Netz gibt es aber noch nicht.
- Es gibt **keine Bank** in El Castillo, also spätestens in San Carlos noch einmal abheben.

Übernachten

MEIN TIPP: 11 **Casa de Huésped Chinandegano** ①, 250 m östlich, also links vom Pier hinter den Stromschnellen, Tel. 2583 3011, chinandegano@hotmail.com, www.facebook.com: Casa de Huesped-Restaurante Chinandegano, 7–22 Uhr. Familiengeführtes Hostel am Fluss mit gepflegten Zimmerchen (sie sind wirklich klein!) mit sauberen Moskitonetzen und eigenem Bad (19 US$). Direkt davor verläuft eine schmale Veranda zum Sitzen und Genießen. Im hinteren Eckzimmer hat man am meisten Ruhe und den besten Blick nach allen Seiten. Im Restaurant gibt es leckere Fischgerichte und Flussgarnelen. WLAN/WiFi ist vorhanden.

Frischen Fisch und noch viel mehr serviert „Mama" Allisson in ihrer Soda

9 Hostal La Fortaleza①, links vom Pier in Richtung der Stromschnellen, Tel. 2583 3003, hostalfortaleza1@yahoo.com. Dieses Hostel auf der rechten, flussabgewandten Seite des kleinen Promenadenweges hat günstige, saubere und zweckmäßige Zimmer (20 US$ ohne bzw. 30 US$ mit Frühstück), deren Fenster alle zu einem Sportplatz „schauen". Vor dem Hostel verläuft eine Veranda mit Schaukelstühlen.

7 Hotel Tropical②, 130 m links vom Pier gleich bei den Stromschnellen am Fluss, Tel. 8447 8213. Die schöne, obere Veranda ist das Beste an dieser Unterkunft, der Blick auf die Stromschnellen ist fantastisch, es rauscht und tost Tag und Nacht. Die Zimmer mit eigenem Bad und AC sind leider abgewohnt, Moskitonetze fehlen. WLAN-/WiFi-Empfang gibt es nur am Vorderhaus am Weg. Ein typisches Nica-Frühstück ist inklusive.

Mein Tipp: **6 Hotel Luna del Río**④, vom Pier wenige Meter ostwärts (links) in Richtung der Stromschnellen, riosanjuannicaragua@yahoo.es, Tel. 8624 6263. Kleines, schickes Boutique-Hotel direkt am Fluss mit verglasten Verandatüren. Sehr saubere, liebevoll hergerichtete Zimmer mit AC und Bad mit warmem Wasser (65 US$). Die Zimmer haben direkten Zugang zur Terrasse, von der sich ein herrlicher Blick über den Fluss eröffnet.

5 Hotel Lara's Planet④, am westlichen Ende des Ortes, vom Pier aus 200 m nach rechts gehen, www.hotellarasplanet.com. Neues, sehr großzügiges Hotel direkt am Fluss mit weitläufigen Veranden und riesigen Zimmern mit eigener Terrasse mit Bambus-Hängematten und einem traumhaften Blick auf den Fluss. Das Mobiliar ist in Holz und Bambus gehalten, die Bäder sind schick ausgestattet und die Betten sehr groß mit guten Matratzen. Der australische Besitzer hat nicht an Aufwand gespart, dafür sind die Preise höher (90/80 US$) und bleiben das Jahr über gleich, also ohne Rabatte in der Nebensaison. Ein gutes, offen gestaltetes Restaurant ist angegliedert. Es wird Sportfischen (Schwertfische) als Tour angeboten.

nica077-ji

San Juan del Norte

Willkommen im Nirgendwo, in einem Labyrinth aus Lagunen und Flüssen, aus Stegen und bunten Häusern auf Pfeilern, und all das direkt am Karibischen Meer! In San Juan del Norte **(auch San Juan de Nicaragua genannt)** steht die Zeit still, es gibt keine Straßen mehr, es fahren keine Autos, die einzigen Transportmittel sind Boote und Fahrräder. Die Atmosphäre ist völlig entspannt, die Einwohner – Mestizen und Rama-Indigene – sitzen auf den Veranden ihrer türkis, gelb und rosa gestrichenen Holzhäuser, die Kinder spielen Fangen, Hundegangs streunen umher, und kommt ein kräftiges Karibik-Gewitter auf, fällt regelmäßig der Strom aus. Um 18 Uhr ist es hier stockdunkel und es bleibt nur, einen leckeren Nacatamal zu essen und auf der hölzernen Terrasse des Hostal Familiar auf das nächtliche Schmatzen der Krokodile zu warten. Selbst ohne eine Tour über den angrenzenden Río Indio mit seiner farbenprächtigen Vogelwelt zu unternehmen, ist dieser spezielle Ort jede Reise wert, denn einen derart **authentischen Charme** wie hier sucht man sonst auf der Welt inzwischen meist vergebens.

nica078-ji

Geschichte

Bevor an diesem Fleckchen Erde eine richtige Stadt gegründet wurde, siedelten zwischen dem Lago de Cocibolca (dem Nicaragua-See) und der Karibik die **Ramas,** eine indigene Volksgruppe, die auch heute noch in einem Rama-Viertel in San Juan und tief im Inneren des Reservats Indio Maíz lebt. Sie wohnten in Mehrfamilienhäusern auf Stelzen, ernährten sich von Fisch und bauten Yucca und Mais an.

Nachdem die **Spanier** in die Welt der prähispanischen Völker eingedrungen waren, entdeckten sie im Jahr 1539 auch die Mündung eines großen Flusses in den Atlantik. Sie nannten ihn nach dem Tagesheiligen Johannes der Täufer Río San Juan und erforschten seinen Verlauf – eine perfekte Handels- und Transitroute war gefunden. Im Jahr 1541 grün-

Höher gelegte Betonwege in San Juan del Norte

dete der Gouverneur *Rodrigo Contreras* den Handelsplatz San Juan del Norte, der unweit des heutigen San Juan um die relativ neue Flugzeuglandebahn lag.

Zur Zeit der englischen Besetzung der Miskito-Küste wurde der Ort 1848 in **Greytown,** nach dem britischen Richter und späteren Gouverneur von Jamaika, *Sir Charles Grey,* umbenannt. Heute kaum zu glauben, entwickelte sich jenes Greytown bald zum wichtigsten Hafen des Landes. Der **Goldrausch in Kalifornien** war ausgebrochen, und so passierten im 19. Jahrhundert jährlich Zehntausende Abenteurer und Glückssucher den Ort, auf einer Route, die von der Ostküste der USA und dem Atlantik über den Río Indio in den Pazifik führte. In San Juan stiegen die Goldjäger vom Schiff auf Boote, um den Río San Juan zu passieren. Der Ort war sozusagen ein wichtiges **Touristen- und Handelszentrum,** wo es geschäftig und wild zuging und viele Läden, Restaurants und Hotels für die Reisenden bereitstanden, betrieben vor allem von Engländern und US-Amerikanern. Bald teilten sich die Briten und Gringos das Amt des Bürgermeisters von Greytown, was jedoch schnell zu ernsten Konflikten führte. Nach einer Auseinandersetzung **beschossen die Amerikaner 1854 die Stadt** und legten sie komplett in Trümmer. Im Jahr 1860 wurde die Region per Vertrag wieder Hoheitsgebiet von Nicaragua, doch Greytown war und blieb zerstört.

Heute träumen die Bewohner von San Juan del Norte vielleicht auch von einem „Goldrausch", diesmal in Form von Devisen durch Touristen. Doch die bleiben bisher aus, selbst manche Unterkunft hat aus Gästemangel wieder dicht gemacht. Dabei ist der Ort jede Reise wert.

Sehenswertes und Touren

Es gibt nur deichähnliche Betonwege in San Juan del Norte, die wie in Kolonialstädten üblich **schachbrettartig angelegt** sind, wodurch sich *cuadras* ergeben, anhand derer sich die „Adressen" orientieren. Ein größerer Weg, eine Art Flaniermeile mit Bänken, führt parallel zum Fluss mitten durch den Ort.

Kleine Reptilienkunde: Krokodil, Alligator & Co.

Was ist eigentlich der Unterschied zwischen den verschiedenen Panzerechsen? Sie gehören alle zur Ordnung der Krokodile, doch unterteilen sich in drei Familien. **Vor allem die Zähne machen den Unterschied:**

- **Krokodile:** 1. Ober- und Unterkiefer sind gleich breit, daher sind beide Zahnreihen gut zu sehen. 2. Die Schnauze ist V-förmig und schmal. 3. Krokodile können in Süß- und Salzwasser leben. 4. Gibt es weltweit.
- **Alligatoren:** 1. Der Oberkiefer ist breiter, daher verschwindet der Unterkiefer im Oberkiefer und nur die oberen Zähne sind sichtbar. Von der Seite sieht es aus, als würden Alligatoren grinsen. 2. Die Schnauze ist U-förmig, breit und lang; das Gesicht ist dicker und breiter. 3. Alligatoren leben fast ausschließlich in Süßwasser. 4. Kommen nur in den USA und China vor.
- **Kaimane:** Sie gehören zur Familie der Alligatoren.
- **Gaviale:** Sie gehören zur Familie der Krokodile. Die Kiefer sind extrem lang und schmal. Sie haben deutlich mehr Zähne als Krokodile und Alligatoren, was ihnen ein lustiges, beinahe comicartiges Aussehen verleiht.

Ganz San Juan und seine Menschen sind ein Sehenswürdigkeit, auch ohne Touren in die Lagunen oder über den Fluss. Viel Spaß macht ein **Spaziergang über die deichähnlichen Betonpfade.** Überall gibt es etwas zu entdecken. Kinder schlendern in ihren Uniformen in die Schule, Jugendliche fahren mit dem Fahrrad die schmalen Wege entlang, vorbei an knallig pink oder türkis angepinselten Holzhäusern, aber auch an verlassenen und verfallenen Hütten. Das Gras entlang der Betonpfade wird regelmäßig von einem örtlichem Dienst gekürzt, damit sich keine Schlangen darin verkriechen können, die es in der Gegend reichlich gibt. Im Centro de la Salud, dem örtlichen Gesundheitszentrum, sind Antisera gegen Schlangengifte vorrätig, doch man muss wissen, welche Schlange zugebissen hat oder zumindest wie sie aussah, damit das richtige Mittel verabreicht werden kann.

Auffällig anders sehen die Bewohner im **Rama-Stadtviertel** aus, das im südlichen Teil des Ortes liegt. Die Rama haben lange, schwarze Haare und leben in Gemeinschaftshäusern mit breiten Veranden. Sie sind das Leben mit viel Wasser gewöhnt und ernähren sich hauptsächlich von Fisch, den sie mit ihren einfachen Holzkanus fangen. Ihre Sprache, das Rama, gehört zur Chibcha-Sprachfamilie und ist fast ausgestorben; nur einige Alte sprechen sie noch fließend. Durch den Einfluss englischsprachiger Missionare spricht die Mehrheit eine Art kreolisches Rama, ein Englisch mit besonderem Dialekt und speziellen Vokabeln, das ein wenig wie Gangsta-Rap

nica092-ji

klingt. Die meisten Rama leben tief im Naturreservat Indio Maíz.

Touren

Das **Hostal Familiar** und – noch engagierter und zu besseren Preisen – das **Hotelito Evo** organisieren Bootshuttles und Trips in die Umgebung. Vom Strand darf man hier nichts erwarten, karibisch ist es woanders, weshalb sich ein extra Ausflug nicht lohnt. Wer kein Faible für Kolonialfriedhöfe hat, muss auch nicht unbedingt das alte **Greytown** besichtigen, was überall als Tour angepriesen wird: Mehr als ein paar alte Grabsteine auf den vier kleinen Friedhöfen und wenige Fundamentreste der einstigen Stadt sind nicht zu sehen.

Dafür lohnen sich die teils mehrtägigen Touren **über den Río Indio zu den Rama,** die nach wie vor traditionell im Dschungel leben. Man kann bei ihnen übernachten.

Ein mystisches Highlight ist ein Besuch des **Canto Callo,** ein Areal mit riesigen überwucherten Basaltsteinen, Pyramiden eines alten indigenen Volkes. Das glaubt man zumindest, denn genau weiß es niemand. Den Rama ist dieser Ort heilig; hier trafen sich ihre Vorfahren zu spirituellen Ritualen, glauben sie. Der Ort wird aktuell von der Universität von Bluefields wissenschaftlich erforscht.

◁ Dem tropischen Klima ausgeliefert – Haus am Río Indio

Praktische Informationen

An- und Weiterreise

San Juan del Norte ist nur per Boot oder Flugzeug erreichbar. Die Abfahrtstage und -zeiten können sich ändern, also vorher erkundigen.

Boote

- **El Castillo,** *expreso* Do und So 5 Uhr, 520 C$, ca. 5 Std.; langsames Boot Do, Sa und So 5 Uhr, 280 C$, 7–8 Std.
- **San Carlos** (über Sábalos), dieselben Abfahrtszeiten wie nach El Castillo, *expreso* 630 C$, 7 Std., langsames Boot 340 C$, 11–12 Std.
- **Bluefields,** diese Strecke wird sehr unregelmäßig bedient: Eine Zeit lang fuhren Boote 2x pro Woche (Mo und Mi 8 Uhr) über das offene Meer nach Bluefields (4 Std.). Ein offizielles Boot verkehrte zur Zeit der Recherche nicht, allerdings gibt es die Möglichkeit, mit Fischern zu fahren, aufgrund des Seegangs nur etwas für Abenteuerlustige. Sollte der Atlantik zu unruhig sein, fährt kein Boot, also immer rechtzeitig vor Ort erkundigen.

Flugzeug

Die Zwischenziele von und nach San Juan del Norte werden angeflogen, wenn **La Costeña** Buchungen hat. Es kann also sein, dass auf dem Weg von Managua nach San Juan auf Ometepe oder in San Carlos zwischengelandet wird.

- **Managua,** Do, So, 13.35 Uhr, 140 US$, 1½ Std.
- **San Carlos,** Do, So, 13.35 Uhr, 88 US$, 30 Min.
- **Ometepe,** Do, So, 13.35 Uhr, 130 US$, 1 Std.

Essen und Trinken

Wenn Gäste da sind, bietet das Hostal Familiar Gerichte an. Ansonsten gibt es neben **kleinen Comedores** von Einheimischen, die erst abends traditionelle Speisen kochen, kaum Optionen.

Drei Fragen an …

… **Haciel,** 26 Jahre alt, Fischer in San Juan del Norte und nebenbei Touristenführer. Er könnte sich ein Leben ohne das Meer nicht vorstellen.

Heute einen guten Fang gemacht? O ja, es war eine fischreiche Nacht. Ich liebe es nachts hinauszufahren, manchmal auch mit meinem Bruder oder einem Freund. Dann fällt immer der ein oder andere Scherz. Wir haben keinen Druck beim Fischen. Die Fische sind alle nur für uns gedacht und nicht zum Weiterverkauf oder Export.

Für uns – das heißt San Juan. Wie ist das Zusammenleben im Ort? Hier kennt natürlich jeder jeden. Wir sind eine gute Gemeinschaft, würde ich sagen. Unsere Kinder besuchen alle dieselbe Schule, man trifft sich im Park. Auch zu den hier lebenden Rama haben wir guten Kontakt. Sie sind offener geworden. Es kam sogar zuletzt vor, dass sich die Rama mit Ausländern verheiratet haben: Ein Kanadier nahm eine Rama zur Frau und sie zog mit ihm in sein Land. Dagegen verliebte sich eine *gringa,* eine US-amerikanische Touristin, in einen Rama und sie blieb hier. Sie leben weiter den Río Indio hinauf auf einer Finca.

San Juan del Norte in drei Worten? Familiär, freundlich, wunderbar.

nica079-ji

■ **Sabor Tropical**①, in der ersten Querstraße vom Fluss, schräg gegenüber vom Hostal Familiar, 18–24 Uhr, Mo geschlossen. Nette Außenterrasse mit zwei Tischen. Ist gerade kein Fisch mehr da, wird einer organisiert, dazu gibt es Reis, Salat und *Fruta de Pan,* eine Art „Baumkartoffel", die frittiert wird, leicht süßlich schmeckt und sehr lecker ist.

■ **Brisas del Mar**①, 100 m südlich vom Hostal Familiar, 17.30–24 Uhr, Mo geschlossen. Großes, offen gehaltenes Restaurant nahe am Fluss. Nica-Gerichte mit *Tostónes* und Reis, ferner stehen Fisch und Flussgarnelen auf der Speisekarte.

Mein Tipp: **Comedor Nacatamales**①, gegenüber vom Centro de la Salud. Auf der kleinen Veranda eines Einheimischen-Holzhäuschens auf Pfeilern brutzeln abends *Enchiladas fritas* und Tacos, zudem gibt es köstliche *Nacatamales* (40 C$) – unbedingt probieren! Eine Tochter des Hauses fährt die Leckereien per Fahrrad jeden Freitagabend auf Bestellung in die Haushalte der Nachbarschaft – ein sehr moderner Service am Ende der Welt!

Nützliches/Einkaufen

■ **Hinweis:** Es kann passieren, dass man als Wechselgeld Colónes, die Währung Costa Ricas, erhält. Wer dafür keine Verwendung hat, sollte auf die Auszahlung von Córdobas oder US-Dollar bestehen.

■ **Einkaufen: Pulpería Lidia,** kleiner Laden an der „Flaniermeile" im Ort, Mo bis Sa 7–20 Uhr.

■ **WLAN/WiFi** gibt es im Park mit dem Spielplatz.

Übernachten

Da der Tourismus hier noch in den Kinderschuhen steckt, gibt es kaum Angebote, die gehobenen Ansprüchen genügen.

☒ Hübsches Domizil – die Rama Garden Lodge

■ **Hotelito Evo**①, vom Parque Central linker Hand der Schule hoch (in Gegenrichtung zum Fluss), am bunten Fahrradkreisverkehr 100 m links, evohotel @yahoo.es. Ziemlich dunkle, dafür günstige DZ mit Bad und inkl. Frühstück (18 US$). Das familiengeführte Hostel bietet verschiedene Touren an, einfach nach *Raúl* oder *Norberto* fragen, zwei von vier Brüdern.

■ **Hostel Helicano**①, die zweite Querstraße vom Fluss, um die Ecke von der Rama Garden Lodge, Tel. 8600 4922. Nur eine Option, falls alle anderen Hostels voll sein sollten. DZ mit Gemeinschaftsbad für 250 C$, die Matratzen eher gewöhnungsbedürftig, der Service wenig engagiert.

MEIN TIPP: Hostal Familiar①-②, direkt am Fluss, vom Pier etwa 200 m nach links laufen. Definitiv das beste der wenigen Hostels vor Ort. Es gibt acht Zimmer, zwei davon mit einer eigenen kleinen Terrasse direkt über dem Fluss (30 US$); Zimmer Nr. 8 im 1. OG ist neu und hell und hat eine große Terrasse (20 US$). Alles ist sauber und schön gemacht, eine hölzerne Veranda ragt über den Fluss, hier werden Frühstück, Mittag- und Abendessen serviert, wenn Gäste da sind.

■ **Rama Garden Lodge**③, neben dem Restaurante del Mar direkt am Fluss. Niedliche, bunte Cabañas mit Terrasse und Liegestühlen, eigenem Bad und Frühstück (25 US$ p.P.). Auch als Paket mit Vollpension und einer Tour buchbar (65 US$ p.P.). Kontakt über Hotelito Evo.

■ **Río Indio Lodge**⑤, an der Laguna Santa Lucía gegenüber dem alten „Bagger" vom Nicaragua-Kanal-Projekt, www.therioindiolodge.com. Öko-Luxusherberge mit einem riesigen Pool mitten im Dschungel. Es gibt 27 noble Häuser auf Stelzen, die den Dschungel und die Lagune überblicken. Die breiten Betten sind aus Holzstämmen gefertigt, darüber schwebt ein riesiger Deckenventilator. Room-Service! Das Restaurant ist offen und alles in Holz gehalten. In dem stattlichen Preis von 380 US$ pro Nacht sind alle Mahlzeiten, eine Tour und sämtliche Getränke enthalten.

nica080-ji

nica091-ji

7

Nicaraguas Osten

Im Osten Nicaraguas, abgeschieden durch dichten Dschungel, verschlungene Flüsse und wilde Lagunen, liegt die wunderschöne Karibikküste des Landes. Hier werden die Träume von einsamen Tropeninseln noch wahr, vor allem die Islas de Maíz, die Corn Islands, sind wie geschaffen für einen perfekten Strandurlaub.

◁ Strandidylle an der Karibikküste

GEHEIMNISVOLLE KARIBIKKÜSTE

Christoph Kolumbus landete im Jahr 1502 im äußersten Norden der Karibikküste Nicaraguas bei Cabo Gracias a Dios. Doch die Spanier bissen sich ihre Zähne daran aus, die abgelegene Region zu kolonialisieren. Die indigenen Stämme der Miskitos, Mayagnas und Ramas wussten die geografischen Gegebenheiten für sich zu nutzen und wehrten sich. Die mit Schätzen aus anderen Kolonien reich beladenen spanischen Schiffe fuhren jedoch hier vorbei auf dem Weg ins Mutterland. Auf die hatten es auch andere abgesehen, und die undurchdringliche Karibikküste bot einen perfekten Schutz: Goldhungrige englische, holländische und portugiesische Piraten trieben ihr Unwesen in den atlantischen Gewässern – die Karibik wurde zum Piratennest. Als die Engländer es schließlich schafften, sich mit den dominanten Miskito-Indianern zu verbünden, schufen sie ein Protektorat, the Kingdom of Mosquitia. Mit den Briten kamen jamaikanische Kolonisten und afrikanische Sklaven, ein kreolisches Englisch wurde zum Verständigungsmedium und wird bis heute an der Atlantikküste gesprochen. Auch der englisch-viktorianische Baustil ist mancherorts noch sichtbar. Es ist ein faszinierender Mix verschiedener Kulturen, der Reisenden hier begegnet und die Region prägt, ein Multikulturalismus, den man selbst erfahren muss, um ihn zu begreifen.

Das Highlight der Karibik sind unbestritten die **Islas de Maíz,** die **Corn Islands,** mit ihren weißen Pulverstränden umrahmt von postergleichen Palmen inmitten des türkisblauen Karibischen Meeres. Doch auch die idyllischen **Cayos Perlas** erfüllen Inselträume, und das unweit gelegene **Bluefields** wirkt noch heute wie aus einer längst vergangenen Zeit. Denn die tickt hier langsam – zur Erholung und Entspannung ist die nicaraguanische Karibik genau das Richtige. Die Einheimischen freuen sich über Besucher, die Land und Leute kennenlernen wollen und den Tourismus ankurbeln – die Hängematte wartet schon.

NICHT VERPASSEN!

- **Palo de Mayo:** gute Laune beim karibischen Festival in Bluefields | 295
- **Laguna de Perlas:** Urlaub bei den Garifunas | 298
- **Cayos Perlas/Pearl Cays:** wo Inselträume wahr werden | 301
- **Restaurant Isiene:** hervorragende Gerichte aus der Garifuna-Küche | 303
- **Derek's Place:** Leben wie Robinson Crusoe auf Little Corn | 314

Diese Tipps sind gelb hinterlegt.

Der Osten
©Reise Know-How 2017
0
25 km
Nica K07
Makantaka
Reserva Natural Makantaka
Guadaloupe
Wankluma
Kiawas
Siquia
Wankerlaya
El Gallo
La Cruz de Río Grande
Sumawala
Bratara
Braka Dusa
Río Grande de Matagalpa
Reserva Natural Llanos de Karawala
Karawala
Sandy Bay Siripi
La Barra
Pauta Dimon
Kara
74
El Seis
Palmira
El Lanchón
El Tortuguero
Reserva Natural Cerro Wawashang
El Salto
Trinkulang
Tasbapauni
Lomas Buenos Aires
152
Cerro Wawashang
554
Cerro Volcán Azul
211
Wawashang
303
Orinoco
Punta Marshall
301
Cayos Perlas/ Pearl Cays
Laguna de Perlas
Caribal
La Fe
Brown Bank
Set Net
Dos Bocas
Fruta de Pan
El Destino
Kakabila
298
Raitipura
Atlántico Sur
303
Awás
Laguna de Perlas
Haulover
310
Little Corn (Isla Pequeña del Maíz)
304
Corn Islands (Islas del Maíz)
Samuel Lau
El Cacao
Carlos Fonseca
Kukra Hill
Laguna Grande
307
Big Corn (Isla Grande del Maíz)
La Esperanza
La Tortuga
Rama
Río Escondido
San José
Falso Bluff
El Banco
La Magnolia
Krisimbila
San Antonio
Las Iguanas
294
Bluefields
295
El Bluff
Guadalupe
Pueblo Nuevo
San Jerónimo
La Boca
Rama Cay
Cayo Mission
Bahía de Bluefields
Reserva Natural Cerro Silva
José Benito Escobar
Prividencia
Monkey Point
Reserva Natural Punta Gorda
Punta Gorda
Pijibaye
Atlantischer Ozean
Barra Río Maíz

Alter Plan neu aufgelegt: das Projekt Nicaragua-Kanal

Die Bagger waren schon da, die Eisenbahnschienen, die Arbeiter: Ein Kanal vom Atlantik zum Pazifik durch Nicaragua sollte bereits gebaut werden, als **San Juan del Norte** alias Greytown eine Boom City und wichtigster Hafen des Landes war. Doch der Plan scheiterte, da die US-amerikanischen Partner den Bau des Panama-Kanals für lukrativer hielten; 1903 gingen die Bauarbeiten in Panama los. Die Unternehmer am Río San Juan dagegen zogen ab, der Schiffsverkehr auf dem Grenzfluss zu Costa Rica kam zum Erliegen, und der Ort verfiel unter dem feuchten Klima des Regenwaldes und war bald vergessen.

Alte Ansätze

Bereits etwa ein Dutzend Mal sollte ein interozeanischer Kanal durch Nicaragua gebaut werden – **die spanischen Eroberer hatten schon im 16. Jahrhundert die Idee,** den Río San Juan als Wasserstraße zwischen der Karibik und dem Nicaragua-See zu nutzen. Doch der spanische König war dagegen, also blieb es bei dem Gedanken. Allerdings nutzten im 17. Jahrhundert viele Piraten diese Verbindung, um das wohlhabende Granada am Nicaragua-See anzugreifen.

Bei allen weiteren Versuchen hatten fast immer die **Amerikaner** ihre Hände mit im Spiel. Als im 19. Jahrhundert der kalifornische **Goldrausch** ausbrach, führte der schnellste Weg von der US-Ostküste nach Kalifornien über Nicaragua. Passagiere und Fracht wurden per Schiff von New York zur nicaraguanischen Atlantikküste nach Greytown und weiter über den Río San Juan bis zum Nicaragua-See transportiert. Nach einem kurzen Landweg per Kutsche bis zur Pazifikküste bei San Juan del Sur erfolgte der Weitertransport per Schiff bis zur amerikanischen Westküste. Die Idee zum Bau eines Kanals wurde nun wieder aktuell.

Großbritannien und die USA gerieten über die Rechte mit Nicaragua in Streit, und das zentralamerikanische Land hatte auf seinem eigenen Territorium das Nachsehen. Verträge folgten auf Verträge, alle sollten die Geschäftsinteressen der beteiligten Staaten sichern. Nach dem Scheitern mehrerer solcher Abmachungen gründeten schließlich finanzstarke Privatpersonen die **Maritime Canal Company.** 1892 begannen Vermessungsarbeiten, Landkarten wurden erstellt, Greytown als wichtiges Bauquartier vorbereitet. Der Dschungel wurde abgeholzt und das Kanalbett in Angriff genommen. Doch eine Finanzkrise und die im Jahr 1897 abgelaufene Frist zur Umsetzung des Kanals durch die Gesellschaft beendeten auch diesen Versuch. Stattdessen wurde nun der Bau des Panama-Kanals beschlossen. Um Nicaragua daran zu hindern, jemals ein „Konkurrenzprodukt" auf den Markt zu bringen, sicherten sich die USA gegen die Zahlung von 3 Millionen US-Dollar das alleinige Recht zum Bau eines Nicaragua-Kanals.

Ein neuer Versuch

Obwohl der Panama-Kanal erst im Jahr 2016 vergrößert wurde, ist die alte Idee eines Nicaragua-Kanals wieder aufgeflammt. Vor allem die nicaraguanische Regierung ist daran interessiert, um das Land dadurch wirtschaftlich nach vorne zu katapultieren. Die Vergabe der Baurechte war hart umkämpft, 2013 erhielt das **chinesische Unternehmen HKND** *(Hongkong Nicaragua Canal Development Group)* um Investor *Wang Jing* den Zuschlag. Der **278 km lange und 530 m breite Kanal** soll von der Mündung des Río Punta Gorda an der Karibikküste über den Nicaragua-See zur Mündung des Río Brito an der Pazifikküste verlaufen. Eine Eisenbahnlinie, zwei Häfen, ein internationaler Flughafen, Fabriken und eine Freihandelszone sind ebenfalls geplant. Die Baukosten werden auf 50 bis 100 Milliarden Dollar geschätzt – im Höchstfall also zehnmal so viel wie das Bruttoinlandsprodukt Nicaraguas. Erst nach 100 Jahren würde der Kanal für das Land überhaupt wirtschaftlich profitabel sein.

Katastrophale Auswirkungen

Experten warnen: Für die Ökosysteme Nicaraguas und 100.000 indigene Bewohner hätte das Projekt katastrophale Folgen. Durch die **großflächige Zerstörung des Regenwaldes** verlieren bedrohte Tierarten wie der Tapir oder der Jaguar ihre Rückzugsgebiete. Umliegende **Naturreservate sind gefährdet,** die Wasserqualität des Nicaragua-Sees könnte in Mitleidenschaft gezogen werden, Tausende endemische Fischarten sterben, die Rama und andere **indigene Volksgruppen müssten zwangsumgesiedelt werden.** Die Regierung verbreitet zur Rechtfertigung schon die Meinung, den Menschen im Dschungel ginge es sowieso schlecht, sie hätten dort kein gutes Leben und würden für ihr Land entschädigt – in welcher Höhe, das bestimmen selbstverständlich andere. Alle möglichen Negativfolgen können der HKND egal sein – sie hat sich vertraglich zusichern lassen, dass sie keine Verantwortung dafür trägt und nicht in die Pflicht genommen werden kann.

Sinn und Nutzen

Die Nicas werden von dem Projekt nicht viel haben – wie gesagt: Mit wirtschaftlicher Rentabilität wird erst in 100 Jahren kalkuliert, dann sind bereits drei Generationen verstorben. Wem also nutzt der Kanalbau? In erster Linie den **Chinesen,** die dadurch ihre geopolitischen Interessen festigen und ausweiten wollen, denn sie würden den Kanal die ersten 100 Jahre nach Fertigstellung betreiben. Präsident *Ortega* und die Regierung haben durch die Vergabe der Baurechte sicherlich auch ihre Vorteile … Die paar tausend Arbeitsplätze, die „el canal" schaffen soll, wiegen die sozialen und ökologischen Folgen mit Sicherheit nicht auf.

Aktueller Stand

Ende 2014 hatte Präsident *Ortega* den ersten Spatenstich angekündigt. Und der kam auch, doch dann blieb es still. Grund ist wohl die **unsichere Finanzierung.** Aber auch die internationalen Proteste von NGOs werden stärker, die Indigenen klagen inzwischen gegen die Regierung. Ob der erneute Versuch eines Nicaragua-Kanals wieder scheitert, bleibt abzuwarten – es wäre ein Sieg der Natur, der Menschenrechte und der Vernunft.

Bluefields

Abraham Blauvelt, ein holländischer Pirat, hatte im 17. Jahrhundert nur das Gold der Spanier im Auge. Sein Versteck war eine kleine **Piratensiedlung,** das heutige Bluefields, das den Freibeuter im Namen trägt. Als Präsident *José Santos Zelaya* die Karibikküste als Departamento Zelaya in den Rest Nicaraguas eingliedert, wird Bluefields die Hauptstadt der Provinz. Nach deren Abspaltung bleibt Bluefields die Hauptstadt der autonomen **Region Atlántico Sur** (RAAS).

An der **Mündung des Río Escondido** liegt diese chaotische und „ranzige", aber auch freundliche und kulturell vielfältige 50.000-Einwohner-Stadt geschützt in einer weitläufigen Bucht. So unterschiedlich wie die ethnischen Gruppen des Ortes sind auch die religiösen Orientierungen. Das **kreolische Englisch,** das hier gesprochen wird, ein Mix aus Englisch und den indigenen Sprachen, ist für Neuankömmlinge kaum zu verstehen. Dafür ist die betörende kreolische Küche schmackhaft und leicht zu genießen.

Schlendert man durch die Straßen, sind hier und da noch Holzhäuser im viktorianischen Stil zu entdecken, die der Hurrikan „Joan" 1988 nicht weggefegt hat, und Reggae-Musik dröhnt aus den offenen Fenstern. Betrunkene sind ebenfalls unterwegs, auch schon tagsüber.

▷ Ruhige Stimmung am Hafen

Bluefields ist für die meisten Touristen der Ausgangspunkt für einen Besuch der faszinierenden **Laguna de Perlas** und der traumhaften **Cayos Perlas.** Doch das Idyll ist bedroht – 55 km südlich von Bluefields soll am Punta Gorda ein neuer Plan für einen Nicaragua-Kanal quer durchs Land realisiert werden.

Sehenswertes und Aktivitäten

Gleich eingangs der Hinweis: **Nachts** sollte man **nicht allein** durch die Straßen ziehen, sondern lieber eines der günstigen Taxis nehmen!

Die interessanten Punkte der Stadt sind alle zu Fuß erreichbar. Der kleine Ort mit dem üblichen Schachbrettgrundriss besteht aus **eingeschossigen bunten Häusern,** die meisten davon jedoch neu errichtet, nachdem der Hurrikan „Joan" 1988 den Großteil der Stadt zerstörte. Am auffälligsten sind die **vielen Gotteshäuser,** Ausdruck der religiösen Vielfalt in Bluefields, darunter auch die Kirche der Herrnhuter Brüdergemeinde, die aus Deutschland zum Missionieren nach Bluefields kam. Jede Kirche gehört zu einer anderen Glaubensrichtung – eine solche Dichte verschiedener koexistierender Religionsgemeinschaften gibt es in Nicaragua kein zweites Mal.

Um den Kulturmix der Stadt richtig zu verstehen, ist ein Besuch im **Historischen Museum** (*Museo Histórico Cultural de la Costa Caribe,* von der Herrnhuter Brüdergemeinde 2 Blöcke südlich, Mo bis Fr 9–17 Uhr, Eintritt 2 US$) hilfreich. Es zeigt Hinterlassenschaften der frühen indigenen Bevölkerungsgruppen wie dem Kukra-Stamm oder ein Schwert des letzten Miskito-Königs, Dokumente aus der Zeit des britischen Protektorats und, besonders interessant, eine Fotoausstellung von Bluefields vor der Zerstörung durch Hurrikan „Joan“ mit all den wunderschönen viktorianischen Karibik-Flair-Holzhäusern mit ausladenden Veranden und spitzen, verspielten Giebeln.

El Bluff ist eine der Bluefields-Bucht vorgelagerte Halbinsel mit Hafen. Der Strand ist nicht besonders sauber, der Besuch lohnt sich nur, wenn von hier aus ein Boot genommen werden muss.

Feste und Feiertage

Im **Mai** findet das feurige und bunte Maifest **Palo de Mayo** statt. Gefeiert wird der Frühlingsbeginn mit heißen Rhythmen, wilden Tänzen und farbenfrohen Kostümen. Dem süddeutschen Maibaumaufstellen nicht unähnlich, errichten die Blufileños einen hohen Baum, geschmückt mit Bändern und Früchten, umtanzt von Frauen und Musikern. Im Laufe der Zeit mischten sich unter die traditionelle Musik britischen Ursprungs afrikanische Rhythmen der einstigen Sklaven. Ende Mai gipfelt das Festival in einem kulinarischen Wettbewerb, in Paraden und der Wahl einer Schönheitskönigin und am 31. Mai schließlich in dem sog. Tulululu-Umzug mit Trommeln und Trompeten durch die Straßen von Bluefields.

Weitere Festtage sind der 28. Oktober, wenn die **Unabhängigkeit der Region** mit Paraden und Konzerten gefeiert wird, und der 9. bis 11. November, die Zeit für das **Volksfest der Garifuna.**

nica085-ji

Praktische Informationen

An- und Weiterreise

Bluefields ist per Bus, Flugzeug und Boot erreichbar. Da der Landweg beschwerlich ist, empfiehlt sich ein Flug von Managua aus. Die Umgebungsziele wie die Perlenlagune und die Corn-Inseln erreicht man per Lancha oder Fähre. Die Fahrtzeiten aller Transportmittel können sich ändern, also vorher abchecken.

Flugzeug

Der **Flughafen** liegt 3 km südlich des Zentrums. Die Inlandsfluggesellschaft **La Costeña** hat ein Büro im Flughafengebäude (6–17 Uhr).

- **Managua,** tägl. 8.45, 13.30 und 16.15 Uhr, 140 US$, 1 Std.
- **Corn Islands,** tägl. 7.25 und 15.05 Uhr, 98 US$, 20 Min.
- **Puerto Cabezas,** Mo, Mi und Fr 11 Uhr, 140 US$, 1 Std.

Lanchas/Fähren

Vom Hafen werden folgende Ziele angesteuert:

- **Laguna de Perlas,** 9, 12 und 16 Uhr, 215 C$, 45 Min.
- **El Rama,** mehrfach zwischen 5.30 und 16 Uhr, 280 C$, 2 Std.
- **El Bluff,** mehrfach zwischen 7.30 und 17.30 Uhr, 35 C$, 15 Min.
- **Orinoco,** 5.30 Uhr, 250 C$, 5 Std.
- **Corn Islands,** die einzelnen Wochentage teilen sich verschiedene Unternehmen, die Abfahrtszeiten variieren, ebenso der Startpunkt vom Hafen in Bluefields oder El Bluff; vor Ort erkundigen, da sich alles stets ändert; ca. 300 C$, 5 Std.

Busse

Die Anreise nach Bluefields und der Rückweg per Bus sind **lang und beschwerlich,** denn eine gute Straße führt nur bis El Rama. Von dort gibt es einen „Feldweg" zur Laguna de Perlas, oder man fährt mit der Lancha auf dem Río Escondido 2 Std. weiter nach Bluefields. Der Rückweg funktioniert genauso.

- **El Rama – Managua** (Mercado Mayoreo), *Bus ruteado,* stündlich, 230 C$, 9 Std.; *Bus expreso,* 9 Uhr, 260 C$, 7 Std.
- **El Rama – Laguna de Perlas,** 16 Uhr, 220 C$, 3 Std.

Essen und Trinken

9 Bambu Bar①, Ave. Paterson, 11–23 Uhr. Fühl' die Karibik bei einer kühlen Copa *Flor de Caña.*

8 Galeria Aberdeen②, Calle Aberdeen. Unerwartet stylisches Café in Bluefields! Muffins, Kaffee, Crêpes, Paninis und eine unglaubliche Auswahl an bunten Torten! Im modernen, geräumigen Ambiente sitzt man ein wenig wie in einem Fast-Food-Restaurant. Von der Galerie im Obergeschoss guter Blick nach draußen. Auch ein netter Ort zum Frühstücken oder Arbeiten, denn es gibt WLAN/WiFi.

3 Pelican②, Barrio Pointeen, am Ende der Calle Jacinto. Meeresfrüchte zu guten Preisen und dabei von einer langen Terrasse Blick aufs Meer – was braucht man mehr?

1 Luna's Ranch②, Ave. Hospital, gegenüber von Uraccan, 10–22 Uhr. Etwas außerhalb im Norden der Stadt gelegen, lohnt sich der Abstecher aufgrund des schönen Ambientes: Unter kleinen Palapa-Dächern sitzt man im Garten. Es gibt Fisch und Fleisch und leckere Desserts wie Minzschokolade.

- Vergleichbar gute Restaurants sind **4 Chez Marcel**②, **12 Flotante**② und **2 Bluefields Bay**②, alle im Zentrum bzw. am Wasser.

Nützliches

- **Tourist-Info: Intur,** Barrio Punta Fría, gegenüber der Polizei, raas@intur.gob.ni, Mo bis Fr 8–17 Uhr.

11 Caribbean Paradise Tours, Intur, 1 Block südlich, 7–22 Uhr, www.facebook.com/NicaraguasCaribbeanParadiseTours. Es werden mehrtägige Trips zu indigenen Dörfern und Karibikinseln organisiert.

■ **Polizei:** In der Ave. Comercial ein Stück südlich vom Hafen.

■ Das **Krankenhaus** befindet sich im südlichen Stadtzentrum, Tel. 8516 6023.

■ **Apotheke: Farmacia Liz,** Calle Zalacar, gegenüber der Mormonen-Kirche, 7–20 Uhr.

7 Mercado Comercial, wie der Name schon sagt, liegt der Markt an der Ave. Comercial südlich vom Pier. Hier finden sich auch mehrere **Banken** und Geldautomaten.

■ **Post:** Ave. Colón, um die Ecke der Apotheke Liz, 8–17 Uhr.

■ **Internet/WLAN/WiFi:** Bei **Galeria Aberdeen** (s.o.) und im **Net-Café Ciber Zeta,** Calle Cabezas, 1 Block südlich und 4 Blöcke westlich vom Parque Central, 8–20 Uhr.

■ Ein **Taxi** im Ort kostet 15 C$ p.P., nachts und zum Flughafen 25 C$ p.P.

Übernachten

Die Hotels in Bluefields haben nicht alle die besten Zimmer. Lieber erst zeigen lassen.

5 **Hostal Doña Vero**①, Barrio Central, gegenüber dem Markt Más o Menos, www.facebook.com: Hostal Doña Vero. Neu, einfach und sauber mit Ventilator und Bad. Alle Mitarbeiter sind freundlich und helfen bei allen Angelegenheiten. Nebenan gibt es leckere Batidos!

6 **Mini Hotel y Cafetín Central**①-②, Calle Cabezas, nahe am Wasser, www.kymsoarez.wixsite.com/mhcc. Einfach, aber liebevoll gemacht und günstig: Die Zimmer mit Ventilator (14 US$) sind halb so teuer wie die mit AC (30 US$).

10 **Hotel Jackani**②, Barrio Punta Fría, 20 m südlich der Polizei, Tel. 2572 0440, hoteljackani@gmail.com. Gutes Hotel in super Lage mit aufmerksamen, freundlichen Betreibern. Die Zimmer sind hell und modern, in weißer Einrichtung, im Obergeschoss gibt es eine Veranda mit Blick über die Stadt.

2 **Bluefields Bay Hotel**③, Calle Jacinto, gleich am Wasser, info@bluefieldsbayhotel.com. Tolle Lage in einem der ältesten Viertel der Stadt. Die Zimmer sind gut, ein Restaurant gehört zum Hotel.

Laguna de Perlas

Endlich Karibik! Die **palmenbestandene Perlenlagune** ist ein schöner Einstieg in die traumhafte Welt der karibischen Inseln, die von hier oder Bluefields aus erreicht werden können.

Die größte Küstenlagune des Landes und der **gleichnamige Ort** liegen 20 km nördlich von Bluefields. Die Lagune speisen fünf Flüsse, vor allem der **Río Kurinwás;** sie ist von Regenwald, Pinien und Mangroven umgeben. Einst wurde Laguna de Perlas als das **„Granada der Mosquitia“** bezeichnet, denn es war die zweite Hauptstadt des Miskito-Königreichs im 19. Jahrhundert. Der Ort eignet sich perfekt zum Fischen, es gibt fangfrischen Hummer für 5 US$, und echte **Abenteuer** locken, denn die Flüsse und umliegenden Naturreservate sind vom Tourismus noch völlig unberührt. Zwischen 9 Uhr früh und 1 Uhr nachts gibt es Strom und auch Handyempfang an einigen Ecken. Der Rest der Welt ist am schnellsten per Boot erreichbar.

Viele **indigene Gemeinden** liegen ringsum verteilt und gewähren einen Einblick in das Leben der Menschen. Die meisten der 500 Einwohner von Laguna de Perlas sind Kreolen, aber auch einige Miskitos und viele Garifunas leben hier. Der **Tanz um den Maibaum** ist auch hier das wichtigste und rauschendste Fest. Daneben spielt **Baseball** eine wichtige Rolle; aus den vier Teams, die es gibt, sind bisher zwei Profi-Baseballer hervorgegangen, die es bis in die höchsten nordamerikanischen Baseball-

Ligen geschafft haben, *Albert Williams* und *Devern Hansack*, beide in Laguna de Perlas geboren.

Die **(touristische) Infrastruktur** vor Ort reicht aus, das Wichtigste ist vorhanden, neben Unterkünften und Restaurants gibt es auch eine Apotheke, ein Gesundheitszentrum, eine Polizeistation und eine Vertretung von Western Union (gegenüber dem Pier).

Aktivitäten und Touren

Viele Hotels organisieren Ausflüge, Führer und den Transport zu den umliegenden Gemeinden und bieten Aktivitäten wie Fischen an. Das Hotel Casa Blanca bietet Angeltrips (Schwertfisch, Barracuda) an, ferner Ausflüge zu den Cayos de Perlas oder auch Ausritte. Die Bungalows Queen Lobster vermieten **Kajaks und Fahrräder** und haben Reitausflüge und Touren in die Umgebung im Programm, außerdem Kochkurse.

6 **Kabu Tours,** 80 m südlich des Piers, 7–22 Uhr, www.kabutours.com. Initiiert von der Wildlife Conservation Society (WCS) als Nebenerwerbsmöglichkeit für die örtlichen Fischer, werden Tages- und Mehrtagesausflüge zu den Pearl Keys und den indigenen Gemeinden Kahkabila (Miskito) und Orinoco (Garifuna) angeboten.

Praktische Informationen

An- und Weiterreise

- Von Bluefields (9, 12 und 16 Uhr) und nach Bluefields (6, 7 und 13 Uhr) fahren jeden Tag **öffentliche Boote,** 10 US$, 1 Std. Es gibt auch die Möglichkeit, den Transport privat zu organisieren.
- Es gibt eine kleine Straße zwischen Laguna de Perlas und El Rama. Tägl. um 6 Uhr besteht eine **Busverbindung,** 180 C$, 4 Std.
- Mit dem **Auto** dauert die Fahrt **von Managua** nach Laguna de Perlas etwa 8 Std. – wenn alles glattgeht.

Essen und Trinken

Fast alle Unterkünfte haben ein Restaurant oder kochen für die Gäste, daneben gibt es aber auch weitere Optionen. Ein paar Bars für ein kühles Getränk am Abend liegen hinter dem Baseballplatz.

5 Comedor Eva①, gegenüber der Green Lodge, 20 m südlich. Sehr günstige Meeresfrüchte, der Teller kostet 5 US$. Deshalb is(s)t man hier!
3 Queen Lobster②, 200 m nördlich vom Pier, 12–24 Uhr. So toll wie die Unterkunft (s.u.) und direkt auf dem Wasser. Alles ist aus Bambus oder Holz, auch die Bar. Hummer, Shrimps und Fisch in vielen Variationen, auch *à la garifuna* mit Kokosmilch – frisch und köstlich!
2 Casa Ulrich②, vom Pier 300 m nördlich, 7–22 Uhr. Das Restaurant liegt im Obergeschoss mit einem fantastischen Blick auf die Lagune. *Ulrich* hat sich einen Traum erfüllt und nach vielen Jobs rund um den Globus hier sein eigenes Hotel (s.u.) und Restaurant eröffnet. Tolles karibisches Essen! Die Shrimp-Nudeln sind der Hammer!

Nützliches

- **Internetzugang** gibt es im **Cyber Taylor** unweit des Piers.

Kleine Küchenkunde

Schon mal was von Pulali, Hundutu oder Rondón gehört? Das sind keine Hunderassen, sondern traditionelle Gerichte der **Garifuna-Küche!** Zu jedem gehören grüne Kräuter, gerne wird alles miteinander vermischt.

- **Pulali:** Gekochter Fisch mit Kräutern, püriertem Gemüse und Yucca.
- **Hundutu:** Gekochte Yucca-Boulette mit Kräutern.
- **Rondón:** Alles aus dem Meer kombiniert mit Kräutern und einer köstlichen Kokossauce.

Übernachten

Es gibt mehrere einfache und gute Hotels im Ort.

4 Green Lodge Guest House①, einfaches Hostel mit sehr sauberen Zimmern und Blick auf die Lagune, die *bugambilias* (Bougainvillea) blühen pinkfarben im Garten. Die Zimmer haben AC.
1 Hotel Best View②, mitten auf dem Wasser am Nordende des Ortes, eaniedowns@hotmail.com. Alle Zimmer haben TV, AC, WLAN/WiFi und Bad. Auf der Terrasse stehen Schaukelstühle, man hat das Gefühl, auf dem Wasser zu sitzen. Es wird hier lecker karibisch gekocht, beim Essen hat man einen perfekten Blick auf die Lagune. Auch Touren werden organisiert.
7 Casa Blanca②, helle, freundliche und moderne Hotelanlage, casa_blanca_lp@yahoo.com, Tel. 8362 6946. Zimmer mit Ventilator (35 US$) oder AC (40 US$). Ausflüge werden organisiert und lecker karibisch gekocht mit Kokos!
2 Casa Ulrich②, vom Pier 300 m nördlich, casaulrich@hotmail.com. Großes Haus mit Palmendach und unterschiedlichen Zimmern. Mit AC kostet es deutlich mehr, 35 US$ in der Nebensaison, nur mit Ventilator 12 US$.
Mein Tipp: **3 Bungalows Queen Lobster**②, Barrio Ivan Dixon, 200 m nördlich vom Pier, njdixonc@hotmail.com. Große Bambus-Bungalows im Wasser mit tollen Betten mit Moskitonetzen, Bad, TV, WLAN/ WiFi und Ventilator. In alle Richtungen Fenster mit Blick auf die Lagune, auf der großen Terrasse baumeln Hängematten. Die Besitzer, *Pedro* und *Nuria*, sind superfreundlich; *Pedro* selbst führt die Ausflüge zu den Pearl Cays.

> Garifuna-Kinder

Ziele in der Umgebung

Es gibt zahlreiche indigene Dörfer rund um Laguna de Perlas, die einen Abstecher lohnen, z.B. Haulover, Raitipura und Awas, und natürlich die fantastischen Pearl Cays, ein karibisches Paradies aus vielen Inselchen.

Cayos Perlas/Pearl Cays

Es ist **wie in einem schönen Traum:** Man läuft einen langen, hellen Strand mit pulverweichem Sand entlang, die Kokospalmen wiegen sich in der sanften Meeresbrise, das kristallklare, türkis schillernde Wasser plätschert ans Ufer, während der warme Wind die sonnengebräunte Haut streichelt und exotische Wasservögel durch die Luft schweben. Dann öffnet man die Augen – und es ist wahr! Die Pearl Cays sind das Paradies. Eines allerdings, das durch den **Klimawandel** langsam verschwindet, denn von den einst knapp 30 Perlen sind nur noch 22 übrig geblieben. Noch die kleinste Insel hat einen Namen, manche sind kreisrund, andere hörnchenförmig, in der Mitte immer der obligatorische, Schatten spendende Palmenhain und drumherum feiner Sand.

Zum Ärger der Bevölkerung haben sich einige **reiche Ausländer** einen Teil der Inseln gesichert, unrechtmäßig, wie die Fischer, die hier seit jeher ihr „Re-

nica086-ji

nica087-ji

vier“ haben, meinen. Hotels und Häuser wurden gebaut und fremde Flaggen gehisst, obwohl die Inseln nach dem Gesetz nicaraguanisches Staatsgebiet sind und von jedermann betreten werden dürfen. Doch die neuen „Besitzer“ haben etwas dagegen und verbieten den Zutritt zu „ihren“ Inseln. Von der Regierung wurde der Staatsbesitz noch einmal offiziell betont.

Inwiefern diese Entwicklungen Einfluss auf die Lebensweise der hier nistenden **Echten Karettschildkröte** haben, ist ungeklärt. Die Tiere sind von Mai bis November anzutreffen, „Hochsaison“ ist von August bis September. Die *Wildlife Conservation Society* (WCS) kümmert sich um den Schutz der Schildkröten und klärt die Einheimischen über den richtigen Umgang mit ihnen auf.

Zu den **Inseln, die besucht werden können,** zählen z.B. Little Eden Cay, wo es sogar eine Übernachtungsmöglichkeit gibt, Maroon Cay, die dem Festland am nächsten liegt, Crawl Cay, das „Hörnchen“, oder Wild Cane, wo die Hotelruine eines reichen Investors aus Neuseeland aus dem Sand ragt.

Auf einer **gebuchten Tour,** die normalerweise im Morgengrauen beginnt, werden ausgesuchte Inseln angefahren. Es ist durchaus möglich, dass unterwegs der ein oder andere Delfin vorbeischwimmt. Oder springt. Auf einer Insel angekommen, wird geschnorchelt, gebadet, ein Sonnenbad genommen oder gefischt. Der Fisch wird sinnvollerweise gleich vor Ort in das Mittagessen verwandelt. Es gibt Tages- und Mehrtagesausflüge.

Strandgut nach einem Gewitter

Infos: Eine Tagestour in einer *panga* kostet 200–300 US$ für bis zu 10 Pers., abhängig davon, wie viele Inseln besichtigt werden sollen. Ein Touranbieter ist Kabu Tours in Laguna de Perlas (s.o.). Übernachtet wird in Zelten.

Awas (3 km)

Awas ist ein kleines **Dorf der Miskito-Indianer.** Besucher sind hier gern gesehen. Die Miskitos leben vom Fischfang, und man kann mit den Einheimischen zur einer Angeltour aufbrechen – keine moderne Ausrüstung erwarten, sondern die einfachen Methoden der Fischer anwenden. Neben Fischen werden hier auch **Schildkröten** gefangen. Manchmal kommen Boote mit Dutzenden der Tiere an, die Flossen zusammengebunden. Da der Fang offiziell verboten ist, werden sie unter Palmenblättern versteckt. Auf dem Schwarzmarkt werden 80 US$ pro Tier erzielt.

Eine **einzigartige Savannenlandschaft** beginnt direkt hinter dem Dorf. Weite Grasflächen mit Palmen und kleinen Bächen wechseln sich mit Sumpfebenen ab, in denen Reiher umherstaksen. Herrliche Aussichten eröffnen sich, zahlreiche Vögel haben hier ihr Zuhause.

Infos: Awas liegt westlich von Laguna de Perlas und ist in 30 Min. Fußmarsch erreicht. Es ist möglich, eine Tour per Pferd oder Kanu zu organisieren.

Orinoco (25 km)

Die **kleine Garifuna-Gemeinde** liegt genau am anderen Ende der Pearl Lagoon. Ein Spaziergang durch den Ort gibt einen authentischen Eindruck vom Leben und den Traditionen der Menschen. Die Ahnen der Garifunas sind **afrikanische Sklaven,** die nahe von San Vicente, einer Insel der Kleinen Antillen, Schiffbruch erlitten, sich retteten und mit den indigenen Kariben vermischten. Im Laufe der Zeit besiedelten sie die karibischen Küsten Zentralamerikas.

In Orinoco gibt es keine Autos und keine Straßen, nur kleine Betonpfade, auf denen sich viele **Bewohner** mit dem Fahrrad fortbewegen. Sie pflanzen in den Gärten ihrer Häuser Obst und Gemüse an, z.B. Yucca, *Quequisque* (eine großblättrige, nahrhafte Knollenfrucht) und *Plátanos,* aber auch Kräuter. Obwohl das Dorf etwas abgelegen ist, gibt es inzwischen von 10 bis 24 Uhr Strom und es wird regelmäßig mit Trinkwasser beliefert. Die Verständigung ist kein Problem, da die meisten Menschen neben dem kreolischen Englisch und Garifuna Spanisch sprechen. Es gibt hier auch einfache Unterkünfte.

Infos: Anfahrt mit einer *panga* von Laguna de Perlas um 9, 12 und 16 Uhr, 150 C$, 45 Min., von Bluefields um 5.30 Uhr, 250 C$, 5 Std.

Übernachten/Essen und Trinken

Restaurant Isiene②, im Hostal Garifuna, 8–22 Uhr. Sehr gemütlich mit runden Holztischen, bunten Vorhängen, die Sonne fällt verhalten in den offenen Raum. Es gibt frische Shrimps oder Hummer und sogar Schwertfisch, alles nach traditionellen Garifuna-Rezepten zubereitet.

Hostal Garifuna①, 50 m nördlich vom Pier, www.hostalgarifuna.net. Schmucklose, aber helle und geräumige Zimmer mit Gemeinschaftsbad. Im schönen Garten kann man in Hängematten entspannen. Restaurant und Touren.

Corn Islands (Islas del Maíz)

Strahlend weißer Sandstrand, riesengroße rauschende Meeresmuscheln, eine Kokospalme, die einladend über das türkisblaue Meer ragt – diese Bilder, die in Hochglanzbroschüren der Tourismusindustrie gerne heraufbeschworen werden, sind auf den Corn-Inseln Wirklichkeit. Behaglich liegen die große und die kleine Corn-Insel etwa 80 km **(Big Corn)** bzw. 90 km **(Little Corn)** vom Festland (Bluefields) entfernt in den Gewässern der Karibik. Beide Inseln zusammen haben eine Gesamtfläche von 12,9 km^2, die sich etwa 7400 Menschen teilen. Viele sind **Garifunas,** also Mestizen aus der ehemaligen indianischen Bevölkerung, Briten und schwarzen Sklaven. Sie sprechen **kreolisches Englisch** vermischt mit einem kräftigen Garifuna-Dialekt. Die englischen Namen sind für die Inseln und ihre Orte daher stärker verbreitet als die spanischen.

Little Corn mit seinen abgelegenen sanften Stränden und ohne jeglichen Autoverkehr **ist die idyllischere der beiden Mais-Inseln,** nur knapp 700 Menschen leben dauerhaft auf dem Eiland. Hier lässt es sich einfach herrlich entspannen, die Hängematte fehlt in keiner Unterkunft, Spaziergänge über die Insel und an den weißen Stränden halten so mancherlei Entdeckung bereit, und am Abend hängt man gemütlich in einer Bar am Hafen bei einem frischen Fischgericht und einem „Nica Libre" ab. Der **Flughafen** liegt allerdings **auf Big Corn,** sodass man auf jeden Fall dort landet und dann entscheiden kann, gleich nach Little Corn per Boot überzusetzen oder sich erst Big Corn anzusehen.

Über **Ostern, Weihnachten und Silvester** sind viele reiche Nica-Familien auf den Inseln und lassen es ordentlich krachen. Little Corn ist dann restlos überfüllt, die Preise sind hoch. Auf Big Corn sind zu diesen Zeiten die Chancen größer, noch eine Bleibe zu finden.

Geschichte

Nachdem die „Neue Welt" durch *Kolumbus* (wieder)entdeckt worden war, nahmen die **Spanier** die Corn-Inseln zwar in Besitz, konnten sie jedoch nicht kolonisieren, sodass sie sich wie der Rest der Miskito-Küste zu einem Piratennest entwickelten. Die **Freibeuter** nutzten die Inseln als Versteck und Rückzugsort und überfielen von ihnen aus die spanischen Karavellen, die mit Gold und Silber beladen waren. Heute noch liegen um die Inseln viele Wracks, die Taucher und Schatzsucher anlocken.

Bis ins 19. Jahrhundert hinein hießen die Inseln **Islas de los Manglares,** also „Mangroven-Inseln". Mit der Besiedlung und Ausbeutung der Inseln setzte sich wahrscheinlich der Name **„Mais-Inseln"** (engl. *Corn Islands,* span. *Islas del Maíz*) durch, Bezug nehmend auf die neben dem Anbau von Kokospalmen, dem Fischfang und dem Fang von Hummern und Langusten einst wichtigste Erwerbsquelle auf den Inseln.

Ab 1655 gerieten die Corn Islands wieder ins Blickfeld der europäischen Mächte und wurden **von den Briten kolonisiert.** Sie gehörten nun zu dem Gebiet, das die Besatzer „Miskito-Küste" nannten und das die gesamte Karibikküste Nicaraguas umfasste. Die Dorfgemeinschaften blieben jedoch autonom, ihre Mitglieder wurden von den Engländern nicht deportiert. Bis 1894 hielten die Briten ihr Protektorat aufrecht. Dann beanspruchte Nicaragua die Inseln. Ab 1914 wurden sie für 99 Jahre **von den USA gepachtet,** wodurch auch amerikanische Gesetze gültig wurden. Der nicaraguanische Diktator *Anastasio Somoza* setzte den Pachtvertrag 1970 jedoch außer Kraft.

Nachdem 1988 Hurrikan „Joan" die Inseln getroffen hatte, war Big Corn komplett zerstört und Little Corn stark verwüstet. Der **Tourismus** spielt nach dem Wiederaufbau eine immer größere Rolle und beeinflusst die anderen Wirtschaftszweige.

An- und Weiterreise

Mit dem Flugzeug von Managua aus sind die Corn-Inseln **schnell und unkompliziert** erreicht, über Land und Wasser dauert die Reise länger, dafür wächst das Gefühl der Abgeschiedenheit mit jedem Kilometer, begleitet von Vorfreude und Abenteuerlust.

Flugzeug

Der **Flughafen** liegt auf der Westseite von Big Corn. Die Buchung von Hin- und Rückflug bei La Costeña ist günstiger als ein Einzelflug. Um die Region besser kennenzulernen, bietet sich jedoch eine Kombination von Flug und Landweg an – wer die Zeit hat. Je nachdem, wie gut die Maschinen gebucht sind, wird statt der zwölfsitzigen Cessna ein größerer Flieger genommen. Das Büro von La Costeña befindet sich im Flughafengebäude.

Bei einer Buchung in einem Reisebüro kann das Datum des Rückflugs offen gelassen werden. Steht es dann fest, am besten 1 bis 2 Tage vor dem Termin anrufen und den Rückflug bestätigen.

- **Managua – Bluefields – Big Corn,** Fr bis So 6.30 und 14 Uhr, Mo 14 Uhr, Di bis Do 6.30, 11 (direkt) und 14 Uhr, 150 US$ (Hinflug), 80 Min.
- **Bluefields – Big Corn,** Mo zusätzlich um 7.25 Uhr, 107 US$ (Hinflug), 25 Min.
- **Big Corn – Bluefields – Managua,** Fr bis So 8.10 und 15.40 Uhr, Mo bis Do zusätzlich 12.45 Uhr.

Boote

Nach Little Corn

Die offenen *Pangas* fahren vom Pier an der Westseite von Big Corn **im Speed-Tempo** rüber nach Little Corn. Dabei spritzt schon mal Wasser ins Boot; weiter hinten sitzt man zwar sanfter, doch man wird nasser. Wer seine Unterkunft auf Little Corn ganz im Norden hat, sollte das frühe Boot nehmen, um nicht im Dunkeln über die Insel laufen zu müssen. Wer den ersten Flug nach Managua gebucht hat, muss am Vortag von Little Corn nach Big Corn übersetzen.

Hinweis: Da die Boote ordentlich über das Wasser donnern und die Passagiere auch mal einen kleinen Sprung auf ihrer Bank in die Luft machen, sollten sich Schwangere und Menschen mit ernsten Rückenproblemen den Trip gut überlegen.

- **Big Corn – Little Corn,** tägl. 10 und 16.30 Uhr, 6 US$, 30 Min.
- **Little Corn – Big Corn,** tägl. 6.30, 13.30 und 16 Uhr, 6 US$, 30 Min.
- Es gibt auch unregelmäßiger verkehrende **Güter-Fähren** zwischen Big Corn und Little Corn, auf denen man mitfahren kann, 1½ Std.

Bluefields-Fähre

Schiffsüberfahrten nach Big Corn Island sind ein kleines Abenteuer. Nicht selten fahren neben Menschen ein paar Tiere mit. Bei schlechten Witterungsverhältnissen wird der Fährbetrieb auch kurzfristig, teilweise ohne Vorankündigung, unterbrochen. Die Abfahrtszeiten ändern sich ständig, also unbedingt vor Ort erkundigen. Es gibt fünf Fährverbindungen zwischen Big Corn und Bluefields.

- **Bluefields,** Mo 18 Uhr, Do 9 Uhr, Sa 11 Uhr, So 17 Uhr, 10–12 US$, 6 Std.
- **Bilwi,** einmal im Monat Fr 17 Uhr, 25 US$.

Mein Tipp: Wer Bluefields umgehen und ohne Flug zu den Corn Islands gelangen möchte, kann **von Laguna de Perlas über die Cayos Perlas** (ca. 200 US$) auch mit einer *Panga* nach Little oder Big Corn fahren (weitere 200 US$, abhängig vom Benzinpreis). In Anbetracht der deutlich gestiegenen Flugpreise lohnt sich das bereits ab zwei Personen, den Abenteuerfaktor gibt's gratis dazu!

Big Corn (Isla Grande del Maíz)

Big Corn ist dreimal größer als ihre von vielen Reisenden favorisierte kleine Schwester Little Corn. Hier liegt der **Flughafen** und es gibt **viele Unterkünfte gehobenen Standards.** Fischer sortieren ihren Fang an kleinen Piers, Jungs wetten darauf, wer mehr Hummer mit der Hand fängt, aus den bunten Holzhäusern schallen Reggae und Country, und von der Sonne runzlig gebräunte *abuelitos* (Opas) genießen ihren Lebensabend im Schaukelstuhl auf der Veranda. Eine Ringstraße mit Abstechern zu wunderbaren Stränden führt um die Insel.

Sehenswertes und Aktivitäten

North End und **Sally Peachie** sind schöne Strände mit wunderschönen vorgelagerten Korallenriffen voller Meerstiere, perfekt zum **Schnorcheln** oder für flache Tauchgänge. Die Ostseite ist ruhiger und authentischer. Zwei der schönsten Aussichten auf die **ausgedehnten weißen Sandstrände** dort bieten sich von der hübschen Siedlung **South End** und von **Long Bay.** Zum Schwimmen und einsamen Sonnenbaden ist Long Bay ebenfalls bestens geeignet. Von Oktober bis Dezember, wenn der Wind stärker wird, sind die Wellen hier zudem ideal zum **Surfen.** Die Südspitze der Insel heißt **Bluff Point.** Findet man einen Weg durch den Dschungel, sind die riesigen Felsen ein prima Fleckchen zum Entspannen oder Baden. **Southwest Bay** hat sehr ruhiges Wasser und einen weißen Strand – ebenfalls perfekt zum Baden, wenn auch nicht ganz so einsam wie Long Bay. **Waula Point** bietet eine tolle Aussicht und absolute Ruhe.

Im Süden der Insel, beim **Quinn Hill,** kann man zur **Pirámide Alma del Mundo** spazieren. Mit diesem Kunstprojekt inszeniert der spanische Künstler *Rafael Trénor* die Seele der Welt als einen Würfel, dessen pyramidenförmige Ecken an acht Stellen der Welt aus der Erde treten; eine ist hier auf Big Corn (siehe www.souloftheworld.com).

Eine **Wanderung** um die Insel auf der 12 km langen Straße dauert etwa 3 Std., mit dem Fahrrad ist man nach 1 Std. wieder am Ausgangspunkt. Es gibt einige Hügel im Zentrum der Insel, von denen traumhafte Sonnengänge garantiert sind; der höchste ist der **Mount Pleasant.** Der Weg beginnt in South End hinter dem Sunrise Hotel. In South End startet hinter der Schule Olive Brown auch ein Wanderweg zu einem Wachturm aus den 1980er Jahren.

Big Corn ist zum **Tauchen** genauso geeignet wie Little Corn, z.B. am Nautilus House Reef vor der Nordwest-Seite der Insel mit vielen bunten Fischen und einem möglichen Tiefgang bis zu 19 m.

9 Dos Tiburónes Dive Shop, Sally Peachie, neben dem Hotel Anastasia, www.divecornisland.com. Tauchausflüge (35–120 US$) und -kurse sowie Schnorcheltouren (20 US$ für 2 Std., 80 US$ pro Tag), Verleih von Schnorchelausrüstung (10 US$) und Stand-Up-Paddelboards. Auch Reiten (50 US$ für 2 Std.), Hochseefischen und andere Touren.

5 Nautilus Resort & Dive Center, Brig Bay, www.nautilus-dive-nicaragua.com. Tauchausflüge zu versunkenen Schiffen und Korallenriffen. PADI-Zertifikat für 300 US$, auch Nachttauchgänge werden angeboten. Schnorcheltrips und Glasbootfahrten kosten 20 US$ p.P.

13 Stand Up Paddle Corn Islands, Sunrise Hotel, www.standuppaddlecornislands.com. Verleih von Boards (12 US$ pro Std.) und Organisation von Touren. Macht Laune!

11 Fischen: Silver Sand Hotel, Sally Peachie. Fischer *Ira Gómez* nimmt Gäste mit aufs Meer.

2 Yoga/Massage, Brig Bay, Paraíso Beach Hotel. Diverse Massagen und Yogakurse kosten 2 US$ pro Std. für Gäste, sonst 8 US$. Super entspannend, tolle Atmosphäre! www.paraisoclub.com/yoga-teacher-training-packages-and-retreats.

Besonders entspannt ist eine Erkundung der Insel mit dem **Fahrrad.** Viele Unterkünfte vermieten Fahrräder oder stellen sie ihren Gästen kostenlos zur Verfügung. **Golfcart und Motorroller** sind weitere Optionen der Fortbewegung.

Mit Speed geht es von Big Corn hinüber nach Little Corn

nica088-ji

17 Corn Island Car Rental, Southwest Bay, neben Arenas Beach Resort und South End beim Sunrise Hotel (Golfcarts), cornislandcarrentals@hotmail. com, Kreditkartenzahlung möglich: Golfcart 50 US$ für 6 Std. bei max. 4 Pers., 82 US$ für 24 Std. (etwas teurer bei 6 Pers.); Motorroller 46 US$ pro Tag; Fahrrad 6 US$ für 6 Std., 18 US$ für 24 Std.

Praktische Informationen

Essen und Trinken

Viele Unterkünfte haben auch ein angegliedertes Restaurant. Daneben gibt es eine große Auswahl an Cafés und guter Küche. Leckeres Kokosbrot verkauft die Bäckerei/Pulpería in South End, 8–21 Uhr.

10 Seva's Place①-②, Sally Peachie. Auf einer Dachterrasse mit wundervollem Blick werden gute Meeresfrüchte und Fleischgerichte serviert; es gibt *Lobster à la planche* (Hummer aus der Pfanne). Man muss nur ein bisschen Geduld mitbringen.

8 Comedor Maris①-②, Sally Peachie, 12–21 Uhr. Futtern wie bei Muttern ist hier angesagt, nur dass diese Mutter leckerste Meeresfrüchte mit Knoblauch oder Kokossauce auf den Tisch bringt. Es gibt frischen Hummer, Garnelen und Fisch, gern auch in Kombination, und alles zu normalen Preisen. Auf der großen Terrasse mit schweren runden Holztischen sitzt man gemütlich.

14 Pizzeria Italia Ristorante②, South End, im Hotel Sunrise, 17–22 Uhr, Mo geschlossen. Die Pizzas sind lecker und frisch im Holzofen zubereitet, die *Marinara* ist natürlich besonders gut. Der italienische Koch *Nardo* versteht sein Handwerk. Es gibt auch köstliche Lasagne.

7 Sea Side Grill②, North End, 11–21 Uhr. Fabelhaftes Essen, tolle Besitzer, Meeresblick! Nudeln mit Meeresfrüchten und Hummer sind absolut zu empfehlen!

6 Big Fish Café②, North End, 11–21 Uhr. Umfangreiche Speisekarte mit *Ceviche,* Hummer, Fisch und Salaten. Gutes Frühstück.

MEIN TIPP: 9 Café Dos Tiburónes②, Sally Peachie. Während die Tauchkurse besprochen werden, gibt es in diesem chilligen Café den besten Kaffee, Burger und *French Toast* mit dem berühmten Kokosbrot – eine geschmacklich neue Erfahrung.

Nützliches

- **Tourist-Info: Intur,** am Hafen, Mo bis Fr 8–16 Uhr, meist jedoch geschlossen; wenn offen ist, können Führer für Wanderungen über die Insel vermittelt werden.
- **Geldautomat von BanPro:** An der Hauptstraße wenige Meter südlich vom Hafen; er spuckt nicht immer Geld aus.
- Das **Krankenhaus** liegt vom Gemeindehaus 500 m in östlicher Richtung.
- **Polizei:** Brig Bay, Tel. 8702 8780.
- Die meisten Autos, die auf der Insel fahren, sind **Taxis.** Der Preis ist mit 15 C$ p.P. fix, egal wohin man will; nachts ist es etwas teurer. Ein Bus fährt alle 30 Min. um die Insel, 20 C$.

Übernachten

Es gibt viele gute und teurere Hotels auf Big Corn, alles ist hier „zivilisierter", moderner und größer als auf Little Corn, wo manche Unterkünfte eher Robinson-Crusoe-Absteigen ähneln.

4 Hospedaje La Rotonda①, auf der Westseite hinter BanPro. Wer aufs Geld gucken muss, kann hier „absteigen". Die Herberge ist mehr als einfach, auch nicht gerade sauber, mit Rissen in den Wänden und Matratzen, die Hängematten gleichkommen. Aber eben günstig mit 14 US$ fürs DZ.

MEIN TIPP: 6 Big Fish Guest House②, North End, www.facebook.com: Big Fish Cafe. Super Zimmer mit klasse Service und einem sehr guten Restaurant. Das Hotel befindet sich direkt am Strand mit Blick auf Little Corn Island. Die Zimmer werden jeden Tag gereinigt, die Betten nach jeder Nacht frisch bezogen. Mit Ventilatoren und Klimaanlage. Das Personal ist immer freundlich und hilfsbereit! Ein Internetcafé ist gleich mit dabei. Sicher eines der besten Preis-Leistungsverhältnisse auf Big Corn.

15 Sunrise Hotel③, auf der Ostseite, an der Hauptstraße gelegen, www.standuppaddlecornislands.com/accommodations-travel. Nur 300 m von Long Bay liegt dieses Hotel mit sehr einfachen, etwas kühl wirkenden Zimmern mit Bad und AC. Es gibt eine große Veranda mit Blick aufs Meer. Auch der Garten ist nett.

2 Paraíso Beach Hotel④, auf der Westseite, Shipwreck Beach, etwas nördlich vom Waula Point, am Strand, www.paraisoclub.com. Tolle Anlage mit großen Bungalows und Suiten in einem traumhaften Garten mit vielen bunten Hängematten und Liegestühlen. Die Zimmer sind hell, mit AC, die Betten verfügen über Moskitonetze. Ein gutes, wenn auch etwas teureres Restaurant ist gleich mit dabei, das Essen schmeckt prima.

1 Mit dem romantischen **La Princesa de la Isla** ④ (DZ 55 US$, Bungalow 70 US$, www.laprincesadelaisla.com) liegt ein preislich und von der Anlage bzw. Ausstattung her vergleichbares Hotel in unmittelbarer Nähe zum Paraíso Beach Club.

3 Das **Hotel Bellavista** (45 US$) ein Stück weiter nördlich ist günstiger.
12 **Casa Canada**⑤, South End, www.casa-canada.com. Hier werden Träume wahr: Große, luxuriöse, liebevoll gemachte Hotelanlage direkt am Meer. Vom sauberen Pool aus direkt aufs Wasser zu schauen, hat schon was, auch die schöne Terrasse über dem Meer lädt zum „Abheben" ein. Sogar vom Bett aus lässt sich der wunderschöne Blick auf das Meer genießen. Zimmer mit Nachttischlampen, Ventilator und AC, TV und sogar einem Sofa. Fahrräder können ausgeliehen werden, Massagen werden angeboten, ebenso Touren.
16 **Martha's Bed and Breakfast**④, Southwest Bay, Tel. 8835 5884. Am schönen Strand der Southwest Bay gelegen, bietet das Martha's saubere und großzügige Zimmer in einem grünen Garten. Der Hit ist das Essen: Fisch, Garnelen und Lobster frisch serviert! Viele loben es als das beste Essen der Insel, vor allem auch das reichhaltige Frühstück.

Little Corn (Isla Pequeña del Maíz)

Ist die Bootsfahrt „überstanden", begrüßt der kleine Hafen mit ein paar wenigen Holzhäuschen und dümpelnden Fischerbooten die Ankommenden. **Keine Pick-ups, keine Taxis oder Busse,** die die Gäste ins nächste Hotel fahren wollen. Denn echte Hotels gibt es hier kaum. Ein paar Locals, die aussehen, als würden sie auf Reggae stehen, werden vermutlich vor Ort sein, um eine chillige Unterkunft zu empfehlen; man kann, muss aber nicht mitgehen. Die Insel ist mit 2,9 km² klein und **alles problemlos zu Fuß erreichbar,** auch mit Rucksack. Die schönsten Unterkünfte liegen allerdings im Nordosten, sodass bei den heißen Temperaturen und der feuchten Luft doch ein wenig Kondition gefragt ist. Also vielleicht doch lieber dem Reggae-Mann die Kraxe aufdrücken.

Über Trampelpfade kann es nun losgehen durch den Inseldschungel (Achtung: Nicht auf Mango-Matsch ausrutschen!) zur **Unterkunft,** die oft aus simplen, bunt bemalten Holzhütten besteht und meist direkt am Strand liegt. Es lohnt sich, ein wenig weiterzulaufen, denn dann kommen ein paar wirklich besondere Plätzchen, für die unter Umständen sogar eine Reservierung lohnt. Im Örtchen selbst gibt es ein paar günstigere Unterkünfte und den einzigen befestigten Weg der Insel, dazu zwei, drei Bars, und das war's auch schon.

In der **Hauptsaison** sind gerne einmal doppelt so viele Touristen wie Einheimische auf der Insel. Dann ist es fast besser nach Big Corn „auszuweichen".

Am 27./28. August geht es hoch her: Mit dem **Krabbenfest** *(Fiesta del Cangrejo)* wird das Ende der Sklaverei gefeiert, Musik, Tanz und Krabbensuppe sind die Zutaten.

Sehenswertes und Aktivitäten

Neben den üblichen Dingen, die man auf Trauminseln mit einer beständigen Temperatur von 30°C so tut – **baden, sonnen, Muscheln sammeln, Strandspaziergänge** –, sind auf Little Corn auch andere Aktivitäten möglich: Angeltouren oder Schnorchelausflüge zu den vorgelagerten Riffen, Tauchen und Kiten. Nach einer stürmischen Nacht mit entsprechendem Wellengang liegen riesige Muscheln am Strand, die man am liebsten alle mitnehmen würde – das ist aber verboten und das ist auch gut so!

■ An dieser Stelle noch ein **Fototipp:** Die Sonne geht an der **Otto Beach** unter – ein abendlicher Strandspaziergang hoch zum Nordteil der Insel ist wunderbar, die Strände sind einsam, und die Palmen geben eine perfekte Kulisse für ein romantisches Fotoshooting ab.

Schnorcheln und Tauchen

An unberührten Riffen leben **Stachelrochen** und **Ammenhaie.** Gerade diese für den Menschen völlig harmlose Haifamilie zeigt dabei eine untypische Neugierde: Oftmals folgen die Fische den Tauchern unter Wasser wie junge Hunde. Im offenen Meer gleiten **Adlerrochen** in Verbänden von mehr als 50 Tieren vorbei, und wer ganz viel Glück hat, kann an der Ostküste sogar auf den weltweit selten gewordenen **Großen Hammerhai** stoßen.

11 Dolphin Dive, www.dolphindivelittlecorn.com, 8–18 Uhr. Tauchausflüge und professionelle Kurse (250–300 US$) mit erfahrenen Tauchlehrern. Schnorchelausrüstung zum Verleihen (5 US$). Hier kann man auch eine weitere Sportart erlernen: **5 Kite Little Corn** bietet Intensivkurse im Kitesurfen an (270 US$), allerdings gab es bereits öfter Kritik an der Qualität des Unterrichts (im Stedman's Hotel, www.kitelittlecorn.com).

Fischen

So viele große Fische umwimmeln die Corn-Inseln, dass sie regelrecht an die Angel springen. Der beste Kapitän ist *Willy*, ein erfahrener Seebär, der sicher um die Inseln und zu den besten Angel-Spots manövriert.

10 Capt. Willy Guided Fishing Adventure, Reservierung im Sunset Shack Café im Ort (gegenüber dem Tranquilo Café), www.fishingadventurelittlecorn.simplesite.com.

Wellness

5 Firefly Yoga & Massage, Little Corn Beach and Bungalows, www.facebook.com: Firefly Yoga & Massage. Ein Yoga-Studio mitten im Dschungel. Hier nimmt man nicht nur teil, hier bekommt man es auch beigebracht.

Praktische Informationen

Essen und Trinken

In vielen Hotels wird gekocht, besonders in den abgelegenen. Das Essen hat meist europäisches Preisniveau, ist aber sehr lecker und fantasievoll. Abends zum Sonnenuntergang und für einen Treff in der Bar

nica089-ji

> Echtes Robinson-Crusoe-Feeling auf dem Gelände von Derek's Place

finden sich Touristen und Einheimische entlang des einzigen befestigten Weges ein, der direkt am Pier liegt.

9 **Tranquilo Café**②, im Ort rechts vom Pier, 9.30–22 Uhr. DIE Bar und DAS Lifestyle-Café auf Little Corn! Burger, Tacos, Salate und Barbecue-Gerichte – das westliche Gegenteil echter karibischer Küche, aber gut. Das Ambiente auf der großen Holzterrasse mit den vielen bunten Lichtern ist so schön, dass man gern länger sitzen bleibt. Mi und Sa Bonfire-Partys mit DJ *Rasta Punch,* ab und an Live-Musik und jeden Tag von 17 bis 19 Uhr Happy Hour, d.h. zwei Getränke zum Preis von einem.

8 **Café Desideri**②, 80 m südlich vom Pier, 10–22 Uhr. Ähnliches Ambiente und Angebot wie im Tranquilo. Dazu kommen italienische Gerichte. Hier gibt es WLAN/WiFi.
13 **Comedor Doña Rosa**①-②, auf dem Weg zur Casa Iguana, 170 m vom Hafen. Fisch und Shrimps für 6 US$ sind ein guter Deal, oder!?
12 **DreamCatcher**②, im südlichen Ortsteil, 8–24 Uhr. Geniales Chill-Ambiente und eines der besten Restaurants. Großartiger Ausblick, gute Musik, tolles Frühstück und zum Barbecue deutscher Kartoffelsalat – warum wohl!?

Übernachten im Ort

Auch Little Corn ist kein günstiges Pflaster – im Gegenteil. Eine brauchbare Unterkunft kostet mind. zwischen 60 und 80 US$, alles was darunter liegt, sind meist sehr einfache, teils sogar schäbige Hütten oder Zimmer.

6 **Three Brothers**①, 50 m südlich der Schule. Backpacker-Unterkunft mit Gemeinschaftsbad und Gemeinschaftsküche in zentraler Lage und Nähe zu Bars und Restaurants. Die Zimmer sind sauber, zum nächsten Strand sind es 15 Min. zu Fuß.
7 **Sunshine Hotel**③, vom Pier 50 m nördlich, www.sunshinehotellittlecorn.com. Super Hotel in super Lage, wenn es nicht ganz so einsam sein soll. Helle, schlichte Zimmer mit AC, Ventilator, WLAN/WiFi und Bad, Frühstück inkl. Es gibt einen großen Raum mit Billardtisch und Tischtennisplatte, Trinkwasser steht kostenlos bereit.

Übernachten im Norden/Garret Point

Die **Unterkünfte** um den Garret Point sind mit **die besten der ganzen Insel** – und das geballt an einem Ort. Was alle verbindet, sind die Liebe zum Detail, Individualismus, Nachhaltigkeit und Kreativität. Kleine Kunstprojekte quasi, jedes mit seinem eigenen Charme. Ganz im Norden hat mit dem Yemaya Island Hideaway & Spa ein absolutes Luxusresort eröffnet.

4 **Derek's Place**③-④, südlich vom Garret Point, www.dereksplacelittlecorn.com. Der absolute Hit der Insel. Mehrere, jeweils individuelle Bungalows aus Holz mit Außenterrasse, verteilen sich auf mehreren Ebenen in einem grünen Paradies aus Kokospalmen und zartem Gras direkt an einem schmalen Strand. Die Bungalows haben gute Betten mit Moskitonetzen und einem Bad, in dem das Wasser aus Muscheln oder kunstvoll aufgehangenen bunten Flaschen fließt. Essen, z.B. köstlicher Obstsalat mit Joghurt und Honig, wird direkt an die Terrasse gebracht, um es in der Hängematte zu genießen; man muss nur auf die „Konkurrenz" durch Papageien aufpassen … Der schöne Strand eignet sich perfekt zum Schnorcheln und Baden.
3 **Farm Peace & Love**⑤, ein Stück weiter, www.farmpeacelove.com. Die Pferdefarm in einem Palmenhain bietet Gästen eine Suite (85 US$, mind. 3 Nächte) und ein ganzes Haus (100 US$, ebenfalls mind. 3 Nächte) zum Wohnen an. Das Holzhaus im karibischen Stil auf Stelzen hat eine weite Veranda, Küche mit Waschmaschine, Wohnzimmer und ein Schlafzimmer mit großem Bett. Die Suite mit Küche und Schlafzimmer wirkt wie ein Mini-Landhaus. Eine kleine Veranda mit Tisch und Hängematte führt hinaus in den Garten. Kinder unter 12 Jahren sind hier nicht erwünscht.
2 **Ensueños**②-④, noch ein Stück weiter, www.ensuenos-littlecornisland.com. Bienvenidos im Auenland! Zwischen grünen Hügeln aus Gras, versteckt hinter grinsenden Holzskulpturen, stehen kleine Cabañas (20–30 US$) aus Wurzeln, Holz und Bambus mit Türen so klein, dass man sich bücken muss. Die Betten schmiegen sich um Äste und Bäume, man sieht von innen das Meer und die Palmen. Wer lieber Mensch als Hobbit ist, dem stehen größere Holzhütten auf niedrigen Pfählen mit einer weiten Terrasse zur Verfügung (40–50 US$). Alles ist hier ökologisch, im großen Garten wachsen die tropischen Früchte und Kräuter, die in der Küche Verwendung finden. *Ramón,* der Besitzer, der vor Jahrzehnten aus Spanien hierher kam, kennt jeden Baum. Ein ganz besonderes Erlebnis!

1 Yemaya Island Hideaway & Spa⑤, North End Beach. Luxusresort am Traumstrand mit Traumausblick und Preisen, von denen die meisten nur träumen können: Bungalow für 2 Personen ab 300 US$/Nacht (www.yemayalittlecorn.com).

Übernachten im Osten

14 Casa Iguana②-④, www.facebook.com: Casa Iguana Eco-lodge. Vier kleine, bunt bemalte Holzcabañas verteilen sich in einem Garten Eden direkt am Strand. Sauber, mit Nachttischlampen und Moskitonetz. Daneben gibt es elf weitere Hütten mit eigenem Bad. Der Blick aufs Meer ist fantastisch, das Bio-Essen ebenfalls.

5 Little Corn Beach and Bungalow④-⑤, Cocal Beach, www.littlecornbb.com. Dies ist die wohl schönste und luxuriöseste Unterkunft auf der östlichen Strandseite der Insel. Die Hütten sind traumhaft und mit Bambus-Möbeln, sauberen Moskitonetzen und hohen Matratzen versehen. Die Anlage aus Kokospalmen direkt am Strand mit einem breiteren Sandabschnitt ist liebevoll gestaltet, Sitzecken und bunte Hängematten laden zum Relaxen ein. Kajaks und Schnorchelausrüstung können ausgeliehen werden. Die Bar und das Restaurant The Turned Turtle sind ebenfalls super, tägl. 7.30–20.30 Uhr. Die Zimmerpreise variieren stark nach Haupt- und Nebensaison.

☑ Muscheln bitte nicht mit nach Hause nehmen!

nica090-ji

TOILETTE

nica098-ji

8

Praktische Reisetipps A–Z

[<] Relaxte Atmosphäre in der Simon Says Smoothie Bar in San Juan del Sur

Anreise

Mit dem Flugzeug

Die Entfernung zwischen Nicaragua und Deutschland beträgt ungefähr 9500 km, die Flugreise dauert im Durchschnitt **16 Stunden mit mindestens einem Zwischenstopp,** denn Managua, die Hauptstadt Nicaraguas, wird aus Deutschland nicht direkt angeflogen. Man muss in den USA, Costa Rica, Panama, El Salvador oder Mexiko umsteigen. Bei **Flügen über die USA** gilt es zu bedenken, dass man dort wegen der Einreisekontrollen (auch wenn es sich nur um einen Transit handelt) ziemlich zeitaufwendige und nervenaufreibende Aufenthalte hat und außerdem eine gültige ESTA-Bescheinigung benötigt. Da sich die Flugpreise nicht sonderlich unterscheiden, ist die Anreise über die USA eigentlich nur dann eine Option, wenn man dort z.B. einen Stopover anstrebt.

Den überschaubaren **Aeropuerto Internacional Augusto César Sandino** bzw. **Managua International Airport (MGA)** fliegt eine Reihe internationaler und nationaler **Fluggesellschaften** an: American Airlines (via Miami oder Dallas), United Airlines (via Houston), Delta Airlines (via Atlanta), COPA Airlines (mit täglichen Flügen nach Panama City und ab/bis San José/Costa Rica) und Iberia (via Madrid und El Salvador).

Sowohl bei internationalen als auch bei nationalen Flügen ist eine **Abfluggebühr** von 2 € zu zahlen, die noch nicht im Ticketpreis enthalten ist!

Bei der Einreise muss eine **Touristenkarte** für 10 US$ erworben werden. Wer keine Dollar hat, kann noch vor der Migration Geld in einer Wechselstube *(casa de cambio)* tauschen.

nica093-ji

Mini „Flug-Know-How"

Check-in

Nicht vergessen: Ohne einen gültigen **Reisepass** kommt man nicht an Bord eines Flugzeuges! Kinder benötigen ein eigenes Dokument.

Bei den meisten internationalen Flügen muss man **2 bis 3 Stunden vor Abflug** am Schalter der Fluggesellschaft eingecheckt haben. Je nach Fluggesellschaft kann man das in der Regel ab 23 Stunden vor dem Flug zu Hause im Internet erledigen und muss am Flughafen nur noch die ausgedruckte **Boardkarte** mit Barcode nach unten auf den Scanner legen und sein Gepäck am entsprechenden Schalter abgeben. Reist man nur mit Handgepäck, kann man je nach Fluggesellschaft nach einer kurzen Prüfung gleich durch die Schranke in den Boardingraum.

Das Gepäck

In der **Economy Class** darf man pro Person in der Regel ein Handgepäckstück bis zu 7 kg in die Kabine mitnehmen (nicht größer als 55 x 40 x 20 cm) und bei Bedarf zusätzlich ein Gepäckstück bis zu 23 kg einchecken. In der **Business Class** sind es pro Person meist zwei Handgepäckstücke (insgesamt nicht mehr als 12 kg) und ein Gepäckstück bis zu 30 kg zum Einchecken. Man sollte sich beim Erwerb des Tickets über die Bestimmungen der Airline informieren.

Beim Packen des **Handgepäcks** sollte man darauf achten, dass man Getränke oder vergleichbare Substanzen (Gel, Parfüm, Shampoo, Creme, Zahnpasta, Suppe, Käse, Lotion, Rasierschaum, Aerosole etc.) nur in geringen Mengen bis zu jeweils 100 ml mit ins Flugzeug nehmen darf. Diese Substanzen muss man separat in einem durchsichtigen Plastikbeutel (z.B. Gefrierbeutel) transportieren, den man beim Durchleuchten in eine der bereitstehenden Schalen auf das Fließband legt. Auch das Notebook oder Smartphone muss in eine solche Schale gelegt werden. Hat man einen Gürtel mit einer Schnalle aus Metall, empfiehlt es sich, diesen auszuziehen und ebenfalls in die Schale zu legen, da sonst in der Regel der Metalldetektor anschlägt und man vom Flughafenpersonal abgetastet werden muss.

Aus **Sicherheitsgründen** dürfen Nagelfeilen sowie Messer und Scheren aller Art, also auch Taschenmesser, nicht im Handgepäck untergebracht werden. Diese Gegenstände sollte man unbedingt daheim lassen oder im aufzugebenden Gepäck verstauen, sonst werden sie bei der Sicherheitskontrolle einfach weggeworfen. Darüber hinaus dürfen leicht entzündliche Gase in Sprühdosen (Schuhspray, Campinggas, Feuerzeugfüllung), Benzinfeuerzeuge, Feuerwerkskörper etc. nicht im Koffer oder dem Handgepäck transportiert werden.

Vom **Verschließen des Gepäcks** mit einem Vorhängeschloss wird abgeraten, da das Gepäck vom Flughafenpersonal bei Auffälligkeiten beim Durchleuchten durchsucht werden können muss.

◁ Der Flug nach Managua dauert mindestens 16 Stunden (mit Zwischenstopp)

Flugpreise

Ein Economy-Ticket von Deutschland, Österreich oder der Schweiz hin und zurück nach Managua bekommt man je nach Jahreszeit und Aufenthaltsdauer **ab 700 €** (inkl. aller Steuern, Gebühren und Entgelte). Am teuersten ist es in der Hauptsaison von November bis März, in der die Preise für Flüge in den Weihnachtsferien besonders hoch sind und über 1000 € betragen können.

Kinder unter zwei Jahren fliegen ohne Sitzplatzanspruch für 10% des Erwachsenenpreises, ansonsten werden für ältere Kinder die regulären Preise je nach Fluggesellschaft um 25–50% ermäßigt. Ab dem 12. Lebensjahr gilt der Erwachsenentarif.

Indirekt sparen kann man als Mitglied eines Vielflieger-Programms wie www.star-alliance.com (Mitglieder u.a. COPA Airlines, United Airlines), www.skyteam.com (Mitglieder u.a. Aeromexico, Delta Airlines) und www.oneworld.com (Mitglieder u.a. American Airlines, Iberia); die Mitgliedschaft ist kostenlos. Mit den gesammelten Meilen von Flügen bei Fluggesellschaften innerhalb eines Verbundes reichen die gesammelten Flugmeilen dann vielleicht schon für einen Freiflug bei einer der Partnergesellschaften beim nächsten Flugurlaub. Bei Einlösung eines Gratisfluges ist langfristige Vorausplanung nötig.

▷ Hinweisschild auf der Isla Mancarrón ganz im Süden des Landes nicht weit von Costa Rica

Einreise in/über die Nachbarländer

Nicaragua hat nur zwei direkte Nachbarländer, Honduras im Norden und Costa Rica im Süden, mit denen es über fünf Grenzübergänge verbunden ist.

Es ist grundsätzlich **nicht möglich, mit dem Mietwagen** die Grenzen von Nicaragua nach Costa Rica oder Honduras zu passieren!

Grenzübergänge nach Costa Rica

Für Grenzübertritte muss bezahlt werden: Die Einreise nach Nicaragua über Land kostet 12 US$ (Ausreise aus Nicaragua 2 US$). Für die Ausreise aus Costa Rica werden 7 US$ fällig, die Grenzgebühr ist bezahlbar mit Kreditkarte an einem Automaten oder in der *Banco Crédito Agricola* (BCA).

Sapoá – Peñas Blancas

Von Sapoá in Nicaragua kommt man nach Peñas Blancas in Costa Rica. Der Zutritt zum Grenzbereich kostet 1 US$. Hier geht es **trubelig, laut und hektisch** zu, Geldwechsler suchen nach Kundschaft für ihre schlechten Kurse, manch einer möchte bereits ein Hostal oder den Weitertransport vermitteln. Je nach Verkehrslage dauert der Grenzübertritt nur wenige Minuten (Nebensaison, wochentags) bis zu mehreren Stunden (Hochsaison, v.a. Weihnachten und andere Feiertage, an Wochenenden). „Salida" ist die Schlange/der Schalter für die Ausreise, „Entrada" für die Einreise. Wer mag, kann sich in einem der Duty-Free-Shops noch mit Flor-de-Caña-Rum eindecken.

Zwischen den Grenzposten muss eine Wegstrecke von ca. 1 km zu Fuß zurückgelegt werden. Den Pass immer bereithalten, da die Beamten beider Länder ihn sehen wollen. Achtung, Schlepper: Es ist nicht nötig, die Angebote von Personen anzunehmen, die ihre Hilfe bei den Grenzformalitäten anbieten, denn eigentlich läuft alles **unkompliziert** ab: Pass vorzeigen, Einreisegebühr bezahlen, Stempel bekommen, fertig.

Die **Öffnungszeiten** des Grenzübergangs sind Mo bis Sa 6–22 Uhr und So 6–20 Uhr.

Weiterfahrt: Auf beiden Seiten fahren tagsüber regelmäßig Busse nach Rivas in Nicaragua (alle 30 Min.) bzw. San José und Liberia in Costa Rica (Transnica 6x tägl. zwischen 5 und 18 Uhr, nach Liberia öfter). Busse von Ticabus, Transnica und Central Line verkehren zwischen San José und Managua (siehe im Kapitel „Verkehrsmittel"). Es gibt auch Taxis, die in Costa Rica deutlich teurer sind als in Nicaragua.

San Carlos – Los Chiles

Von einem Río-San-Juan-Trip zurückkommend, ist die **Bootsfahrt** von San Carlos über den Río Frio nach Los Chiles (45 Min.) am sinnvollsten. Achtung: Unbedingt den Ausreisestempel im Zollamt in San Carlos einholen (geöffnet 8–16 Uhr, 2 US$)!

Zum Zeitpunkt der Recherche fuhren die Boote **nur unregelmäßig** bzw. wenn mind. acht Passagiere zusammenkommen. Private Anbieter gibt es auch, z.B. Transporte Turístico Osprey (siehe bei San Carlos).

Weiterfahrt: In Costa Rica gibt es Verbindungen nach La Fortuna. In San Carlos in Nicaragua fahren Busse nach Managua und Boote über den Río San Juan oder zu den Solentiname-Inseln.

Santa Fé – Las Tablillas

Inzwischen ist die **Straßenbrücke** der Nic258 bei Santa Fé in Nicaragua **über den Río San Juan** fertig, sodass der Grenzübergang Las Tablillas nach Costa

nica094-jj

Rica nun auch per Bus und Auto erreichbar ist. Die Grenze ist auf beiden Seiten von 8 bis 16 Uhr geöffnet.

Grenzübergänge nach Honduras

Las Manos/Ocotal – El Paraíso

Las Manos heißt der Grenzübergang zwischen Ocotal in Nicaragua und El Paraíso in Honduras. Er ist die beste Wahl auf dem Weg nach und von Tegucigalpa. Normalerweise funktioniert hier alles reibungslos (geöffnet 8–16 Uhr).

Weiterfahrt: Busse nach Ocotal fahren alle 30 Min., auf honduranischer Seite verkehren Direktbusse in die Hauptstadt Tegucigalpa.

El Espino/Somoto – Choluteca

El Espino heißt die Grenze zwischen Somoto und Choluteca **an der Panamericana.** Ein recht wenig frequentierter Übergang, weshalb die Formalitäten flott und unkompliziert erledigt sind.

Weiterfahrt: Stündlich fahren Busse von der Grenze nach Somoto. In Honduras fahren regelmäßig Minibusse nach Choluteca. Es stehen auf beiden Seiten auch Taxis bereit.

El Guasaule – Choluteca

Da dies die kürzeste Strecke von Nicaragua nach Honduras ist, herrscht hier **reger Betrieb.** Alles läuft etwas hektischer und unorganisierter ab als bei den anderen beiden Grenzübergängen (geöffnet 8–16 Uhr).

Weiterfahrt: In Honduras fahren Busse nach Choluteca. In Nicaragua gibt es regelmäßige Verbindungen nach Chinandega und León sowie ein paar Direktbusse nach Managua.

Grenzübergang nach El Salvador

Potosí – La Unión

Es ist möglich, mit der Agentur *Ruta del Golfo* (www.rutadelgolfo.com) **per Boot** (2- bis 3x pro Woche, 65 US$, 2 Std.) auf dem Golf von Fonseca von Potosí im Nordwesten Nicaraguas nach La Unión auf der Cosigüina-Halbinsel in El Salvador überzusetzen – eine entspannte Variante, um weiter nach Guatemala und Mexiko zu reisen.

Ruta del Golfo bietet zudem komplette Transfers z.B. ab León mit Minibus und Bootsüberfahrt nach El Salvador an (87 US$ p.P.) und auch von León oder Granada bis Copán (Honduras) oder Antigua Guatemala.

Eine weitere Möglichkeit ist es, einen **Fischer** für die Überfahrt nach El Salvador anzuheuern. Sobald vier Leute zusammen sind, kostet das zwischen 60 und 100 US$. Viel Bewegungsfreiheit gibt es nicht, neben den Passagieren fahren viele Langusten und Krabben mit …

Die **Einreisebehörde** *(migración)* in La Unión befindet sich neben der Post (geöffnet 6–22 Uhr). Auf beiden Seiten gibt es Anschlüsse nach San Salvador (alle 30 Min.) bzw. nach Chinandega.

> In San Juan del Sur gibt es alles für Surfer und Kiter

Ausrüstung und Reisegepäck

Im Allgemeinen ist leichte **Sommerkleidung** die richtige Wahl. Für einige Regionen und Unternehmungen braucht man **feste Schuhe** und eine **lange Hose,** auch wegen der Mücken. Für das Hochland ist eine wärmere Jacke nötig. Auf gar keinen Fall fehlen darf die **Badekleidung,** der nötige **Sonnenschutz** wie Kappe, Sonnenbrille und Sonnencreme mit hohem LSF von mind. 30. Wer Wassersandalen besitzt, kann diese für die Tour durch den Somoto-Canyon mitbringen. Es kann auch nicht schaden, ein **Moskitonetz** einzupacken, denn nicht jede Unterkunft ist damit ausgestattet. Wichtige Hygieneartikel bzw. persönlich benötigte Dinge wie Tampons, Kontaktlinsen und spezielle Medizin sollten ebenfalls mitgenommen werden.

Sperriges Gepäck wie z.B. ein Surfbrett kann bei den Fluggesellschaften als Sperrgepäck angemeldet und im Frachtraum transportiert werden. **Kinderwagen** müssen vor dem Abflug abgegeben werden und stehen nach der Landung wieder bereit. In vielen Städten Nicaraguas ist allerdings aufgrund der hohen Bordsteine eine Kindertrage die bessere Option.

nica121-ji

Empfehlungen fürs Gepäck

Die hier genannten Utensilien müssen natürlich nicht alle mitgenommen werden. Das Reisegepäck richtet sich vor allem nach der **Dauer des Urlaubs** und nach der **Art des Reisens,** sodass die folgende Liste vor allem dazu dienen soll, einen Überblick zu allen wichtigen bzw. denkbaren Reiseutensilien und -dokumenten zu vermitteln und evtl. auch Anregungen zu geben. Die konkrete Zusammenstellung des Gepäcks bleibt dann den individuellen Vorlieben und Vorhaben überlassen.

Equipment

- Tagesrucksack mit Regencape (10–20 Liter)
- Geldgürtel/Gürteltasche für Wertsachen
- faltbare Tasche oder kleine Tasche für Strand oder Stadtausflüge
- Hänge-Kulturbeutel, Unterwäschebeutel
- robuste Mülltüten aus dem Drogeriemarkt
- Rucksackzahlenschlösser für Rucksack, Tagesrucksack oder Locker in Hostels

Geld und Dokumente

Hinweis: Das **Laminieren** von Dokumenten ist sinnvoll. Falls der Reisepass verlangt wird, kann man oft die Kopie als Pfand hinterlegen wie zum Beispiel beim Rollerverleih, Kayakverleih oder im Hostel; Notfallnummern knittern nicht in Gepäckstücken und werden nicht unleserlich.

- Flug- und Bahntickets
- Adresse der ersten Unterkunft
- Buchungsbestätigungen (z.B. vom ersten Hostel)
- Impf- und Allergiepass
- gültiger Reisepass, Kopie des Reisepasses, evtl. laminiert
- Kreditkarten (VISA Card und MasterCard als Backup, da nicht überall alles geht), Sperrnummern der Kreditkarten
- Versicherungskarte der Auslandskrankenversicherung, Ausdruck der Nummer und Adresse der Auslandskrankenversicherung
- Bargeld in US$ und € in sinnvoller Stückelung
- 20 x 1 US$ als Trinkgeld
- (Internationaler) Führerschein
- Internationaler Studentenausweis
- Tauchschein und Logbuch
- 6 Passbilder (für Visa on Arrival bei eventueller Weiterreise in Nachbarländer)
- Blutgruppe und Kontakt zu Hause, am besten auch als laminierte Karte, die im Tagesrucksack oder in der Gürteltasche verbleibt

Kleidung

- Hals- oder Kopftuch
- Sonnenmütze oder Hut
- Kurze Hose, Drei-Viertel-Hose und lange Hose
- Gürtel
- Regenjacke
- T-Shirts
- Tops
- Fleecejacke oder Softshell-Jacke
- Kapuzenpulli
- Sweatshirt
- schnell trocknende Funktionsbekleidung
- Abendgarderobe
- Ballerinas/Halbschuhe zum Ausgehen
- Sandalen
- Flip-Flops
- Trekkingschuhe
- Unterhosen
- BHs
- Socken

- Bikini
- Badeshorts
- Mikrofaser-Travel-Handtuch
klein und groß, schnell trocknend
- Schlafanzug
- Sarong-Tuch
- Kleid
- Rock

Kosmetik

Es bietet sich an, die meisten Dinge im Reiseformat in der Drogerie zu kaufen.

- Sonnenmilch mit hohem Lichtschutzfaktor
- Zahnbürste, Zahnpasta, Zahnseide
- Rasierer, Ersatzklingen, Rasierschaum
- After-Shave
- Gesichtswaschlotion, -wasser, -creme
- Kamm, Bürste
- Deo, Parfüm
- Lippenpflege mit Lichtschutzfaktor
- Duschgel oder Duschseife
- Shampoo, Haarkur
- Nagelschere, Nagelknipser
- Pinzette
- Nagelfeile
- Handcreme
- Haarspangen, Haargummi
- Kontaktlinsen, Kontaktlinsenlösung
- Wattestäbchen, Wattepads
- Taschentücher
- Klopapier-Rolle, feuchte Toilettentücher
- Taschenspiegel
- Tampons
- Slipeinlagen
- Make-up
- Schmuck (z.B. die Lieblingsohrringe)
- After-Sun-Lotion (vor Ort sehr teuer)
- Haarspray, Haargel
- Ohrenstöpsel
- Schlafbrille

Reiseapotheke

- persönliche Medikamente (z.B. Anti-Baby-Pille, gegen chronische Erkrankungen)
- Kopf- und Schmerztabletten
- Wund- und Heilsalbe
- Pflaster
- Desinfektionsspray, -tücher
- Durchfalltabletten (Kohletabletten)
- Salbe gegen Mückenstiche
(Tigerbalm, Antihistamine)
- Nasenspray
- Mückenspray und Klamottenmückenspray
mit Deet (kann man auch gut im Zielland kaufen)
- Fieberthermometer
- Trombosestrümpfe oder -socken
- Einmalspritze
- Steroid- oder Kortisonsalbe
(allergischer Ausschlag)
- Verbandszeug (Bandagen/Mullbinden)
- Chlor-/Silberionentabletten
(zur Wasserdesinfektion)
- Malariaprophylaxe
- Herpes-Salbe
- Vitamintabletten
- Tabletten gegen Übelkeit
(für Busfahrten, Tauchboote etc.)
- Panthenol gegen Sonnenbrand
- Halstabletten

Technik

- Notebook/Tablet/iPad
- Digitalkamera, Kameratasche, Ladekabel, Speicherkarten, Akku, Ersatzakku, USB-Kabel, USB-Kartenleser
- USB-Stick
- Maus
- Weltreiseadapter
- Ladekabel für alle technischen Geräte
- Neoprenhülle für iPad

- Smartphone oder iPhone SIM-Lock-frei mit Ladekabel
- Kopfhörer
- Taschenlampe oder Stirnlampe mit Batterien
- Reiseföhn
- Mehrfachsteckdose mit langem Kabel

Sonstiges

- Kofferanhänger
- Reiseführer
- kleines Notizbuch
- Kugelschreiber
- Sonnenbrille
- Feuerzeug
- wasserdichte Beutel (stabiler als die Zipper-Tüten aus dem Drogeriemarkt)
- Taschenmesser (Achtung: nicht ins Handgepäck!)
- Proviant für Flug
- Buch
- magnetische Lesezeichen
- eBooks und Filme auf iPad, Notebook oder Kindle
- Wäscheklammern
- Sicherheitsnadeln
- Moskitonetz
- Sisalschnur, Stück Wäscheleine
- Waschmittel
- Karabinerhaken
- Klebeband, Kabelbinder
- Näh- und Flickzeug
- Kompass
- GPS-Gerät
- Höhenmesser
- Spielkarten
- Würfel
- dünner/dicker Schlafsack aus Seide oder Baumwolle, alternativ Bettbezug (manchmal ist es nicht so sauber, und da freut man sich, in den eigenen Bettbezug zu schlüpfen; kann alternativ auch als Strandtuch genutzt werden)
- Zelt
- kleine Trillerpfeife mit Geheimfach

nica119-ji

Autofahren

Nicaragua lässt sich perfekt mit dem Auto erkunden: Die Distanzen sind kurz, die Straßen und die Beschilderung in den touristischen Regionen ist gut, der Verkehr übersichtlich und die Ziele vielfältig.

Die wichtigsten Regeln gleich eingangs: Das geforderte **Mindestalter** zum Autofahren ist **26,** es herrscht Rechtsverkehr, und grundsätzlich sollte man im Straßenverkehr auf alles gefasst sein!

Einen internationalen Führerschein braucht man in Nicaragua nicht, hingegen müssen Ausländer eine **Fahrzeugversicherung** abschließen.

Wer **abgelegene Regionen** besuchen will, sollte einen **Geländewagen** mieten. Einige Straßen, besonders in Richtung Karibik und in den Nationalparks des Nordens, sind Buckelpisten. Im Süden, entlang der Strände rund um San Juan del Sur, ist eine neue Straße, die **Carretera Costanera, in Planung.**

Viele **Privatfahrzeuge** sind **schlecht gewartet.** Man sollte daher damit rechnen, dass z.B. Abbiegen per Handzeichen anstatt mit dem Blinker angezeigt wird oder dass Bremslichter defekt sind – Abstand halten!

Es ist eher davon abzuraten, **Anhalter** mitzunehmen. Bei Verwicklung in einen Unfall sollte das Fahrzeug auf keinen Fall fortbewegt und auf das Eintreffen der Polizei gewartet werden.

Fahrzeuge sollten möglichst nicht unbeaufsichtigt geparkt werden. In Städten ist es ratsam, **bewachte Parkplätze** aufzusuchen. Keine Wertsachen sichtbar im Auto liegen lassen!

In ärmeren und belebten Gegenden von **Großstädten** an Ampeln Türen besser von innen verriegeln und die Fenster nicht zu weit öffnen.

Im Dunkeln, wenn viele Nicas mit Fahrrädern ohne Licht unterwegs sind, gilt besondere Vorsicht. Auch andere Fahrzeuge und manche Straßen sind unzureichend beleuchtet. Nachtfahrten am besten grundsätzlich vermeiden!

Tipp für Selbstfahrer

- **Google Maps** zeigt auch kleinere Straßen. Man kann die Karte und die Navigation noch im Hotel über WLAN/WiFi aufrufen – die Orientierungshilfe steht im Speicher auch offline mehrere Stunden zur Verfügung, sodass die Navigation auch ohne Internet klappt.

Diplomatische Vertretungen

In Deutschland

- **Nicaraguanische Botschaft (Embajada de la República de Nicaragua)**
Joachim-Karnatz-Allee 45, 2. OG, 10557 Berlin, Tel. 030 206 4380, embajada.berlin@embanic.de.
- **Honorarkonsulat Nicaragua Frankfurt**
Bertha von Suttner-Ring 20, 60598 Frankfurt a.M., Tel. 069 6860 8931.
- **Honorarkonsulat Nicaragua München**
Osterwaldstraße 95, 80805 München, Tel. 089 2554 2530.

◁ Hauptsache, es fährt … (gesehen in Managua)

In Österreich

■ Nicaraguanische Botschaft (Embajada de la República de Nicaragua)
Ebendorferstraße 10/3/12, 1010 Wien, Tel. 01 403 1838, embanicvienna@chello.at.

In der Schweiz

■ Nicaraguanische Botschaft (Embajada de la República de Nicaragua)
Rue de Vermont 37/39, 1202 Genf, Tel. 022 740 5160, mission.nicaragua@cancilleria.gob.ni.

In Nicaragua/Managua

■ Deutsche Botschaft (Embajada de la República Federal de Alemania)
Calle Erasmus de Rotterdam, km 5 an der Straße nach Masaya, vom Colegio Teresiano 1 Block südlich, Tel. 2255 6920, 2255 6921, www.managua.diplo.de.

■ Schweizer Generalkonsulat (Consulado General de Suiza)
Nahe der Universidad Americana, Rotonda Jean Paul Genie, 900 m nach Westen und 150 m nach Norden, an der nördlichen Seite des BID-Gebäudes, Villas Italianas, Tel. 2248 9130, 2266 3010, consulado.managua @eda.admin.ch.

■ Österreichisches Honorarkonsulat (Consulado Honorario de Austria)
Plaza España, 1 Block Richtung See, La Bolonia, Tel. 2268 6013, konsul@salamun.com.

Ein- und Ausreisebestimmungen

Europäische Urlauber müssen im Vorfeld kein Visum beantragen, bei der Einreise werden ein **90 Tage gültiges Touristenvisum** erteilt und eine **Einreisegebühr von 2 US$** in bar erhoben, zusätzlich zu den **10 US$ für den Erwerb der Touristenkarte.** Der **Reisepass** muss zum Zeitpunkt der Einreise eine Gültigkeit von mindestens sechs Monaten haben. Auch jedes Kind benötigt seinen eigenen Reisepass; Kindereinträge im Reisepass eines Elternteils sind seit 2012 nicht mehr gültig.

Bei Anreise über die USA muss mind. 72 Stunden vor Reisebeginn das auch nur für den Transit erforderliche **ESTA-Visum für die USA** beantragt werden (https://esta.cbp.dhs.gov). Es kostet 14 US$ und kann per Kreditkarte bezahlt werden (die Reiseerlaubnis bleibt für beliebig viele Einreisen in die USA in einem Zeitraum von zwei Jahren gültig).

Seit Ende 2014 werden Einreisende am **Flughafen in Managua** mit **Wärmebildkameras** erfasst. Diese Maßnahme beruhte zunächst auf der weltweiten Ebola-Krise und wurde wegen der im Jahr 2016 zunehmenden Ausbreitung des durch Mücken übertragenen Chikunguya-Virus in Nicaragua aufrechterhalten. Ein Arzt steht neben der Kamera und überwacht die Aufnahmen. Verdachtsfälle von ansteckenden Krankheiten durch erhöhte Körpertemperatur werden untersucht und die betreffende Person im Zweifelsfall unter Quarantäne gestellt.

Nach der **Gepäckabholung** müssen Mensch und Koffer nochmals durch eine Sicherheitskontrolle. Kurz vor dem Ausgang wird zudem kontrolliert, ob jeder auch das eigene Gepäckstück hat.

Wer **länger als 90 Tage** in Nicaragua bleiben will und kein Arbeits- oder Voluntariats-Visum besitzt, hat zwei Möglicheiten: 1. Das Touristenvisum um 90 Tage verlängern und zwar in der Migrationsbehörde in Managua (Semáforos de la Tenderí, 300 m Richtung See, Tel. 2251 2272, www.migob.gob.ni, Mo bis Fr 8–17 Uhr), oder 2. Ausreise für mind. 72 Std., z.B. nach Costa Rica, wodurch bei der Wiedereinreise das Visum erneut für 90 Tage gültig ist – mit Sicherheit der einfachere Weg. In der Regel werden nämlich bei Antragstellung zumindest folgende Unterlagen verlangt: Geburtsurkunde, Führungszeugnis des letzten Aufenthaltsstaates in legalisierter Form mit spanischer Übersetzung sowie eine Kaution in Höhe von ca. 1000 US$.

Bei der **Ausreise** aus Nicaragua wird eine Gebühr von 2 US-$ verlangt.

Da sich die **Einreisebedingungen** kurzfristig ändern können, raten wir, sich kurz vor Abreise beim Auswärtigen Amt (www.auswaertiges-amt.de bzw. www.bmeia.gv.at oder www.eda.admin.ch) oder der jeweiligen Botschaft darüber zu informieren!

Zoll

Einfuhrbestimmungen für Nicaragua

Die Einfuhr von allen **frischen Lebensmitteln, Fleischwaren und Milchprodukten** ist **verboten.** Aufgrund von BSE und Maul- und Klauenseuche in Europa gibt es verstärkte Kontrollen bei der Einreise nach Nicaragua.

Für Schusswaffen ist eine Einfuhrgenehmigung erforderlich.

Ausfuhrbestimmungen

Archäologisches Kulturgut darf nicht außer Landes gebracht werden. Vom Kauf oder der Mitnahme von Statuetten, Gefäßen und sonstigen Zeugnissen der prähispanischen und frühkolonialen Zeit sollten auf jeden Fall die Finger gelassen werden (mancherorts lassen sich hübsche Repliken erstehen). Auch die Ausfuhr von **Gold(münzen) und Antiquitäten** ist verboten, ebenso die Ein- und Ausfuhr **geschützter Pflanzen und Tiere** (Washingtoner Artenschutzabkommen). Ein Verstoß kann empfindliche Strafen nach sich ziehen.

Einfuhrbestimmungen für Europa

Bei der Wiedereinreise in die EU und die Schweiz gelten verschiedene Freigrenzen, Verbote und Beschränkungen.

- Die wichtigsten **Freigrenzen** für die Einreise im Flug- und Seeverkehr sind: 200 St. Zigaretten oder 100 St. Zigarillos oder 50 St. Zigarren oder 250 g Rauchtabak (ab 17 Jahren); 1 Liter Spirituosen über 22 Vol.-% (ab 17 Jahren), 4 Liter nicht schäumende

Weine, 16 Liter Bier und andere Waren zur persönlichen Verwendung oder als Geschenk im Wert von 430 Euro p.P. bzw. bei Reisenden bis 15 Jahre 175 Euro. Für Einreise in die Schweiz 300 SFr p.P.

- Bei Überschreitungen dieser Mengen- und Wertgrenzen müssen die Waren angemeldet und versteuert werden. Hierbei fallen **Abgaben** von 15% bzw. 17,5% des Kaufpreises (bis 700 Euro Warenwert) an. Bei Kaufpreisen über 700 Euro liegen die Abgaben zwischen 19% und 35%. Hohe Abgaben bei Zigaretten und Spirituosen!
- **Verbotene Waffen** sind u.a. Springmesser, Butterflymesser, Faustmesser, Schlagringe, Wurfsterne, Stockdegen, Stahlruten, ausländische Elektroschocker und Reizstoffsprays.
- Als **artengeschützte Produkte** gelten z.B. Korallen (auch am Strand gefundene), diverse Schnecken- und Muschelarten, Schlangen- und Krokodilleder, Elfenbein, Schildkrötenteile, Whisky mit eingelegter Kobra, verschiedene Tierfelle, Kakteen, Orchideen und bestimmte Kaviarsorten.
- Bei **Arzneimitteln** ist die Menge eines üblichen Drei-Monatseigenbedarfs erlaubt. Anabolika sind in jedem Fall verboten.
- **Markengefälschte Produkte** aller Art sind für den eigenen Gebrauch und als Geschenk in geringer Stückzahl erlaubt.
- Für **Drogen** gilt: Auch Kleinmengen sowie Hanfsamen, Kokatee und -blätter sind verboten, ggf. auch im Ausland gekaufte starke Schmerz- und Beruhigungsmittel.
- **Feuerwerkskörper** sind einfuhrverboten.
- Für **Fleisch, Wurst, Käse, Milchprodukte und Eier** aus Nicht-EU/EFTA-Ländern gilt ein generelles Einfuhrverbot.
- **Pflanzensanitäre Vorschriften:** Pflanzen mit Wurzeln oder Erde ohne Pflanzengesundheitszeugnis aus nicht-europäischen Ländern sind einfuhrverboten (nur aus Mittelmeeranrainerstaaten frei). Auch für bestimmte frische Früchte in größeren Mengen gelten Verbote.
- Für die Mitnahme von **Haustieren** gelten besondere Veterinärvorschriften.

nica104-jj

- **Barmittel** über 10.000 Euro (bzw. Schweiz: 10.000 SFr) sind dem Zoll bei Aus- und Einreise schriftlich anzumelden.
- Für selbst aufgegebene **Postsendungen** gelten gesonderte Regelungen und eine Freigrenze von 45 Euro Warenwert. **Internetbestellungen** und Sendungen von Firmen über 22 Euro Warenwert sind abgabenpflichtig.
- Die Zollbestimmungen und die Steuersätze für die **Schweiz und Österreich** können von dem Gesagten etwas abweichen.

Nähere Informationen

- **Deutschland:** www.zoll.de
- **Österreich:** www.bmf.gv.at
- **Schweiz:** www.ezv.admin.ch

⌃ Hängematten sind ein schönes Mitbringsel

Einkaufen und Souvenirs

In allen größeren Städten gibt es **Supermärkte** und sonstige Geschäfte. Auch in den ländlichen Gegenden bzw. Dörfern versorgt mindestens eine **Pulpería,** ein kleines Geschäft, die Menschen mit allem Nötigen. Obst und Gemüse sind am besten auf dem **Mercado Municipal** zu finden, doch auf diesen großen Stadtmärkten wird noch viel mehr angeboten. In touristischen Orten wie San Juan del Sur oder Granada gibt es viele **Bekleidungsgeschäfte** und **Souvenirshops** mit T-Shirts und allerlei Kunsthandwerk.

Typische **Mitbringsel** aus Nicaragua sind Kaffee, Zigarren, Hängematten und Bilder der naiven Malerei, die man am besten auf den tollen Kunsthandwerksmärkten in **Masaya** kauft.

Elektrizität

110 Volt, 60 Hz. Ein **Adapter** ist notwendig und kann auf Märkten vor Ort oder am Flughafen gekauft werden.

Restaurants: Preiskategorien in diesem Buch

Die Kategorien in diesem Reiseführer beziehen sich auf den Preis für **ein Hauptgericht ohne Getränke.**

① bis 6 US$
② 6 bis 15 US$
③ über 15 US$

Essen und Trinken

Kann man in Nicaragua gut. Bohnen *(frijoles)*, Reis *(arroz)*, Mais *(maíz)*, frittierte Bananen *(plátano frito)*, **Enchiladas** (mit Fleisch gefüllte, weiche Tortillas aus Maismehl, die mit einer Sauce übergossen werden) und **Tacos** (Maistortilla mit einer herzhaften Füllung aus Fleisch und Gemüse) bilden die **„Comida corriente"**, das gängige Essen, das in allen **Comedores** und **Fritangas** (typisch nicaraguanische Lokale bzw. Imbisse, Gerichte ab 2 US$) erhältlich ist.

Gallo Pinto ist DAS Nica-Frühstück: Reis, rote Bohnen, dazu ein Spiegelei und frittierte Kochbananen. Typisch nicaraguanisches Street Food ist **Quesillo,** eine Art salzige Mozarella, ursprünglich aus Nagarote, einem Städtchen unweit von León, stammend. Hier schmeckt der *Quesillo* am besten, also unbedingt probieren, wenn man hier vorbeikommt!

In allen größeren Städten gibt es **Restaurants** mittlerer Preislage (Gerichte zwischen 5 und 10 US$), die internationale Küche anbieten, sehr beliebt sind „Mexikaner". Zudem findet man überall Fast-Food-Restaurants, die großen (US-amerikanischen) Ketten allerdings nur in Managua. In Küstennähe und am Nicaragua-See gibt es immer fangfrischen Fisch und Shrimps und auf der Karibikseite günstigen Hummer.

Säfte *(fresco natural)* und Shakes *(liquado)* aus lokalen Früchten sowie Bier *(cerveza)* und Rum *(ron)* sind die gängigen **Getränke** in Nicaragua. Natürlich kann man auch all die international bekannten Süßgetränke wie Cola oder Fanta in jedem Supermarkt kaufen. **Li-**

quados werden aus Früchten, Wasser oder Milch und Zucker hergestellt. **Frescos naturales** werden im Gegensatz zu den *Liquados* mit noch mehr Zucker und immer mit Wasser zubereitet. Sie sind in unzähligen Variationen erhältlich, die bekanntesten Geschmacksnoten sind Maracuja (Passionsfrucht), Tamarinde und *Chicha* (Maisgetränk). *Frescos* werden immer und überall angeboten. In Plastikbeutel gefüllt werden sie in Bussen, auf dem Markt oder im Parque Central verkauft. Wer allerdings einen empfindlichen Magen hat, sollte Vorsicht walten lassen.

Europäische Früchte wie Erdbeeren, Kirschen, Pflaumen und Birnen kennen die Nicas fast nur aus dem Fernsehen. Auch Äpfel und Trauben sind teuer und rar: Für einen Apfel bekommt man acht Bananen oder Apfelsinen!

Trinkwasser, in Beuteln oder in Flaschen abgefüllt, kann fast überall gekauft werden. In abgelegenen Gebieten ist es allerdings empfehlenswert, Wasser mitzuführen!

Zur **Nica-Küche** siehe den Exkurs auf S. 174, zur **Garifuna-Küche** die Hinweise auf S. 300.

Vigorrón, ein typisches Gericht aus der Nica-Küche

nica100-ji

Feiertage und Feste

Es gibt nationale und regionale Feiertage. Jedes noch so kleine Dorf feiert mindestens einmal im Jahr seinen Schutzheiligen. Viele Feiertage und Festivitäten werden **in den Ortskapiteln** dieses Reiseführers **näher vorgestellt.**

Zur Thematik vgl. auch den Abschnitt „Feste“ im Kapitel „Land und Leute/Kultur, Kunst und Tradition“.

Nationale Feiertage

An diesen Feiertagen sind die meisten **Geschäfte geschlossen.**

- **Neujahr** *(Año Nuevo):* 1. Januar
- **Ostern** *(Semana Santa):* Gründonnerstag bis Ostersonntag
- **Tag der Arbeit** *(Día del Trabajador):* 1. Mai
- **Feiertag der Sandinistischen Revolution** *(Día de la Liberación Nacional):* 19. Juli
- **Schlacht von San Jacinto** *(Batalla de San Jacinto):* 14. September
- **Unabhängigkeitstag** *(Día de la Independencia):* 15. September
- **Allerseelen** (*Día de los Muertos,* Tag der Toten): 2. November
- **Mariä Empfängnis** *(La Puríssima):* 8. Dezember
- **Weihnachten** *(Navidad):* 25. Dezember

Regionale Feiertage

Die **Schutzheiligen** einer jeden Gemeinde werden im Rahmen üppiger und ausgelassener Feste *(fiesta patronal)* mit Prozessionen, Feuerwerk und anderen Spektakeln gefeiert.

- **Virgen del Carmen:** 16. Juli, San Juan del Sur
- **Santa Ana:** 26. Juli, auf der Isla Ometepe und in Chinandega
- **Santo Domingo:** 1. bis 10. August, Managua
- **Virgen de Asunción:** 15. August, in Granada und Juigalpa
- **Virgen La Merced:** 24. September, in Matagalpa und Léon
- **San Jerónimo:** 30. September, Masaya

Fotografieren

Das Fotografieren und Filmen von Einrichtungen, Fahrzeugen und Personal des **Militärs** und der **Polizei** ohne entsprechende Genehmigung ist **nicht gestattet.** Dasselbe gilt für **Gefängnisse** bzw. Gebäude der Gefängnisverwaltung. Bei Verstoß droht Beschlagnahme des Foto-/Filmapparates und Festnahme.

Die **Menschen** Nicaraguas sind ungern bloßes Objekt touristischer Fotobegierden; werden sie ohne ihre Einwilligung fotografiert, drehen sich viele schnell weg. Also lieber vorher fragen und ein „Nein“ riskieren, dafür aber ehrlichen Respekt zeigen.

Geld und Finanzen

Währungen

Die offizielle **Landeswährung** ist der **Córdoba (C$),** der auch Peso genannt wird. Münzen gibt es im Wert von 0,25, 0,50, 1 und 10 C$, Scheine zu 10, 20, 50, 100, 200 und 500 C$. Es ist allerdings auch ganz üblich, in **US-Dollar (US$)** zu bezahlen. Die meisten Einrichtungen akzeptieren die Währung, oftmals sind auch die Preise in US-Dollar angegeben, vor allem für Hotels, Touren, Taxi-Shuttles und Eintrittspreise. Wenn möglich, sollte der Córdoba bevorzugt werden, nicht nur aus Gründen des Nationalstolzes, sondern es ist am Ende auch günstiger. Es kann durchaus sein, dass man in Córdoba zahlt und Dollar als Wechselgeld bekommt, oder umgekehrt.

Die **Preise in diesem Buch** sind in beiden Währungen angegeben, je nachdem was wann Sinn macht bzw. vor Ort ähnlich gehandhabt wird: Unterkünfte und Tour-Packages z.B. hauptsächlich in US-Dollar (US$), kleinere Ausgaben oft in Córdoba (C$).

Wechselkurs

- **1 US$** = 29,10 C$, 100 C$ = 3,34 US$
- **1 €** = 31,19 C$, 100 C$ = 3,11 €
- **1 SFr** = 29,17 C$, 100 C$ = 3,33 SFr

Stand: Mai 2017

Euros werden nicht akzeptiert und bisher nur bei einer Bank (BAC) umgetauscht, dies jedoch auch nur bei Hinnahme eines deutlichen Kursverlustes. Es empfiehlt sich daher die Mitnahme von **US-Dollar in bar und in kleinen Scheinen.** Kleine Scheine sind oft nützlich, da vielerorts nicht gewechselt werden kann. Am besten verteilt man sie auf Brustbeutel, Geldgürtel, Geldbörse etc.

Geldwechsel/Kreditkarten

US-Dollar können in **Banken** *(banco)* und **Wechselstuben** *(casa de cambio)* sowie in großen **Supermärkten** (La Colonia, Palí und La Unión) beim Kauf (auch von Kleinigkeiten) sowie an der Rezeption größerer Hotels umgetauscht werden.

Die beste Option an Geld zu kommen, sind **Geldautomaten** (span. *cajero automatíco,* engl. ATM), die es direkt am Flughafen und in den meisten Orten gibt. Man kann mit der **Kreditkarte** (MasterCard und VISA) abheben und die Auszahlung in Córdobas oder Dollars wählen. Es ist praktisch, sich vor der Reise eine Kreditkarte (VISA) der **DKB-Bank** zu bestellen. Sie ist kostenlos und man kann an allen Banken weltweit kostenlos abheben. Man muss nur das für die Reise benötigte bzw. kalkulierte Geld zuvor vom DKB-Girokonto auf die Kreditkarte „schieben" – dann klappt alles perfekt.

Nicht jede Bank bzw. Automat akzeptiert die **Maestro-Karte,** aber BanPro immer, die BAC meistens. Beide Banken gibt es in jedem Ort mehrfach.

Aufgepasst: Bankkarten mit dem V-PAY-Logo funktionieren nicht in Nicaragua. Auch Maestro-Karten werden immer häufiger von Kreditinstituten für bestimmte Länder gesperrt. Man sollte sich rechtzeitig erkundigen und die Karte für den Zeitraum der Reise freischalten lassen. Eine Kreditkarte ist daher für Fernreisen fast unverzichtbar geworden.

Reisebudget

Grundsätzlich ist Nicaragua ein **sehr günstiges Reiseland.** Nur organisierte Touren über Agenturen vor Ort belasten den Geldbeutel, was sich aber nicht immer vermeiden lässt, da manche Ziele und Angebote noch nicht für einen „Do-it-yourself-Tourismus" ausgelegt sind.

Reisekosten pro Tag und Person: drei Varianten

Backpacker: weniger als 20 €

- Hostel: 10 €
- Street Food: 5 €
- Fortbewegung (Bus): 3–4 €

Mittelklasse-Traveller: ab ca. 45 €

- Hotel: 20–25 €
- Restaurant: 10 €
- Sightseeing: 4–10 €
- Taxifahrt (1 Std.): 10 €

Luxus-Reisender: ab ca. 90 €

- Gehobenes Hotel: 25–50 €
- 3-Gänge-Menü: 20 €
- Sightseeing: 4–10 €
- Mietwagen: 35 €

Ob und wie hoch die Kosten für die **Barabhebung** sind, variiert sehr je nach kartenausstellender Bank und der Bank, bei der die Abhebung erfolgt. Man sollte sich daher vor der Reise bei seiner Hausbank informieren, mit welcher Bank sie vor Ort zusammenarbeitet und auch bei www.geld-abheben-im-ausland.de die Konditionen für die Kreditkarten vergleichen, mit denen man im Ausland gebührenfrei Bargeld abheben kann. Achtung: Hat man bei **Barabhebungen am Geldautomaten** die Wahl, sollte man den Betrag immer in der Landeswährung vom Konto abbuchen lassen und nicht in Euro. Bei einer Abbuchung in Euro wird die *Dynamic Currency Conversion* zugrundegelegt, die erhebliche Kosten verursachen kann. Bei Abbuchung in der Landeswährung gilt hingegen der offizielle Devisenkurs der eigenen Bank – das ist am sichersten.

Grundsätzlich vorteilhafter als eine Barabhebung ist das **bargeldlose Zahlen** im Geschäft mit der Kreditkarte.

Vorsicht am Geldautomaten, denn sie werden zum Teil für Missbräuche manipuliert. Umsichtig sein und am besten überwachte Geldautomaten im Innern von Bankgebäuden nutzen.

Nur im Notfall sollte auf dem **Schwarzmarkt** *(mercado negro)* Geld getauscht werden. Zwar sind die Geldwechsler *(coyotes)* meist in Ordnung, doch schwarze Schafe gibt es immer wieder, vor allem an den Grenzen – und das Ganze ist illegal!

Kreditkarten werden in der Regel in **Hotels, Restaurants und Geschäften** in städtischen und touristischen Gebieten angenommen, an der Karibikküste allerdings selten, da es hier zu Problemen mit der Stromversorgung kommen kann.

Banken

- **BAC:** akzeptiert VISA/Plus und MasterCard/Cirrus
- **BanPro:** VISA/Plus und MasterCard/Cirrus
- **Bancentro:** VISA/Plus
- **Banco Procredit:** VISA/Plus

- **Öffnungszeiten:** Mo bis Fr 8.30–16.30 Uhr, Sa 8.30–12.30 Uhr.

Trinkgeld

In Restaurants und für andere Dienstleistungen sind **10% des Preises bzw. des Wertes der Dienstleistung** üblich, aber nicht zwingend. Restaurants weisen das „freiwillige" Trinkgeld oft gleich auf der Rechnung mit aus. Ist das nicht der Fall, lässt man einfach eine kleine Summe auf dem Tisch liegen. Für Gepäckträger am Flughafen oder in Hotels ist 1 US$ pro Koffer bzw. Tasche angebracht. Auch Stadtführer oder Guides sollten mit einem Trinkgeld belohnt werden, denn ihre Gehälter sind schmal.

Gesundheit

Impfungen/Überblick

Bei der direkten Einreise aus Deutschland werden für Nicaragua **keine Pflichtimpfungen** benötigt. Bei Einreise aus einem Gelbfiebergebiet ist der Nachweis einer gültigen Gelbfieberimpfung erforderlich. **Standardimpfungen** wie Tetanus, Diphtherie, Mumps, Masern, Röteln (MMR), Influenza und Pneumokokken sollte man auf jeden Fall haben. Als optionale Reiseimpfungen sind Hepatitis A, bei Langzeitaufenthalten auch Hepatitis B, Tollwut und Typhus sinnvoll.

Wo **Mücken** sind, ist Tag und Nacht ein ausreichender Mückenschutz wichtig, da es immer wieder Fälle von Dengue- und Chikungunyafieber und inzwischen auch den Zika-Virus gibt. Wirksame Anti-Mücken-Sprays bekommt man überall im Land. Am besten fragt man auch die Einheimischen, ob vor Ort eine Gefährdung besteht, denn Dengue ist z.B. eher ein Problem unsauberer Städte und kaum der ländlichen Regionen.

Fälle von **Cholera** und **Malaria** treten immer wieder auf. Es sollte auf jeden Fall nur Mineral- und kein Leitungswasser getrunken und Lebensmittel gründlich gewaschen und gekocht werden. Im Land besteht zudem die Gefahr von **Tollwut.** Wildtieren, auch Affen, sollte man sich besser nicht nähern.

Grundsätzlich ist es ganz wichtig, **viel zu trinken,** da man durch die Hitze viel Flüssigkeit verliert.

Da in Nicaragua die **Gesundheitsversorgung,** besonders in ländlichen Gebieten, häufig nicht den technischen und hygienischen Standards wie in Deutschland entspricht, empfiehlt sich der Abschluss einer Auslandsreisekrankenversicherung, die auch einen Rücktransport im Notfall einschließt (siehe „Versicherungen").

Zum Thema „Gesundheit" siehe auch im **Anhang** und unter **www.crm.de.**

Zika-Virus

In der Region wird aktuell eine **deutliche Zunahme von Infektionen** des durch Mücken (tagaktive Stechmücken der Art *Aedes aegypti,* wie bei Dengue und Chikungunya) und möglicherweise auch die *Aedes albopictus,* die Asiatische Tigermücke, übertragbaren Zika-Virus beobachtet, die klinisch ähnlich wie Dengue-Fieber (s.u.) verlaufen, allerdings für **ungeborene Kinder** eine Gefahr darstellen. Eine Impfung, eine Chemoprophylaxe oder eine spezifische Therapie stehen noch nicht zur Verfügung.

Schwangere und Frauen, die schwanger werden wollen, sollten nicht in Zika-Virus-Ausbruchsgebiete reisen, da ein **Risiko frühkindlicher Fehlbildungen** bei einer Infektion der Frau gegeben ist. Frauen sollten für zwei Monate nach der Rückkehr aus einem Ausbruchsgebiet eine Schwangerschaft verhindern. Da auch eine sexuelle Übertragbarkeit möglich ist, sollte man nach der Reise den Partner für die Dauer von zwei Monaten durch Kondomgebrauch schützen.

Chikungunya

Es gibt auch Fälle von Chikungunya-Virusinfektionen in Nicaragua. Chikungunya zeigt ähnliche Symptome wie Dengue-Fieber und wird ebenfalls über die tagaktive Aedes-Mücken übertragen. Chikungunya ist **selten lebensgefährlich,** und wenn, dann überwiegend bei Kleinkindern und alten Menschen. Typische **Symptome** sind hohes Fieber, Glieder-, Kopf- und Muskelschmerzen. Der Virus sollte rechtzeitig medizinisch behandelt werden, damit es nicht zu chronischen Muskel- und Gelenkbeschwerden oder Behinderungen kommt. Ein Impfstoff oder eine Chemoprophylaxe existieren bisher nicht.

Dengue

Dengue wird landesweit durch den **Stich der tagaktiven Mücke Aedes Aegypti** übertragen. Die Erkrankung geht in der Regel mit **Fieber, Hautausschlag und ausgeprägten Gliederschmerzen** einher. Da es derzeit weder eine Impfung bzw. Chemoprophylaxe noch eine spezifische Therapie gegen Dengue gibt, besteht die einzige Möglichkeit zur Vermeidung der Infektion in der konsequenten Minimierung von Mückenstichen, z.B. durch lange, bedeckende Kleidung bzw. Auftragen von Repellentien auf unbedeckte Hautpartien.

Malaria

Es besteht ganzjährig ein **mittleres Risiko** in den östlichen Regionen Atlántico Sur und Atlántico Norte, ein **geringes Risiko** in den zentralen Regionen und im Westen sowie ein **minimales Risiko** im Rest des Landes. Als malariafrei gelten Managua und die Zentren der großen Städte. Je nach Reiseprofil kann eine Standby-Medikation mit Chloroquin sinnvoll sein, deren Einnahme vor der Reise mit einem Tropen- bzw. Reisemediziner besprochen werden sollte. Eine

[>] Im Norden Nicaraguas ist gut wandern – und Angst vor Malaria muss man auch nicht haben

konsequente Expositionsprophylaxe, zusätzlich begleitet durch eine Chemoprophylaxe (in Absprache mit dem Arzt), minimiert das Malariarisiko.

Die **Übertragung** der Malaria erfolgt durch den Stich der abend- und nachtaktiven **Anopheles-Mücken.** Unbehandelt verläuft insbesondere die *Malaria tropica* nicht selten tödlich. Eine Malaria-Erkrankung kann auch noch Wochen bis Monate nach dem Aufenthalt ausbrechen. Beim Auftreten von Fieber in dieser Zeit ist ein Hinweis auf den Aufenthalt in einem Malariagebiet an den behandelnden Arzt notwendig.

Durchfallerkrankungen

Durch eine entsprechende **Lebensmittel- und Trinkwasserhygiene** lassen sich die meisten Durchfallerkrankungen vermeiden. Man sollte ausschließlich Wasser sicheren Ursprungs trinken, z.B. aus noch nicht angebrochenen Flaschen, nie jedoch Leitungswasser. Im Notfall gefiltertes, desinfiziertes und/oder abgekochtes Wasser benutzen. Bei Nahrungsmitteln gilt: Kochen oder selber schälen. Unbedingt Fliegen von der Verpflegung fernhalten. Häufig Hände waschen, vor allem vor dem Essen. Desinfektionstücher für die Hände einpacken.

HIV

Nicaragua hat die **niedrigste HIV-Rate in Mittelamerika.** Dennoch sollten im Falle sexueller Aktivitäten, insbesondere bei Gelegenheitsbekanntschaften, Kondome benutzt werden.

nica103-ji

Giftige Tiere

Es kommen giftige Tiere wie Schlangen (Korallenschlange), Skorpione, Spinnen, Insekten und Rochen vor. Bei Querfeldeinwanderungen und beim Baden ist deshalb **Vorsicht** geboten.

Informationsstelle und Karte

Das offizielle Internetportal für Nicaragua ist **www.nicaraguaportal.de.**

Intur ist der Name der Tourist-Info bzw. des Fremdenverkehrsamtes in Nicaragua. Intur-Büros (Mo bis Fr 8–17 Uhr) sind in jeder größeren Stadt anzutreffen. Serviceleistungen sind Kartenmaterial und Broschüren sowie die Vermittlung von Fremdenführern.

Überblicksartige Infos zu Sehenswürdigkeiten und gastronomischen Adressen gibt es auch als **App „Nicaragua Intur".**

Intur-Zentrale in Managua

Nicaraguan Institute of Tourism (Intur)
9 Calle Suroeste, unweit des Parque Histórico Tiscapa, vom Hotel Crowne Plaza 1 Block südlich und 1 Block nach Westen, Tel. 00505 222 2962, 00505 222 3333, www.intur.gob.ni.

Landkarte

Eine gute Landkarte zu **„Nicaragua, Honduras, El Salvador"** gibt es im Reise Know-How Verlag (www.reise-know-how.de). Die Landkarte im Maßstab

Regenwolken über Managua

nica099-ji

1:650.000 zeigt alle Straßen, Orte und Sehenswürdigkeiten und verfügt über einen ausführlichen Index. Sie ist reißfest, wasserresistent und beschreibbar wie Papier.

Internet

In allen größeren Städten und entlang der Pazifikküste gibt es (noch) **Internetshops/-cafés** mit relativ schnellem Online-Zugang; der Preis beträgt ca. 28 C$ pro Std. Auf der Karibikseite ist Internetzugang deutlich seltener zu finden, die Verbindungen sind langsamer und teurer. Fast jede Unterkunft verfügt inzwischen über (gratis) **WLAN/WiFi,** und auch in den Restaurants findet man es immer häufiger. In vielen Orten gibt es am jeweiligen Hauptplatz (Plaza Central) kostenloses WLAN für jedermann.

Klima und Reisezeit

Nicaragua ist ganzjährig zu bereisen. Das Klima ist tropisch-feucht und heiß bei Temperaturen zwischen 25°C und 35°C; im Hochland ist es deutlich kühler. **Regenzeit** (Mai bis November) bedeutet nicht Dauerregen, sondern ab und an einen kräftigen Schauer oder ein Gewitter, dafür aber sattes Grün in allen Schattierungen. **Die beste Reisezeit ist die Trockenzeit von November bis April.** Vor allem zu Beginn dieser Periode, von November bis Januar, sind die Temperaturen niedriger, es regnet kaum, und die Vegetation ist noch saftig grün. Das ist die beste Zeit zum Radfahren, Wandern und Zelten. Gegen Ende der Trockenzeit regnet es im Westen des Landes so gut wie gar nicht mehr, und es kann mit Temperaturen bis zu 35°C sehr heiß werden. Für einen Besuch des dünn besiedelten **karibischen Tieflandes** mit seinen ausgedehnten Regenwäldern eignet sich die dortige kürzere Trockenzeit von Februar bis April. Den Rest des Jahres regnet es dort häufig. In der Regenzeit, besonders zwischen Juli und Oktober, kann Nicaragua im Einzugsgebiet eines **Hurrikans** liegen. Vor allem bei Wanderungen oder Trips in abgelegene Regionen und Nationalparks können Straßen

Schwule und Lesben

Seit 2008 ist Homosexualität in Nicaragua legal. Sie wird seitdem weniger tabuisiert und zunehmend gesellschaftlich anerkannt. Es gibt allerdings weder eine Anerkennung von gleichgeschlechtlichen Ehen, noch sind eingetragene Partnerschaften erlaubt. **In Managua** gibt es seit 1991 jedes Jahr im Juni eine Parade und auch eine kleine Szene. Eine Bar in der Hauptstadt ist das Tabu, 2 Ave. Suroeste, unweit des historischen Parks Tiscapa (Parque Histórico Tiscapa). **In ländlichen Gegenden** sind die Menschen weniger offen, sodass für öffentliche Zärtlichkeiten situationsbedingt Zurückhaltung die bessere Option ist, möchte man unerwünschte Reaktionen vermeiden. Die Organisation **La Iniciativa desde la Diversidad Sexual por los Derechos Humanos** setzt sich für die Rechte homo- und transsexueller Menschen in Nicaragua ein (www.portalsida.org).

Klima Managua

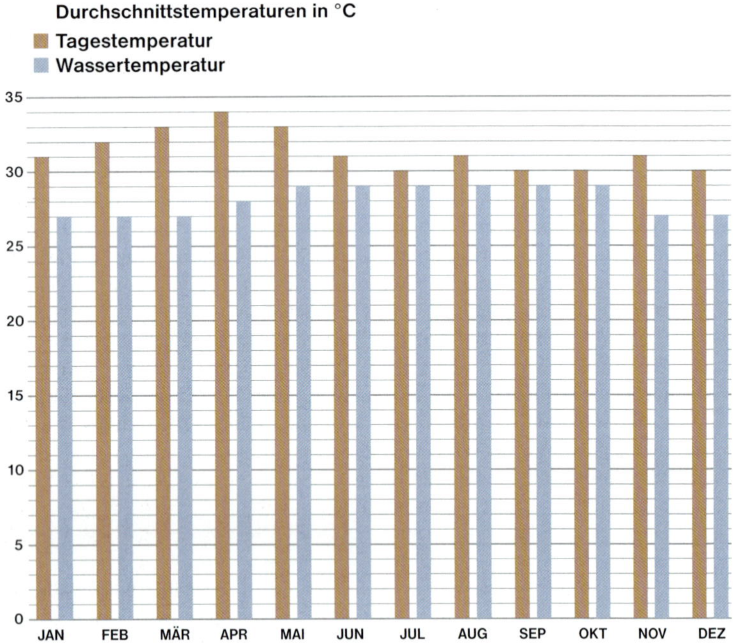

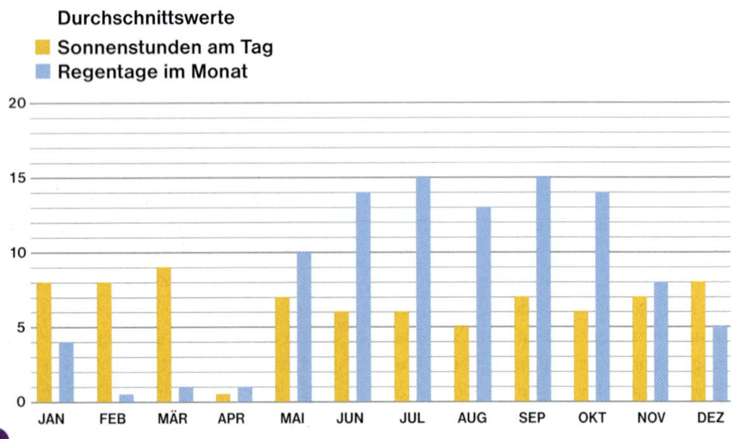

und Zufahrtswege in dieser Periode verschlammt sein oder sogar verschüttet und damit unpassierbar werden.

Wer die **Kaffee-Ernte** im Norden miterleben möchte, muss zwischen November und Februar anreisen.

Die **Schildkröten** kommen vor allem im August und September zur Eiablage an die Strände.

Über **Ostern und Weihnachten** sollten Unterkünfte – speziell am Pazifik – im Voraus reserviert werden, denn dann sind auch die meisten Nicaraguaner im Urlaub und verbringen die freien Tage am liebsten am Strand.

Mit Kindern unterwegs

Nicaragua bietet für Kinder viel Natur, Tiere in freier Wildbahn, Badespaß im ruhigen Wasser oder in den Wellen, Bootstouren und **vieles** mehr, **was Kindern Spaß macht.** Die Nicas sind wie alle Latinos sehr kinderlieb und freuen sich über den Anblick europäischer Blondschöpfe. Bis zu einem Alter von meist 12 Jahren sind Kinder in den Unterkünften/im Zimmerpreis oft „inbegriffen". Bessere Hotels können meist sogar ein Kinderbett bereitstellen. Viele Restaurants haben Kinderstühle, einfach danach fragen (*silla para niños* oder *trona*). In einfachen Bussen fahren Kinder bis zum Alter von 5 Jahren, bzw. solange sie auf dem Schoß sitzen, umsonst. Es ist kein Problem, ein Baby in der Öffentlichkeit zu stillen, die Nica-Mamas tun das an jedem beliebigen Ort. Da die Gehwege meist sehr hohe Kanten haben, empfiehlt sich für einen entspannten Stadtbummel eher eine Rückenkraxe für Kleinkinder oder ein Tragetuch für Babys, da das ständige Auf und Ab bei oft auch noch engen Gehwegen mit einem Kinderwagen wirklich anstrengend ist.

Für eine Reise per Mietwagen empfiehlt es sich, noch zu Hause, z.B. in einem Second-Hand-Shop, einen günstigen gebrauchten **Kindersitz/Sitzschale** zu kaufen, der nach der Reise im Land bleiben kann, sodass man ihn auf dem Rückflug „los ist". Bei den Agenturen vor Ort muss sonst eine Tagesgebühr gezahlt werden, was bei längeren Touren doch ins Geld geht. Und sicherlich findet sich gegen Ende der Reise eine einheimische Familie, die sich über einen geschenkten Kindersitz freut.

Eine **Toilettenbrille** für Kleinkinder aus Deutschland mitzubringen bietet sich ebenfalls an. Windeln gibt es auch in entlegenen Orten zu kaufen.

In Anbetracht der durch **Mücken** übertragbaren Krankheiten müssen vor allem Kinder gut vor Stichen geschützt werden.

Medien

Die zwei größten **Tageszeitungen** sind die linksliberale „El Nuevo Diario" (www.elnuevodiario.com.ni) und die traditionsreiche bürgerliche „La Prensa" (www.laprensa.com.ni), die auch online lesbar sind. Beide bieten eine detaillierte Berichterstattung. Dann gibt es noch „Hoy" (www.hoy.com.ni) und „Confidencial" (www.confidencial.com.ni).

Einige **Radiosender** sind „Radio Primerísima", „Radio Nicaragua", „La Nueva Radio Ya" und „Radio Corporación". Um Radio aus und in Nicaragua zu hören, bieten sich diverse Smartphone-Apps an, z.B. Radio FM.

Im **Fernsehen** stehen über 15 einheimische Sender zur Verfügung, die Nachrichten und Unterhaltung senden. Die Kanäle 4, 6, 8 und 13 sind in staatlicher Hand und bringen, was Staatschef *Ortega* und seinem Stab genehm ist. Der TV-Kanal der Deutschen Welle kann in Nicaragua über Kabel empfangen werden und strahlt seine Sendungen abwechselnd auf Spanisch und auf Deutsch aus.

Nachtleben

Managua ist die einzige Stadt des Landes mit einem nennenswerten Nachtleben, überwiegend mit Discos und Clubs nach US-amerikanischem Vorbild. Im konservativen **Granada** trifft man sich eher im Restaurant und die jüngeren Leute auf der Ausgeh-Promenade La Calzada. Das etwas quirligere Nachtleben von León prägen Studenten. In der Surfer-Hochburg **San Juan del Sur** geht es unter der Woche recht ruhig zu, nur in einigen Bars und Kneipen verkehren überwiegend Touristen und Traveller. Am Wochenende ändert sich das Bild: Diskotheken öffnen, die Bars füllen sich, und jeden Sonntag ist „Funday Sunday", ein Partyevent für junge Leute. Nähere Angaben zu Locations und Events in den Ortskapiteln.

Notfall

- **Notruf Polizei:** 118
- **Notruf Touristenpolizei:** 101
- **Notruf Ambulanz:** 128
- **Notruf Feuerwehr:** 115

Schwierigkeiten im Ausland

Wird der **Reisepass** im Ausland **gestohlen,** muss man dies bei der örtlichen Polizei melden. Darüber hinaus sollte man sich an die nächste diplomatische Auslandsvertretung seines Landes wenden (siehe „Diplomatische Vertretungen"), damit man einen Ersatz-Reiseausweis zur Rückkehr ausgestellt bekommt (ohne kommt man nicht an Bord eines Flugzeuges!).

Auch in dringenden Notfällen, z.B. medizinischer oder rechtlicher Art, Vermisstensuche, Hilfe bei Todesfällen o.Ä., sind die Auslandsvertretungen bemüht vermittelnd zu helfen. **Bei Notfällen im Ausland helfen:**

- **Deutschland:** Über die Reise-App des Auswärtigen Amtes bekommt man die aktuellen Kontaktdaten im Reiseland; Tel. der Botschaft in Managua 2255 6920, 2255 6921.
- **Österreich:** Tel. 0043-1-901154411 (es gibt auch eine Auslandservice-App).
- **Schweiz:** Helpline DFAE, Tel. 0041-800-247365 oder 0041-58-4653333, helpline@eda.admin.ch.

Bei **Verlust oder Diebstahl der Kreditkarte** sollte man diese umgehend sperren lassen. Für deutsche Kreditkarten gibt es die einheitliche **Sperrnummer 0049 116 116** und im Ausland zusätzlich 0049 30 40 50 40 50. Der Touring Club Schweiz (TCS) betreibt einen Kartensperrservice (Infos unter Tel. 0844 888 111). Für VISA-Karten sollten sich Österreicher und Schweizer vor der Reise die Rufnummer der kartenausstellenden Bank notiert haben.

Geldüberweisung

Wer dringend eine größere Summe Bargeld im Ausland benötigt, kann dies über **www.westernunion.de** regeln und sich das Geld bei der entsprechenden Vertretung von Western Union vor Ort auszahlen lassen. Unabhängig von der Geldsumme kostet eine solche Bargeldauszahlung in Nicaragua 24,90 € Gebühr, wenn man das Geld per Sofortüberweisung von seinem deutschen Konto anweisen lässt. Solche Überweisungen kann man per App von Western Union tätigen, über Online-Banking von seiner eigenen Bank oder durch eine dritte Person von Deutschland aus.

nica102-ji

Öffnungszeiten

Banken

- Mo bis Fr 8.30–16.30 Uhr, Sa 8.30–12.30 Uhr.

Post

- Mo bis Fr 9–17 Uhr.

Ämter

- Mo bis Fr 8–13 Uhr.

Geschäfte

- Mo bis Sa 9–18 Uhr, viele haben auch länger geöffnet; viele Geschäfte öffnen auch sonntags.

Restaurants

- **Lokale,** die **Frühstück** anbieten, öffnen bereits um 7 Uhr morgens.
- **Einfache Comedores** öffnen von 6 bis 21 Uhr.
- **Klassische Restaurants,** 11 bis ca. 23 Uhr.

Bars

- Tägl. von ca. 12 bis 24 Uhr, am Wochenende teilweise länger.

Clubs und Discos

- In Diskotheken und Clubs fängt die Aufwärmphase ab 21 Uhr an. Feiern kann man bis in die Morgenstunden, vor allem in der Hauptstadt Managua.

◁ Jede Menge Córdobas

Orientierung und Adressen

Nicaraguas **Städte** sind überwiegend in typisch kolonialspanischer Art schachbrettartig angelegt. Das macht die Orientierung eigentlich einfach, doch die Probleme kommen mit den Straßennamen: Es gibt sie, aber keiner nutzt sie. Hausnummern gibt es so gut wie gar nicht. **Adressen** sind dementsprechend oft kryptisch nach markanten Punkten angegeben wie z.B. dem nächstgelegenen Supermarkt, einer markanten Ampelkreuzung oder einem alten Krankenhaus, von wo aus dann eine Meterangabe und die Himmelsrichtung zum eigentlichen Ziel führen soll. Die Laufbahn der Sonne wird auch gern für Angaben genutzt: Richtung Osten = Sonnenaufgang ist *arriba,* Richtung Westen = Sonnenuntergang ist *abajo.*

Die **Straßen (Calle, Avenida)** tragen Namen, z.B. von berühmten Persönlichkeiten, oder sind mit Zahlen und Himmelsrichtungen versehen, die sich alle ab dem Parque Central orientieren, dem zentralen Platz, den es in jeder Stadt gibt: z.B. 1 Norte (1. Straße nördlich vom Park), 2 Sur (2. Straße südlich), 3 Oriente (3. Straße östlich), 4 Poniente (4. Straße westlich) usw. Adressen in diesem Buch folgen diesem **Muster,** z.B.: Ave. 1 SO zwischen Calle 5 SO und 6 SO meint also eine Adresse in der 1. Avenida zwischen den Straßen 5 und 6 im Südwesten der Stadt (vom Hauptplatz des Ortes aus gesehen, „SO" steht für span. *suroeste* = Südwesten).

Viele Adressen im Buch werden zudem vom zentralen Park bzw. der Hauptkirche der jeweiligen Stadt mit Richtungsangaben beschrieben, z.B. 1½ Blöcke östlich des Parque Central.

Oft werden **Entfernungen** von Einheimischen in *varas* (vrs) angegeben; 1 vra entspricht 0,7 m.

Manzana ist dagegen ein **Flächenmaß** in Mittelamerika: 1 mza = 0,7 ha.

Orientierung nach Himmelsrichtungen

S	*sur*	Süden
N	*norte*	Norden
E	*este*	Osten
O	*oeste*	Westen
SO	*suroeste*	Südwesten
SE	*sureste*	Südosten
NO	*noroeste*	Nordwesten
NE	*noreste*	Nordosten

Post

Die nationale Post **(Correos)** ist **in allen Städten** vertreten, die Ämter haben von 9 bis 17 Uhr geöffnet. Hier kann man Briefmarken (*estampilla,* ca. 30 C$ für eine Postkarte nach Deutschland) kaufen oder lokale Anrufe tätigen. Die Reisedauer für einen Brief *(carta)* oder eine Postkarte *(postal)* nach Europa beträgt etwa 14 Tage per Luftpost (*por avión* oder *correo aéreo*).

☒ Das Fahrrad ist in Nicaragua ein alltägliches und weit verbreitetes Transportmittel

Post zu **empfangen** ist über die Postämter möglich. Dafür muss die Adresse der städtischen Post korrekt angegeben sein, was aufgrund fehlender Adressen so funktioniert: Eigener Name, *Lista de Correo, Correo Central,* Stadtname, Nicaragua. Für die Abholung wird der Reisepass benötigt. Die Post sollte innerhalb von 14 Tagen abgeholt werden.

Rauchen

Die Nicas sind keine großen Raucher, obwohl es **in der Öffentlichkeit grundsätzlich erlaubt** ist. Auf den Verpackungen sind zur Abschreckung Fotos mit den Folgen des Rauchens angebracht, wie man es auch bei uns kennt. In Restaurants mit „Open-Air"-Bereich stehen häufig Aschenbecher auf den Tischen, in Hotels gibt es in den Patios oder vor der Tür manchmal einen Raucherbereich bzw. einen Standaschenbecher.

Radfahren

Nicaragua ist ein **Land der Radfahrer.** Die Nicas selbst nutzen dieses Fortbewegungsmittel ausgiebig, im Dunkeln auch gern ohne Licht – Vorsicht also bei nächtlichen Fahrten, vor allem mit dem Auto!

Außer in den bergigen Regionen im Norden ist Radfahren in Nicaragua vom Schwierigkeitsgrad her **nicht sehr anspruchsvoll.** Das Land ist gen Süden eher flach, sodass sich die Anstrengung, bis auf die Hitze, im Rahmen hält. Die

nica096-ji

meisten größeren Straßen verlaufen gerade und haben eine relativ gute Fahrbahn.

In Städten wie León und Granada, aber auch auf Ometepe und in San Juan del Sur können Fahrräder **ausgeliehen** werden (2 US$ pro Std., 5–10 US$ pro Tag, bei mehreren Tagen gibt es meist einen Discount). Außerhalb dieser Orte gibt es kaum Angebote.

Wer mehrere Wochen mit dem Fahrrad im ganzen Land unterwegs sein will, kann auch ein Fahrrad **kaufen,** es gibt Geschäfte in den größeren Städten, in kleineren Orten lassen sich auch Privatleute finden. Hinterher kann versucht werden, es über die „Schwarzen Bretter" in Hostels, Restaurants oder Cafés zu verkaufen.

Sicherheit

Nicaragua ist das **sicherste Land Mittelamerikas** und nach Kanada das zweitsicherste Land Mittel- und Nordamerikas. Trotzdem empfiehlt es sich natürlich, umsichtig und aufmerksam zu sein, und Dinge, die man auch in europäischen Großstädten nicht tun würde, zu vermeiden (z.B. im Dunkeln an einsamen Orten herumlaufen, auffällige Wertsachen zur Schau stellen). Ein erhöhtes **Diebstahlrisiko** gibt es vor allem an von Touristen frequentierten Orten wie Granada, San Juan del Sur, León, Laguna de Apoyo, an Grenzübergängen, Busbahnhöfen, am Flughafen von Managua und auf (großen) Märkten. Das Gepäck sollte nie aus den Augen gelassen werden!

Grundsätzlich empfiehlt es sich, bei Stadterkundungen nur eine **Passkopie,** die neben der Seite mit den personenbezogenen Angaben auch die Seite mit dem nicaraguanischen Einreisestempel beinhaltet, bei sich zu haben und das Original im Hotel zu lassen.

Im unwahrscheinlichen Falle eines Überfalles sollte **kein Widerstand** geleistet werden, da die Hemmschwelle der Täter niedrig ist – diese haben in der Regel weniger zu verlieren als der Tourist!

Als alleinreisende Frau ist damit zu rechnen, ständig angesprochen zu werden. Die Kommentare der Nica-Männer reichen von netten Komplimenten bis zu rüden Sprüchen, sind aber meist harmlos. Auf den Corn-Inseln kam es zu Belästigungen; Frauen sollten sich hier auch bei Tageslicht immer zu zweit fortbewegen.

Sicherheitshinweise und sonstige Informationen finden sich auf der Website www.auswaertiges-amt.de oder über die App „Sicher Reisen" des Auswärtigen Amtes. Die App hat sogar eine Ortungsfunktion („Wo bin ich?") und einen „Ich bin okay"-Button, mit dem man Freunden oder Verwandten ein kurzes Lebenszeichen senden kann.

Folgende **generelle Tipps** sollten beachtet werden:

- **Wertsachen** wie Schmuck und (teure) Uhren erst gar nicht mit auf die Reise nehmen und unterwegs alle Wertsachen, die z.B. für den Kneipenbesuch nicht benötigt werden, im Hotel-/Zimmersafe einschließen oder im Hotelzimmer verstecken. Geld, Kamera oder andere Wertsachen sollten im Hotelzimmer nicht frei herumliegen.
- Immer nur so viel **Bargeld** einstecken, wie für die jeweilige Unternehmung erforderlich ist; den Rest im Hotel(safe) lassen. Das Geld in einem Geld-

gürtel unterbringen oder auch in einer engen Hosentasche verstauen.

- Taschen, Wertsachen und Dokumente sollten im abgestellten **Mietauto** nicht offen liegengelassen werden. Das Auto auf bewachten Parkplätzen abstellen.
- Bei **Busreisen** und auf Busbahnhöfen das Gepäck im Auge behalten!
- Die **Kleidung** sollte angepasst, unauffällig und leger sein.
- **Städtische Armenviertel meiden.**
- Gesundes **Misstrauen** gegenüber unbekannten oder nur flüchtig bekannten Personen walten lassen, die ihre Hilfe anbieten, z.B. bei der Suche nach einem Taxi; oft arbeiten sie mit Dieben zusammen.
- **Taxis** nutzen, die das Hotel telefonisch bestellt hat.
- Es ist nicht ratsam, außerhalb bewachter Campingplätze zu **zelten.**

Regionale Besonderheiten

Der **Norden des Landes** mit den Regionen Nueva Segovia, Madriz, Jinotega, Estelí und Matagalpa sowie die Autonomen Gebiete der nördlichen und südlichen **Atlantikküste** (RAAN und RAAS) sind in weiten Teilen kaum erschlossen. Es mangelt an Infrastruktur, zudem sind Polizei und Armee nicht in der Lage, die Sicherheit zu garantieren. Gleiches gilt für das sog. „Minendreieck“ der RAAN zwischen den Städten Siuna, Bonanza und La Rosita. Es kommt hier immer mal wieder zu Straßenblockaden mit gewaltsamen Ausschreitungen, Demonstrationen und auch Überfällen auf den Transitverkehr (Busse und sonstige Kfz). Der Einsatz von Schusswaffen ist nicht unüblich, die Mordrate höher als im Landesdurchschnitt. Auch an der **südlichen Atlantikküste** (RAAS), zu der die Touristenziele Bluefields, Pearl Lagoon und Corn Islands zählen, sollten Reisen in entlegene Gebiete nur mit Vorsicht und am besten mit einer Reiseagentur durchgeführt werden.

Naturkatastrophen

Nicaragua ist erdbebengefährdet, insbesondere die Hauptstadt Managua und die nicht weit entfernte Universitätsstadt León. Beim letzten großen Beben 1972 wurde Managua fast vollständig zerstört. Seit dem April 2014 wird der Großraum Managua/León von regelmäßigen **Erdbeben** erschüttert, zuletzt im November 2016. Ein Andauern der Aktivität, auch mit größeren Beben, ist zu erwarten. Es kann nicht schaden, sich vor Reiseantritt mit entsprechenden Verhaltenshinweisen vertraut zu machen.

Bei allen **aktiven Vulkanen** Nicaraguas kann es unvermittelt zu vulkanischer und seismischer Aktivität kommen. Dies gilt für die Vulkane San Cristóbal, Telica, Cerro Negro und El Hoyo, zu denen Wandertouren und „Sand- bzw. Vulkanboarding“ angeboten werden. Ebenso betroffen sind die Vulkane Masaya und Mombacho sowie die beiden Vulkane der Insel Ometepe, Concepción und Maderas, allesamt beliebte Ausflugsziele. Die Besteigung des Vulkans Momotombo und der Besuch der Laguna Xiloa am Vulkan Apoyeque ist aufgrund aktueller seismischer Aktivität gefährlich bzw. nicht gestattet.

Nicaragua liegt zudem in einer durch **Hurrikans** gefährdeten Zone, wobei die Saison von Juni bis November dauert.

Sport und Aktivitäten

Für **sämtliche Outdoor-Sportarten** ist Nicaragua das perfekte Land. Die Vulkane und Kaffee-Landschaften laden zum Wandern und Reiten ein, der Pazifik, die Lagunen und der Nicaragua-See zum Surfen, Segeln, Tauchen, Schnorcheln, Fischen und Schwimmen. Beim Baden im Meer sollte man immer auf Strömungen und Wellen achten und sich nicht zu weit hinaus wagen.

Zu **Anbietern,** Preisen und sonstigen Modalitäten sportlicher Betätigung siehe in den einzelnen Regional- bzw. Ortskapiteln.

Ein beliebtes sportliches Vergnügen ist **Canopy.** Anders als bei einem herkömmlichen Kletterparcours besteht ein Canopy-Trail ausschließlich aus Seilrutschen *(Flying Fox):* Man „fliegt", teils in großer Höhe, wie *Tarzan* durch den Wald, von Baum zu Baum. Allerdings ist die Benutzung dieser landesweit vorhandenen Anlagen nicht ungefährlich. Es kommt immer wieder zu Unfällen, da es keine behördliche technische Überwachung gibt.

Ein interessantes Angebot sind auch **geführte Motorradtouren,** z.B. von Bike Nicaragua in León (siehe dort).

Baseball ist der Nationalsport in Nicaragua, obwohl Fußball inzwischen immer beliebter wird. Bei einem Besuch im Stadion sollte man lieber alle Wertsachen in der Unterkunft lassen.

nica097-jm

Sicherheitstipps für Wandertouren
- Genügend Wasser mitnehmen
- Festes Schuhwerk anziehen
- Möglichst mindestens zu zweit wandern
- Auf den Wegen bleiben, besonders auf Vulkanen

Sprache

Spanisch ist die offizielle Landessprache und wird von der überwiegenden Mehrheit der Nicaraguaner gesprochen. Wie jedes Land in Lateinamerika hat Nicaragua sein „eigenes" Spanisch, das **„Nicañol"**, das entsprechend landestypische Vokabeln aufweist (siehe dazu die Sprachhilfe im Anhang).

Kreolisches Englisch und verschiedene **indigene Sprachen** sind entlang der karibischen Küste und in Teilen der Atlantischen Küstenebene geläufig. Da der Tourismus im Vergleich zu anderen mittelamerikanischen Ländern noch in den Kinderschuhen steckt, findet man nur wenige Leute, die Englisch sprechen.

Ein guter Sprachbegleiter – handlich, alltagsbezogen und didaktisch leicht verständlich – ist **„Spanisch für Nicaragua – Wort für Wort"**, erschienen in der Kauderwelsch-Reihe im Reise Know-How-Verlag (auch als Download und AusspracheTrainer auf Audio-CD).

[<] Der Somoto-Canyon eignet sich für viele Outdoor-Aktivitäten

Sprachschulen

In den großen Städten, aber auch in vielen Dörfern haben sich Sprachschulen angesiedelt. Meist gibt es verschiedene **Kursangebote,** die **Unterbringung bei lokalen Familien** wird auf Wunsch organisiert, auch **Ausflüge** werden angeboten. Besonders vielseitig ist die Auswahl in Granada, León und der Surfer-Oase San Juan del Sur. Eine tolle Option in ländlicher Umgebung ist die Sprachschule und Lodge La Mariposa in San Carlos, einem der „Pueblos Blancos" in der Umgebung von Masaya. Und auch an der idyllischen Laguna de Apoyo gibt es gute Angebote (siehe dazu in den jeweiligen Ortskapiteln).

Telefonieren

Die **internationale Vorwahl** Nicaraguas ist die **00505.** Die Anschlüsse im Land, egal ob mobil oder Festnetz, sind achtstellig, Mobilnummern beginnen immer mit einer „8". Um von Nicaragua nach Deutschland zu telefonieren, muss die deutsche Vorwahl 0049 gewählt werden und dann die Nummer des Anschlusses ohne die „0" am Anfang.

Mobil telefonieren

Die meisten Mobiltelefone lassen sich auch in Nicaragua nutzen, allerdings kann das wegen der internationalen **Roaminggebühren** ganz schön ins Geld gehen. Das gilt umso mehr für die Nutzung von Smartphone-Datapacks. Rechnungen mit vierstelligen Summen nach 14 Tagen Urlaub und 20 MB pro Tag sind da keine Ausnahme! Solche Kosten umgeht man am besten, wenn man sich auf SMS beschränkt (der Empfang ist in der Regel kostenfrei), über eine kostenlose WLAN-Verbindung Mails sendet, Skype bzw. Facetime zum Telefonieren nutzt oder auch Whatsapp und andere kostenlose Bericht-Apps zur Kommunikation bevorzugt.

Falls das Mobiltelefon SIM-lock-frei ist (keine Sperrung anderer Provider vorhanden ist), kann man sich für Telefonate in Nicaragua eine **lokale SIM-Karte** („el chip“, 50 C$) mit einem Datenpaket kaufen. Die beiden größten **Anbieter** sind **Claro** und **Movistar.** Die SIM-Karte kann einfach in das eigene Handy eingelegt werden, und los geht's. Die Karte kann in allen Claro- und Movistar-Shops wieder aufgeladen werden, z.B. mit 5 US$ *(Me puede hacer una regarga de cinco dolares, por favor?)*. Es können aber auch nur 10 C$ aufgeladen werden. Manche Supermärkte bieten den Service ebenfalls an. Wem ein Zweittelefon lieber ist, kann schon für wenige Dollar ein günstiges Gerät kaufen. Gespräche zwischen den beiden Anbietern sind teuer, deshalb steht bei vielen Telefonnummern der Anbieter dahinter.

Internet-Datenpakete können über eine Step-by-Step-Anleitung dazugekauft werden; siehe dazu www.nicaraguayestravel.com/how-to-get-internet-on-your-smartphone-in-nicaragua.

Über den Anbieter **ReiseSIM** kann für 24,90 € inkl. 10 € Guthaben eine bereits aktivierte, weltweit gültige **Roaming-SIM-Karte** bestellt werden. Sobald sie in das eigene Smartphone eingelegt wird, hat man Empfang. Das ist zwar schön easy, die **Kosten** sind allerdings nicht ganz unerheblich, z.B. 0,75 € pro Minute ausgehend von Nicaragua, 0,35 € pro SMS aus Nicaragua, 0,39 € pro Megabyte in Nicaragua; mehr Infos unter www.reisesim.de/de/nicaragua-sim-karte/reisesim-nicaragua.html.

In den meisten Unterkünften gibt es kostenloses WLAN/WiFi. Per **Skype** oder **Whatsapp** kann man so völlig umsonst nach Hause telefonieren.

Toiletten

Öffentliche Toiletten gibt es kaum und wenn, dann fehlt Klopapier. Kein Restaurant wird aber jemandem gegen ein kleines Entgelt die Nutzung seiner Einrichtung verwehren. Die Klos in den Städten sind normale Sitztoiletten mit Wasserspülung. **In ländlicheren Gegenden** dagegen sind WCs oft simple Löcher im Boden, darüber eine improvisierte Sitzmöglichkeit und drumherum ein paar Holzbretter mit einer Art Tür. Toilettenpapier kommt grundsätzlich nicht ins Klo, sondern in einen bereitstehenden Mülleimer; da dieser meist keinen Deckel hat, ist der Anblick dementsprechend unappetitlich.

Unterkunft

Übernachten kann man in Nicaragua von ganz günstig in der Hängematte bis schlaraffenlandartig-luxuriös im Wellness-Resort. **Hostels** bzw. **Hostales** und **Hospedajes** bzw. **Guesthouses** sind weitestgehend dasselbe und meist eher einfache und preiswerte, jedoch durchaus gute Unterkünfte, ähnlich der europäischen Pension. **Cabinas** und **Cabañas** sind bungalowartige, einzeln stehende Hüttchen und häufig mit einer Veranda und Hängematte ausgestattet. Oft sind Hostels und **Hotels** in kolonialen Patio-Häusern untergebracht und verströmen allein dadurch ein charmantes Flair.

Die **Preise** sind das ganze Jahr über relativ konstant, nur in den zwei Wochen um Ostern und die Weihnachtstage ist rechtzeitiges Reservieren wichtig, und die Preise ziehen deutlich an. Manche Unterkünfte ändern ihre Preise auch zur Hochsaison zwischen November und März, der Trockenzeit in Nicaragua.

Die Abkürzung **„AC“** in diesem Buch steht für „Klimaanlage“, **„Dorms“** sind gemeinschaftliche Schlafräume. **WLAN/WiFi** ist Standard in allen Unterkünften.

Viele Hostels haben eine **Wäscherei.** Ansonsten finden sich *lavanderías* in jeder etwas größeren Stadt, sodass keine Unterwäsche für drei Wochen mitgeschleppt werden muss. Allerdings sollte man sich überlegen, das Lieblingsteil in die Wäscherei zu geben: Es könnte kleiner, ausgebleicht oder gar „vertauscht“ werden.

Unterkünfte bis 20 US$

Günstige Unterkünfte gibt es **in allen Regionen** und wichtigen Destinationen des Landes. Neben **zweckmäßigen Zimmern** mit eigenem Bad gibt es die noch günstigeren Dorms (Schlafräume) mit Gemeinschaftsbad schon ab 6 US$ pro Person und Schlafplatz. Oft ist auch eine Gemeinschaftsküche vorhanden. Günstige **Online-Optionen** für Backpacker sind bei Hostelbookers und Hostelworld, aber auch booking.com zu finden. Eine tolle und meist besonders preiswerte Alternative zu Hotels und Guesthouses sind **Airbnb-Zimmer** (www.airbnb. com) oder **Couchsurfing** (www.couchsurfing.com). Hier kann man entweder ein Zimmer oder sogar eine ganze Wohnung

Unterkünfte: Preiskategorien

Die Kategorien in diesem Reiseführer beziehen sich auf ein **Doppelzimmer (DZ) pro Nacht;** das Frühstück kann, muss aber nicht enthalten sein:

① bis 20 US$
② 20 bis 40 US$
③ 40 bis 60 US$
④ 60 bis 90 US$
⑤ über 90 US$

Unterkünfte (Buchung) im WWW

- www.booking.com
- www.hostelbookers.com
- www.hostelworld.com
- www.airbnb.com
- www.couchsurfing.com

mieten. Schön daran ist, dass gleich Kontakte zu Locals geknüpft werden können und man meist nicht in den Touristenhochburgen unterkommt.

Hospedaje Buena Vista im Norden der Isla de Ometepe

Unterkünfte bis 60 US$

Zimmer in der **unteren** (20–40 US$) und in der **mittleren** (40–60 US$) **Mittelklasse** haben ein eigenes Bad, Ventilator oder Klimaanlage und oft eine Terrasse oder einen Balkon mit Hängematte oder Sitzmöglichkeit. Die Qualität von Einrichtung, Außenanlage und Service kann in diesem Segment stark variieren.

nica122-ji

Ein angegliedertes Restaurant oder gar ein Pool sind eher die Ausnahme bei Unterkünften, die 20–40 US$ kosten.

Unterkünfte bis 90 US$

In der **oberen Mittelklasse** hat man es schon richtig nett. Meist ist neben den üblichen Zimmerstandards ein netter Ausblick garantiert, es gibt einen Safe und nur wenige Zimmer. Oft steht ein Pool zur Verfügung, und der Unterkunft sind ein Restaurant und evtl. eine Touragentur angeschlossen.

Unterkünfte über 90 US$

Die nicaraguanische **Luxusklasse!** Ganze Häuschen, schöne Holzbungalows oder stylische Hotelsuiten mit See- oder Meeresblick kann man auf den Inseln im Nicaragua-See und natürlich auf den Corn-Inseln beziehen. Für 100 US$ kommt man schon richtig edel unter, und mit Touren, Transferservice und anderen Angeboten sind dem Preis kaum Grenzen nach oben gesetzt, aber das Angebot ist durchaus überschaubar.

Unterkunft bei einer Familie

Wer eine **Sprachschule** besucht, hat oft die Option, privat bei lokalen Familien untergebracht zu werden, inklusive gemeinsamen Mahlzeiten. Das bringt natürlich die Sprache voran und ist relativ kostengünstig. Viele Sprachschulen haben Listen, über die man sich die Unterkünfte/Familien aussuchen kann.

In vielen ländlichen Gegenden stehen überhaupt nur einfachste Hostels zur Verfügung, oder Familien bieten private Zimmer zum Übernachten an. Am besten fragt man die Leute vor Ort und schaut sich die Option vor der Zusage in Ruhe an.

Verkehrsmittel

In Nicaragua kommt man am besten mit dem Bus oder einem Leihwagen voran, eine Eisenbahn gibt es nicht. Die Fortbewegung ist in der Regel **sicher, einfach und kostengünstig.** Die **Infrastruktur** ist um die größeren Städte und zu den meisten Attraktionen des Landes **gut ausgebaut,** die **Panamericana** führt im Westen durchs Land. Dagegen sind kleinere Straßen zumeist nicht asphaltiert und in schlechtem Zustand. Kolonialstädte wie León und Granada sind Fußgänger-freundlicher als größere Städte wie Managua.

Busse

Der **Busbahnhof** heißt **Terminal de Autobúses** oder **Estación de Autobúses.** Es können moderne Busbahnhöfe sein oder einfach nur Trampelacker. Oftmals gibt es keinen zentralen, sondern mehrere kleinere Busbahnhöfe, die verschiedene Richtungen bzw. Reiseziele bedienen (Cotran Norte oder Cotran Sur).

Die **Busverbindungen in Nicaragua** sind **gut.** Es fahren große Busse, Minibusse und Stadtbusse. Die regionalen **Überlandbusse** sind nicht die neuesten Modelle, sie bieten keinen Komfort, sondern sind vom Typus „knallbunt angemalter Ami-Schulbus", aber man lernt Land und Leute hautnah kennen und es gibt Fahrpläne, das heißt die Busse fahren einigermaßen pünktlich. Unterschieden wird zwischen normalen Bussen (*bus ruteado* oder *ordenario*), die an Zwischenzielen halten, und Expressbussen *(bus expreso),* die direkt fahren und folglich schneller sind.

Beim **Warten auf den Bus** ist es oft üblich, sich anzustellen. Selten kommt es vor, dass man länger als 30 Minuten auf die Abfahrt eines Überlandbusses warten muss. Nur am Wochenende bilden sich oft lange Schlangen und Wartezeiten von über 1 Stunde sind keine Seltenheit. In diesem Fall lohnt es sich, mit anderen Reisenden eine Fahrgemeinschaft zu bilden und ein Taxi zu nehmen; von Managua nach León kostet die etwa 1½-stündige Fahrt 45 US$.

Wer nicht genau weiß, wo er an einem Busbahnhof oder Umsteigebahnhof zum **passenden Bus** gelangt, macht es so: Einfach dem Busbegleiter sagen „Disculpe, me gustaria ir a …", und ruckzuck wird er den Busbegleiter des passenden Busses oder einen der „Busschreier" heranpfeifen, die Passagiere in Windeseile zum entsprechenden Bus manövrieren und oft sogar noch das Gepäck tragen.

Zu detaillierten Angaben über Busse, ihre Preise, Routen und Fahrtdauer, siehe in den Regional- und Ortskapiteln.

Internationale Busse fahren direkt nach Costa Rica, Honduras, El Salvador und Guatemala mit Anschluss nach Mexiko und Panama. Sie sind komfortabel, haben verstellbare Rückenlehnen, WC, TV und Klimaanlage und sind die sicherste Variante, weite Strecken zurückzulegen und Grenzübergänge zu passieren. Die Filme, die gezeigt werden, sind

Busverbindungen in Nicaragua sind online unter www.thebusschedule.com/DE/ni/index.php abrufbar.

oft US-Actionthriller und werden in einer ohrenbetäubenden Lautstärke abgespielt; also evtl. Ohropax einstecken. Auch die Klimaanlagen sind oft so kalt eingestellt, dass eine Decke, Jacke/Pulli oder ein Schlafsack wirklich wichtig sind. Meist sammelt der Busbegleiter an der Grenze die Pässe und Gebühren ein und erledigt die Formalitäten.

Direkt **in die Nachbarländer** fahren folgende Busunternehmen:

- **Central Line,** 2x tägl. nach Costa Rica (10 Std., 27 US$, one way); alle Abfahrtszeiten und Preise unter www.transportescentralline.com.
- **Platinum Centro America,** nach Honduras (10 Std. nach Tegucigalpa, 80 US$, one way; 11 Std. nach San Pedro Sula, 52 US$, one way), Guatemala (16 Std., 80 US$, one way) und El Salvador (11 Std., 50 US$, one way); alle Abfahrtszeiten und Preise unter www.platinumcentroamerica.com.
- **Ticabus,** 4x tägl. nach Costa Rica (13 Std., 90 US$ hin und zurück, Exklusivklasse/*servicio ejecutivo;* 57 US$ hin und zurück, Normaltarif/*servicio turístico*), 1x tägl. nach Honduras (14 Std., 50 US$ hin und zurück, Normaltarif) und 2x tägl. nach El Salvador (15 Std., 115 US$ hin und zurück, Exklusivklasse; 80 US$ hin und zurück, Normaltarif), mit Anschlussverbindungen nach Mexiko, Guatemala und Panama; alle Abfahrtszeiten und Preise unter www.ticabus.com.
- **Transnica,** 4x tägl. nach Costa Rica (13 Std., 75 US$ hin und zurück, Exklusivklasse; 57 US$ hin und zurück, Normaltarif) und 1x tägl. nach Honduras (14 Std., 60 US$ hin und zurück, Normaltarif). Kinder zahlen den vollen Preis ab 3 Jahren. Es gibt keine Nachtbusse. Alle Abfahrtszeiten und Preise unter www.transnica.com.

Shuttle

Minibusse/Vans als Shuttle sind ein weit verbreiteter Service. Fast alle Touristenstädte/-ziele sind mit Shuttles erreichbar, die von Hostels oder Reiseagenturen angeboten werden. Die Reise ist schnell, direkt und nicht wirklich teuer, z.B. Granada – León 15–20 US$ je nach Anbieter.

Taxis

Taxis sind zahlreich vertreten und im ganzen Land relativ preiswert. Es ist ratsam, **offiziell registrierte** Taxis zu nehmen, die rote Nummernschilder haben (die Zahlen sollte lesbar sein) und lizenzierte Taxifahrer aufweisen (der Ausweis des Fahrers sollte im Optimalfall im Fenster kleben). Meist gibt es **kein Taxameter,** der Preis wird ausgehandelt; am besten Einheimische fragen, was die entsprechende Strecke kostet.

Mietwagen

Alle bekannten Mietwagenfirmen sind am Flughafen von Managua und auch an anderen Standorten vertreten. Im Norden sind Autovermietungen seltener zu finden, in Matagalpa gibt es nur eine. Ein internationaler Führerschein ist bis

Nachhaltig reisen – so geht's

- Drahtesel und Bus statt Auto
- Handtücher mehrmals benutzen
- Klimaanlage mal ausschalten
- Einheimische Unterkünfte buchen
- Regionale und saisonale Lebensmittel essen
- Verpackungsmüll vermeiden

nica095-ji

zu einem Aufenthalt von 30 Tagen im Land nicht nötig, der nationale reicht. Fahren darf man erst ab einem Alter von 26 Jahren. Es ist grundsätzlich nicht möglich, mit dem Mietwagen die Grenzen von Nicaragua nach Costa Rica oder Honduras zu passieren!

Angebote starten z.B. bei www.billiger-mietwagen.de ab 35 € pro Tag inkl. Vollkasko für einen kleinen Viertürer. Zwischen 30 und 35 US$ pro Tag liegen die Preise vor Ort je nach Leistungsumfang der gebuchten Versicherung. Wer rundum sorglos fahren will, nimmt lieber Vollkasko ohne Selbstbeteiligung.

Mit Bussen durchs hügelige Hochland

Eigenes Auto

Wer mit einem eigenen Auto durch Mittelamerika fährt, braucht die Fahrerlaubnis und die **Fahrzeugpapiere** im Original und in Kopie. Für 30 Tage darf man mit dem Fahrzeug im Land bleiben, was im Pass vermerkt wird. Außerdem muss eine Pflicht-Unfallversicherung für ca. 10 US$ abgeschlossen werden.

Achtung: In Costa Rica kann ein eigenes Fahrzeug nur über die Peñas-Blancas-Grenze mitgebracht werden, in Honduras geht es über alle drei Grenzübergänge.

Boote/Fähren

Auf dem Nicaragua-See setzen Fähren zur Insel Ometepe, zu den Islas Solentiname und nach San Carlos am Südufer als Ausgangspunkt für die Entdeckung des Río San Juan an der Grenze zu Costa Rica über.

Auf dem Río San Juan fahren Boote *(panga)* ab San Carlos in Richtung Karibik/Reserva Biológica Indio Maíz.

Über die Grenze **nach Los Chiles in Costa Rica** verkehrt von San Carlos aus ebenfalls ein Boot.

Auch **nach El Salvador** kommt man von Potosí aus per Boot (siehe unter „Anreise").

Auf der Karibikseite verkehren Boote zwischen den beiden Corn-Inseln und von Bluefields aus zur Perlenlagune (Laguna de Perlas), nach El Rama und zu den Corn Islands. Da Boote hier schon gesunken sind, empfiehlt es sich, die angebotenen Schwimmwesten zu tragen.

Zu Details und näheren Infos siehe jeweils in den entsprechenden Kapiteln.

Flugzeug

Sind größere Entfernungen zurückzulegen, empfiehlt sich ein Inlandsflug mit der **Fluggesellschaft La Costeña:** Kleine Ein-Propeller-Cessnas oder je nach Auslastung auch etwas größere Maschinen starten vom Managua International Airport – der rechte, kleine Anbau ist Ankunfts- und Abflughalle für nationale Flüge – zu vielen Zielen, darunter Bluefields, Corn Islands, Ometepe, Puerto Cabezas, San Carlos (Río San Juan) und San Juan del Norte (Greytown); Informationen unter www.lacostena.online.com.ni/schedule. Achtung: Auch bei nationalen Flügen ist eine Abfluggebühr von 2 US$ zu zahlen, die nicht im Ticketpreis enthalten ist! Zu beachten sind auch die Gepäckbestimmungen von La Costeña: höchstens ein Aufgabegepäck bis max. 15 kg, nur ein kleines Handgepäck im Flugzeug, der Transport eines Surfbretts kostet 10 US$ pro Flugstrecke.

Inzwischen muss man von einigen Zielorten nicht unbedingt wieder nach Managua zurück, sondern es werden auch andere Ziele angeboten, z.B. ginge die Süd-Route Managua – Ometepe – San Carlos.

Nature Air fliegt von Managua nach Costa Rica und Panama.

Versicherungen

Egal welche Versicherungen man abschließt, für alle sollte man die **Notfallnummern notieren** und mit der Policenummer gut aufheben! Bei Eintreten eines Notfalles sollte die Versicherungsgesellschaft sofort verständigt werden! Dies gilt auch bei einem Schadensfall im Urlaub, der durch die reguläre Haftpflicht- sowie Unfallversicherung daheim abgedeckt wird, wenn man den Schaden direkt vom Urlaubsort meldet.

Der **Abschluss einer Jahresversicherung** ist in der Regel kostengünstiger als mehrere Einzelversicherungen für jede Reise. Günstiger ist auch die Versicherung als Familie statt als Einzelpersonen; hier sollte man nur die Definition von „Familie" genau prüfen.

Grundsätzlich gilt überdies, dass **Versicherungspakete oft teuer** sind und Versicherungen enthalten, die man nie benötigt. Man sollte aber in jedem Fall existenzielle Risiken absichern, und dazu gehört an erster Stelle die Auslandskrankenversicherung.

Auslandskrankenversicherung

Die Kosten für eine ärztliche Behandlung in Nicaragua werden von den gesetzlichen Krankenversicherungen in Deutschland und Österreich nicht übernommen, daher ist der **Abschluss** einer privaten Auslandskrankenversicherung **unverzichtbar.** Schweizer sollten bei ihrer Krankenversicherung nachfragen, ob die vollständige Auslandsdeckung auch für Nicaragua gilt.

Man sollte eine private Auslandskrankenversicherung abschließen, die folgende **Leistungen** enthält: Vergütung der Arzt-, Zahnarzt- und Krankenhauskosten ohne Summenbeschränkung; Deckung bei Krankheit und Unfall; Vergütung von Krankentransporten, Rettungungskosten und Krankenrücktransport ohne Einschränkungen; Abdeckung der gesamten Aufenthaltsdauer mit automatischer Verlängerung über die festgelegte Zeit hinaus, wenn die Rückreise nicht möglich ist (durch Krankheit oder Unfall); eventuell auch Abdeckung der Reise- und Unterkunftskosten von Familienangehörigen, wenn diese zur Betreuung anreisen.

Jahresverträge bieten sich insbesondere an, wenn man häufig spontan ins Ausland fährt. Hier sollte man jedoch darauf achten, dass der Versicherungsschutz meist nur für eine bestimmte Anzahl von Tagen pro Reise gilt.

Zur **Erstattung der Kosten** benötigt man ausführliche Quittungen (mit Datum, Namen, Bericht über Art und Umfang der Behandlung, Kosten der Behandlung und Medikamente).

nica101-ji

Andere Versicherungen

Ob es sich lohnt, eine Reiserücktritts-, Reiseabbruch-, Reisegepäck-, Reisehaftpflicht- oder Reiseunfallversicherung abzuschließen, ist **individuell abzuklären.** Gerade diese Versicherungen enthalten viele Ausschlussklauseln, sodass sie nicht immer Sinn machen.

Die **Reiserücktrittsversicherung** ist nur sinnvoll bei teuren Reisen und für den Fall, dass man vor der Abreise einen schweren Unfall hat, erkrankt oder schwanger wird, gekündigt wird oder nach Arbeitslosigkeit einen neuen Arbeitsplatz bekommt, die Wohnung abgebrannt ist u.Ä. Nicht gelten hingegen: Krieg, Unruhen, Streik, etc.

Die **Reisegepäckversicherung** lohnt sich selten, da z.B. bei Flugreisen verlorenes Gepäck oft nur nach Kilopreis und auch sonst nur der Zeitwert nach Vorlage der Rechnung ersetzt wird. Wurde eine Wertsache nicht im Safe aufbewahrt, gibt es bei Diebstahl auch keinen Ersatz. Kameraausrüstung und Laptop dürfen beim Flug nicht als Gepäck aufgegeben worden sein. Gepäck im unbeaufsichtigt abgestellten Fahrzeug ist ebenfalls nicht versichert. Die Liste ist endlos. Überdies deckt häufig die Hausratsversicherung Einbruch, Raub und Beschädigung von Eigentum auch im Ausland. Für den Fall, dass etwas passiert ist, muss der Versicherung als Schadensnachweis ein Polizeiprotokoll vorgelegt werden.

Eine **Privathaftpflichtversicherung** hat man in der Regel schon. Hat man eine **Unfallversicherung,** sollte man prüfen, ob diese im Falle plötzlicher Arbeitsunfähigkeit aufgrund eines Unfalls im Urlaub zahlt.

Durch manche **Kreditkarten** oder die Mitgliedschaft in einem **Automobilclub** ist man für bestimmte Fälle schon versichert. Die Versicherung über die Kreditkarte gilt jedoch meist nur für den Karteninhaber.

Zeitverschiebung

Der Zeitunterschied zwischen Deutschland (MEZ) und Nicaragua beträgt im Sommer minus 8 Stunden, **im Winter,** also in der Hauptreisezeit, **minus 7 Stunden.** Es gibt in Nicaragua keine Umstellung auf die Sommerzeit.

[<] Neben fangfrischem Fisch werden auch Schildkröteneier angeboten – von ihrem Kauf sollte man aus Tierschutzgründen absehen!

nica123 ji

9 Land und Leute

Badespaß in der Umgebung von Matagalpa

Geografie

Nicaragua liegt einzigartig: zwischen zwei Kontinenten, zwei Meeren und zwei Ländern. Als Teil der Landbrücke zwischen Nord- und Südamerika stand Nicaragua schon immer im Fokus strategischer Interessen, denn die schmalste Stelle dieser Amerika einenden Landverbindung befindet sich ganz im Süden Nicaraguas und soll zukünftig vom Nicaragua-Kanal (siehe entsprechenden Exkurs) durchbrochen werden. Er verbindet dann den wilden Pazifik im Westen des Landes mit dem türkisblauen Karibischen Meer im Osten. Honduras ist das Nachbarland im Norden, Costa Rica der Nachbar im Süden.

Die **pazifische Küstenebene** steigt langsam zu den aneinandergereihten Vulkanen im Landesinneren an, die sich von Nordwesten in Richtung Süden ziehen und von denen viele noch aktiv sind. Die höchste Erhebung ist der **Pico Mogotón** mit 2107 m. Während die Berge und der westliche Teil des Landes trockener sind, findet sich in Nicaragua auch die größte Ausdehnung **tropischen Regenwaldes** nördlich des Amazonas. Er verteilt sich zum Großteil auf die nördlichen und östlichen Regionen und ist von ehemaligen Sklaven aus Afrika sowie von den indigenen Stämmen der Miskito, Suma und Rama besiedelt.

Das **Karibische Meer** ist deshalb über Land schwer zu erreichen. Es gibt viele Seen und Flüsse im Land, die von der Gesamtfläche des Landes rund 9240 km² einnehmen und oftmals die einzige Verbindung zwischen den Landesteilen im gut erschlossenen Westen und nur wenig erschlossenen Osten sind. Allein der **Nicaragua-See,** das größte Binnengewässer Zentralamerikas, kommt auf eine Ausdehnung von rund 8000 km².

Nicaragua ist mit einer Fläche von 130.670 km² zwar das **größte Land Mittelamerikas,** doch umfasst es damit nur gut ein Drittel der Fläche Deutschlands. Die Hauptstadt Managua liegt im Westen des Landes am Managua-See und ist infrastruktureller Dreh- und Angelpunkt.

Klima

Tropisch ist es in Nicaragua! Die Tagestemperaturen erreichen in der **Regenzeit** von Mai bis Oktober bis zu 32°C bei einer durchschnittlichen Luftfeuchtigkeit von 73% – da kommt man ins Schwitzen! Am feuchtesten ist es im September und Oktober – übrigens auch die Zeit, zu der die Meeresschildkröten an den Strand kommen.

In der **Trockenzeit** von November bis April werden sogar Temperaturen von bis zu 35°C erreicht. Nachts gehen die Temperaturen im Tiefland kaum unter 20°C zurück, im Hochland kann es wesentlich kühler werden.

Das Klima der **Atlantikküste** und das der **Pazifikküste** unterscheiden sich erheblich. Der östliche Teil des Landes ist heißer, feuchter und eine der regenreichsten Regionen der Welt. Der Westen zwischen den Seen und dem Pazifischen Ozean ist allgemein trockener und hat recht wenig Niederschlag.

Siehe auch Kapitel „Klima und Reisezeit" mit **Klimatabelle** auf S. 342.

Flora und Fauna

Nicaragua besitzt **78 Naturschutzgebiete** *(Reserva Natural, Parque Nacional, Refugio),* die mit mehr als 22.000 km² etwa 17% der Landesfläche einnehmen. In diesen Gebieten gibt es tropische Regen- und Trockenwälder, Pinienwälder, savannenähnliches Grasland und ausgedehnte Mangrovensümpfe, dazu tiefe Seen, hohe Berge und mächtige Vulkane. **Pinienwald** wächst sehr üppig in den nördlichen Bergregionen und an der Atlantikküste. **Regenwälder** wachsen im Tiefland bis etwa in 800 m Höhe. Darüber werden sie als **Nebelwälder** bezeichnet und kommen auch gerne in den Kratern erloschener Vulkane vor. Ihr ständig feuchter Boden ist farn- und moosbedeckt, und es sprießen zahlreiche Orchideenarten. Auch andere **Pflanzen,** die der Europäer nur als Topfpflanzen kennt, wie der Gummibaum oder die Monstera, wachsen in den Regenwäldern zu stattlichen Bäumen heran.

Das **Reserva Natural Bosawás,** nur schwer zugänglich und seit 1997 auf der UNESCO-Liste der Biosphärenreservate, ist das zweitgrößte Regenwaldgebiet in Amerika und bedeckt eine Fläche von 7300 km², was 7% des Landes ausmacht. Es ist ein „Hotspot" der Artenvielfalt mit zahlreichen seltenen und gefährdeten Gattungen der **Tierwelt.** Hier und in anderen Urwäldern Nicaraguas leben verschiedene Affenarten, darunter der gefährdete Geoffroy-Klammeraffe, ferner Waschbären, Faultiere, Gürteltiere, Tapire, Ozelots, Wiesel, Füchse, Rehe, Wildschweine, vereinzelt Ameisenbären, Jaguare und Pumas. Über 700 exotische **Vogelarten,** darunter Tukane, Pelikane, Kolibris, Papageien und der hängende Kugelnester bauende Oropendola, haben hier ihre Reviere und können dank ihres bunten Federkleids zwischen dem saftigen Blättergrün entdeckt werden. Der Goldwangen-Waldsänger und der Große Soldaten-Ara, eine grüne Papageienart, stehen bei der „Internationalen Union zur Bewahrung der Natur und natürlicher Ressourcen" (IUCN) auf der Liste der gefährdeten Vogelarten. Seltene **Schmetterlinge** gehören ebenso zur Fauna wie Leguane, Krokodile, Chamäleons, Riesen- und Giftschlangen, gefährdete Riesenschildkröten und giftige Frösche.

nica105-ji

▷ Manche Insekten sind nicht die kleinsten …

Nördlicher Tamandua – Steckbrief eines Ameisenbären

Ein Einzelgänger ist er, der **Tamandua mexicana** oder auch Nördlicher Tamandua, ein mittelgroßer Ameisenbär, dessen Schwanz mindestens so lang ist wie sein übriger Körper. Mit seiner **exzellenten Spürnase** und dem zahnlosen Maul mit einer klebrig-speichelbedeckten Zunge darin geht er auf die Suche nach Ameisen, von denen er mindestens 9000 Stück pro Tag verputzt. Arbeiterameisen schmecken ihm besonders gut, denn die zieht er den anderen Ameisen deutlich vor. In manchen Regionen Mittelamerikas, z.B. im südlichen Mexiko, dient der Tamandua dagegen selbst als Nahrungsquelle.

- **Größe:** ca. 1,10 m lang
- **Gewicht:** 3,2 bis 5,4 kg
- **Verbreitungsgebiet:** südliches Mexiko bis nördliches Peru
- **Lebensraum:** tropische Regenwälder, subtropische Trockenwälder, Mangrovengebiete
- **Lebensweise:** am Boden und in den Bäumen, tag- und nachtaktiv
- **Nahrung:** staatenbildende Insekten, vorzugsweise Ameisen, aber auch Termiten
- **Nachkommen:** ein Junges pro Wurf
- **Eigenschaften:** guter Kletterer, ausgezeichneter Geruchssinn
- **Fressfeinde:** Jaguar und Harpyie, einer der größten Greifvögel der Welt

Eine Besonderheit unter den Fischen ist der sog. **„Nicaragua-Hai“,** ein Bullenhai, der im Süßwasser leben kann und deshalb im Nicaragua-See und auch im Río San Juan vorkommt. Das Fischen dieser Haie und auch die Jagd nach Sägerochen, die ebenfalls im Süßwasser leben, ist streng untersagt, da sich die Zahl dieser Tiere stark dezimiert hat.

Neben dem tropischen Regenwald gibt es den **tropischen Trockenwald,** in Nicaragua allerdings nur in geringem Maße, da er durch das Anlegen von Plantagen bis in die 1950er Jahre hinein abgeholzt wurde.

Auf den Märkten des Landes stapelt sich das **Obst:** Zitrusfrüchte, saftige Mangos und Papaya, aromatische Guaven, Ananas und Melonen, außen unscheinbar braune, aber innen knallig orangefarbene Zapotes, auch bekannt als Breiapfel oder Mamey, Kokosnüsse, Avocados und die schotenartigen Tamarinden.

Zu den wichtigsten **Nutztieren** Nicaraguas zählen Zebu-Rinder, Schweine, Pferde, Truthähne und Hühner.

[>] Der Parque Central in den Städten ist Treffpunkt der Bevölkerung

Bevölkerung

Ein gemischtes Volk

Über 6,2 Millionen Menschen leben in Nicaragua, im Jahr 2015 wuchs die Bevölkerung um mehr als 57.000 Menschen. Die größte ethnische Gruppe mit fast 70% der Gesamtbevölkerung sind **Mestizen,** Nachfahren aus den Verbindungen zwischen spanischen Europäern und der indigenen Urbevölkerung. Knapp 17% sind **„Weiße"** meist spanischer Abstammung. Diese beiden größten Bevölkerungsgruppen leben in den erschlossenen westlichen Regionen und in und um Managua. Der Osten des Landes hin zur Karibik ist dagegen ein immergrünes Dschungelgebiet mit vielen Flüssen und wenig Infrastruktur. Hier leben nur etwa 12% der Bevölkerung, darunter afroamerikanische **Garifuna** und **Criollos,** Nachkommen der seit dem 16. Jahrhundert verschleppten afrikanischen Sklaven. Kleinere Gruppen bilden die in den Regenwäldern und an der karibischen Küste lebenden **indigenen Minderheiten,** wie die Miskito (121.000), die Sumu, die sich selbst Mayagna nennen (10.000), und die Rama (4000). Weitere kleinere indigene Gruppen gibt es noch im zentralen und nördlichen Hochland sowie in einigen Gebieten der Pazifikregion.

Sprachen

Aufgrund der spanischen Einwanderer sprechen heute über 97% der Bevölkerung **nicaraguanisches Spanisch** (siehe Sprachhilfe im Anhang), während weni-

nica106-ji

ger als 5% noch indigene Sprachen sprechen. Das nicaraguanische Spanisch enthält jedoch **bis zu 30% indianische Wörter,** die sich vorwiegend auf Alltagsleben, Familie und Natur beziehen. Aufgrund der weitläufigen Dschungelgebiete konnten die Spanier ihren Einfluss auf die karibische Tieflandregion kaum geltend machen. Die **Miskito** als größte der indigenen Ethnien verbündeten sich zudem mit den Engländern, die hier im 19. Jahrhundert ein Protektorat errichteten und einen Miskito-König ausriefen (siehe im Kapitel „Geschichte"). Die Indios konnten deshalb ihre eigenen Sprachen weiter pflegen, und so zählen zu den lebendigen **Indio-Sprachen** der Atlantikküste noch heute Miskito, Sumu (Mayagna), Rama und Garifuna (Igñeri).

Kleine Völkerkunde: Indigene Gruppen und Stämme

In Nicaragua leben noch viele indigene Völker, die meisten von ihnen in den undurchdringlichen Weiten des karibischen Tieflandes. Die Völker der Pazifikregion und des Nordens haben dagegen schon eine stärkere Durchmischung erfahren. Doch auch hier sind in vielen Gesichtern die indigenen Wurzeln noch erkennbar.

- **Pazifikregion und Zentrum:** Nicaraos/ Niquiranos, Chorotegas, Subtiabas u Hokan Sui
- **Zentraler Norden:** Chorotegas, Matagalpas und Cacaopoeras, Náhuatl
- **Karibikküste und karibisches Tiefland:** Creoles, Garifunas, Miskitos, Rama, Kukra, Sumos (Mayagnas)
- **Süden:** Maleku

Zudem wird hier auch karibisches Englisch, das **Kreolische,** gesprochen, das ein wenig an Gangsta-Rap erinnert.

Pazifik- vs. Karibikküste

Nicht nur sprachlich, sondern auch in der Ausübung der althergebrachten Traditionen und in der Religion, die bei den Karibik-Ethnien nicht katholisch, sondern protestantisch geprägt ist, **unterscheidet sich** die Bevölkerung der Atlantikregion **stark** von der Bevölkerung der Pazifikregion, was immer wieder zu Konflikten führt. Aktuell birgt das Projekt eines Nicaragua-Kanals großes Konfliktpotenzial. Noch ist mit dem Bau nicht wirklich begonnen worden, doch sollte es zur Realisierung kommen, werden zahlreiche Dörfer dem Kanal weichen müssen, darunter auch Indio-Land, das durch die Verfassung geschützt ist, also legal nicht enteignet werden kann. Immer wieder kommt es zu Protestaktionen. Doch nicht nur die fehlende Akzeptanz des restlichen Landes gegenüber den autonomen Gebieten führt zu Verstimmungen, auch der Drang der Karibikbewohner *(Costeños)* nach Autonomie bringt große **soziale Probleme** mit sich. Die Arbeitslosigkeit liegt hier mit 85% (!) weit über dem Landesdurchschnitt, Drogenschmuggler nutzen die einsame Region, die gesundheitliche Versorgung ist schlecht, da Ärzte und Krankenhäuser fehlen, und die jungen Leute haben kaum Chancen auf Bildung und Beschäftigung. Ein Hoffungsschimmer ist die 1995 gegründete URACCAN-Universität in Siuna – katastrophal unterfinanziert, doch viele Jugendliche hoffen auf eine Perspektive.

Demografie

Wie in vielen Ländern Lateinamerikas steigt auch in Nicaragua die Lebenserwartung bei einer allmählich sinkenden Geburtenrate. Gründe dafür sind einerseits die bessere gesundheitliche Versorgung und Hygiene, andererseits die zunehmende Verstädterung und der Wandel der sozialen Rolle der Frau. Im Jahr 2015 lag die **Geburtenrate** bei durchschnittlich 2,52 Geburten pro Frau; im Jahr 2000 waren es noch 3,25, 1990 4,75 und 1980 6,13 Geburten pro Frau! Der Rückgang ist also deutlich, aber immer noch sind 32,6% der Bevölkerung jünger als 15 Jahre und nur 4,6% 65 Jahre oder älter.

Familie

Die **wichtigste Institution** in der Gesellschaft ist die Familie. Auf sie ist Verlass, ganz im Gegensatz zu Politikern und Parteien. So sehen das in Nicaragua auch die jungen Leute. Dabei ist eine Heirat keine Grundvoraussetzung mehr, um als Familie anerkannt zu sein. Viele können sich eine Hochzeit bzw. die damit verbundenen Festivitäten auch gar nicht leisten und leben daher ohne Trauschein zusammen. Neben den eigenen Kindern leben im Haushalt oft noch weitere Verwandte, etwa die Eltern, eine Tante oder auch ein hilfsbedürftiges Kind aus der Verwandtschaft. Auch zu Studienzwecken ziehen junge Leute oft bei ihren Verwandten, die in der Stadt der Uni wohnen, ein. Die **Großfamilie** ist für viele ein wichtiger finanzieller bzw. wirtschaftlicher Anker. Wohnraum wird geteilt, Dinge des täglichen Bedarfs können kollektiv genutzt, Nahrungsmittel gemeinsam produziert werden, um sie später auf der Straße verkaufen zu können, und die Kinder befinden sich stets unter der Aufsicht mindestens eines Familienmitgliedes.

Gewalt in der Familie

Ein sehr großes Problem stellt die **häusliche, oft sexuelle Gewalt gegen Frauen und Mädchen** dar, die sich nicht selten nach Alkoholexzessen seitens der Männer entlädt. Nach Angaben von Nichtregierungsorganisationen werden 61% aller Sexualvergehen zu Hause in der Familie begangen. Nachbarn und Familienmitglieder decken die Taten viel zu häufig. **Ungewollte Schwangerschaften bei Teenagern** sind ein ernsthaftes soziales Problem, und viele dieser Schwangerschaften entstehen nicht durch jugendlichen Leichtsinn unter frisch Verliebten, sondern sind Folgen von Übergriffen durch Väter, Onkel, Brüder, Cousins. Trotz allgemein sinkender Geburtenraten werden in Nicaragua pro Jahr durchschnittlich 99 Kinder pro 1000 Geburten von Mädchen im Alter von 15 bis 19 Jahren zur Welt gebracht (Stand 2015; in Deutschland sind es drei von 1000 Geburten); das ist die höchste jugendliche Schwangerschaftsrate in Lateinamerika. Nicaragua belegt damit hinter mehreren afrikanischen Ländern den traurigen Platz 22 im Weltvergleich.

Schlimm ist in diesem Zusammenhang zudem die **Kriminalisierung des Schwangerschaftsabbruchs.** Seit 2006 verbietet das Strafrecht von Nicaragua alle Abtreibungen, auch wenn das Leben der Frau durch die Schwangerschaft oder

nica107-ji

Geburt bedroht sein sollte. Dieses Gesetz entstand vor allem unter dem Einfluss der FSLN und hob die Straffreiheit für Abtreibungen wieder auf, die in Nicaragua unter Präsident *Zelaya* eingeführt worden war. Betroffene Frauen und helfende Ärzte werden seitdem durch die Behörden unerbittlich strafverfolgt. Auf nationaler Ebene führte das zu massiven Protesten und tiefen Konflikten zwischen der Regierung und unabhängigen Frauenrechtsorganisationen. Eine Demonstration zum Internationalen Frauentag am 8. März 2014 in Managua wurde von der Polizei aufgelöst.

Die ab 1992 kriminalisierte **Homosexualität** wurde dagegen im Zuge einer Strafrechtsreform im Jahr 2008 wieder straffrei gestellt.

Auf dem Weg zum Markt

Migration

Laut Umfragen aus dem Jahr 2013 würden 54% aller Nicaraguaner ihr Land verlassen, wenn sie es könnten. Und das, obwohl die Nicas im Ausland vielen Formen der Diskriminierung ausgesetzt sind. Zielländer der Migration sind vor allem Costa Rica und die USA, inzwischen aber auch Spanien und Panama. Die meisten verlassen ihre Heimat **aus wirtschaftlicher Not.** Nach Angaben von UNICEF leiden 22% aller nicaraguanischen Kinder unter chronischer Mangelernährung.

Fast 30% der nicaraguanischen Haushalte werden **von Familienangehörigen im Ausland unterstützt.** Die Überweisungen hart erschufteter US-Dollar in die Heimat steigen nach wie vor jährlich an. Die finanzielle Notlage reißt viele Familien auf unabsehbare Zeit auseinander. Auch viele Mütter gehen zum Geldverdienen ins Ausland und müssen ihre kleinen Kinder bei der Großmutter zurücklassen. Meist sehen sie sich über Jahre nicht wieder.

Inzwischen ist die Auswanderung ein soziales Thema von größter Bedeutung geworden. Doch die Regierung hat bisher noch keine Maßnahmen entwickelt, die **Abwanderung** zu **stoppen** oder sogar Anreize zu schaffen, um die Landsleute zurück in ihre Heimat zu holen. Nach Angaben der Organisation *Red de Emigrantes* haben zwischen 1,2 und 1,5 Millionen Nicaraguaner ihr Land bereits verlassen, also fast jeder vierte.

Armut

Nach Haiti ist Nicaragua das **zweitärmste Land Lateinamerikas.** Reichtum und Besitz sind sehr ungleich verteilt: 42,5% der 6,2 Millionen Einwohner müssen mit weniger als 2 US-Dollar pro Tag auskommen, vor allem auf dem Land. Viele Mütter sind alleinerziehend, da die Väter entweder ihre Verantwortung für Frau und Kinder „vergessen" haben, im Ausland arbeiten oder die Familie mit Gelegenheitsjobs durchbringen müssen, die meist auch nicht vor der Haustür liegen.

Geschichte

Wechselhaft und kriegerisch, geprägt von Fremdherrschaft, Militärinterventionen, wirtschaftlicher Abhängigkeit und Bürgerkrieg, verlief die Geschichte Nicaraguas seit der Eroberung durch die Spanier bis in die 90er Jahre des 20. Jahrhunderts. Seitdem kehrt langsam Ruhe ein, doch von einer echten Demokratie und der Geltung rechtsstaatlicher Normen ist das Land weit entfernt.

Frühzeit

Seit ca. 3000 v.Chr.: erste Besiedlung durch indigene Stämme

Indigene Stämme besiedeln **von Norden kommend** West- und Zentralnicaragua, vor allem entlang der Seeufer im Gebiet des heutigen Managua. Zwischen etwa 500 v.Chr. und 800 n.Chr. wächst die Bevölkerung an und bildet komplexe Siedlungsstrukuren und soziale Hierarchien aus. Archäologen glauben, dass die ersten Bewohner zur Sprachfamilie der Makro-Chibchan gehörten, die mit indigenen Stämmen verwandt waren, die von Honduras bis Venezuela siedelten. Bei Ankunft der Spanier sind die drei größten **Volksgruppen** die **Niquirano,** die **Chorotega** und die **Chontal.** Sie zeigen sprachliche und kulturelle Ähnlichkeiten mit Völkern in Mexiko und waren wahrscheinlich mit ihnen verwandt. Die Karibikküste wird von einwandernden Stämmen aus Kolumbien und Panama besiedelt. Die größte Ethnie sind die **Miskito.**

Kolonialzeit

1502

Christoph Kolumbus erreicht die Karibikküste an der Mündung des Río Coco, dem heutigen Grenzfluss zwischen Nicaragua und Honduras. Er erkundet sie bis hinab zum Río San Juan, dem Grenzfluss zwischen Nicaragua und Costa Rica.

1519
Der Konquistador **Pedrarias Dávila** unternimmt Raubzüge von Panama aus und macht reiche Beute.

1522–1524
Eroberung Nicaraguas für die spanische Krone. Die Städte Granada (1523) und León (1524) werden gegründet, um

Das Encomienda-System

Um die Kontrolle über die Indios zu erlangen, den Handel in den neu gegründeten Kolonien profitabel zu gestalten und die politische Macht auf dem amerikanischen Kontinent zu behaupten, wurde im Jahr **1503** von der spanischen Königin *Isabella I. von Kastilien* das Encomienda-System (span.: *encomendar* = anvertrauen) eingerichtet. **Riesige Ländereien** mitsamt der auf ihnen lebenden indigenen Bevölkerung wurden in die treuhänderische Obhut einzelner Konquistadoren gegeben, den „encomenderos" (Auftragnehmern). Zum „Auftrag" gehörte die **freie Verfügbarkeit über die Arbeitskraft der Indios** und neben deren Schutz auch ihre Missionierung. Wer sich weigerte, getauft zu werden, musste mit dem Schlimmsten rechnen. Obwohl die Indígenas per Gesetz von 1512/13 (Gesetze von Burgos) nicht als Eigentum, also als Sklaven, der Encomenderos galten, erging es ihnen schrecklicher als ihren Leidensgenossen in der „echten" Sklaverei. Da sie eben nicht Eigentum der Gutsherren waren, wurde ihr Wert noch geringer geschätzt und die Menschen durch Schwerstarbeit, Züchtigung und erbärmlichste Lebensumstände zugrunde gerichtet.

Die indianische Bevölkerung wurde schnell immer kleiner, was die spanische Krone zum Handeln bewog – weniger aus moralischen als vielmehr aus wirtschaftlichen Gründen. **Ab 1536** sollten die Indios ihren „Herren" nur noch **Tributzahlungen** leisten, über ihre Arbeitskraft aber frei verfügen können. In der Praxis änderte sich dadurch nichts.

Als die Encomienda von den Gutsherren schließlich als ein erbliches Privileg beansprucht wurde, wollte Spanien die Macht der Encomenderos nachhaltig einschränken und erließ **1542** die **„Neuen Gesetze".** Sie verboten erneut die Sklavenhaltung der Indios und die Erblichkeit der Encomiendas. In den Kolonien löste das einen Sturm der Entrüstung bis hin zu blutigen Revolten aus. Spanien ruderte zurück, der Erbpassus wurde gestrichen. Die erlassenen Reformen blieben ohnehin weitestgehend wirkungslos, da sie sich über die Distanz und die eingeschränkten Möglichkeiten der Kommunikation (eine Gesetzesurkunde war wochen- oder monatelang per Schiff und über Land unterwegs, die Antwort ebenso) nur schwer durchsetzen ließen.

1549 wurde das Encomienda-System durch das mildere **System des Repartimiento** („Zuteilung"), zeitlich begrenzte Arbeitseinsätze für den Staat, abgelöst. Doch die Jahre der brutalen Encomienda hatten gereicht, um in der Karibik die indigene Bevölkerung auszurotten. Das Encomienda-System überdauerte in Form der Hazienda bis ins 20. Jahrhundert hinein.

die Landverteilung *(encomienda,* siehe nebenstehenden Exkurs) an die Konquistadoren in Gang zu setzen, was nichts anderes bedeutet als die Enteignung der Urbevölkerung. Aufstände der indigenen Völker werden blutig niedergeschlagen und die Bevölkerung stark dezimiert. Nach Auseinandersetzungen unter den Konquistadoren bleibt Nicaragua in der Hand von *Pedrarias Dávila.*

1538

Ein Großteil der **Bevölkerung** wird **versklavt** und in die Silberminen Perus und Boliviens deportiert. 1552 schreibt der Mönch und Zeitzeuge *Bartolomé de Las Casas:* „Im gesamten Nicaragua dürften heute 4000 bis 5000 Einwohner leben, früher war es eine der am dichtesten bevölkerten Provinzen der Welt".

1655

England beansprucht die Miskito-Küste, also die karibische Seite, für sich; das Gebiet wird Protektorat. Die Miskito-Indios bleiben jedoch selbstständig und werden von den Engländern nicht deportiert. Ab 1740 weht die britische Flagge über Bluefields. Im Vertrag von Managua im Jahr 1860 wird die **Miskito-Küste** Hoheitsgebiet Nicaraguas. Der König der Miskitos besteht jedoch auf vollständige Autonomie, die schließlich per Verfassungsdekret zugesichert wird. Bis ins 18. Jahrhundert hinein ist die Küste – über den Río San Juan mit dem Nicaragua-See verbunden – das Operationsgebiet von Piraten.

1725 und 1777

Erste **Aufstände der indigenen Bevölkerung** gegen die spanische Kolonialmacht brechen aus.

1811/12

Als Folge der Französischen Revolution und der Besetzung Spaniens durch *Napoleon* bricht in Mittel- und Südamerika der **Unabhängigkeitskrieg gegen Spanien** aus. Der in León geborene Colonel *José Zepeda* ist dabei eine herausragende Persönlichkeit und nimmt an mehreren Schlachten teil.

Zwischen Unabhängigkeit und US-Kontrolle

1821

Am 15. September wird die **Unabhängigkeit von Spanien** ausgerufen. Nicaragua ist zunächst Teil des Kaiserreiches Mexiko, dann Teil der **Zentralamerikanischen Konföderation,** zu der noch Guatemala, Honduras, El Salvador und Costa Rica gehören. Die britische Miskito-Küste wird dagegen von der kurzlebigen Republik Neugranada beansprucht.

1838

Nicaragua erklärt offiziell seine Unabhängigkeit und verlässt als erstes Land die Zentralamerikanische Konföderation. Nun beginnt ein **Kampf um die politische Vorherrschaft** und den Status als Hauptstadt **zwischen** den konkurrierenden Städten **León** als Sitz der liberalen Kräfte **und Granada** als Basis der Konservativen. Der Streit geht jahrelang hin und her.

1856/57

Schließlich bricht zwischen den Liberalen und Konservativen ein **Bürgerkrieg** aus. Die Liberalen in León rufen den US-amerikanischen Freibeuter **William**

Walker zu Hilfe (siehe entsprechenden Exkurs). Trotz Verbots der US-Behörden rückt er an, zerstört große Teile von Granada und reißt schließlich mit einer kleinen Söldnerarmee von nur 57 Mann die Macht in Nicaragua an sich. Er ruft sich selbst zum Präsidenten aus und führt die Sklaverei wieder ein. Nun mischen sich auch die **USA** und **Großbritannien** in den Konflikt ein.

Im Mai 1857 muss sich *Walker* den Truppen der mittelamerikanischen Alliierten ergeben und wird in die USA zurückgebracht. Er kehrt jedoch für **weitere Raubzüge** nach Mittelamerika zurück, wird 1860 von den Briten gefangen

Kanonenbootpolitik durch Liebes-Aus – Die Eisenstuck-Affäre

Weil sich die Stieftochter des kaiserlichen Honorarkonsuls **Paul Eisenstuck** von ihrem Mann scheiden lassen wollte, drehte der Schwiegersohn durch: Gleich zweimal griff der Beamte den Konsul und seine Familie auf offener Straße an. Beim ersten Mal verfehlten die Schüsse ihr Ziel nur knapp, beim zweiten Mal wurde *Eisenstuck*, der schon lange in Mittelamerika lebte und dort verheiratet war, von angeheuerten Soldaten verprügelt und verhaftet. Alle Ermittlungen gegen die Täter verliefen im Sande. *Eisenstuck* wurde zwar bereits auf dem Weg zum Gericht wieder freigelassen, doch das Deutsche Kaiserreich verlangte allein aufgrund des diplomatischen Status des Konsuls eine offizielle Entschuldigung und Entschädigung von Nicaragua, zudem die Bestrafung der Täter. Doch die Offiziellen in Nicaragua dachten nicht daran.

Nachdem auch **Vermittlungsbemühungen** durch die USA und Großbritannien erfolglos blieben, sandte die kaiserliche Marine 1877 vier **Kriegsschiffe** gen Mittelamerika. Im März 1878 erreichten sie ihr Ziel. Und hatten Wirkung: Die nicaraguanische Regierung knickte ein und zahlte eine Entschädigung von 30.000 US-Dollar, die Täter wurden mit einer Geldstrafe von 500 US-Dollar verurteilt, und eine Abteilung Marinesoldaten ehrte Deutschland mit einem Flaggensalut.

Für ein Landungsmanöver bis hin zum Regierungssitz Managua waren die deutschen Schiffe zwar gar nicht ausgestattet, dennoch erzielte diese sog. **„Kanonenbootpolitik"** ihre Wirkung und wurde vor allem in der zweiten Hälfte des 19. Jahrhunderts bis in die Anfangsjahre des 20. Jahrhunderts von verschiedensten Seemächten als gängiges Mittel der **Machtdemonstration** eingesetzt. So gab sich auch das junge Deutsche Kaiserreich Mühe, als Großmacht wahrgenommen und entsprechend behandelt zu werden. Gerade für kaufmännische Unternehmungen im Ausland war der Respekt vor deutschen Interessen wichtig.

Respekt hatte sich das Deutsche Reich durch diese Intervention wohl verschafft, doch die deutsch-nicaraguanischen Beziehungen wurden dadurch massiv belastet, und der Vorfall konnte erst durch einen **Handelsvertrag** von 1894 relativiert werden.

Die Stieftochter des Konsuls *Eisenstuck* kehrte später zu ihrem Mann zurück und war bis 1914 mit ihm verheiratet.

genommen und im honduranischen Trujillo durch ein Erschießungskommando exekutiert.

Aus den Auseinandersetzungen zwischen Liberalen und Konservativen geht schlussendlich **Managua** als lachender Dritter hervor und wird im Jahr **1858** zur **Hauptstadt** bestimmt.

1876–1878

Zwei Überfälle auf den Honorarkonsul des Deutschen Kaiserreiches *Paul Eisenstuck* in der Stadt León führen zu einem Konflikt zwischen dem Deutschen Reich und der Republik Nicaragua, der sog. **Eisenstuck-Affäre** (siehe nebenstehenden Exkurs).

1881

Aufstand von Matagalpa. Nach der Privatisierung von indigenem Land werden die Menschen in Zwangs- und Lohnarbeit auf den expandierenden Kaffeeplantagen ausländischer Oligarchen gedrängt.

1882

Die **US-Regierung** ermutigt bereits seit den 1850er Jahren amerikanische Unternehmer, in die strategisch wichtigen mittelamerikanischen Länder zu investieren. Nicaragua zählt als möglicher Kandidat für den Bau eines Kanals zur Verbindung von Atlantik und Pazifik zweifellos dazu. Neben dem Erwerb von Minen richten US-amerikanische Firmen nun weitläufige Bananenplantagen an der Miskito-Küste ein.

1893–1909

Mit der **Präsidentschaft von General José Santos Zelaya** ist die liberale Elite an der Macht. Neben fortschrittlichen Maßnahmen wie der Verbesserung des Bildungssystems, dem Bau neuer Straßen sowie der Einführung der Dampfschifffahrt werden auch verfassungswidrige Schritte unternommen. Dazu zählt die militärische Besetzung der autonomen Miskito-Küste im Jahr 1894. Da die US-Amerikaner hier jedoch Bananenwirtschaft betreiben und den Handel allein kontrollieren wollen, finanzieren sie einen Aufstand unter dem Gouverneur der Miskito-Küste, General **Juan José Estrada.** 1909 muss *Zelaya* daher zurücktreten, und *Estrada* übernimmt kurzzeitig die Präsidentschaft.

Unter US-Kontrolle

Im 20. Jahrhundert werden Nicaraguas Politik und Wirtschaft gänzlich von den USA kontrolliert bzw. manipuliert.

1911–1924

1911 tritt der Marionettenpräsident *Estrada* zugunsten des Konservativen **Adolfo Díaz** zurück. Als ehemaliger Buchhalter in einem Bergbauunternehmen nimmt er im selben Jahr bei US-Banken Millionenkredite auf und sichert den USA die Zolleinnahmen Nicaraguas als Sicherheit zu. 1914 erhalten die USA im sog. „Chamorro-Bryan-Vertrag" zudem die Exklusivrechte für den Bau eines Nicaragua-Kanals. *Díaz* unterschreibt auch die sog. **„Dawson-Verträge"**, in denen sich Nicaragua zu einer von den USA abhängigen Wirtschaft und Politik verpflichtet. Nach einem Putschversuch ruft Präsident *Díaz* die USA zur Hilfe. Die USA reagieren sofort, und so kommt es 1912 zu einer **US-amerikanischen Invasion** und der Besetzung Nicaraguas. Immer wieder gibt es Versuche, die US-hörige Regierung zu stürzen – vergeblich. Von 1917 bis 1920 ist **Emiliano Chamorro,** der 1914 zugunsten der USA den Chamorro-Bryan-Vertrag aushandelte, Präsident von Nicaragua. Das Land steht jahrelang am Rande eines Bürgerkriegs. Die USA unterstützen die konservative Regierung gegen liberale Rebellen; mehr als zehn **Aufstände** der Liberalen werden zwischen 1912 und 1924 von US-Marines niedergeschlagen. Und dann kommt *Sandino.*

1927

Der **Bürgerkrieg** zwischen Konservativen und Liberalen flammt wieder auf. Die USA fürchten einen Sieg der Liberalen und schreiten ein. Durch den „Pakt von Espino Negro" wird die Entwaffnung der Liberalen durch die USA erzwungen. Nur der liberale General **Augusto César Sandino** und etwa 30 seiner Leute lassen sich nicht entwaffnen, verstecken sich in den Bergen und beginnen einen **Guerilla-Krieg** gegen die Amerikaner. *Sandino* erringt einige militärische Erfolge gegen die US-Truppen. Daraufhin stellen die USA eine nicaraguanische Nationalgarde *(Guardia Nacional de Nicaragua)* auf, um sich selbst – wie von *Sandino* gefordert – aus dem Land zurückzuziehen und dennoch die Kontrolle zu behalten. Oberbefehlshaber der neuen Armee wird kein Geringerer als der US-Vertraute **Anastasio Somoza García.**

1932

In einer von den USA durchgeführten Wahl wird der Liberale **Juan Bautista Sacasa** zum Präsidenten gewählt. Doch US-Freund *Somoza* hat als Oberbefehlshaber der Nationalgarde die militärische Macht, und die US-Truppen ziehen beruhigt ab. Danach legen *Sandino* und seine Truppen in gutem Glauben die Waffen nieder und schließen ein **Friedensabkommen** mit Präsident *Sacasa.*

1934

Doch **Somoza gewinnt** durch den Rückhalt der Nationalgarde, die gleichzeitig Armee und Polizei ist, **immer mehr Macht.** Nach einem verheerenden Erdbeben zweigt er Aufbaugelder ab und legt so den Grundstein für ein beträchtliches Privatvermögen. Mit dem Versprechen der Versöhnung lädt er *Sandino* und dessen Generäle zu einem Festbankett ein, bei dem er alle trotz des Friedensabkommens ermorden lässt. *Sandinos* Namen und die rot-schwarze Fahne der Bewegung übernimmt später die revolutionäre *Frente Sandinista de Liberación Nacional* (FSLN).

Somoza-Diktatur und Revolution

1936–1956: Somoza-Diktatur I

Somoza zwingt Präsident *Sacasa* zum Rücktritt und lässt sich als Kandidat der *Partido Liberal Nacionalista* (PLN) selbst zum Präsidenten wählen. *Sacasa* verlässt daraufhin Nicaragua. Mit Hilfe von Unterdrückung, Vetternwirtschaft und Unterschlagung öffentlicher Gelder errichtet der **Somoza-Clan** in der Folge **eines der größten Wirtschaftsimperien Lateinamerikas.** Freunde und Familienangehörige werden in alle wichtigen Ämter eingesetzt. Die Verschleppung und Ermordung von Oppositionellen durch sog. **„Todesschwadronen“** gehört nun zum Alltag der Bevölkerung.

1939–1945

Im **Zweiten Weltkrieg** stellt sich *Somoza* trotz vorheriger Sympathien für faschistische Regimes **auf die Seite der USA.** Nicaragua liefert Gummi und Baumwolle für die US-Kriegsindustrie. *Somoza* enteignet alle Deutschen in Nicaragua und verleibt sich deren Vermögen, Landbesitz und Kaffeeplantagen ein. Bei sämtlichen Konflikten kann *Somoza* mit dem Rückhalt der USA rechnen.

1956

Womit der Diktator nicht rechnen konnte, ist die Entschlossenheit des Dichters **Rigoberto López Pérez.** Der schleicht sich bei einem Konvent zur Wiederwahl *Somozas* in die Nähe des Präsidenten und verletzt ihn durch fünf Schüsse schwer. Die Leibgardisten *Somozas* erschießen ihn sofort. Der schwer verwundete Präsident wird ins Militärkrankenhaus nach Panama-City geflogen, damals noch Kontrollzone der USA. Er ist jedoch nicht mehr zu retten und verstirbt nach acht Tagen. *López Pérez* gilt heute in weiten Kreisen der nicaraguanischen Bevölkerung als Nationalheld.

1956–1963: Somoza-Diktatur II

Doch der Einsatz des Dichters nützt nicht viel. *Somozas* Sohn, Oberst **Luís Somoza Debayle,** übernimmt die Macht als Diktator. Wie sein Vater unterdrückt er jeglichen Widerstand im Land mit Gewalt und kann sich dabei der Unterstützung durch die USA sicher sein. Im Gegenzug dürfen US-Firmen über Jahre riesige Urwaldgebiete für ihre Bananenplantagen abholzen und hinterlassen eine unfruchtbare Steppe. Edelhölzer, Gold und Silber werden ins Ausland verscherbelt. Und wie sollte es anders sein: Nicaraguas Bevölkerung sieht nichts von den Gewinnen.

1967–1979: Somoza-Diktatur III

Anastasio Somoza Debayle, der jüngere Sohn des alten *Somoza* mit Spitznamen „Tachito“, kommt durch Wahlbetrug an die Macht. Er ist noch grausamer, noch härter als sein Vater. Auch er wird von den USA unterstützt. Er arbeitet die Verfassung um und stattet darin den Präsidenten, also sich selbst, mit Sondervollmachten aus.

1972

Ein **katastrophales Erdbeben** zerstört am 24. Dezember die Hauptstadt Managua, mehr als 10.000 Menschen sterben. Doch der Somoza-Clan nutzt diese Not zur eigenen Bereicherung aus: Große Teile der internationalen Hilfsgelder fließen direkt auf die Bankkonten der Clique. Auch am Wiederaufbau verdienen die *Somozas* mit, beherrschen sie doch das Baugewerbe. Noch heute aber sind große Teile der Innenstadt und die Kathedrale nicht wiederhergestellt.

1977

Durch den kontinuierlichen und ungenierten Machtmissbrauch der *Somozas* flammen gewaltsame Auseinandersetzungen auf – eine **Revolution,** die das ganze Land erfasst, beginnt.

1978

Somoza lässt *Pedro Chamorro,* den Anführer der bürgerlichen Opposition und Chef der Tageszeitung „La Prensa“, von der Nationalgarde ermorden. Es folgen **Proteste und Aufstände im ganzen Land,** die *Somoza* blutig niederschlagen lässt. Hunderte Menschen sterben. Doch der Diktator kann den Umsturz nicht mehr aufhalten.

Herrschaft der Sandinisten

1979–1985

Bereits 1961 hatte sich die **Frente Sandinista de Liberación Nacional (FSLN,** dt. Sandinistische Nationale Befreiungsfront) gegründet. Federführend waren *Carlos Fonseca, Tomás Borge* und *Silvio Mayorga,* die sich bei der Namensgebung und Programmatik auf den Volkshelden *Augusto Sandino* beziehen. Dessen **Kampf gegen den Imperialismus und für marxistische Ideale** prägen auch die Zielsetzung der FSLN. Die Front setzt sich an die Spitze einer breiten revolutionären Bürgerbewegung und hat unter Studenten, in der Arbeiterklasse und bei der bäuerlichen Landbevölkerung breiten Rückhalt. Nach harten Kämpfen fliehen die *Somozas* im Juli 1979 nach Florida, und die siegreichen Sandinisten ziehen in Managua ein.

Die Sandinisten übernehmen die Macht. Zahlreiche Anhänger der Somoza-Diktatur werden festgenommen und hingerichtet. Im ganzen Land werden Schulen gebaut, Gesundheitsstationen gegründet und die Frauenrechte gestärkt, was auch der bekannten Sandinistin, Feministin und Schriftstellerin **Gioconda Belli** zu verdanken ist. Der berühmte Dichter und Priester **Ernesto Cardenal** (siehe entsprechenden Exkurs) wird zum Kulturminister ernannt und fördert indigene und bäuerliche Traditionen. Eine **Alphabetisierungskampagne** der Landbevölkerung wird gestartet. Per **Landreform** wird der Besitz der *Somozas* eingezogen und das

nica108-jj

Mural (Wandbild) mit den Gründern der FSLN

Land an Kleinbauern, Kooperativen und Staatsbetriebe verteilt. Die Rechte der Miskito-Indios werden unter der Sandinistenherrschaft allerdings mit Füßen getreten, was der FSLN später mit zum Verhängnis wird. Rund 8500 Miskitos werden in das Landesinnere zwangsdeportiert. Ungefähr 10.000 Miskitos fliehen in das benachbarte Honduras.

Ab 1981 mischen sich die **USA** wieder verstärkt in Nicaragua ein. Da die FSLN die US-Interessen in Nicaragua bedroht, beginnen die USA unter Präsident *Ronald Reagan* mit dem Aufbau gegenrevolutionärer Streitkräfte, den sog. **„Contras"**. Die Mitglieder rekrutieren sich vorwiegend aus der alten Nationalgarde des Diktators *Somoza*. Auch die Miskito-

Die Verbrechen der USA im Contra-Krieg

Der seinerzeit amtierende Präsident der USA, **Ronald Reagan,** bezeichnete die „Contras" als „Freiheitskämpfer". Freiheitskämpfer im Dienste amerikanischer Wirtschaftsinteressen? Die US-Regierung war jedenfalls so frei, das Geld zur Unterstützung der Contras aus dunklen Kanälen zu beschaffen. So wurde später bekannt, dass es **geheime US-Waffenverkäufe in den Iran** gab. Das Geld aus diesen Geschäften floss anschließend direkt an die Contras, was als **„Iran-Contra-Affäre"** in die Geschichte einging. Außerdem war der US-Geheimdienst CIA in den internationalen Drogenhandel verwickelt. Gewinne aus dem illegalen Kokain-Verkauf in den USA dienten der Finanzierung von Waffen und Ausrüstung für die Contras.

Dank dieser Mittel konnten die Contras die **Infrastruktur in Nicaragua zerstören,** die Landbevölkerung überfallen, Minen legen – *Reagan* veranlasste sogar die Verminung des einzigen nicaraguanischen Pazifikhafens Corinto –, die Ernte verbrennen, Vieh stehlen und für **Angst und Schrecken** sorgen, um die Lage im Land zu destabilisieren, die Bevölkerung zu verunsichern und letztlich die FSLN zu stürzen.

Für diese Verbrechen wurden die **USA vom Internationalen Gerichtshof in Den Haag schuldig gesprochen** und zu einer Zahlung von 2,4 Milliarden US-Dollar verurteilt. Bisher ist jedoch kein Geld in Nicaragua angekommen, denn die USA verweigern trotz einer UN-Resolution, der nur sie selbst, Israel und El Salvador nicht zugestimmt haben, jegliche Zahlungen.

Indios, von den Sandinisten schlecht behandelt, unterstützen die Contras. Die USA helfen den Contras finanziell, geheimdienstlich und militärisch. Im **Bürgerkrieg zwischen Sandinisten und Contras** greifen auch viele Frauen zur Waffe, sogar Kinder werden in die Kämpfe verwickelt. Viele sterben. Der Krieg sorgt zudem dafür, dass Nicaragua sich wirtschaftlich nicht erholt. Die FSLN muss einen Großteil der zur Verfügung stehenden Gelder für den Krieg ausgeben, gleichzeitig steigen im ganzen Land die Preise, und Lebensmittel und andere wichtige Güter werden knapp.

1985–1990: Staatspräsident Daniel Ortega

Die ersten **freien Wahlen** in Nicaragua im Jahr **1984** werden von ausländischen Beobachtern als fair gewertet und bestätigen die FSLN. *Daniel Ortega* ist von 1985 bis 1990 Präsident des Landes. *Ronald Reagan* erkennt dessen Präsidentschaft jedoch nicht an; die **USA** verhängen ein **Wirtschaftsembargo** gegen Nicaragua, um die FSLN in die Knie zu zwingen. Durch die fehlenden Exporteinnahmen verschuldet sich das Land immer mehr. Internationale Revolutionshelfer, die sogenannten **„Sandalistas"**, kommen vor allem aus Deutschland und Italien nach Nicaragua und engagieren sich auf Kaffee- und Baumwollplantagen oder sogar als Kämpfer an der Seite der FSLN im Krieg gegen die Contras. Doch der **Führungsstil von Präsident Ortega** wird **immer autoritärer,** und bald bleibt von dem Versuch, Nicaragua aus Armut, Gewalt und Misswirtschaft zu befreien, nicht mehr viel übrig. Prominente Mitglieder wie *Gioconda Belli* und *Ernesto Cardenal* treten aus der FSLN aus.

1987

Bei einem mittelamerikanischen Gipfeltreffen am 7. August im guatemaltekischen Esquipulas legt der Präsident von Costa Rica, *Óscar Arias Sánchez,* den sog. **„Arias-Sánchez-Plan“** vor. Als Basis für den wirtschaftlichen Aufschwung seines Landes sieht er die langfristige Sicherung des Friedens in Mittelamerika, was mit dem Arias-Sánchez-Plan erreicht werden soll. Neben Honduras, El Salvador und Guatemala unterzeichnet auch das kriegsmüde Nicaragua den Plan. Die Länder verpflichten sich zu nationalen Friedensgesprächen, zur Aufgabe der Unterstützung von Guerilla-Gruppen, zu Demokratie, Grundrechten und freien Wahlen.

1988

Die Sandinisten und Contras einigen sich auf einen **Waffenstillstand.** Ein **nationaler Friedensplan** wird ausgehandelt und freie Wahlen für das Jahr 1990 angesetzt. Die Contras, die ihre Operationen großteils außerhalb Nicaraguas planten, kehren nun geschlossen ins Land zurück.

Von 1990 bis heute

1990

Überraschend gewinnt das antisandinistische und von den USA unterstützte Parteienbündnis *Unión Nacional Opositora* (UNO) die Wahl und stellt mit der Zeitungsverlegerin **Violeta de Chamorro** die erste Frau als Präsidentin. Sie ist die Witwe des unter *Somoza* ermordeten Verlegers *Pedro Chamorro.* Ursache des Machtwechsels ist die desolate wirtschaftliche Lage mit hoher Arbeitslosigkeit, hoher Inflationsrate und einem sehr niedrigen Lebensstandard. Auch den Contra-Krieg mit über 29.000 Toten hat die Bevölkerung satt. Die UNO verspricht nun Frieden, Wohlstand und das Ende des US-Embargos.

Von Februar bis April 1990, in der Zeit zwischen Wahl und Amtsübergabe, sichern sich viele **Sandinisten** durch **Korruption** das Eigentum an Staatsgütern und privatisierten Dienstwagen, was zu einer großen Glaubwürdigkeitskrise der FSLN führt.

Neben der **Neuaufteilung des Landes** (siehe Exkurs auf der nächsten Seite) versucht Präsidentin *Chamorro* das Land durch weitere Maßnahmen zu stabilisieren. Sie führt die **freie Marktwirtschaft** wieder ein und stoppt damit die Inflation und stellt die Kreditwürdigkeit des Landes wieder her. Die Armee wird verkleinert, die Contras entwaffnet.

Trotz der Beilegung des offenen Konflikts brodelt es in Nicaragua weiter. Viele Waffen sind im Land, vereinzelt bekämpfen sich Sandinisten und Contras noch immer. Obwohl die Kämpfer zur Wiedereingliederung Land zur Verfügung gestellt bekommen, werden viele ihrer politischen Erwartungen nicht schnell genug erfüllt. Es kommt zu **Wiederbewaffnungen,** die enttäuschten Contras nennen sich „Recontras“, die enttäuschten Sandinisten „Recompas“.

1996

Präsidentin *Chamorro* kann nach sechsjähriger Amtszeit nicht wieder kandidieren, und so gewinnt 1996 **Arnoldo Alemán** von der *Partido Liberal Constitucionalista* (PLC) die Wahl und wird neuer Präsident. Doch er ist geldgierig, bereichert sich und seine Anhänger und ver-

Die Landfrage in den 1990ern

Bei der **Landreform von 1979** „vergaßen" die Sandinisten, die neuen Eigentümer, also die damals begünstigten Kleinbauern, Kooperativen und Staatsbetriebe, in das Grundbuch eintragen zu lassen. **1990,** nach der Machtübernahme durch die antisandinistische *Unión Nacional Opositora* (UNO) war unklar, wem das Land nun gehörte. Schnell bereicherten sich die Sandinisten noch selbst und sicherten sich die besten Grundstücke. Doch die **Landreformen** von einst wurden nun **rückgängig** gemacht und die Staatsbetriebe zu je 25% unter den einstigen Großgrundbesitzern, Landarbeitern, ehemaligen Mitgliedern der sandinistischen Armee sowie ehemaligen Contras aufgeteilt. Aber auch die geflohenen Günstlinge der Somoza-Diktatur kamen nun ins Land zurück und forderten ihren Besitz ein. Durch Bestechung der Richter wurde vielen von ihnen ihr früherer Besitz wieder rechtmäßig zugesprochen. Doch die Bevölkerung ließ sich ihr Land nicht mehr so einfach wegnehmen, und so kam es im Land wieder einmal zu zahlreichen **Revolten, Aufständen und Demonstrationen.** Nach Massenprotesten und Straßenblockaden musste Präsident *Alemán* im Jahr 1997 die Verteilung des Bodenbesitzes neu überarbeiten. Jedoch bleiben die Besitzverhältnisse in vielen Fällen unklar, und es werden spezielle Agrargerichte gefordert. Bisher kamen sie allerdings nicht zustande.

mehrt seinen Reichtum beträchtlich. *Alemán* verwirft alle sandinistischen Reformen und setzt zur Stabilisierung der Wirtschaft auf **neoliberale Prinzipien,** die ins Desaster führen: Die Währung wird abgewertet, die Preise für Grundnahrungsmittel steigen, soziale Einrichtungen wie Kindergärten werden geschlossen, Schulgeld erhoben, das Gesundheitssystem und Ländereien privatisiert. Arbeitslosigkeit, Analphabetenrate und Kindersterblichkeit steigen in der Folge, die Lebenserwartung sinkt.

1998

Hurrikan „Mitch" zerstört weite Teile des Landes. Tausende Menschen sterben, da die Regierung es versäumt hat, die Risikogebiete rechtzeitig zu evakuieren. Besonders die Ärmsten verlieren ihren gesamten Besitz: Häuser, Vieh, Ernten. Bereits kurz nach der Katastrophe können durch hohe Spenden vor allem aus Deutschland, Spanien und den Niederlanden erste Notprojekte in Angriff genommen und mit dem Wiederaufbau begonnen werden. Und wie so oft: Präsident *Alemán* und einige seiner Anhänger veruntreuen einen Teil der Gelder.

2002

Enrique Bolaños Geyer, ebenfalls von der *Partido Liberal Constitucionalista* (PLC), wird zum Nachfolger von Präsident *Alemán* gewählt. Er verschreibt sich dem Kampf gegen die Korruption und fordert die Bestrafung *Alemáns.* Im Dezember 2003 wird dieser wegen Korruption, Vetternwirtschaft und Veruntreuung von 100 Millionen US-Dollar zu einer Haftstrafe von 20 Jahren verurteilt. Bisher hat er sie nicht angetreten, sondern steht nur unter Hausarrest und darf

nica109-ji

das Departamento Managua nicht verlassen.

2004

Die **Weltbank erlässt** Nicaragua 80% seiner **Schulden.** Ein Jahr später stimmt Nicaragua dem **Central America Free Trade Agreement (CAFTA)** zu, das 2006 in Kraft tritt (siehe entsprechenden Exkurs).

2006–2016: Die Sandinisten zurück an der Macht

2006 übernimmt wieder die FSLN die Regierung: Nach 16 Jahren kehrt der frühere Revolutionär und Präsident **Daniel Ortega** wieder als **Präsident** an die Macht zurück. Die Wahl im November 2006 wird von ausländischen Wahlbeobachtern als fair und transparent anerkannt. Es gibt aber auch Stimmen, die von Betrügereien sprechen, da z.B. erst kurz vor der Wahl das Wahlrecht geändert wird: Bereits eine relative Mehrheit von 35% im ersten Wahlgang genügt nun, um ins Präsidentenamt zu gelangen. Und so siegt *Ortega* mit 38% nur knapp, seine Kontrahenten erreichen 29% und 26%. Auch viele frühere Sandinisten verlassen die FSLN, da sie die Partei und ihre nach außen vertretenen Ideale nicht mehr für glaubwürdig halten. Viele meinen, *Ortega* sei der Machterhalt wichtiger als Wandel und Gerechtigkeit. Eine ehemalige Weggefährtin *Ortegas,* **Dora María Téllez,** klagt an: „*Ortega* verwendet dieselben Methoden wie einst Diktator *Anastasio Somoza.* Er

⌃ Daniel Ortega, zuletzt 2016 Sieger bei den Präsidentschaftswahlen

CAFTA – Freier Handel zu welchem Preis?

Freihandelszonen sollen den Handel zwischen Wirtschaftspartnern erleichtern und die Außenwirtschaft der beteiligten Länder vorantreiben. Das **Central America Free Trade Agreement** (CAFTA) zwischen den USA und den mittelamerikanischen Staaten Costa Rica, El Salvador, Guatemala, Honduras und Nicaragua sowie der Dominikanischen Republik (deshalb auch die Abkürzung DR-CAFTA) ist 2006 in Kraft getreten. Zukünftig soll der Warenverkehr zwischen den Teilnehmerstaaten weitgehend **zoll- und einfuhrsteuerfrei** sein und gegenüber Exporten aus Drittländern bevorzugt werden. So können z.B. die Produkte der zentralamerikanischen Bekleidungsindustrie durch CAFTA billiger angeboten und vor wachsender Konkurrenz, vor allem aus Asien, geschützt werden. Exportbeschränkungen, Importquoten, z.B. von ausländischen Arbeitskräften, oder nationale Normen bilden nun keine Hindernisse mehr.

Oft jedoch können Freihandelsabkommen – vor allem wenn sie zwischen wirtschaftlich unterschiedlich starken Partnern geschlossen werden – verheerende soziale Folgen haben. DR-CAFTA garantiert z.B. etablierten **US-Firmen** den **uneingeschränkten Zugang zum Markt der mittelamerikanischen Länder.** Bis 2015 mussten diese Länder alle Importhürden für US-Produkte und -Dienstleistungen abgebaut haben. Alleine Costa Rica musste dafür eigens 13 nationale Gesetze ändern.

Multinationale Konzerne, vor allem aus der Pharmaindustrie, sind durch CAFTA rechtlich bevorteilt, da es in den CAFTA-Mitgliedsstaaten jetzt verboten ist, Nachahmerpräparate anzubieten, wenn Konzerne Patente auf deren Inhaltsstoffe besitzen. Die Kosten vieler Medikamente werden sich dadurch deutlich erhöhen.

Vor allem die mittelamerikanischen **Kleinbauern,** die den Binnenmarkt beliefern, müssen fürchten, dass ihre Produkte mit den durch Subventionen verbilligten US-Importen nicht mehr mithalten können. Sie bangen, dass sie nun gentechnisch verändertes Saatgut und dafür entwickelte Pestizide von US-Firmen beziehen müssen. DR-CAFTA verpflichtet zudem dazu, Aufträge für Dienstleistungen international auszuschreiben.

Die Unterzeichnung des Abkommens löste daher **Proteste in Mittelamerika,** aber auch in den USA aus. US-Wirtschaftsverbände sehen durch billige Lohnarbeiter aus dem Süden nationale Arbeitsplätze in Gefahr. Mittelamerikanische Unternehmen fürchten dagegen die überlegene Konkurrenz der US-Wirtschaft. Die weitreichenden positiven Auswirkungen von CAFTA, wie sie die teilnehmenden Regierungen versprechen, sind jedenfalls nicht in Sicht. US-Präsident *Trump,* sonst ein Verfechter bilateraler Wirtschaftsverträge, wird dieses Abkommen wohl eher nicht anfechten, denn vor allem die USA profitieren – wieder einmal.

hat das Vertrauen in die Demokratie zerstört." *Téllez* kämpfte 1979 als Guerilla-Chefin an vorderster Front beim Sturm der Sandinisten auf Nicaraguas zweitgrößte Stadt León und wird seither als lebende Legende verehrt.

Die neue Regierung tritt mit einem **eindrucksvollen Sozial- und Wirtschaftsprogramm** an. Das Bildungs- und Gesundheitssystem wird unter *Ortega* wieder für alle Nicaraguaner zugänglich, da keine Gebühren mehr erhoben werden. Ein Alphabetisierungsprogramm für Erwachsene wird gestartet. Ein „Null-Hunger-Programm" soll gewährleisten, dass Schulkinder jeden Tag eine kostenlose Mahlzeit bekommen.

2007

Hurrikan „Felix" trifft mit der vollen Wucht von 260 km/h im Nordosten Nicaraguas auf Land. Die Miskito-Küste wird überflutet, Schlammlawinen gehen nieder. Tausende Häuser werden zerstört, die Region um Puerto Cabezas zum Katastrophengebiet erklärt. Etwa 130 Menschen sterben, der Sachschaden beträgt fast 50 Millionen US-Dollar.

2008

Bei den **Kommunalwahlen** kommt es zu massiven **Wahlrechtsverstößen** und Fälschung der Wahlergebnisse durch die Regierung *Ortega* und die FSLN. Die Opposition protestiert auf den Straßen, es kommt zu **Krawallen.** US-Organisationen, europäische Regierungen und die UNO legen Finanzhilfen und Entwicklungsprojekte vorübergehend still.

2011

Obwohl es gegen die Verfassung verstößt, wird **Daniel Ortega erneut zum Präsidenten gewählt.** Die FSLN verletzt damit neben der Verfassung auch die Rechte der Opposition und die Unabhängigkeit der Justiz. Internationale Geldgeber der Entwicklungszusammenarbeit, darunter auch Deutschland, kündigen daraufhin die Einstellung der Kooperation an.

2013

Ortegas Regierungsstil wird immer kritischer beurteilt. In einem Interview sagt *Sergio Ramírez,* ein großer nicaraguanischer Schriftsteller, Mitstreiter während der sandinistischen Revolution und ehemaliger Vizepräsident unter *Ortega* zwischen 1986 und 1990: „Mein Land wird von einer populistischen, **sehr autoritären Regierung** gesteuert, die die Institutionen – einschließlich der Gerichte – kontrolliert. Das, was es in Nicaragua am wenigsten gibt, ist Demokratie, so wie man diesen Begriff versteht."

Die Regierung stellt im November 2013 eine umfassende **Verfassungsreform** vor. Das Verbot der Wiederwahl des Präsidenten wird nun ganz gestrichen. Viele Änderungen schwächen die Stellung des Parlaments und der politischen Parteien und fördern im Gegenzug die direkte Macht des Präsidenten.

2015

Anlässlich seines 70. Geburtstages wird **Ortega** mit dem **russischen „Orden der Freundschaft"** ausgezeichnet.

2016

Bei den Wahlen wird **Ortega erneut** in seinem Amt als **Präsident** bestätigt.

Staat und Politik

Seit der Verfassung von 1987 ist Nicaragua wie beinahe alle Staaten Lateinamerikas eine **Präsidialrepublik** nach dem Vorbild der USA. Der Präsident ist Staatsoberhaupt, Regierungschef und militärischer Befehlshaber in einer Person. Er wird für fünf Jahre direkt vom Volk gewählt. Gegenwärtiger **Staatspräsident** ist seit dem 10. Januar 2007 der Sandinistenchef **Daniel Ortega.** Seine Ehefrau *Rosario Murillo* ist in alle relevanten Politikfragen und Personalentscheidungen eingebunden. Außenpolitisch versucht *Ortega* bei gleichzeitig gut laufenden Geschäften mit den USA die Unabhängigkeit seines Landes vom großen Nachbarn im Norden zu demonstrieren. Nicaragua unterhält zudem enge Beziehungen zu Venezuela, Cuba und anderen Linksregierungen in Lateinamerika. Zu den neuen Partnern zählen auch Russland und der Iran.

Immer wieder kochen **Grenzkonflikte** mit den Nachbarstaaten auf. 2010 kam es zu erbitterten Streitigkeiten mit **Costa Rica** um den grenznahen Río San Juan. Seit 1858 gehört der Fluss offiziell zum Territorium von Nicaragua, doch die Costaricaner haben das Recht auf freie Schifffahrt, was besonders für den Tourismus lukrativ ist. Nachdem Nicaragua mit Baggerarbeiten begonnen hatte, landete der Fall schließlich beim Internationalen Gerichtshof in Den Haag.

In einem Konflikt um die maritimen Grenzen mit **Kolumbien** entschieden die Richter in Den Haag im Jahr 2012 für Nicaragua. Das Land bekommt ein Meeresgebiet von ca. 75.000 km^2 zugesprochen, das lukrative Erdölvorkommen verspricht. Bisher wurde das Gebiet von Kolumbien kontrolliert.

Parlament und Parteien

Die **Nationalversammlung** *(Asamblea Nacional)* bildet in Nicaragua das Parlament. Die 92 Mitglieder der Abgeordnetenkammer werden wie der Präsident auf fünf Jahre gewählt und haben die gesetzgebende Staatsgewalt inne. Die Nationalversammlung beruft auch die insgesamt 16 Richterinnen und Richter des Obersten Gerichtshofs *(Corte Supremo de Justicia)* für jeweils fünf Jahre.

Das **Parteienwesen** ist durch viele Spaltungen und Neugründungen gekennzeichnet. Heute existiert im Grunde ein **Zweiparteiensystem,** denn nur die Sandinistische Befreiungsfront FSLN *(Frente Sandinista de Liberación Nacional)* und die Liberal-Konstitutionalistische Partei (*Partido Liberal Constitucionalista,* PLC) sind landesweit organisiert. Weitere Parteien sind die Sandinistische Erneuerungsbewegung (*Movimiento Renovador Sandinista,* MRS), die Liberale Allianz (ALN-PC) und die unabhängige Liberale Partei (PLI).

Präsidentschaftswahl 2011

Bei der Wahl am 6. November 2011 wurde der amtierende Präsident und Chef der FSLN, **Daniel Ortega,** mit 63% der Stimmen für eine dritte Amtszeit wiedergewählt. Laut Verfassung hätte er gar nicht antreten dürfen. Doch *Ortega* ließ den entsprechenden Artikel zuvor von einer ihm hörigen Kammer des Verfassungsgerichts für verfassungswidrig erklären. Im Vorfeld der Wahl griff *Ortega* zu weiteren **zweifelhaften Mitteln:** Um sich die Loyalität der Wählerschaft zu sichern, wurden bereits ein Jahr zuvor die Gehälter von 147.000 Angestellten im Öffentlichen Dienst um 25 US-Dollar monatlich aufgestockt. Das würde natürlich nur so bleiben, wenn die Begünstigten auch *Ortega* zum Präsidenten wählen würden. 250.000 Bürger konnten zudem gar nicht erst wählen gehen, da ihnen der notwendige Personalausweis nicht rechtzeitig ausgestellt wurde, berichtete die nicaraguanische Nichtregierungsorganisation *Ética y Transparencia.* Dem FSLN-Chef kam zugute, dass die Opposition sich nicht auf einen Nenner einigen und damit **keinen geeigneten Gegenkandidaten** als attraktive Alternative aufstellen konnte. *Ortegas* Herausforderer, der Unternehmer *Fabio Gadea* von der PLI, erhielt knapp 31% der Stimmen, und Ex-Präsident *Arnoldo Alemán,* der das Land wegen Korruptionsverdachts nicht verlassen darf, kam auf 6%. Dessen Wahlversprechen, jeder erwachsene Nicaraguaner würde ein Auto bekommen, zeigte keine Wirkung bzw. war dann doch zu unglaubwürdig.

Internationale Wahlbeobachter berichteten von **Unregelmäßigkeiten** und massiven **Behinderungen** ihrer Mitarbeiter während der Wahl. Oft wurde ihnen der Zutritt zu den Stimmlokalen verweigert. Manche Oppositionelle wurden gar nicht erst in die Wahllokale hineingelassen, auf die in manchen Orten auch Brandanschläge verübt wurden. Nach der Wahl kam es vielerorts, vor allem im Norden des Landes, zu Unruhen, bei denen mehrere Menschen starben und über einhundert verletzt wurden. Insgesamt wurde die umstrittene Wahl von vielen internationalen Beobachtern als **gravierender Rückschritt für die Demokratie** in Nicaragua bewertet. Davon unbeeindruckt ließ sich *Ortega* bei einer feierlichen Zeremonie in Managua von über 8000 Gästen huldigen, darunter sein wichtigster Geldgeber, der inzwischen verstorbene venezolanische Präsident *Hugo Chavéz,* sowie der damalige iranische Präsident *Mahmud Ahmadinedschad.*

Zurück bleibt ein schaler Geschmack von unterdrückter Demokratie und bei vielen die **Angst,** dass sich Nicaragua weiter spaltet in eine reiche, machtbesessene Elite und eine abhängige, vergessene Bevölkerung.

Präsident Ortega und die FSLN heute

Unter *Ortega* ist die **nicaraguanische Wirtschaft jedes Jahr gewachsen.** Ausländische Firmen investieren in das Land, und der Export hat sich seit 2006 mehr als verdoppelt. Das sind die positiven Bilanzen. Doch der Präsident und seine Familie sowie zahlreiche Funktionäre der FSLN teilen sich untereinander auch die Wirtschafts- und Medienmacht des Landes. Von der Landwirtschaft über Hotellerie und Werbeunternehmen bis hin zu kleinen Geschäften haben sie ihre Finger im Spiel. Die **Herrschaft über die Medien** ist dabei besonders prekär: Vier der sieben Fernsehkanäle sind im Besitz von Strohmännern der Partei oder *Ortega* selbst. Zwei Sender werden von seinen Söhnen geleitet. Und auch viele Radiosender sind Eigentum der FSLN. Die Finanzhilfe aus Venezuela macht's möglich: 500 Millionen Dollar fließen jährlich auf Grundlage eines Öl-Deals nach Nicaragua und werden vom Schatzmeister der FSLN verwaltet.

Auch die **Gerichte** sind von Ortega-Anhängern besetzt. Die **Verfassungsreform von 2013** schwächte zudem die Stellung des Parlaments und die der politischen Parteien. Im Gegenzug fördert sie die absolute Herrschaft des Präsidenten ohne institutionelle Kontrollen. 2015 schließlich betraute *Ortega* seine engsten Familienangehörigen mit wichtigen Beraterposten und Ministerämtern.

Die **fehlende Unabhängigkeit der Justiz** ist ein echtes Desaster für die Rechte und Meinungsfreiheit der Bevölkerung. **Menschenrechtsverletzungen** nehmen kontinuierlich zu. Immer wieder kommt es zu willkürlichen Verhaftungen sowie Einschränkungen der Demonstrations- und Informationsfreiheit durch die Polizei.

Die *Ortegas* haben die Macht an sich gerissen, vieles erinnert an die Alleinherrschaft des Somoza-Clans. Die Opposition ist gelähmt, die Demokratie hat verloren. Im November **2016** wurde wieder gewählt, 3,4 Millionen Nicas gingen an die Urne – und wieder wurde *Ortega* in seinem Amt bestätigt, diesmal mit einer Zwei-Drittel-Mehrheit.

Verwaltung

Das Land gliedert sich in **15 Verwaltungsbezirke** *(departamento)* und zwei autonome Gebiete auf der karibischen Seite (s.u.). Die Departamentos unterteilen sich wiederum in Gemeinden *(municipio)*. Die Departamentos haben keine eigene Regierung oder politische Vertretung. Alle vier Jahre werden in den 152 Gemeinden die Bürgermeister *(alcalde)* und Gemeinderäte *(consejo municipal)* neu gewählt.

Die beiden autonomen Gebiete sind die RAAS (**Region Autónoma Atlántico Sur**) mit der Hauptstadt Bluefields und die RAAN (**Región Autónoma Atlántico Norte**) mit der Hauptstadt Puerto Cabezas/Bilwi, die mit 60.000 km² etwa die Hälfte des Landes umfassen. Hier leben mit nur 12% der Gesamtbevölkerung vor allem indigene Bevölkerungsgruppen. Aufgrund ihrer historischen und ethnischen Besonderheit besitzen die Atlantikregionen einen eigenständigen Autonomierat und einen Gouverneur. Eine wichtige Institution in der RAAN ist zudem der „Ältestenrat" der Miskito-Indianer.

Staatssymbole

Wappen und Flagge

Die Geografie Nicaraguas ist im Wappen des Landes Programm: In einem goldenen, gleichseitigen Dreieck, das die Gleichheit symbolisiert, befindet sich eine grüne Bergkette aus fünf Vulkanen, die zwischen zwei wellenblauen Meeren liegt. Darüber schwebt eine rote Mütze mit umgebogenem Zipfel (sog. „Phrygische Mütze"), welche die Freiheitskämpfer der Französischen Revolution trugen und die daher zum Unabhängigkeitssymbol in Lateinamerika avancierte. So ist sie auch noch in den Wappen anderer Länder wie Argentinien oder Kolumbien verewigt. Wie als Gegenpol ergießt sich über der Mütze ein vierfarbiger Regenbogen, der den Wunsch nach Frieden manifestiert. Kreisförmig um das Dreieck ist oben „República de Nicaragua“ zu lesen und unten „América Central“. Das Wappen geht zurück auf das Emblem der Zentralamerikanischen Konföderation, das bereits dieselben Motive beinhaltete.

Das Wappen ist auch auf der blau-weiß-blau quer gestreiften **Flagge** Nicaraguas abgebildet, die ebenfalls schon genauso von der Zentralamerikanischen Föderation geführt wurde. Der weiße Streifen symbolisiert dabei die Verbindung zwischen Nord- und Südamerika, die blauen Streifen sind der Pazifische Ozean und das Karibische Meer, welche die Landbrücke umgeben. Nach mehrfachen Varianten wurde das Aussehen der Flagge zuletzt 1971 geändert.

Nationalhymne

Salve a tí, Nicaragua, heil dir, Nicaragua, schallt es durchs Land, wenn mit Paraden und Gesang der Unabhängigkeitstag gefeiert wird. Die **Melodie** der Nationalhymne stammt von dem nicaraguanischen Komponisten *Luis Abraham Delgadillo,* der sich dazu von einem liturgischen Gesang inspirieren ließ, der noch aus Zeiten der spanischen Kolonisation stammte. Der **Text** wurde 1939 von *Salomón Ibarra Mayorga* gedichtet und handelt ausschließlich vom Frieden, während andere lateinamerikanische Hymnen auch den Krieg thematisieren:

Heil dir, Nicaragua! Auf deinem Erdboden
donnert nicht länger die Stimme der Kanone,
noch befleckt das Blut von Brüdern
dein glorreiches zweifarbiges Banner.
Herrlich glänze der Frieden an deinem Himmel,
nichts trübe deinen unsterblichen Ruhm,
die Arbeit ist dein würdiger Lorbeer,
und die Ehre ist deine triumphale Fahne.

Wirtschaft

- **BIP:** 12,7 Mrd. US$
- **Pro-Kopf-Einkommen:** 1940 US$
- **Wirtschaftswachstum:** 4,9%
- **Inflation:** ca. 4%
- **Arbeitslosenqoute:** ca. 6%

Nicaragua ist eines der ärmsten Länder in Lateinamerika. Das liegt vor allem an den **vielen Krisen,** die das Land in der Vergangenheit ertragen musste: Bürgerkrieg und die gesellschaftliche Umwälzung nach der Revolution, die Misswirtschaft in den 1980er Jahren, Korruption, Vetternwirtschaft und Naturkatastrophen. Die Wirtschaftsleistung liegt heute noch immer unter dem Niveau, welches

nica110-ji

Die Nationalflagge Nicaraguas

nica111-ji

das Land vor der Revolution von 1979 erreicht hatte. Der Agrarsektor ist weiter geschrumpft und trägt 17,3% zum BIP bei, die Industrie 25,9%, der Dienstleistungsbereich 56,8%.

Im **Human Development Index,** dem Index für menschliche Entwicklung der Vereinten Nationen, belegte Nicaragua 2014 Platz 132 von insgesamt 187 untersuchten Ländern und zählt damit zu den Staaten mit einer „mittleren menschlichen Entwicklung". Neben dem Bruttonationaleinkommen berücksichtigt der Index auch die Lebenserwartung und die Bildungsdauer in den Ländern. Die Analphabetenrate in Nicaragua liegt demnach bei 22% der Menschen über 15 Jahren.

42,5% der Bevölkerung Nicaraguas leben mit 2 Dollar oder weniger pro Tag noch immer in **Armut.** Ländliche Regionen sind davon wesentlich stärker betroffen als die Städte. Die Atlantikküste ist mit Abstand die ärmste und rückständigste Region Nicaraguas, wirtschaftliche Perspektiven sind hier kaum in Sicht. Zu allem Überfluss ist die Region in den Sog des internationalen Drogenhandels geraten, dessen Transportrouten die karibische Küste streifen.

Viele Familien sind von **Überweisungen** ihrer im Ausland lebenden Angehörigen abhängig. Die meisten überweisen Geld aus den USA, aber auch im reicheren Nachbarland Costa Rica leben heute dauerhaft etwa 500.000 Nicaraguaner und schicken Geld nach Hause. Frauen arbeiten dort häufig als Hausangestellte, Männer auf dem Bau und den Bananenplantagen oder im Dienstleistungsbereich.

Seit der Kolonisierung war Nicaragua ein Agrarexportland und bleibt es bis heute. Die wichtigsten **Exportprodukte** sind Kaffee, Rindfleisch, Zucker, Erdnüsse, Langusten und Krabben. Hinzu

⌃ Zebu-Rinder – ihr Fleisch geht in den Export

kommt **Gold,** dessen Ausfuhr sich seit 2009 verfünffacht hat und 2013 zum ersten Mal den ersten Rang vor Rindfleisch und Kaffee einnahm. 2014 wurden Waren im Wert von insgesamt 3,6 Mrd.US-Dollar exportiert. Der wichtigste Handelspartner sind natürlich die USA. Im mittelamerikanischen Vergleich ist Nicaragua der kleinste Exporteur; der Nachbar Costa Rica führt beispielsweise das Vierfache aus.

Nach einer spürbaren Rezession infolge der weltweiten Finanzkrise 2009 hat sich die nicaraguanische **Wirtschaft** in den vergangenen Jahren **gut entwickelt.** Branchen mit besonders großem Wachstumspotenzial sind die Textilindustrie, der Tourismus, die Landwirtschaft mit Kakao und Palmöl sowie die Energiewirtschaft. Um weniger abhängig vom Erdölimport zu werden, wurden neue Wasser-, Wind- und Geothermalkraftwerke gebaut. Bis 2020 soll der Anteil **erneuerbarer Energien** auf über 90% gesteigert werden. Die Sonnenenergie wird trotz ausgezeichneter klimatischer Voraussetzungen bislang noch kaum genutzt.

Arbeitsmarkt

Etwa die Hälfte der arbeitenden Bevölkerung steht in einem formalen Arbeitsverhältnis, ungefähr 38% arbeiten dagegen „auf eigene Rechnung“ *(cuenta propia),* das heißt, sie nehmen **Gelegenheitsjobs** wahr, so wie sie sich gerade ergeben. Die Zahl der Unternehmer und Arbeitgeber *(patrono),* die 1950 noch 13,5% der erwerbstätigen Bevölkerung umfasste, ist heute auf 1,3% gesunken, da es viele der großen Handwerksbetriebe nicht mehr gibt. Inzwischen versuchen viele Bewohner in der wachsenden Tourismusbranche Fuß zu fassen.

Tourismus

Immer mehr Besucher zieht es in das Land der Vulkane, auch wenn Nicaragua mit den Touristenströmen ins benachbarte Costa Rica noch nicht mithalten kann. Das macht eine Reise nach Nicaragua ja gerade so **reizvoll:** Es gibt sie hier noch, die einsamen Strände, unberührte Nationalparks und verlassene Trekkingpfade. Und dabei sind die beliebtesten Ziele im Land dank guter Infrastruktur inzwischen problemlos zu bereisen. Auch in punkto Sicherheit bekommt Nicaragua in Umfragen stets Bestnoten. 2014 kamen knapp 1,4 Millionen Touristen ins Land, eine Steigerung um 6,8% zum Vorjahr. Die meisten kamen mit 24% aus Nordamerika, aus Europa waren es 7,1%, vor allem Deutsche, Briten und Spanier.

Doch mit dem Tourismus kommen auch die Investoren, die mit ihren Großprojekten Strände und Landschaften zerstören. Vielerorts wird bisher ein sanfter **Ökotourismus** angestrebt, der hoffentlich auch die Zukunft bestimmt.

Verkehr und Umwelt

Die **Infrastruktur** im Land ist inzwischen **gut ausgebaut,** vor allem im Südwesten. Zu den wichtigsten Städten führen solide Straßen, nur deren Beleuchtung ist in vielen Landesteilen noch ein Manko. Durch Nicaragua verläuft auch die **Panamericana** und durchquert unter anderem die Städte Managua, Granada und Rivas; sie trifft am Grenzübergang Peñas Blancas auf das Staatsgebiet von Costa Rica. **In den** großen **Städten** herrscht den ganzen Tag über reger Verkehr, behindert von Lastenwagen, die von Rindern oder Pferden gezogen werden. **Auf dem Land** und in abgelegenen Regionen ist dagegen sehr wenig los, und viele Straßen sind noch nicht geteert, was sie während der Regenzeit in Schlammpisten verwandeln kann.

Früher gab es von Chinandega über Managua nach Granada eine **Eisenbahnlinie** sowie eine Nebenstrecke von Masaya nach Diriamba und von León nach El Sauce. Heute sind die Strecken stillgelegt. Der Bahnhof von Granada samt Dampflokomotive und einigen Wagen kann vor Ort besichtigt werden.

Heutzutage sind immer mehr inländische Ziele per **Flugzeug** erreichbar. Zwischen Managua, Bluefields, Puerto Cabezas, San Carlos, Costa Esmeralda und den Corn Islands verkehrt die inländische Fluglinie La Costeña.

An der Karibikküste, im Nicaragua-See und auf dem Río San Juan gibt es regelmäßige **Schiffs- bzw. Bootsverbindungen.** Inzwischen sind auch die jahrhundertealten Pläne zum Bau eines Nicaragua-Kanals wieder aktuell (siehe entsprechenden Exkurs).

Die **Umweltsituation** entwickelt sich allerdings nicht zum Guten. Die Naturschutzgebiete des einst so waldreichen Nicaragua sind in Gefahr. Eine beinahe **unkontrollierte Abholzung und Raubbau** an Edelhölzern sind an der Tagesordnung. Seit 1990 sind jedes Jahr ca. 700 km² Waldfläche verloren gegangen. Seit dem Jahr 2000 werden jährlich 2% des Waldes abgeholzt – ohne aufzuforsten. Nachdem bereits die Bäume in der zentralen Bergregion gefällt wurden, geht nun der Raubbau in den Naturschutzgebieten an der Karibikseite weiter. Selbst solch traumhafte Reservate wie das Reserva Indio Maíz am Río San Juan sind von der Zerstörung bedroht.

Auch in Bezug auf die Sauberkeit der **Gewässer** sind ernsthafte Probleme in Sicht. Viele Flüsse sind verschmutzt, und durch den geplanten Bau des Nicaragua-Kanals ist nun auch das Ökosystem um und im Nicaragua-See und an der Atlantikküste in Gefahr. Die Entwaldung und die durch den Exportdruck beschleunigten Methoden in der Landwirtschaft laugen zudem die Böden aus; eine gravierende Verschlechterung der Bodenqualität ist die Folge.

2013 wurden Nicaragua in einer Studie zur Umwelthygiene schwere **Missstände** mit Blick auf Trinkwasserqualität, Abwasserhygiene, innerhäusliche Rauchverschmutzung und Luftverschmutzung bescheinigt.

Immerhin bringt die Nutzung von **Windenergie** dem Land ein paar positive Umwelt-Schlagzeilen ein: Vom *World Wildlife Fund* wurde Nicaragua kürzlich hervorgehoben und unter die „Green Energy Leaders" aufgenommen.

▷ Ein Schulschwänzer sollte nicht belohnt werden – aber wenn er so nett um eine Limo bittet ...

Bildung und Gesundheit

Bildungswesen

Kinder besuchen im Alter von etwa 5 bis 6 Jahren zuerst die **Vorschule** *(preescolar)*. Danach beginnt die sechsjährige **Grundschule** *(primaria)*, anschließend folgt eine fünfjährige **Sekundarstufe** *(secundaria)*. Nach elf Schuljahren kann das **Abitur** *(bachillerato)* gemacht werden. Eltern, denen die Bildung ihrer Kinder am Herzen liegt, schicken sie, besonders im Sekundarbereich, auf **Privatschulen.** Hierfür muss Schulgeld bezahlt werden, doch sind die Lehrer auch besser ausgebildet. Etwa 19% aller Schüler besuchen eine solche Schule. Für Mädchen und Jungen haben viele Eltern heute zum Glück die gleichen Ziele, sodass die Zahl der Mädchen im Sekundar- und Universitätsbereich sogar die der Jungen übertrifft.

Von den **Hochschulen** im Land ist vor allem die staatliche *Universidad Autónoma de Nicaragua* (UNAN) wichtig, ferner die katholische *Universidad Centroamericana* (UCA). In den autonomen Gebieten der Atlantikküste gibt es zwei Universitäten: Die *Bluefields Indian and Carribbean University* (BICU) im Süden wurde 1991 gegründet, die *Universidad de las Regiones Autónomas de la Costa Caribe de Nicaragua* (URACCAN) mit Sitz in Bilwi (Puerto Cabezas) besteht seit 1995.

Das **Bildungswesen** ist insgesamt jedoch als **bescheiden** zu bewerten. Das mag auch an der fehlenden Motivation der Lehrer liegen, denn ihre Gehälter

nica112-ji

nica114-jj

Fast ein Drittel der Bevölkerung ist jünger als 15 Jahre

zählen zu den schlechtesten in Mittelamerika: Eine Grundschullehrerin verdient weniger als 250 US-Dollar im Monat – da könnte sie als Haushaltshilfe in manchen Orten in Costa Rica mehr verdienen. **Schulen sind oft überfüllt und schlecht ausgestattet.** Wer seinen Kindern eine gute Bildung zukommen lassen will, muss in die Tasche greifen und sie auf private Schulen schicken, die oftmals in der Hand der katholischen Kirche sind.

Dank einer Bildungskampagne der Regierung *Ortega* ist der Besuch staatlicher Schulen seit 2007 wieder kostenlos. Die Zahl der **Schulabbrecher** ist jedoch sehr hoch, mehr als 10% der Schüler brechen sogar schon die Grundschule ab, in der Sekundarstufe sind es fast 20%. Das ist alarmierend. Die **Analphabetenrate** der über 15-Jährigen liegt entsprechend bei über 20%.

Da im öffentlichen Schulsystem kein Unterricht in kreativ-musischen Fächern vorgesehen ist, wurde Anfang der 1990er Jahre die **Stiftung Casa de Los Tres Mundos** in Granada von dem ehemaligen nicaraguanischen Kulturminister *Ernesto Cardenal* und dem deutschen Schauspieler *Dietmar Schönherr* ins Leben gerufen. Hier werden künstlerische und musikalische Projekte mit Kindern und Jugendlichen umgesetzt. Außerdem koordiniert die Stiftung ein Dorfentwicklungsprojekt in Malacatoya. Weitere Entwicklungsprojekte mit deutscher Unterstützung sind die **Deutsch-Nicaraguanische Bibliothek,** die täglich von mehr als 150 Kindern und Jugendlichen genutzt wird. Der **Bücherbus „Bertolt Brecht"** fährt Gefängnisse an, um Inhaftierten den Zugang zu Bildung zu ermöglichen. All diese Projekte werden von der deutschen Nichtregierungsorganisation **Pan y Arte** mit Sitz in Münster finanziell unterstützt.

Gesundheitswesen

Noch bis 2007 mussten Patienten ihre Mullbinden und andere Utensilien selbst mitbringen, wollten sie in einem staatlichen Krankenhaus behandelt werden. Präsident *Ortega* hat sich dann eine **Reform** des Gesundheitswesens auf die Agenda geschrieben, und es sind kleine Erfolge zu verzeichnen. So ist die Kinder- und Müttersterblichkeit deutlich zurückgegangen, und der Ausgaben-Etat für den Gesundheitssektor wurde angehoben, sodass auf weitere Verbesserungen gehofft werden darf. Denn die hat Nicaragua bitter nötig: Das Land braucht ausreichend und gut ausgebildete Ärzte, bezahlbare Medikamente und modern ausgestattete Krankenhäuser, damit die Gesundheitsversorgung der Menschen gewährleistet ist. Und es gibt viel zu tun: Beispielsweise leiden jedes Jahr mehr als 1 Million Kinder unter 5 Jahren an Diarrhö. Die durchschnittliche Lebenserwartung beträgt heute dennoch 74,5 Jahre.

Religion

- **Katholiken:** 59 %
- **Protestanten:** 22 %
- **Andere Religionen:** 3 %
- **Konfessionslos/Atheisten:** 16 %

Mit 59% ist die Mehrheit der Bevölkerung Nicaraguas katholisch. Das ist vor allem der **Missionierung** durch spanische Christen seit der Eroberung im 16. Jahrhundert und dem darauffolgenden Einfluss der katholischen Kirche während der Kolonialzeit geschuldet. Hunderte **Kirchen und Klöster** wurden damals gegründet, alleine in Leon zählt man 17 katholische Kirchen, Kapellen und Klöster. Obwohl seit 1939 in der Verfassung die **Glaubensfreiheit** verankert ist, blieb die katholische Kirche die

In der Kathedrale von Matagalpa

nica113-ji

wichtigste religiöse Institution. Wenn Nicaraguaner von „der Kirche" sprechen, meinen sie die katholische. Dabei sind die meisten nicht streng religiös, sondern viele begnügen sich damit, die Taufe und die Beerdigungsriten in Anspruch zu nehmen.

Die meisten Ortschaften, von Managua bis hin zur kleinen Landgemeinde, haben einen **Schutzheiligen,** der nach dem römisch-katholischen Kalender ausgewählt wurde. Dieser Schutzpatron wird während der Fürbitte angerufen, z.B. um zu helfen, eine schwere Krankheit zu heilen. Oft wird in dem Gebet eine Gegenleistung des Gläubigen angeboten, wie z.B. nun jeden Sonntag in die Kirche zu gehen oder bei der nächsten **Prozession** ein Kreuz zu tragen. Denn zu Ehren des Schutzpatrons werden alljährlich Fiestas veranstaltet. Der „Santo Patrón" bzw. sein Abbild wird dabei auf eine Sänfte gestellt und, gefolgt von einem langen Festumzug, durch die Stadt getragen.

Wie so oft in Lateinamerika werden auch in Nicaragua in vielen Haushalten **Heiligenbilder,** genannt *cuadros,* aufgestellt. Umgeben von Kerzen, Blumen und sonstiger Deko werden sie zu einem kleinen privaten Schrein.

Der Höhepunkt in Nicaraguas religiösem Festkalender ist weder Weihnachten noch Ostern, sondern **La Purísima,** eine Festwoche Anfang Dezember im Zeichen der Unbefleckten Empfängnis. Aufwendige Altäre für die Jungfrau Maria werden in dieser Zeit in Wohnungen und an Arbeitsplätzen aufgebaut.

Doch trotz des nach wie vor hohen Anteils katholischer Gläubiger gewinnen die protestantische und andere Kirchen immer mehr Zulauf. Bereits im 19. Jahrhundert kamen Mitglieder der evangelischen **Herrnhuter Brüdergemeinde** aus der Oberlausitz, woher auch die bekann-

nica115-jj

ten rot-weiß leuchtenden Weihnachtssterne stammen, nach Nicaragua, um mit der Missionierung an der englischsprachigen Miskito-Küste zu beginnen. Fast alle Miskito- und Rama-Indios gehören heute dieser evangelischen Kirche an. Auf Spanisch heißt sie *Iglesia Morava,* auf Englisch *Moravian Church;* ihre rot-weißen Holzkirchen sind überall in den Orten der Atlantikküste zu finden.

Immerhin 23% der Bevölkerung sind heute protestantischen Glaubens, wofür auch die **evangelikale Pfingstgemeinde** verantwortlich ist, die besonders viel Zulauf von armen Frauen erfährt, da sie von den Männern ein verantwortliches Verhalten gegenüber der Familie fordert. Darüber hinaus sind weitere Glaubensgemeinschaften wie die **Mormonen** oder **Zeugen Jehovas** im Land aktiv. 14% der Nicaraguaner fühlen sich gar keiner Religion zugehörig.

1983 kam **Papst Johannes Paul II.** nach Nicaragua. Die sandinistische Regierung stellte kostenlos öffentliche Verkehrsmittel zur Verfügung, sodass 500.000 Nicaraguaner dem viel beachteten Besuch beiwohnen konnten. Der Papst rügte allerdings öffentlich die Regierung, damals wie heute unter dem Präsidenten *Daniel Ortega,* für die Spaltung der katholischen Kirche durch die Installation einer **Volkskirche,** die *Ortega* dazu nutzen wollte, seine Politik christlich zu rechtfertigen und propagandistisch zu stützen.

☐ Heiligenbilder sind allgegenwärtig

Kunst, Kultur und Tradition

Nicaragua ist bunt und voll künstlerischer Energie und bis heute von seinem indianischen Erbe durchdrungen. Viele Dörfer leben noch ihre althergebrachten Traditionen, feiern Feste nach altem Brauchtum und stellen Kunsthandwerk wie ihre Väter und Großväter her.

Literatur

Nicaragua ist das lateinamerikanische **Land der Dichter, Denker und intellektuellen Literaten.** Viele kamen zur Zeit der sandinistischen Rebellion hierher und ließen sich vom Umbruch im Land inspirieren. Die Literatur hat eine lange Tradition, Poesie ist tief verwurzelt und wird hoch geschätzt. Und so wundert es nicht, dass zwei der bedeutendsten Dichter spanischer Sprache aus Nicaragua stammen: *Rubén Darío* (1867–1916) und *Ernesto Cardenal,* geb. 1925.

Rubén Darío lebte die meiste Zeit im Ausland, doch seine Heimat Nicaragua war ihm Quelle der Inspiration und thematischer Schwerpunkt. *Darío* schrieb als erster mittelamerikanischer Schriftsteller in spanischer Sprache und gab damit seinem Volk eine Stimme. Er begründete Ende des 19. Jahrhunderts die neue literarische Strömung des Modernismo in Lateinamerika.

Der zweite herausragende Dichter ist der Priester und Politiker **Ernesto Cardenal.** Als prominenter Unterstützer der

Sandinistischen Revolution wurde er in den 1980er Jahren Kulturminister von Nicaragua. Mit seinen Gedichten hat *Cardenal* Weltruhm erlangt und gilt heute mit seinen über 90 Jahren immer wieder als Nobelpreiskandidat. Seit 1967 erscheinen seine Bücher in Deutschland im Peter Hammer Verlag. Viele Werke sind teils autobiografisch verfasst und gehen der Geschichte und politischen Zerrissenheit Nicaraguas auf den Grund.

Ein weiterer wichtiger Schriftsteller ist **Sergio Ramírez,** geboren 1942 und von 1984 bis 1990 Vizepräsident unter dem damaligen und aktuellen Präsidenten *Ortega,* dessen heutige Politik er missbilligt. Wie alle Schriftsteller, die Sandinisten waren, beschreibt er in seinen Romanen und Essays auch die Revolution und den Krieg in Nicaragua. Generell ist *Ramírez* jedoch ein kosmopolitischer Autor, der in der ganzen Welt unterwegs ist. Er lehrte 2001 auch ein Sommersemester an der Freien Universität in Berlin. Heute lebt *Ramírez* als Schriftsteller und Literaturprofessor in Managua.

Neben diesen berühmten männlichen Schriftstellern gibt es auch eine sehr bekannte weibliche Autorin: Die Feministin und frühere Sandinistin **Gioconda Belli** (geb. 1948) erlangte mit ihrem Roman „La mujer habitada" (dt. Bewohnte Frau) Weltruhm. In vielen ihrer Werke verarbeitet sie die Erlebnisse der Revolution und des Krieges, die sie selbst ins Exil trieben. *Belli* kehrte einige Jahre später mit ihren Kindern nach Nicaragua zurück und war im Bereich der politischen Bildung tätig.

Nicaragua bringt immer wieder neue bedeutende Schriftsteller hervor, die regelmäßig in den Kulturbeilagen der großen Tageszeitungen vorgestellt werden.

Literatur aus und über Nicaragua

- **Sergio Ramírez, Zwischen Süd und Nord: Neue Erzähler aus Mittelamerika** (2014). 26 Kurzgeschichten erzählen davon, wie die Menschen in Mittelamerika ihr Leben zwischen Jobsuche im Ausland, Drogenhandel, Gewalt, Armut und dem Einfluss der Globalisierung zu meistern versuchen.
- **Katja Ullmann, Kometensplitter. Interviews mit Frauen in Nicaragua** (2013). Authentischer Dokumentarband über den Alltag in Lateinamerika – voller Kontraste, Lebensfreude und Lebensweisheiten. Die Autorin fragte Frauen nach ihren Kindheitserinnerungen, ihren Erfahrungen in der Familie, im Beruf, mit den Männern. Und erhielt erstaunlich offene Antworten, auch über die Ideale und Träume der Befragten.
- **Doris Klinnert, Im Schatten der Vulkane** (2012). Auf eigenen Erfahrungen beruhen die detailreichen Erzählungen, die Nicaragua und seine facettenreichen Regionen aus verschiedenen Blickwinkeln und anhand unterhaltsamer Geschichten aus dem Leben Einheimischer vorstellen.
- **Gioconda Belli, Bewohnte Frau** (2007). Die Architektin *Lavinia* stammt aus einer gutbürgerlichen Familie und hat ihr Leben bisher recht sorglos verbracht. Als jedoch die Seele einer im Kampf gegen die Konquistadoren gestorbenen Indigenen von ihr Besitz ergreift und sie sich zudem in den Widerstandskämpfer *Felipe* verliebt, wird sie bald zur Schlüsselfigur im Kampf gegen das brutale Regime des „Großen Generals".
- **Ernesto Cardenal, Erinnerungen Band 2. Die Jahre in Solentiname** (2002). Autobiografische Erzählung über das Leben auf dem Insel-Archipel, wo *Cardenal* und einige Mitstreiter in den 1960er Jahren eine christliche Kommune gründeten. Von *Cardenal* gibt es zudem die Bände „Erinnerungen 1", „Verlorenes Leben" (1998) und „Erinnerungen 3, Im Herzen der Revolution" (2004).
- **M. Höhn, Und Esmeralda tanzte** (2007). *Monika* und *Michael Höhn* riefen 1993 auf der Insel Ometepe im Nicaragua-See gemeinsam mit nicara-

guanischen Freunden ein Hilfsprojekt mit den Schwerpunkten Bildung und Gesundheit für die indigene Bevölkerung ins Leben (www.ometepe-projekt-nicaragua.de). Das Buch schildert in ausgewählten Erlebnissen ihre Begegnungen mit Menschen, die trotz eines schweren Schicksals die Hoffnung auf bessere Zeiten für ihr Land noch nicht verloren haben.

■ **Salman Rushdie, Das Lächeln des Jaguars: Eine Reise durch Nicaragua** (1987). Der indisch-britische Schriftsteller schildert, überwältigt von den Menschen und ihrer Kultur sowie der Natur Nicaraguas, ein Land im Umbruch. Sein Buch gibt authentische Einblicke in den Kampf und die Ideale der sandinistischen Revolutionäre.

Film

Die bescheidene Filmkultur hat ein paar interessante Filme hervorgebracht, die sich vor allem mit nationalen Themen und Konflikten beschäftigen.

Filme aus und über Nicaragua

■ **The New Man** (2015): Der Dokumentarfilm erzählt aus dem Leben eines sandinistischen Kämpfers, der Jahrzehnte später als Frau nach Nicaragua zurückkehrt und in seiner Heimat um die Anerkennung und Liebe seiner Familie und der Gesellschaft kämpft.

■ **Caffeinated** (2015): Alle lieben Kaffee, doch nur wenige beschäftigen sich mit seiner Herkunft. Der Dokumentarfilm nimmt Kaffeetrinker unter die Lupe und stattet verschiedenen Kaffeeplantagen einen Besuch ab.

■ **Die Ökonomie des Glücks** (2011): Dieses Gemeinschaftsprojekt mehrerer Länder benennt die Ursachen der aktuellen Krisen von der globalen Erwärmung über das Finanzchaos bis hin zu steigender Arbeitslosigkeit und Depression.

■ **La Yuma – Die Rebellin** (2009): *Yuma*, ein Mädchen aus den Armenvierteln Managuas, will ihrem Schicksal durch eine Karriere als Profiboxerin entkommen. Sie findet Unterstützer, aber auch Gegner. Ein Kampf um ein anderes Leben beginnt.

■ **Bananas!** (2009): Dokumentation über den Rechtsstreit zwischen dem Unternehmen Dole Food Company und Plantagenarbeitern aus Nicaragua. Jahrelang wurde das unfruchtbar machende Pestizid DBCP illegal auf den Plantagen eingesetzt. Dole kämpfte gegen die Veröffentlichung des Films, doch die Gerichte entschieden zugunsten der Filmcrew.

Malerei

Sie fallen sofort auf, die naiven, mit knallbunten Farben gemalten Wandmalereien, die sog. **„Murales“**, die so manches Gebäude im Land zieren. Meist haben sie eine sozialkritische Aussage und bedecken ganze Fassaden. Es ist diese naive Malerei, für die Nicaragua berühmt ist. Es war der Dichter, Revolutionär und katholische Priester *Ernesto Cardenal*, der der sog. **„Pintura primitivista“** den entscheidenen Anstoß gab. In den 1960er Jahren kam er auf die Inselgruppe Solentiname im Nicaragua-See und sah, wie kunstvoll die Bewohner getrocknete Kürbisse bemalten, die sie als Trinkgefäße nutzten. Nach seiner Teilnahme am Kampf gegen *Somoza* während der Sandinistischen Revolution machte er die naive Malerei international berühmt und stiftete in Granada, gemeinsam mit *Dietmar Schönherr*, das Kulturhaus *Casa de Los Tres Mundos*, das „Haus der Drei Welten“.

Ein begabter Maler, der von *Cardenals* Engagement profitierte, ist **Manuel García Moia,** geboren 1936 in Monimbó, dem indianischen Viertel von Masaya.

nica116-ji

Er erhielt aufgrund seines Talents ein Stipendium für ein „Studium der Farbgebung". Nach der Revolution wurde er national und international bekannt, stellte u.a. in Japan, Deutschland, Italien und der Schweiz aus und erhielt zahlreiche Auszeichnungen. Seine Staffelei-Kunstwerke befinden sich in renommierten Privatsammlungen wie z.B. der des japanischen Kaisers oder des US-amerikanischen Ex-Präsidenten *Jimmy Carter*. Von seinen zahlreichen „Murales" haben sich jedoch nur noch eines in Berlin und ein Bild im hessischen Dietzenbach erhalten.

Knallbunt zeigt sich die naive Malerei

Architektur

Aus prähispanischer Zeit gibt es keine baulichen Zeugnisse in Nicaragua. Die frühesten architektonischen Überreste finden sich in der Ruinenstätte von **León Viejo** (siehe im Kapitel zur Stadt León). Sie vermittelt einen authentischen Eindruck einer frühen spanischen Kolonialsiedlung in Mittelamerika. Dieses **koloniale Erbe Spaniens** ist es, das die Architektur Nicaraguas eindrucksvoll prägt. Die Städte Granada und León sind mit ihrem schachbrettartigen Grundriss und den zahlreichen Kirchen, Arkaden, Patios und Klöstern hierfür zweifellos die anschaulichsten Beispiele, wenngleich auch andere Orte wie Rivas und Masaya koloniales Flair verströmen. Trutzige spanische Forts, die einst der Abwehr von Piraten dienten, können noch immer am Río San Juan erstürmt werden.

Musik, Tänze und Trachten

Die **indigenen Traditionen** Nicaraguas tauchen in allen Bereichen der Kunst und Kultur auf. Doch auch **fremde Einflüsse,** wie spanische und US-amerikanische, haben das Land geprägt.

In der **Musik** ist vor allem die xylophonartige Marimba ein beliebtes Instrument. Auf den zahlreichen Festen ziehen Chichero-Musikgruppen mit traditionellen Blasinstrumenten durch die Straßen, aber auch mexikanisch beeinflusste Mariachi-Gruppen sind unterwegs. Aus den zahlreichen Kneipen hört man meist die mexikanischen „Rancheras", melancholisch-beschwingte Lieder von Liebe, Lust und Leid. Der ursprünglich aus der Dominikanischen Republik stammende Bachata, ein Tanz und eine Musikrichtung im beschwingten 4/4-Takt, schallt aus fast jedem Auto der jüngeren Leute.

An der karibischen Küste ist der **afrikanische Einfluss** stark ausgeprägt, z.B. in Form des rituellen **Tanzes Palo de**

Nicaragua in Berlin – Der spektakuläre Fall des Wandbildes Lichtenberg-Rummelsburg

Es ist ein wahrer Krimi: Ein riesengroßes Wandbild in Berlin-Lichtenberg sorgt seit Jahren für Wirbel. **1985** von dem nicaraguanischen Maler **Manuel García Moia** angefertigt, zeigt es sein Heimatdorf im Jahr 1978 im Befreiungskrieg gegen die skrupellose Diktatur des Somoza-Clans – das indigene Monimbó im Herzen Nicaraguas. Nach einem Aufstand wurde es von den Truppen des Diktators plattgemacht und viele Bewohner, auch Frauen und Kinder, getötet. Das Anti-Kriegsbild wurde seinerzeit vom Ostberliner Magistrat in Auftrag gegeben.

20 Jahre später wurde das Haus Skandinavische Straße 26 vom neuen Eigentümer saniert. Das Wahrzeichen des Stadtviertels verschwand unter einer dicken Dämmschicht. Doch eine Bürgerinitiative sammelte Geld, um das **Gemälde reproduzieren** zu lassen. Auf der neuen Fassade. Zwei deutsche Künstler übernahmen das Projekt, und der betagte *Moia* persönlich kam schließlich nach Berlin, um die Kopie seines Bildes zu autorisieren. Alles war gut. Die freie Fläche vor dem Haus bekam den Namen Monimbó-Platz, genau am 70. Geburtstag des Malers.

Acht Jahre später, 2014, bröckelte die bunt bemalte Fassade jedoch, Teile fielen auf die Straße und **das neue Bild musste abgetragen werden.** Wieder war das Dorf verschwunden. Und wieder werden Spenden gesammelt, um das Kunstwerk neu zu erschaffen. Etwa 100.000 Euro sind nötig.

2015 wurde damit begonnen, die schadhafte Dämmschicht abzunehmen. Für kurze Zeit kam das originale Wandbild wieder zum Vorschein. Dann wurde die Fassade grundiert – für das neue Bild, das dritte. Bislang konnte es jedoch noch nicht in Auftrag gegeben werden, da das benötigte **Geld** noch **fehlt.** Der Künstler *Moia* wünscht dem Projekt bestes Gelingen.

Mayo. Das ist eigentlich nichts anderes als der frühlingsfrohlockende Tanz um den Maibaum, den die Frauen umtanzen, während die Männer sich ihnen ebenfalls tanzend nähern. Es ist ein flotter, sinnlicher Tanz mit freizügigen Bewegungen, kreisenden Hüften und begleitet von den intensiven Rhythmen von Bongos, Waschbrettern und früher auch den Kieferknochen von Eseln! Er wird seit dem 17. Jahrhundert von den afrokaribischen Bewohnern in Bluefields geprägt. Heute können durchaus Elektrogitarren und Keyboards mit von der Partie sein.

Viele der **traditionellen Tänze** tragen Tiernamen wie „El Sapo“ (Die Kröte), „El Zopilote“ (Der Geier), „El Garañón“ (Der Esel) oder „La Culebrita“ (Die kleine Schlange). Der **Nationaltanz** Nicaraguas stammt aus Masaya und heißt **„Las Inditas“.** Er interpretiert die Emsigkeit der Frauen im Dorf, die mit weichen und koketten Bewegungen zu traditionellen Marimba-Rhythmen tanzen. Die bodenlangen Kleider sind ganz in Weiß gehalten und haben eine breite Spitzenborte, dazu tragen die Frauen einen roten Schal, Petticoat, Blumen auf dem Kopf und einen Korb.

Im Gegensatz zu anderen mittelamerikanischen Ländern wie Mexiko und Guatemala, wo beinahe jede Region ihre eigene Tracht besitzt, gibt es in Nicaragua nur drei Gegenden, in denen im Alltag noch **traditionelle Kleidung** getragen wird: Masaya, Boaco und Matagalpa. In Masaya z.B. besteht die typische Tracht der Frau aus drei „Huipils“ (Blusen), einem gestärkten Rock und einem roten Schultertuch. Der Mann trägt ein weißes Hemd und eine blaue Hose. Vervollständigt wird die Kleidung durch einen großen Hut. In Matagalpa kommt bei den Frauen zusätzlich ein Kopftuch hinzu.

nica117-ji

Feste

Gefeiert wird oft und ausgiebig, es geht bunt und turbulent zu, auch wenn die meisten Feste einen religiösen Hintergrund haben. Nicht selten werden die Feiertage gleich zu einem Wochenende verlängert, was sich „puente" nennt, also Brücke, ganz im Sinne unserer Brückentage.

Feiertage und Feste im Überblick

- **März: Karneval von Managua.**
- **April: Semana Santa,** Oster- bzw. Karwoche, die im ganzen Land mit großen Prozessionen und Feiern begangen wird.
- **Mai: Carnaval Mayaya** in Bluefields, Tänze, Umzüge und Maifeierlichkeiten im Zeichen der Fruchtbarkeit und der Regenzeit.
- **Juli:** Am 19. Juli wird jedes Jahr der **Tag der Sandinistischen Revolution** gefeiert.
- **August: Fiesta de Santo Domingo,** des Stadtheiligen von Managua, vom 1. bis 10. August. Am 1. August wird die kleine Figur des heiligen „Minguito", wie die Statuette von den Nicas liebevoll genannt wird, von seiner Kirche Parroquia de Las Sierritas im Süden Managuas in einer großen Prozession mit Tausenden Besuchern in die Kirche Santo Domingo im Zentrum der Stadt getragen. Am 10. August kehrt er wieder in seine Stammkirche zurück. Für die Prozessionen tragen viele Menschen folkloristische Trachten, Leckereien und Getränke werden am Straßenrand verkauft, es wird getanzt, gefeiert und geplaudert. Daneben finden auch Pferdeprozessionen statt, bei denen kühne Reiter Kunststückchen vorführen.
- **September: Prozession des San Jerónimo** in Masaya am 30. September. Die kleine Heiligenfigur wird durch die Straßen von Masaya getragen und unter dem Gejohle der Menge heftig geschwenkt und geschüttelt.
- **15. September: Unabhängigkeitstag** mit großen Umzügen und Festen im ganzen Land. Am Tag davor wird jedes Jahr der Schlacht von Jacinto gedacht.
- **Oktober:** Am 31. Oktober wird es schaurig beim **Agüizotes-Fest** in Masaya. Gegen Abend kommen die Bewohner der Stadt nicht mehr als Menschen auf die Straße. Nein, sie sind nun Geister, Gerippe, Monster mit riesigen Hörnern, Teufel und der Tod höchstpersönlich! Ein sehenswertes Spektakel, bei dem auch viel Feuer eine Rolle spielt!
- **Dezember: La Gritería,** das Fest der Puríssima, der unbefleckten Maria, wird besonders in León in der Nacht auf den 8. Dezember gefeiert.

Kunsthandwerk

Vielfältig und kreativ sind die Nicas! Ob Schaukeln aus Bambushölzern, stilvoll geknüpfte Hängematten, mit bunten Webarbeiten eingelegte Ledergürtel, Keramik, Schmuck oder auch die farbenprächtigen Landschaftsgemälde – das Kunsthandwerk des Landes hält viele Überraschungen bereit. Einer der größten Märkte zum ausgiebigen Shopping befindet sich in Masaya. Während der Suche nach den besten Souvenirs bietet sich eine Pause in einem der markteigenen kleinen Restaurants an.

◁ Das Museo El Ceibo auf der Isla de Ometepe zeigt prähispanische Artefakte, darunter auch Kunsthandwerk

nica124 ji

10 Anhang

Boote dümpeln im klaren karibischen Wasser

Reisegesundheits-Informationen

Stand: Mai 2017 /
© Inhalte: Centrum für Reisemedizin CRM 2017

Die nachstehenden Informationen wurden uns freundlicherweise vom Centrum für Reisemedizin zur Verfügung gestellt. Auf der Homepage **www.crm.de** (CRM/Reiseländer) werden diese Informationen stetig aktualisiert. Es lohnt sich, dort noch einmal nachzuschauen, um **aktuelle Meldungen** einzuholen. Eine Gewähr oder Haftung für die nachstehenden Angaben kann nicht übernommen werden.

Klima

Tropisch-feuchtheißes Klima, im Osten immerfeucht, im Westen (Pazifikseite) wechselfeucht mit Regenzeit von Mai bis Oktober; durchschnittliche Temperatur in Managua ganzjährig um 27°C, im Gebirge deutlich kühler.

Einreise-Impfvorschriften

Für die Einreise besteht zurzeit keine Impfpflicht. Neben den in Deutschland empfohlenen Impfungen können jedoch weitere Impfungen sinnvoll sein.

Empfohlener Impfschutz

Allgemein zu empfehlender Impfschutz (siehe dazu die Liste auf www.crm.de) **überprüfen,** ggf. ergänzen bzw. auffrischen.

Je nach Reisestil und Aufenthaltsbedingungen im Lande – Reise durch das Landesinnere unter einfachen Bedingungen (Rucksack-/Trekking-/Individualreise) mit einfachen Quartieren/Hotels; Camping-Reisen, Langzeitaufenthalte, praktische Tätigkeit im Gesundheits- oder Sozialwesen, enger Kontakt zur einheimischen Bevölkerung wahrscheinlich; zu weiteren Kriterien siehe unter www.crm.de – ist außerdem ein Impfschutz zu erwägen gegen Hepatitis A und B, Tollwut, Cholera, Typhus, Meningokokken Serotypen A, C, W135, Y.

Wichtiger Hinweis

Welche Impfungen letztendlich vorzunehmen sind, hängt ab vom aktuellen Infektionsrisiko vor Ort, von der Art und Dauer der geplanten Reise, vom Gesundheitszustand sowie dem evtl. noch vorhandenen Impfschutz des Reisenden.

Da im Einzelfall unterschiedlichste Aspekte zu berücksichtigen sind, empfiehlt es sich immer, rechtzeitig (vier bis sechs Wochen) vor der Reise eine **persönliche Reise-Gesundheits-Beratung** bei einem reisemedizinisch erfahrenen Arzt oder Apotheker in Anspruch zu nehmen.

Malaria

Ganzjähriges Risiko, vorwiegend Juni bis November (Regenzeit).

Mittleres Risiko im nordöstlichen Tiefland auf der Atlantikseite (am höchsten an der Grenze zu Honduras).

Geringes Risiko in einigen Gebieten im Südosten und Nordwesten.

Malariafrei sind der Zentralbereich, Managua und die Zentren der großen Städte.

Vorbeugung

Ein konsequenter **Mückenschutz** in den Abend- und Nachtstunden verringert das Malariarisiko erheblich **(Expositionsprophylaxe).** Die wichtigsten Maßnahmen sind: In der Dämmerung und nachts Aufenthalt in mückengeschützten Räumen (Räume mit Air Condition, Mücken fliegen nicht vom Warmen ins Kalte); beim Aufenthalt im Freien in Malariagebieten abends und nachts weitgehend körperbedeckende Kleidung (lange Ärmel, lange Hosen); Anwendung von insektenabwehrenden Mitteln an unbedeckten Hautstellen (Wade, Handgelenke, Nacken; Wirkungsdauer 2–4 Std.); im Wohnbereich Anwendung von insektenabtötenden Mitteln in Form von Aerosolen, Verdampfern, Kerzen, Räucherspiralen; Schlafen unter dem Moskitonetz (vor allem in Hochrisikogebieten).

Ergänzend ist die **Mitnahme von Anti-Malaria-Medikamenten** zur Notfallselbsttherapie zu empfehlen. Zu Art und Dauer der Behandlung fragen Sie Ihren Arzt oder Apotheker bzw. informieren Sie sich in einer qualifizierten reisemedizinischen Beratungsstelle (Adressen unter www.crm.de). Malariamittel sind verschreibungspflichtig.

Reiseapotheke

Denken Sie daran, eine Reiseapotheke mitzunehmen, damit sie **für leichtere Erkrankungen und kleinere Notfälle** gerüstet sind.

Folgendes sollten Sie **auf Reisen immer dabeihaben:** Medikamente gegen Durchfall, Reisekrankheit, Schmerzen, Fieber sowie Wunddesinfektionsmittel, Insekten- und Sonnenschutzmittel, Salbe bei Insektenstichen oder anderen Hautreizungen, Fieberthermometer und Verbandmaterial.

Je nach Reiseland und -ziel können weitere Medikamente (z.B. zur Malariavorsorge) oder Hilfsmittel (z.B. Spritzen) sinnvoll sein.

Nicht vergessen: Medikamente, die Sie ständig einnehmen müssen!

Aktuelle Meldungen

Im **Mai 2017** lagen Meldungen zu Dengue, Gelbfieber, Chikungunya und dem Zika-Virus vor. Diese Meldungen sind Momentaufnahmen und können sich jederzeit ändern; vor der Reise sollte also noch einmal auf www.crm.de zum aktuellen Stand nachgeschaut werden.

Sprachhilfe Spanisch

Spanisch lernen macht Spaß und **etwas Sprachkenntnis ist vorteilhaft,** um mit den Menschen vor Ort ins Gespräch zu kommen. Das passende Buch gibt es im REISE KNOW-HOW Verlag P. Rump, Bielefeld: **„Spanisch für Nicaragua – Wort für Wort“,** Kauderwelsch Bd. 118, von *Veronika Schmidt.* Die folgenden Seiten orientieren sich an diesem Kauderwelsch-Sprachführer.

Aussprache und Betonung

Buchstaben(kombinationen), deren Aussprache vom Deutschen abweicht:

- **ie, eu, ei:** jeden Selbstlaut einzeln sprechen
- **b, v:** Laut zwischen deutschem „b“ und „w“
- **c:** vor e und i wie „ss“ in „Fluss“; sonst wie „k“
- **cc:** wie „kß“
- **ch:** wie „tsch“ in „Matsch“
- **g:** vor e, i wie „ch“ in „ich“; sonst wie dt. „g“
- **gue, gui:** wie „ge“ bzw. „gi“
- **güe, güi:** wie „gue“ bzw. „gui“
- **gua:** wie „gua“
- **h:** wird nicht gesprochen
- **j:** vor a, o, u wie „ch“ in „Bach“; vor e und i wie in „ich“
- **ll:** wie „j“ in „Junge“
- **ñ:** wie „nj“ in „Anja“
- **qu:** wie „k“ (nie „kw“!), das u ist „stumm“
- **r:** Zungenspitzen-r mit einmaligem „Schlag“, nur am Wortanfang gerollt
- **rr:** wird stark „gerollt“
- **s:** wie „ss“ in „Fluss“
- **y:** vor Selbstlauten wie „j“ in „Junge“; alleinstehend oder am Wortende wie „i“
- **z:** wie „ss“ in „Muss“

Betonung

Wörter, die auf einen Selbstlaut, auf -n oder -s enden, werden auf der vorletzten, alle anderen **auf der letzten Silbe** betont. Ausnahmen werden durch einen Akzent angezeigt (á, é, í, ó, ú).

Zahlen

1	cero
2	uno/un/-a
3	dos
4	tres
5	cuatro
6	cinco
7	seis
8	siete
9	ocho
10	nueve
11	diez
12	once
13	doce
14	trece
15	catorce
16	quince
17	dieciséis
18	diecisiete
19	dieciocho
20	diecinueve
21	veinte
22	veintiuno/-un/-una
23	veintidós
24	veintitrés usw.
30	treinta
31	treinta y uno/-un/-una
32	treinta y dos

33	treinta y tres usw.
40	cuarenta
50	cincuenta
60	sesenta
70	setenta
80	ochenta
90	noventa
100	cien(to)
200	doscientos/-as
300	trescientos/-as
400	cuatrocientos/-as
500	quinientos/-as
600	seiscientos/-as
700	setecientos/-as
800	ochocientos/-as
900	novecientos/-as
1000	mil
2000	dos mil
10.000	diez mil
100.000	cien mil
1.000.000	un millón

Nicaraguanismen

Einige Wörter weichen vom Spanisch Spaniens *(castellano)* ab, sind doch die Lebensumstände und das Umfeld in Nicaragua gänzlich anders als in der einstigen Kolonialmacht.

Nicaragua	Spanien	Deutsch
alistarse	vestirse	sich anziehen
pepenar	recoger	aufsammeln
el mofle	el escape	Auspuff
ocupar	usar	benutzen
dundo	tonto	dumm
cuate	amigo	Freund
chavalo	niño	Junge
chiltoma	pimiento	Paprika
gas	kerosina	Benzin
chiflar	silbar	pfeifen
ojo de agua	fuente	Quelle
chancho	cerdo	Schwein
dilatarse	retrasarse	sich verspäten

Typisch nicaraguanische Begriffe

chicha – Getränk aus vergorenem Maismehl
chele – europäischer Ausländer
gringo – Nordamerikaner
Gringolandia – USA
Metate – Mahlstein
Milpa – Maisfeld
Pinol – Getränk aus geröstetem Maismehl u. Zucker
Rancho – Haus mit Dach aus Palmenblättern
Tamal – Maisteig mit Fleisch und Gemüse in Bananenblätter gewickelt

Wortspiele und Redewendungen

araña peluda – behaarte Spinne = ernstes Problem
carepuño – Faustgesicht = zornig
colgar los caites – die Sandalen aufhängen = sterben
ojo de chivo ahorcado – Augen einer erhängten Ziege = vorstehende Augen
cara triste, culo alegre – Gesicht traurig, Hintern fröhlich = es erübrigt sich
bailar la cucamona – Betrug tanzen = Fleiß vortäuschen

Die wichtigsten Floskeln und Redewendungen

ja/nein – sí/no
bitte (um etwas bitten) – por favor
(Vielen) Dank! – (Muchas) gracias!
Keine Ursache! – De nada! / Con mucho gusto!
Guten Tag! – Buenas días!(Vormittag), Buenas tardes! (Nachmittag)
Guten Abend! – Buenas noches!
Herzlich willkommen! – Bienvenidos! (Mehrzahl)
Wie geht es dir/Ihnen? – Cómo estás/está usted?
Wie geht's? – Qué tal?
(Sehr) gut – (muy) bien, schlecht – mal
Auf Wiedersehen! – Adiós.

Hallo!/Tschüss! – Hola!/Chau!
Bis dann!/Bis gleich! – Hasta luego/ahora!
In Ordnung! – Muy bien!
Ich weiß nicht. – No sé.
Guten Appetit! – Buen provecho!
Zum Wohl!/Prost! – Salud!
Die Rechnung, bitte! – La cuenta, por favor!
Entschuldigung! – Perdón!
Es tut mir sehr leid! – Lo siento mucho!
Schon gut! – Está bien.
Gestatten Sie! – Con permiso!
Helfen Sie mir bitte! – Ayúdeme, por favor!
Könnten Sie bitte etwas langsamer sprechen? – Por favor, podría hablar más despacio?

Die wichtigsten Zeitangaben

gestern – ayer
heute – hoy
morgen – mañana
übermorgen – pasado mañana
morgens – por la mañana
mittags – al mediodía
nachmittags – por la tarde
abends, nachts – por la noche
täglich – diariamente
spät(er) – (más) tarde
früh(er) – (más) temprano
bald – pronto
dann –luego, entonces
sofort – en seguida
jetzt – ahora
nachher – después
vorher – antes
immer – siempre
nie – nunca

Die wichtigsten Fragewörter

wo – dónde
woher – de dónde
wohin – adónde
warum – por qué
wie – cómo
welcher – cuál
wer – quién
wie viel – cuánto
(seit) wann – (desde) cuándo
was – qué

Die wichtigsten Fragen

Haben Sie ...? – Tiene usted ...?
Gibt es ...? – Hay ...?
Ich suche ... – Estoy buscando ...
Ich brauche ... – Necesito ...
Ich will .../Ich möchte ... – Quiero .../Quisiera ...
Geben Sie mir bitte ... – Por favor, déme ...
Wo kann man ... kaufen? – Dónde se puede comprar ...?
Wie viel kostet das da? – Cuánto cuesta esto?
Was ist das? – Qué es esto?
Wo ist/befindet sich ...? – Dónde está ...?
Ich möchte nach ... fahren. – Quiero ir a ...
Wie komme ich nach ...? – Cómo hago para ir a ...?
Ist das der Zug nach ...? – Es éste el tren para ...?
Wo hält der Bus nach ...? – Dónde para el autobús para ...?
Wann fährt der Bus nach ... ab? – A qué hora sale el autobús para ...?
Bringen Sie mich bitte zu/nach ... – Por favor, lléveme a ...

Wörter und Sätze, die weiterhelfen

Estoy buscando un restaurante.
Ich suche ein Restaurant.
Estoy buscando la parada de buses.
Ich suche die Bushaltestelle.

un médico – ein Arzt
la embajada – die Botschaft
el camión – der Bus
el aeropuerto – der Flughafen
el consulado – das Konsulat
el hospital – das Krankenhaus
la policía – die Polizei
un almacén – ein Geschäft
un taxi – ein Taxi
un teléfono – ein Telefon

¿Hay ...? – Gibt es ...?
¿Hay café? – Gibt es Kaffee?
¿Hay un hotel aquí? – Gibt es hier ein Hotel?

Sí, hay. No, no hay. – Ja, gibt es. Nein, gibt es nicht.

¿Dónde hay ...? – Wo gibt es ...?

¿Dónde hay una farmacia?
Wo gibt es eine Apotheke?
¿Dónde hay un banco? – Wo gibt es eine Bank?

¿Dónde está ...? – Wo ist ...?

Fragt man nach etwas Bestimmtem, verwendet man nicht hay (gibt es?), sondern está (ist):
¿Dónde está el Hotel Continental?
Wo ist das Hotel Continental?
¿Dónde está la estación de buses?
Wo ist der Busbahnhof?
¿Dónde está el correo? – Wo ist die Post?

Die wichtigsten Richtungsangaben

(nach) links – a la izquierda
(nach) rechts – a la derecha
geradeaus – derecho, recto
zurück – atrás
gegenüber – enfrente
neben – al lado de
vor – delante de
hinter – detrás de
weit – lejos
nah – cerca, cercana
hier – acá, aqui
dort – allá, allí
hierher – por acá
dorthin – por allá
außerhalb der Stadt – fuera de la ciudad
im Zentrum – en el centro
Straße – calle (w)
Kreuzung – cruce (m)
Ampel – semáforo
Platz – plaza
Ecke – esquina
Stadtviertel – barrio
Häuserblock – cuadra
in Richtung – en dirección

Wichtige Adjektive

bueno – gut / malo – schlecht
grande – groß / chico – klein
largo – lang / corto – kurz
bajo – niedrig / alto – hoch
mucho – viel / poco – wenig
rápido – schnell / lento – langsam
claro – hell / oscuro – dunkel
frío – kalt / caliente – heiß
limpio – sauber / sucio – schmutzig
suave – weich / duro – hart
viejo – alt / nuevo – neu; joven – jung
feliz – glücklich / triste – traurig
bonito/lindo – hübsch / feo – hässlich
trabajador – fleißig / flojo – faul
pobre – arm / rico – reich
inteligente – klug / alelado/tonto – dumm
barato – billig / caro – teuer
fácil – einfach / difícil – schwierig
liviano – leicht / pesado – schwer
mojado – nass / seco – trocken
correcto – richtig / falso – falsch
lleno – voll / vacío – leer

Farben

blanco – weiß
azul – blau
amarillo – gelb
verde – grün
naranja – orange
chocolate – braun
rojo/colorado – rot
negro – schwarz
lila/morado – lila
gris – grau

Wichtige Verben

anfangen	comenzar
antworten	contestar
arbeiten	trabajar
baden	bañarse
besitzen, haben	tener
besuchen	visitar
bezahlen	pagar, cancelar
bitten	pedir
bleiben	quedarse
brauchen	necesitar
bringen	traer
danken	agradecer
dauern	tardar, durar
einladen	invitar
eintreten	entrar
erzählen	contar
fahren (Auto)	manejar
finden	encontrar
fliegen	volar
fotografieren	tomar una foto
geben	entregar
gehen	andar, caminar
glauben	creer
grüßen	saludar
halten (etwas)	sostener
helfen	ayudar
hören	oír, escuchar
informieren	informar
kaufen	comprar
kennen	conocer
kommen	llegar
kosten	costar
küssen	besar
laufen, rennen	correr
lächeln	sonreír
leben, wohnen	vivir
legen, stellen	poner
lernen	aprender
lesen	leer
lieben	querer, amar
machen, tun	hacer
nehmen	tomar, coger
öffnen	abrir
rauchen	fumar
rufen, schreien	llamar, gritar
sagen	decir
schicken	mandar, enviar
schlafen	dormir
schreiben	escribir
sehen	ver, mirar
sprechen	hablar
suchen	buscar
telefonieren	llamar por teléfono
verstehen	comprender, entender
versuchen (zu)	tratar (de)
warten	esperar

Glossar

Abarrotes – Lebensmittel
Aeropuerto – Flughafen
Artesanía – Kunsthandwerk
Avenida – nord-südlich verlaufende Straße
Bahía – Bucht
Baño compartido – Gemeinschaftsbad
Baño privado – privates Bad
Barrio – Ortsviertel
Boca – Flussmündung
Cabaña – Holzhütte zum Übernachten
Cabina – einfache Bungalows/Zimmer
Calle – ost-westlich verlaufende Straße
Carretera – Landstraße
Casa – Haus
Cerro – Berg(gipfel)
Ciudad – Stadt
Colectivo – Sammeltaxi
Comedor – (kleines) Restaurant/Lokal mit typisch nicaraguanischem Essen
Correos – Post
Desayuno – Frühstück
Departamento – Verwaltungsbezirk
Endemisch – nur lokal vorkommende Tier- und Pflanzenarten
Farmacia – Apotheke
Finca – Landgut
Fritanga – kleiner Stand oder „Fressbude" mit typisch nicaraguanischer Hausmannskost
Fumarolen – Austrittsstelle von Wasserdampf und Gasen in vulkanisch aktiven Gebieten
Garifunas – Karibikbewohner afroamerikanischer Abstammung
Gasolina – Benzin
Hacienda – großes Landgut
Hospedaje – einfache Unterkunft
Hospital – Krankenhaus
Hostal – Backpacker-Herberge
Iglesia – Kirche
Isla – Insel
Lago – See
Laguna – Lagune
Lancha – Motorboot
Lavandería – Wäscherei
Librería – Buchhandlung
Mariposario – Schmetterlingszoo
Mercado – Markt
Meseta – Hochebene
Mirador – Aussichtspunkt
Nica – nicaraguanische Selbstbezeichnung
Panadería – Bäckerei
Panga (colectiva) – öffentliches Boot
Parada – Haltestelle
Petroglyphen – mit Symbolen und Linien beritzte Felsen, üblicherweise von indigenen Völkern
Playa – Strand
Primärwald – ursprünglicher Urwald
Puerto – Hafen
Pulpería – Tante-Emma-Laden
Punta – Landzunge
Refresco – Erfrischungsgetränk
Río – Fluss
Sendero – Wanderweg, Pfad
Soda – Imbissbude
Terminal – (Bus)Bahnhof
Tienda – kleiner Laden
Valle – Tal

Entfernungstabelle

	Managua	Bluefields	Estelí	Granada	Jinotega	Jinotepe	León	Masaya	Matagalpa	Ocotal	Rivas	San Carlos	Somoto
Managua	0	365	148	45	162	46	95	29	130	226	111	300	216
Bluefields	365	0	462	402	476	422	476	386	444	540	461	351	530
Estelí	148	462	0	166	103	185	141	151	71	78	226	383	68
Granada	45	402	166	0	180	41	138	16	148	244	68	318	234
Jinotega	162	476	103	180	0	202	175	165	32	181	240	377	171
Jinotepe	46	422	185	41	202	0	122	37	170	266	65	346	256
León	95	476	141	138	175	122	0	122	143	219	187	394	209
Masaya	29	386	151	16	165	37	122	0	130	229	73	301	219
Matagalpa	130	444	71	148	32	170	130	130	0	428	297	343	139
Ocotal	226	540	78	244	181	266	229	229	149	0	304	455	29
Rivas	111	461	226	68	240	65	73	73	297	304	0	318	244
San Carlos	300	351	383	318	377	346	301	301	343	455	318	0	447
Somoto	216	530	68	234	171	256	219	219	139	29	447	447	0

Register

A

B

C

D

E

F

G

K

L

M

N

O

P

Q

R

S

T

U

V

W

X/Y/Z

Typische Szenerie an einem Busterminal

nica128 ji

Die Autorin

Juliane Israel studierte Klassische Archäologie, Alte Geschichte und Medienwissenschaft in Jena. Zahlreiche Reisen führten sie in die Türkei und nach Griechenland, aber auch zu Ausgrabungen nach Syrien. Dort besuchte sie die fantastische Ruinenstadt Palmyra und die verwinkelten Basare von Aleppo. Nach dem Motto „Carpe Diem" begab sie sich nach ihrem Studium auf Weltreise, die sie von Mexiko bis Chile, über Neuseeland und Australien bis nach Asien führte. Nicaragua beeindruckte sie besonders, und seitdem kehrt sie immer wieder in das noch ursprüngliche Land zurück. Nach der großen Reise ging sie für ein Jahr nach Mexiko und arbeitete dort in der UNESCO-Welterbestätte Monte Albán in Oaxaca. Gemeinsam mit ihrem Mann baute sie danach die Unternehmen *LaCeibaArts* und *ModaFrida* auf – mexikanische Kunst und Mode sind seitdem auch in Deutschland erhältlich. Nach ihrer Doktorarbeit an der LMU-Universität München gründete sie das Unternehmen *mundoido* und produziert heute Audioguide-Apps, u.a. für archäologische Stätten.

Die Autorin lebt mit ihrem Mann und den beiden Kindern in Erfurt.

Die Autorin in Granada

nica127 ji